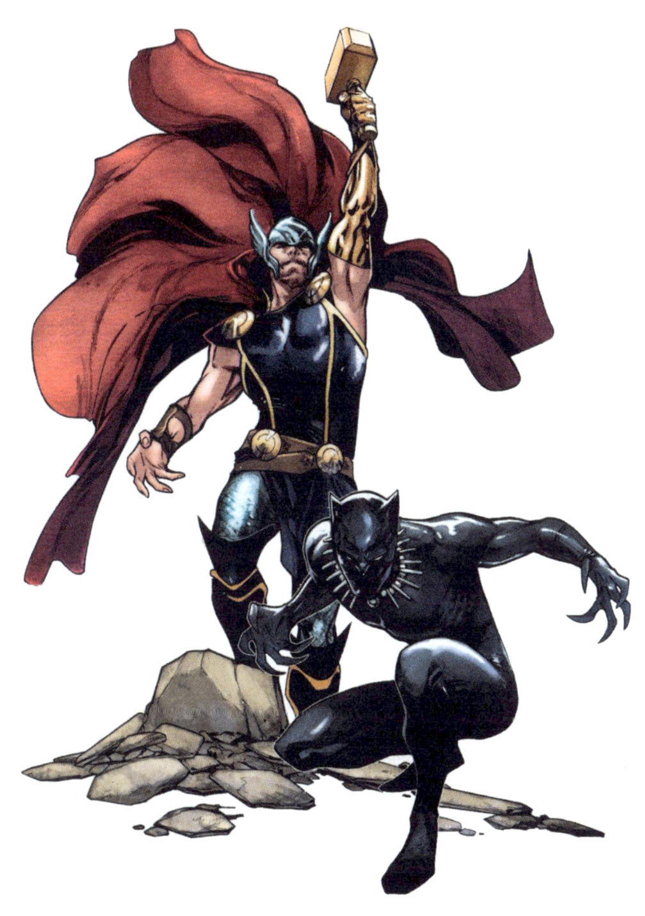

MARVEL

MYTHEN UND LEGENDEN

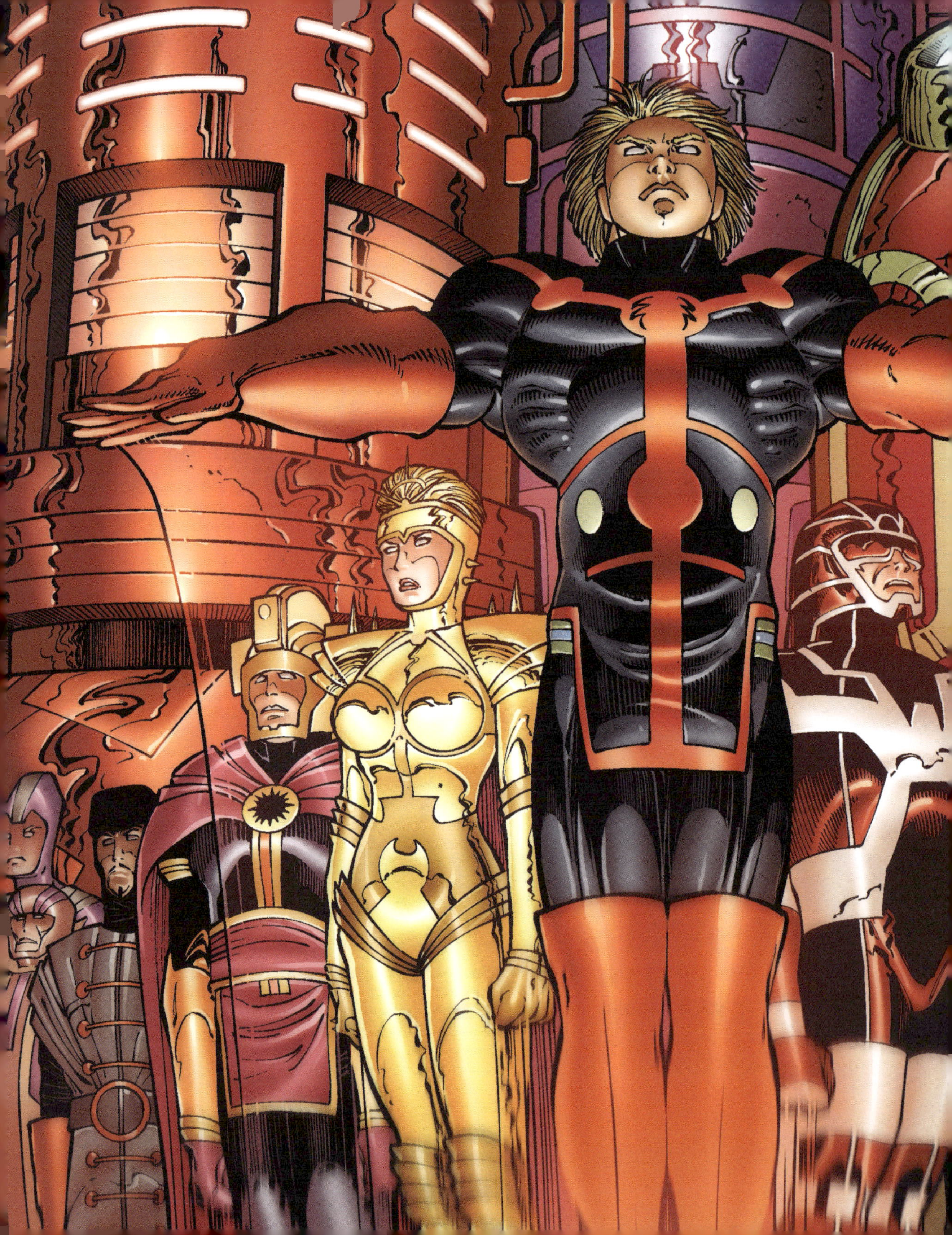

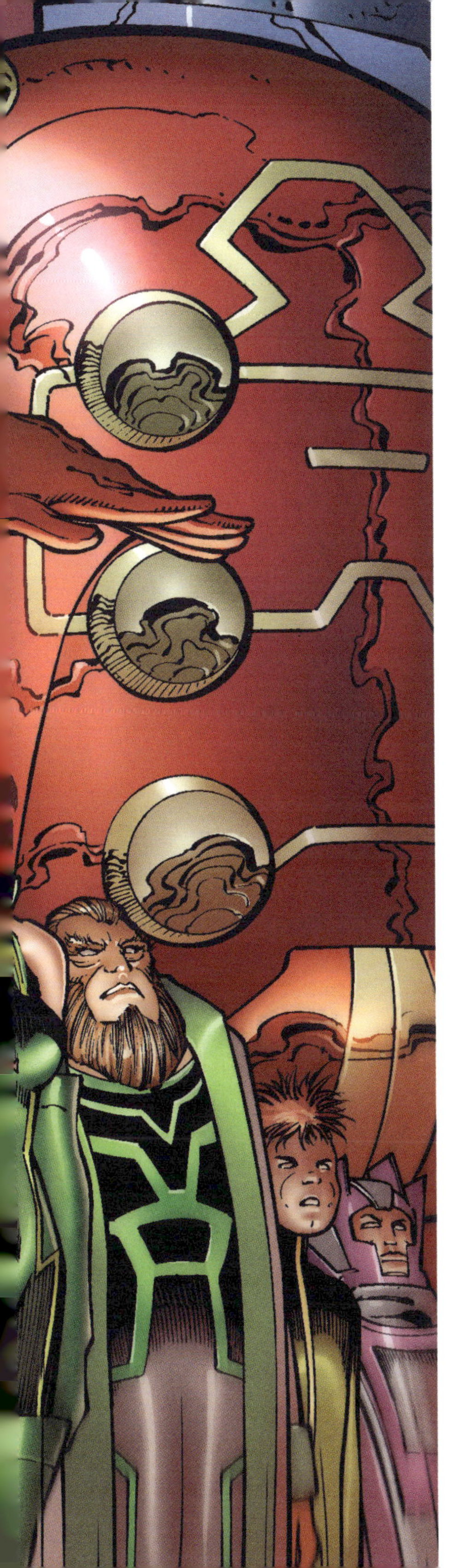

MARVEL

MYTHEN UND LEGENDEN

Text von

JAMES HILL

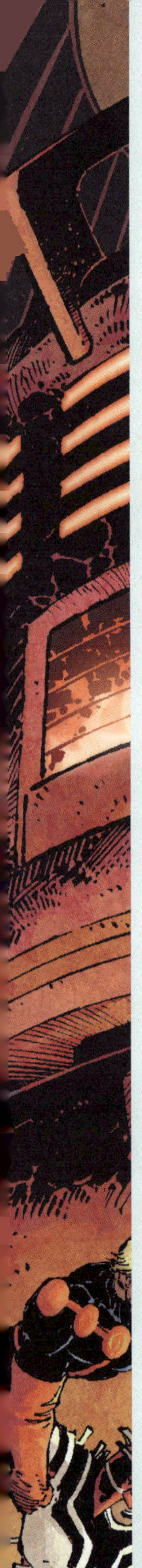

INHALT

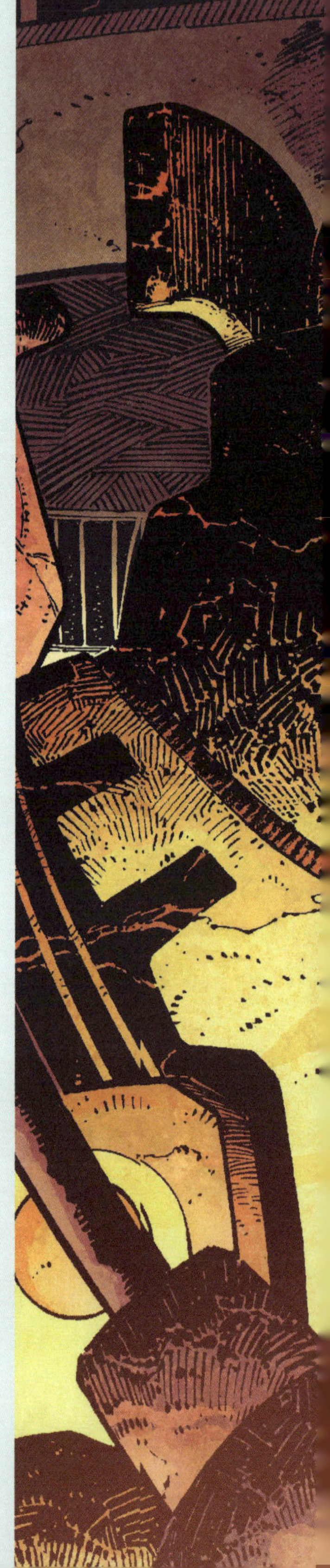

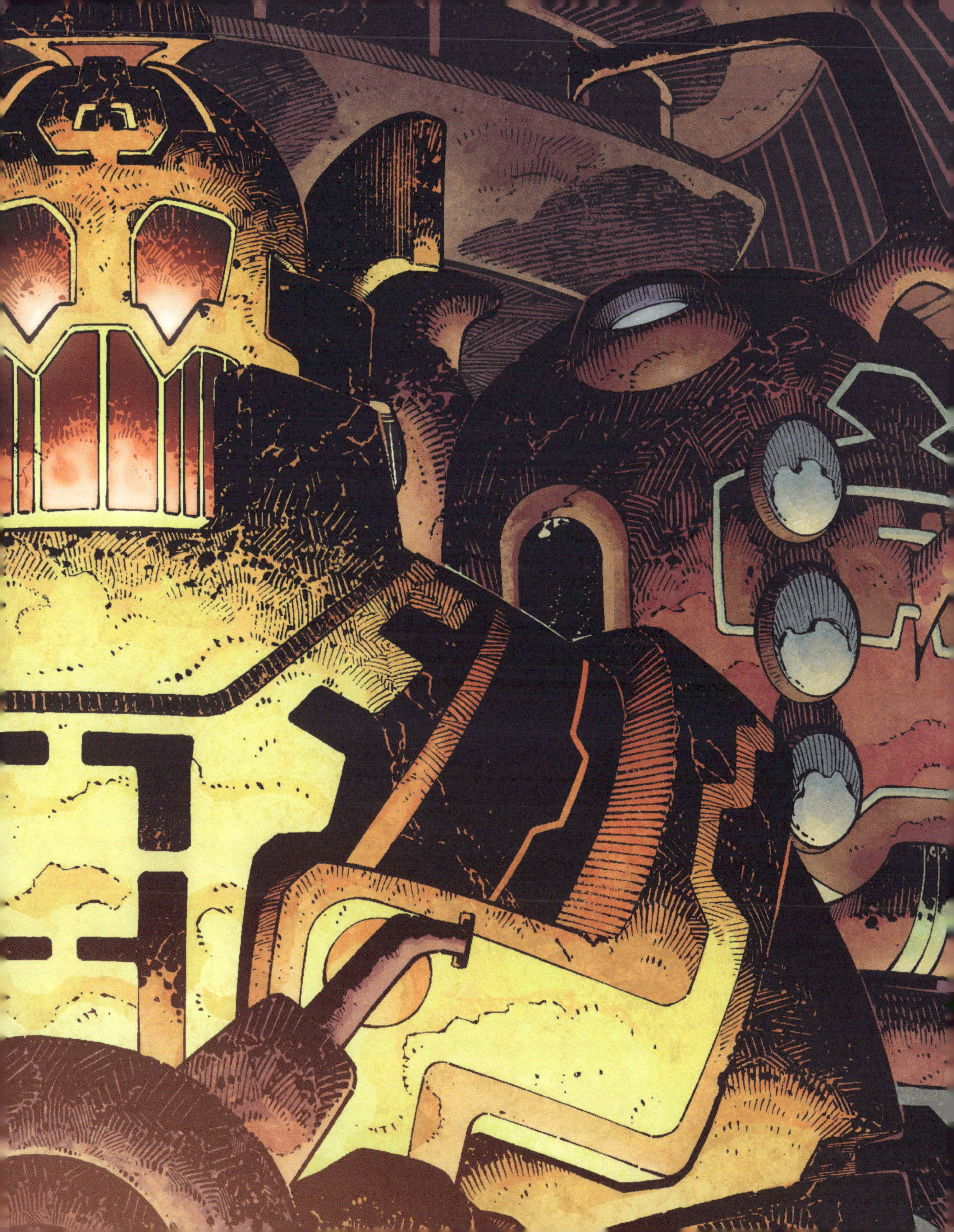

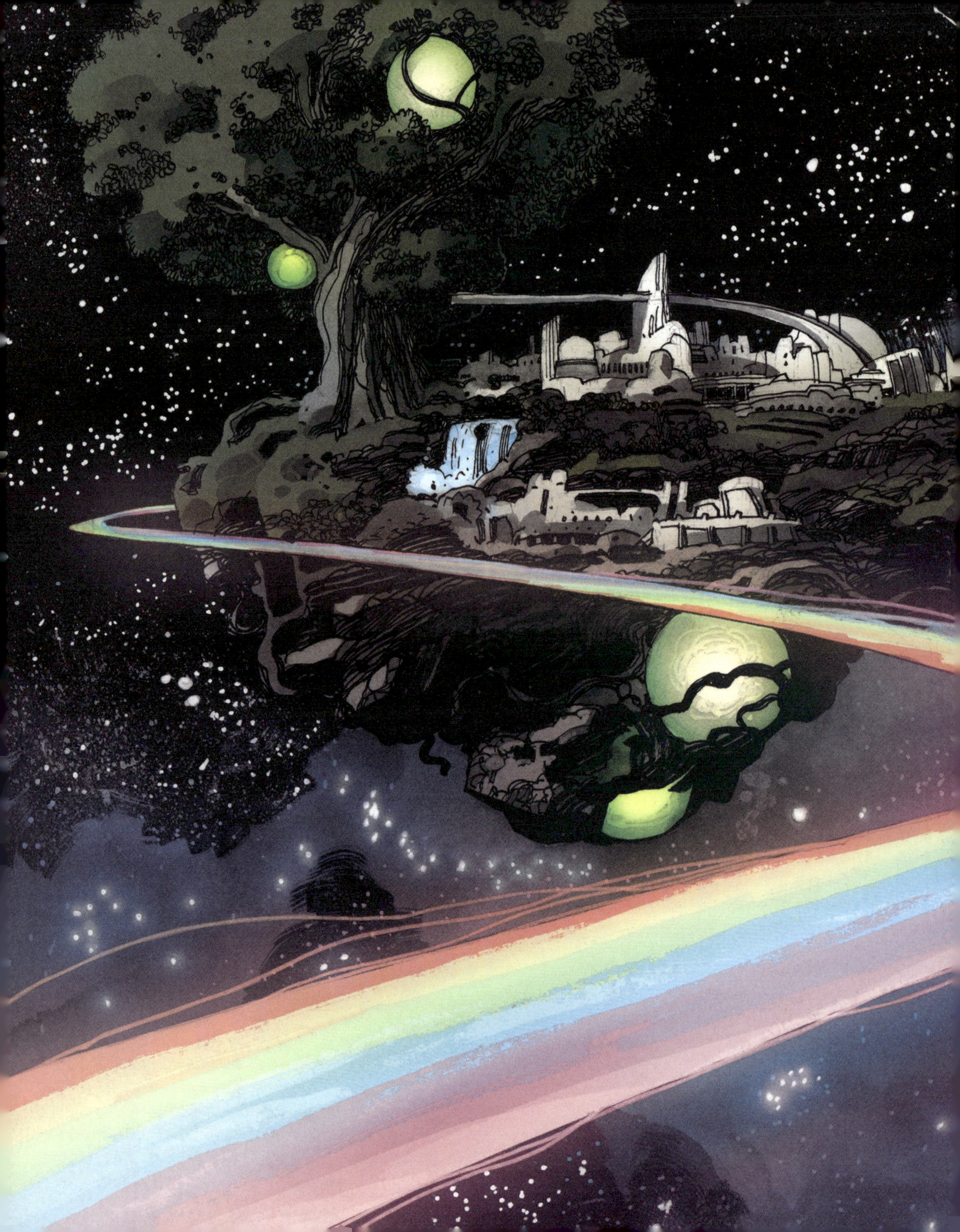

EINLEITUNG

Mythen sind Geschichten. Sie berichten von wundersamen Wesen in von Göttinnen und Göttern bevölkerten Reichen. Mythen werden überliefert, nacherzählt und weiterentwickelt. Ihre Darstellung der Ursprünge prägt das Verständnis der Menschen für sich und ihre Welt – über viele Jahrtausende hinweg.

Marvel Mythen und Legenden enthüllt die ältesten Mysterien des Marvel-Universums und erinnert an legendäre Ereignisse, die der modernen Superhelden-Ära zugrunde liegen. Das Buch zeichnet die Heldentaten zahlreicher Alter Götter und interdimensionaler Magier auf. Die Epen berühmter Helden wie Thor, Doctor Strange, Black Panther und den Avengers vereinen sich zu einem strahlenden Tableau an Legenden, das die gesamte Historie des Marvel-Universums veranschaulicht. Von der Geburt der Erdmutter Gaea am Anbeginn der Zeit bis hin zum Erwachen der Dark Celestials in der Gegenwart offenbaren die Erzählungen eine Entwicklung, die sich über Milliarden von Jahren weitgehend im Verborgenen vollzogen hat.

Das Marvel-Zeitalter begann mit dem Start von *Fantastic Four 1* im Jahr 1961, und von Anfang an war offenkundig, dass diese neue Comic-Sparte anders war. Die legendären Schöpfer Stan Lee, Jack Kirby und Steve Ditko nahmen ihre Leserschaft ernst und vertrauten darauf, dass die Fans ihre geistreichen Comic-Erzählungen würdigen würden. Mit der stetigen Erweiterung der Marvel-Titel wurde deutlich: Entscheidend war, dass die Figuren alle im selben Universum existierten. Spider-Man begegnete den Fantastic Four, die gegen den Hulk kämpften, der sich mit Thor raufte.

Die ersten Marvel-Autoren und -Zeichner legten den Grundstein für einen modernen Mythos. Natürlich wurden die Comics nicht im Vakuum erschaffen: Lee und seine kreativen Partner schöpften auch aus dem Fundus historischer Mythen und Legenden, was sich vor allem in ihrer Umdichtung des nordischen Helden Thor in einen Superhelden zeigte. Angespornt von Lees und Kirbys Interesse an der Edda – und ihrer Überzeugung, dass deren Sagen umfassende Anziehungskraft haben, – trat in den Thor-Comics bald das gesamte asgardische Pantheon auf. Darüber hinaus wurden antike Gottheiten wie die Olympier in das wachsende Universum eingeführt und ostasiatische Philosophie mit der Kosmologie von Doctor Strange verknüpft. Dank vieler frischer Ideen hat das Marvel-Team eine spektakuläre Neudichtung geschaffen.

In den 1970er-Jahren fügte Kirby dem Mythen-Konstrukt einen weiteren Stützpfeiler hinzu. Er griff die damals populäre Theorie auf, dass Außerirdische in der Vergangenheit die Erde besucht hatten, und schuf die kosmischen Celestials und ihre gentechnisch veränderten Nachkommen, die engelhaften Eternals und die teuflischen Deviants. Die Autoren Roy Thomas, Mark Gruenwald und Neil Gaiman integrierten diese später in das Marvel-Universum. Thomas, ein ehemaliger Englisch- und Geschichtslehrer, hat zahlreiche Legenden-Motive in den Marvel-Kanon eingewoben. So verband er die Geschichte des heroischen Black Knight enger mit der Artus-Legende und gestaltete die Heimat von Iron Fist, die paradiesische Stadt K'un-Lun, als Hommage an die Himalaja-Utopie von Shangri-La.

In jüngster Vergangenheit haben die Marvel-Autoren ähnliche Wege beschritten. Ta-Nehisi Coates orientierte sich bei seiner Darstellung von Black Panthers Wakanda an afrikanischen Gottheiten und Jason Aaron erdachte die Geschichte von Steinzeit-Avengers, die vor einer Million Jahren aktiv waren. Die Marvel-Mythologie entwickelte sich im Laufe der Zeit immer weiter. Auch im Marvel Cinematic Universe finden sich zahlreiche Legenden. Filmhits wie *Thor*, *Black Panther* und *Doctor Strange* haben die Mythen einem noch größeren Publikum nähergebracht.

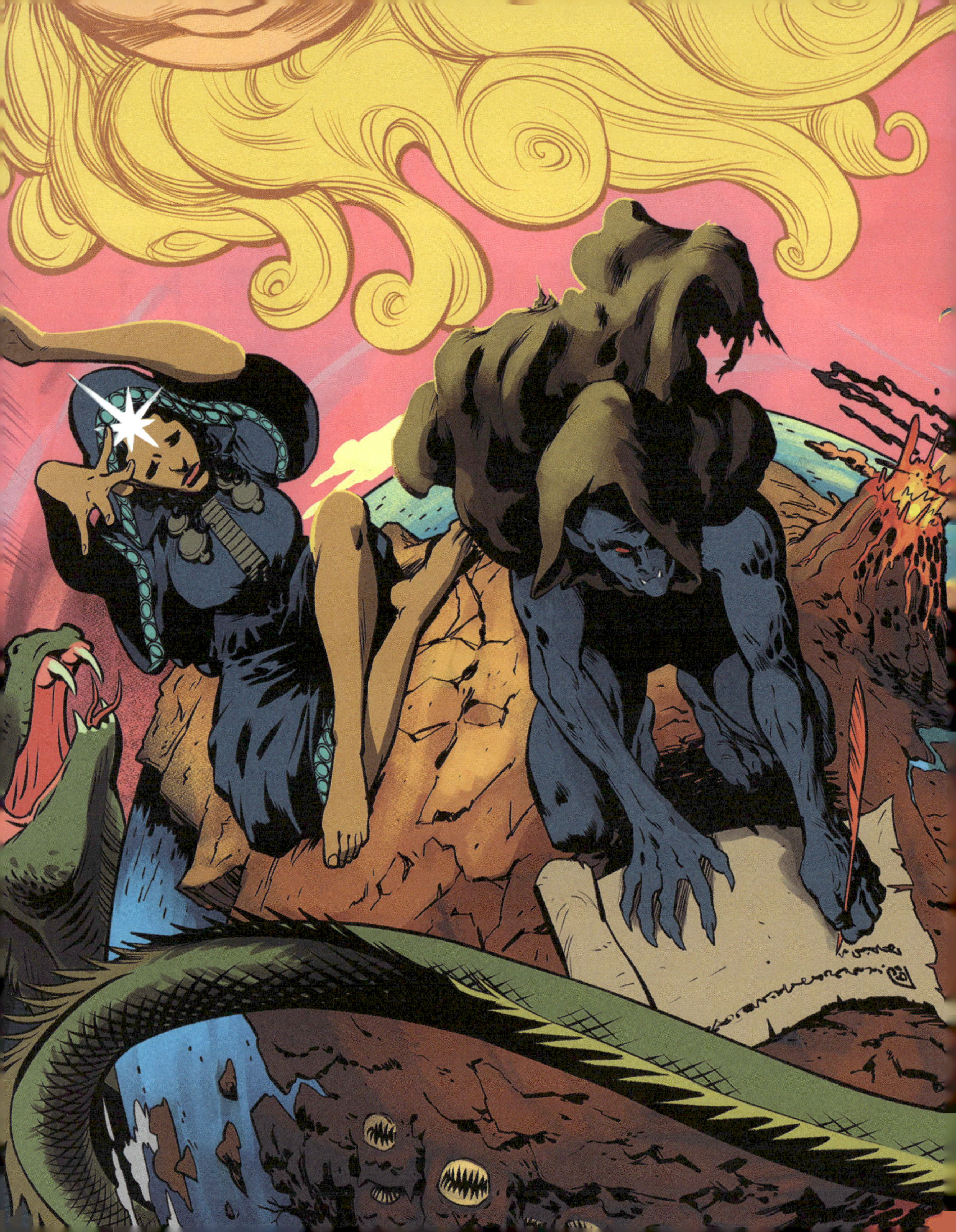

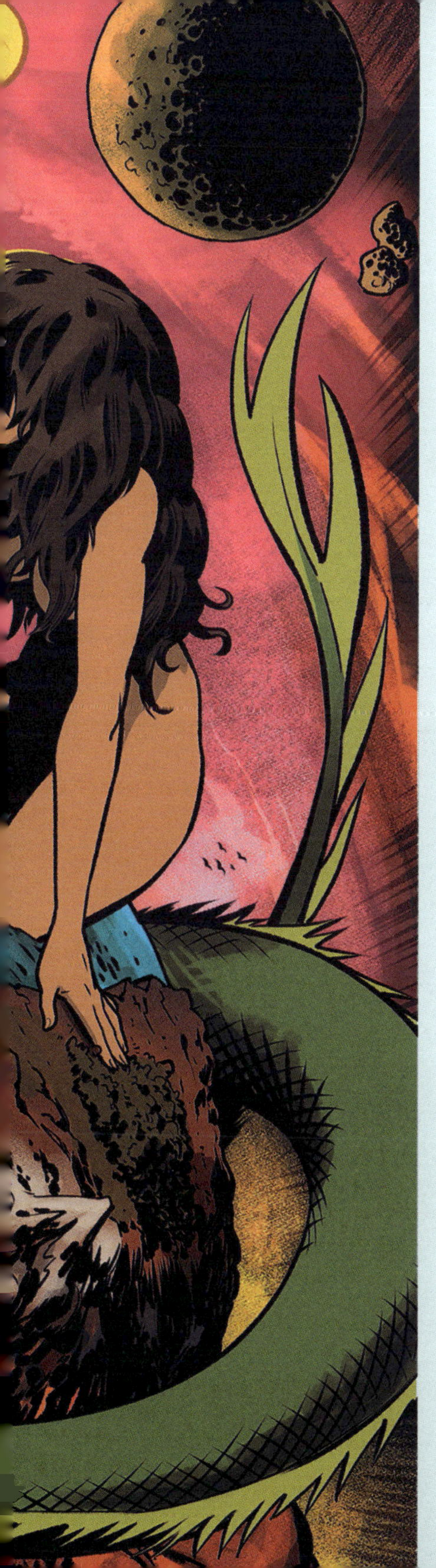

ERSTE MYTHEN

Von Anfang an war die Erde ein Nährboden für Wesen mit enormen Kräften und ebenso enormen Begierden und Wünschen. Alte Götter, entartete Dämonen und mächtige Helden vermehrten sich dank der einzigartigen Biosphäre der Erde, die von kosmischen Energien und der Essenz eines toten Celestials gesättigt war. Zuerst war es die Erdmutter Gaea, die die aufblühenden Lebensformen des Planeten nährte. Dann kam Atum, der die Dämonen tötete. Und schließlich schlossen sich Odin und die Urzeit-Avengers zur weltweit ersten Koalition von Superwesen zusammen.

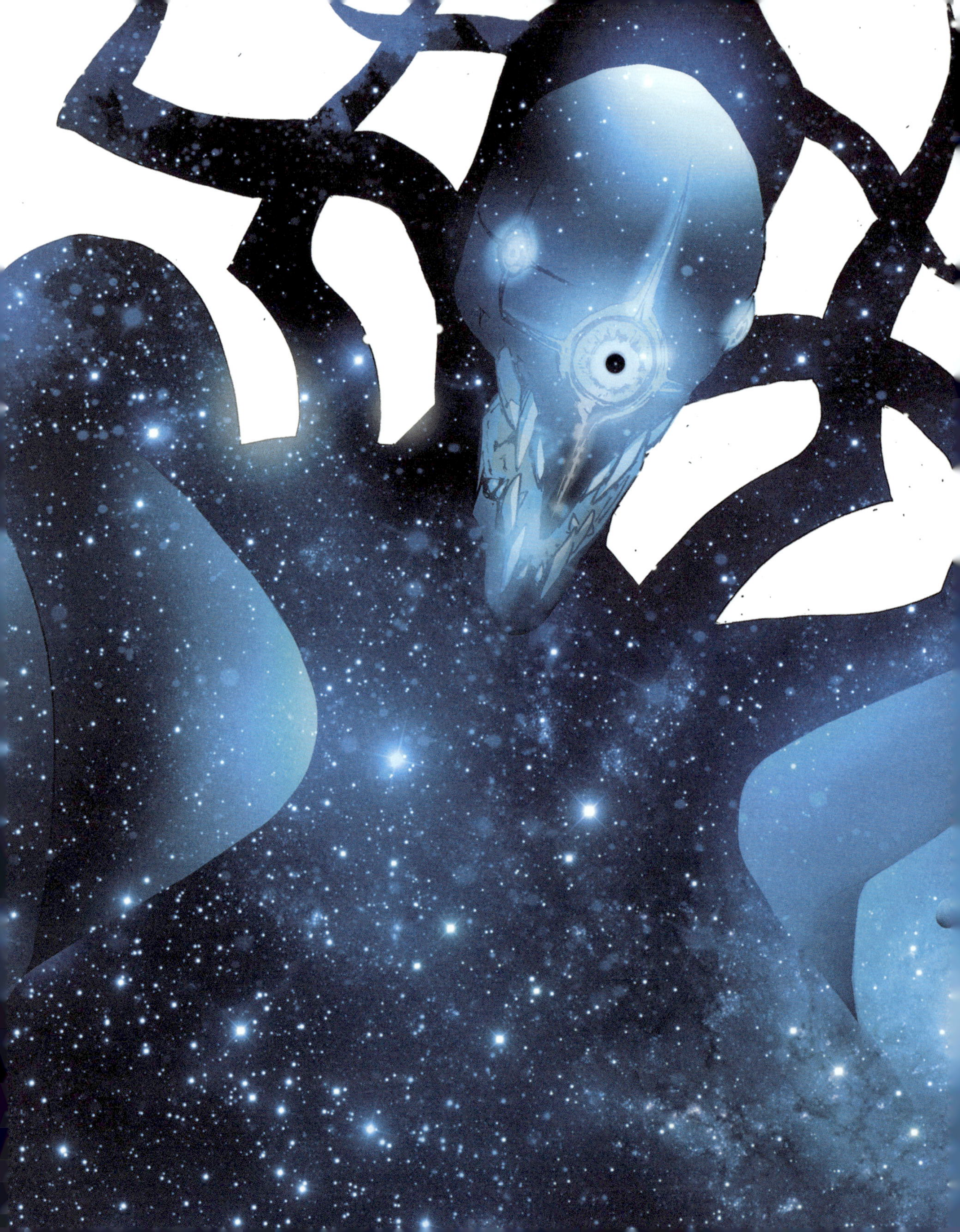

Geburtswehen

In einer Zeit vor der Zeit schuf das First Firmament die Celestials und setzte unvorstellbare Ereignisse in Gang, die den Kosmos erschüttern und die Erde einzigartig unter den Planeten machen sollten.

Das First Firmament war das erste Universum, das jemals existierte. Es hatte ein Bewusstsein und wusste alles, was es über die Beschaffenheit seiner Existenz zu wissen gab – vor allem, dass es allein war. Um seine Einsamkeit zu lindern, schuf es Nachkommen – kosmische Wesen, die es unterhalten und begeistern sollten. Einige dieser Wesen, die Aspirants, verehrten das First Firmament bedingungslos und beteten für den ewigen, unveränderten Fortbestand ihres Universums. Andere, die Celestials, drängte es, mehr über ihre eigene Natur zu erfahren – zu wachsen, sich zu entwickeln und durch die eigene Evolution das Universum zu verändern. Zwangsläufig kam es zum offenen Konflikt zwischen den beiden Fraktionen. Der verheerende Krieg der Celestials gegen die Aspirants erschütterte das First Firmament. Die gigantische Schlacht tobte viele Äonen lang, bis das First Firmament schließlich in unzählige Fragmente zerschmettert wurde, als die Kriegsparteien ihre ultimativen Waffen zur Detonation brachten. Die Überreste der Celestials und Aspirants wurden zu eigenständigen Universen und bildeten die nächste Stufe der Realität – ein neues Multiversum namens Zweiter Kosmos. Die Celestials waren nun frei vom First Firmament und konnten das jungfräuliche All als gigantische Weltraumgötter erforschen. Sie bereisten einen Planeten nach dem anderen und führten an allen neu entdeckten Arten Experimente durch.

Am Anfang …
Um seiner tiefen Einsamkeit zu entgehen, schuf das fühlende Universum First Firmament Leben. Seine Kinder gerieten jedoch in Konflikt und zerschmetterten das Gefüge der Realität.
The Ultimates 2 #6, Juni 2017

Milliarden Jahre später gebar ein Strudel aus Weltraummüll und rauschenden Gasen den Planeten Erde im Orbit eines leuchtend gelben Sterns, später bekannt als Sol. Als der Planet noch jung war, erreichte ihn der Celestial Progenitor. Der Weltraumgott war dem Tod nah, seine Ankunft lediglich ein kosmischer Zufall, der erhebliche Auswirkungen auf das Schicksal der Erde und ihrer Bewohner haben sollte. Irgendwo in den Tiefen des Weltraums war der Progenitor von einem Schwarm kosmischer Heuschrecken namens Horde infiziert worden. Die monströsen Parasiten verzehrten ihn von innen und der Progenitor war in einem Anfall von Panik und überbordendem Wahnsinn zur Erde gestürzt. Als die Lebenskraft des Celestials erlosch, drangen sein Blut und sein verwesendes Fleisch tief in das Gewebe des Planeten ein. Dies veränderte die Erde nachhaltig und schuf einen einzigartigen Nährboden für übermenschliche Wesen und Vorkommnisse. Die Essenz des Progenitors wurde einer Ursuppe beigemengt, die unzählige Mythen und Legenden und letztendlich das moderne Zeitalter der Superhelden hervorbringen sollte.

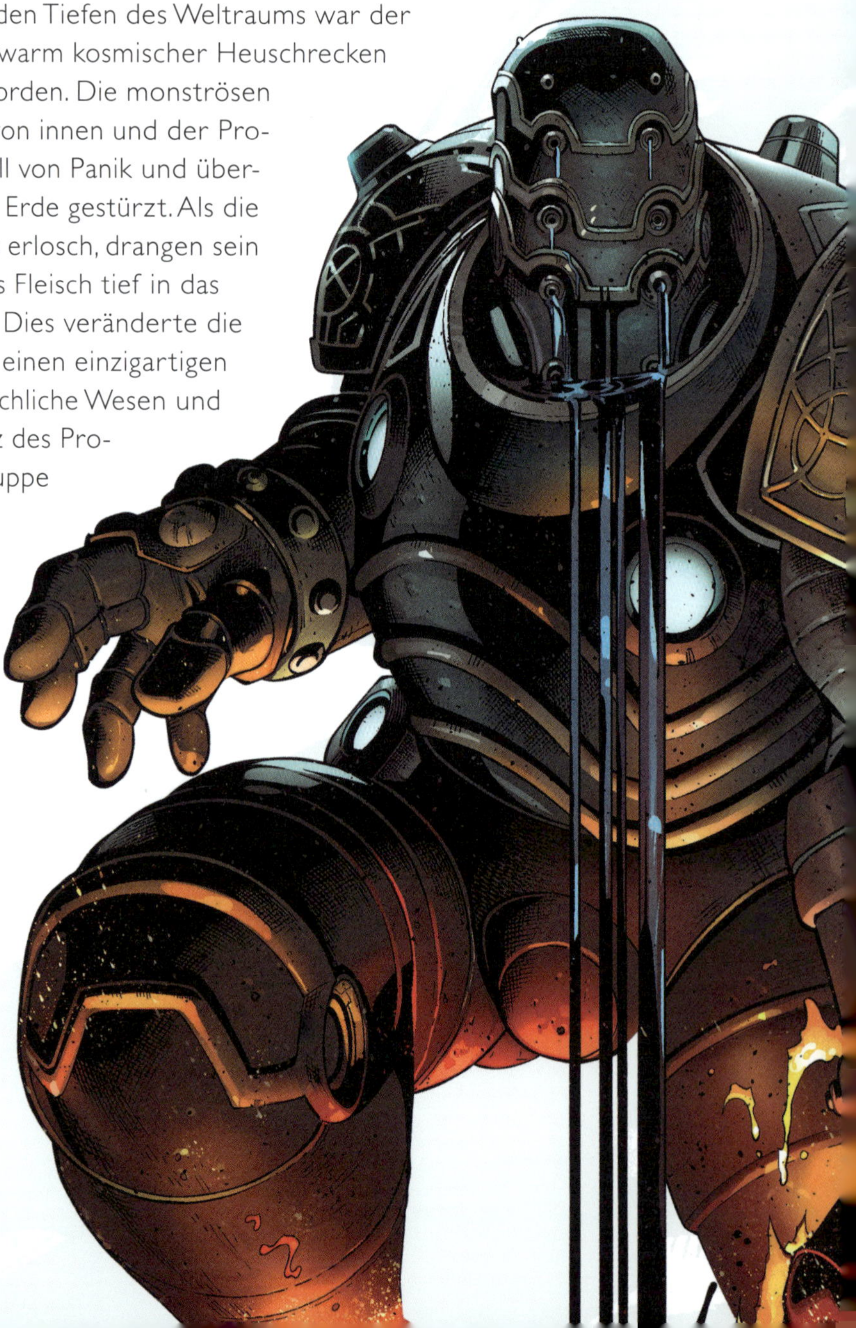

Todeskampf
Der von kosmischen Heuschrecken infizierte Celestial Progenitor stürzte zur Erde und hauchte sein Leben aus. Sein Blut und seine Knochen bereicherten die Biosphäre des Planeten mit dem Potenzial für übermenschliche Evolution.
Avengers #5, September 2018

Saat von Leben und Tod

Aus der Essenz des Planeten entstanden als erste Lebewesen der Erde die Alten Götter – Urwesen, deren Leidenschaften und Rivalitäten den Himmel erhellten.

Während der Erdboden durch den zerfallenden Körper des Celestials Progenitor verändert wurde, durchlief der Himmel eine ähnliche Transformation. Als sich der Planet langsam abkühlte und seine endgültige Form annahm, knisterte der Himmel über ihm geradezu vor Energie und der Fähigkeit, Leben zu erschaffen. Aus dieser Kraft heraus entwickelte sich explosionsartig das lebendige Bewusstsein der fruchtbaren Erd-Biosphäre – der Demiurge. In einer gewaltigen Eruption voll Schöpfungskraft überschüttete der Demiurge die Erde mit Funken seiner eigenen Lebensmacht. So erwachten aus dem Urschlamm die ersten Lebensformen der Erde – die Alten Götter. Diese Kreaturen waren ätherischer Natur, zu gleichen Teilen abstrakte Konzepte wie körperliche Wesen, die sich rasch vermehrten.

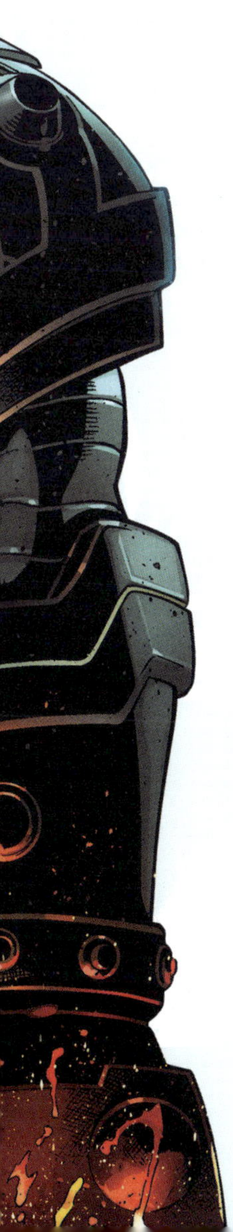

Einige dieser Alten Götter waren gütig und hilfsbereit, andere egoistisch und feindselig. Erdmutter Gaea widmete sich dem Schutz allen Lebens, das in den Ozeanen der Erde zu entstehen begann, während der finstere Chthon versuchte, die Natur mit dunkler Magie zu verderben. Der schlangenartige Set wollte die Erde unterwerfen, der Mystiker Oshtur förderte dagegen die Ideen von Harmonie und universeller Gerechtigkeit. Im Lauf der Zeit entdeckte Set, dass er an Macht gewann, wenn er die Lebensenergie seiner Rivalen raubte. So kam das Konzept des Todes in die Welt. Set verschlang viele seiner Feinde und wurde so zum ersten Mörder auf der Erde. Sets Vorbild folgend degenerierten viele der Alten Götter zu mordenden Dämonen und wetteiferten ständig um Macht und Vorherrschaft. Gaea gehörte zu den wenigen, die sich gegen diesen Wahnsinn wehrten, den sie als böse erkannte. Sie befürchtete, dass die kämpfenden Dämonen alles Leben auf der Erde auslöschen würden. In Meditationen suchte sie nach Möglichkeiten, ihre geliebte Welt zu retten. Ihre Sehnsucht beschwor den Demiurgen herauf und zusammen zeugten sie ein Kind, das eine mächtige neue Kraft für das Gute werden sollte.

Kurz nach ihrer Vereinigung mit dem Demiurge zog sich Gaea zum Gebären in die kühlen Tiefen der Erde zurück. Der goldene Atum entsprang mit der Kraft von tausend Sonnen aus dem Leib seiner Mutter. Er war der erste wahre Gott der Erde, der den Planeten und seine Lebensformen beschützen sollte. Atum tötete die Dämonen, doch forderte dies einen hohen Preis. Im Kampf gegen seine Feinde absorbierte sein Körper ihre dämonischen Eigenschaften und wurde entstellt. Atum wurde der monströse Demogorge, der Gottesser.

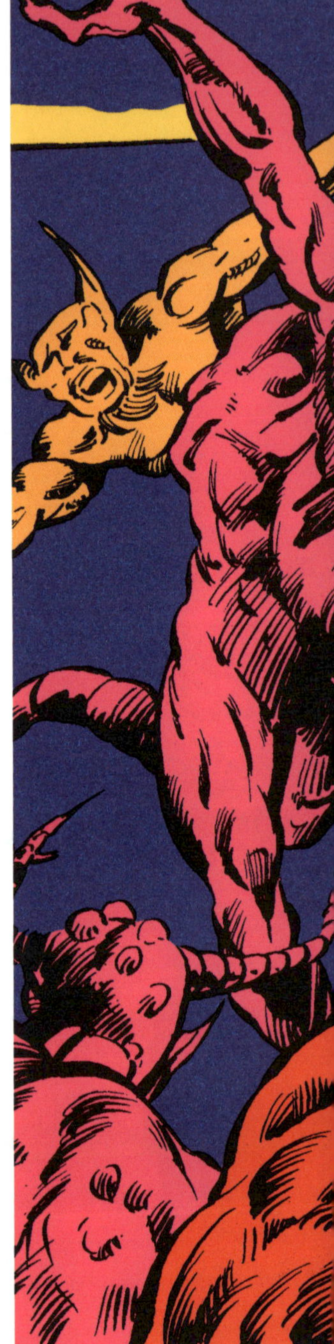

»... mein Ziel ist es, euch degenerierte Lebensformen zu vernichten.«

Der Demogorge

Nachdem er seine Mission beendet hatte, setzte der Demogorge die absorbierten Energien frei und verteilte »Gottpartikel« am Himmel. Jetzt wieder in der Gestalt von Atum flog er in die Sonne, um dort für Jahrtausende zu schlummern. Atums Taten veränderten die Erde nachhaltig. Als die Menschheit ihre ersten Schritte tat, griff ihr Bewusstsein auf Atums »Gottpartikel« zu und rief göttliche Pantheons ins Leben. Die Asen, die Orishas und andere wurden durch den Glauben der Frühmenschen geboren und durch den Willen der Menschheit geformt.

Das Goldene Kind

Atum entstand aus der Vereinigung von Erdmutter Gaea und dem Demiurge. Er verfügte über die Macht von tausend Sonnen. Die Legende des ersten wahren Gottes der Erde strahlte viele Äonen lang.

Thor Annual #10, Oktober 1982

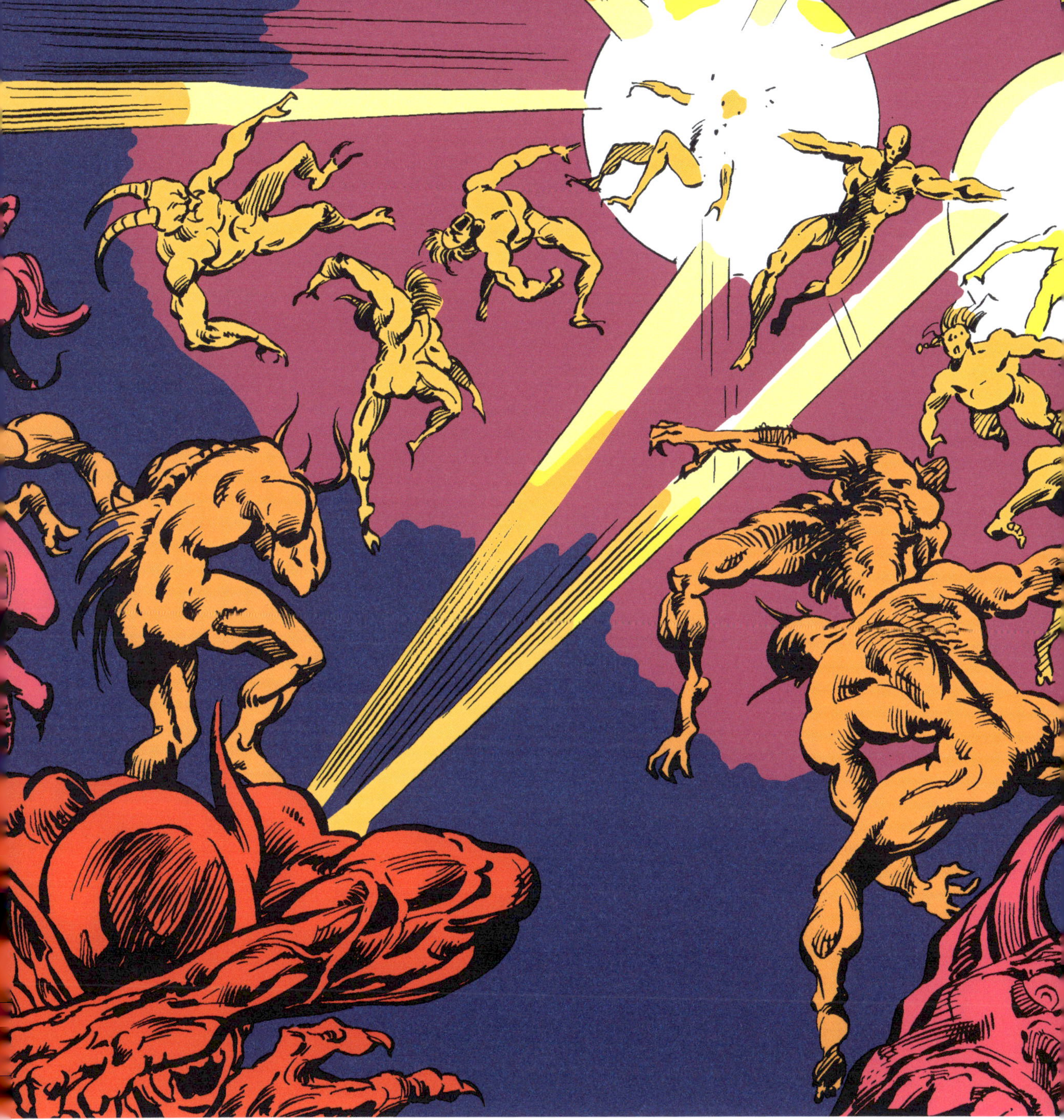

Vernichtung der Dämonen
Als er die erste Dämonengeneration der Erde tötete, nahm Atum ihre grauenhaften Kräfte auf und wurde in den Demogorge verwandelt.
Thor Annual #10, Oktober 1982

Die ersten Helden

In der fernen Vergangenheit bündelte eine Gruppe heldenhafter Individuen ihre Kräfte, um die erblühende Menschheit zu beschützen – ihr Ruf zu den Waffen sollte in zukünftigen Jahrhunderten Widerhall finden.

Vor einer Million Jahren erreichte ein zweiter Celestial die Erde. Zgreb wollte nach Progenitor suchen, aber wie sein vermisster Kamerad wurde auch er von der Horde befallen. Die parasitären Kreaturen hatten tief unter der Oberfläche des Planeten geschlummert und erst Zgrebs Ankunft hatte sie aufgeweckt. Wie eine lebendige Seuche infizierten sie den riesigen Körper des Celestials und trieben ihn in den Wahnsinn. In seinem Delirium begann Zgreb den Planeten aufzureißen, um seinen verschollenen Artgenossen zu finden. Die primitiven Frühmenschen beobachteten dieses Schauspiel. Sie ahnten nicht, dass ihnen ihr Ende drohte, noch ehe sie Spuren im Universum hinterlassen konnten.

Auch eine Ansammlung mächtiger Wesen beobachtete Zgrebs Amoklauf. Odin Borson, der kürzlich ernannte König des asgardischen Pantheons, hatte eine Eliteeinheit aus Göttern, Monstern und Höhlenmenschen versammelt, von denen einige mit der unberechenbaren Macht der Sterne gesegnet – oder eher verflucht – waren. Sie nannten sich Avengers und hatten die Erde bereits öfter gerettet, als es Odin lieb war.

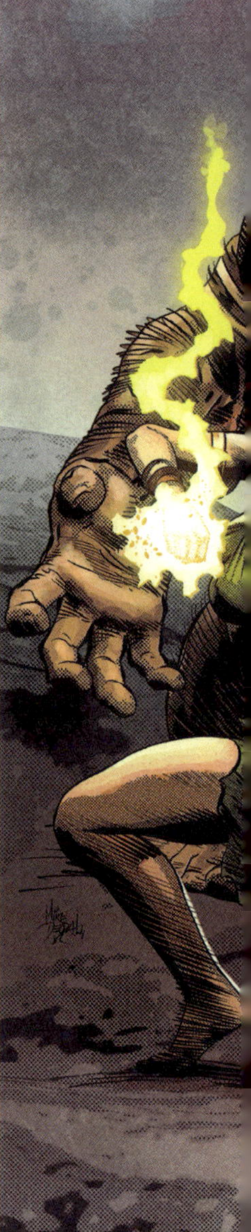

»Avengers versammelt ... und vollzählig.«

Der Urzeit-Black Panther

Agamotto, Sohn des Oshtur und der erste Meister der Magie der Welt, war die ruhige Stimme der Vernunft des Bündnisses. Der erste Black Panther war listig und geschickt, während der gewaltige Starbrand rohe Stärke verkörperte. Iron Fist, ein Kampfkünstler, stammte aus dem mystischen Reich K'un-Lun, und Phoenix war

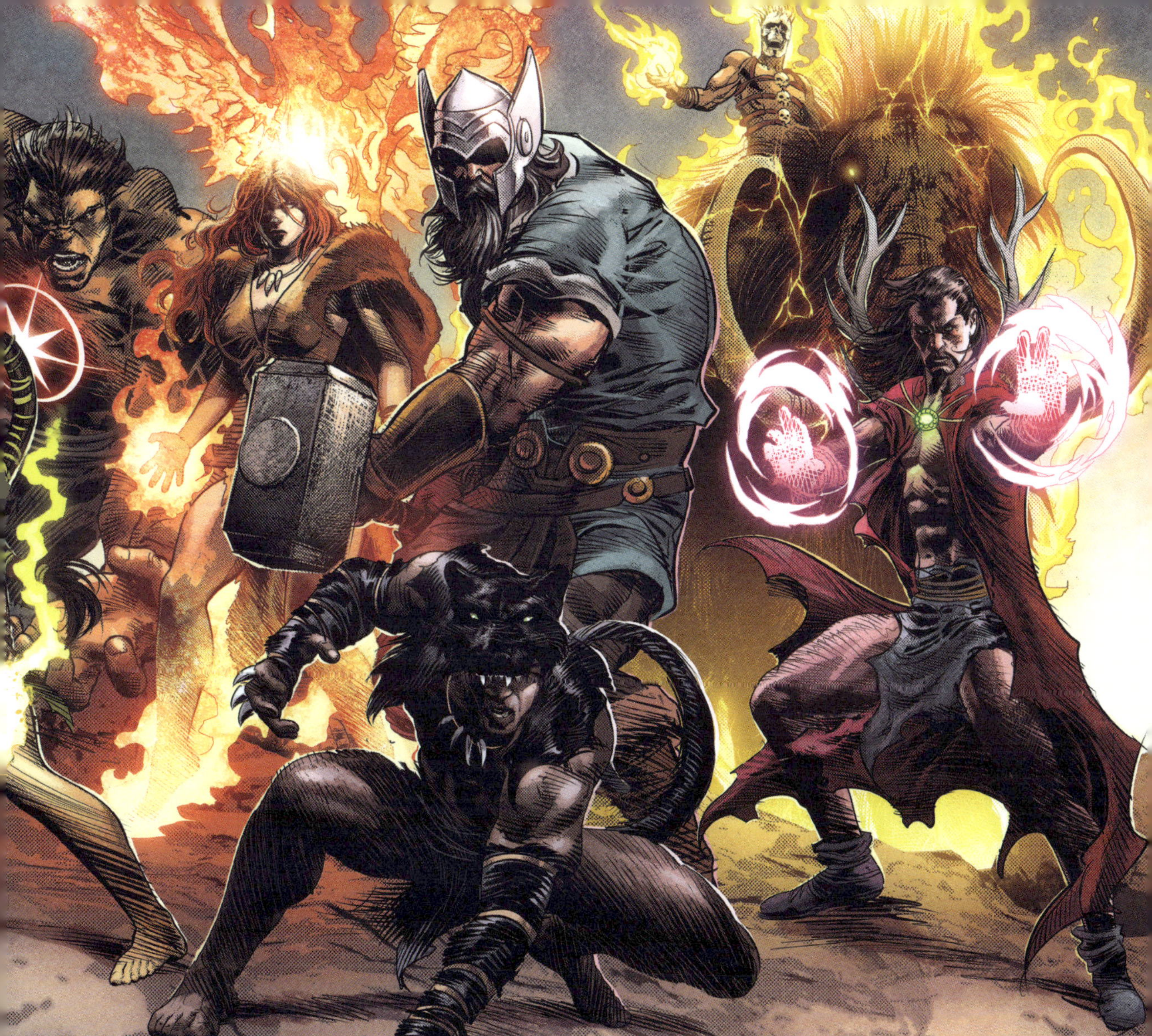

der erste menschliche Wirt der unvorstellbaren kosmischen Phönixenergie. Schließlich gab es noch Ghost Rider, einen Jungen, der seine Seele in einem teuflischen Handel mit einem Dämon gegen höllische Fähigkeiten getauscht hatte. Nun stürmte er auf einem feurigen Mammut in die Schlacht. Wie Odin befand, waren sie »ein seltsamer Haufen« und doch die einzige Hoffnung der Erde. Zgreb kämpfte verbissen, wurde aber schließlich von Mjölnir – Odins kurz

Ursprüngliche Macht
Odin Borson versammelte die Urzeit-Avengers – Iron Fist, Starbrand, Phoenix, Black Panther, Ghost Rider und Agamotto – um in alten Zeiten die Erde zu bewahren.
Marvel Legacy #1, November 2017

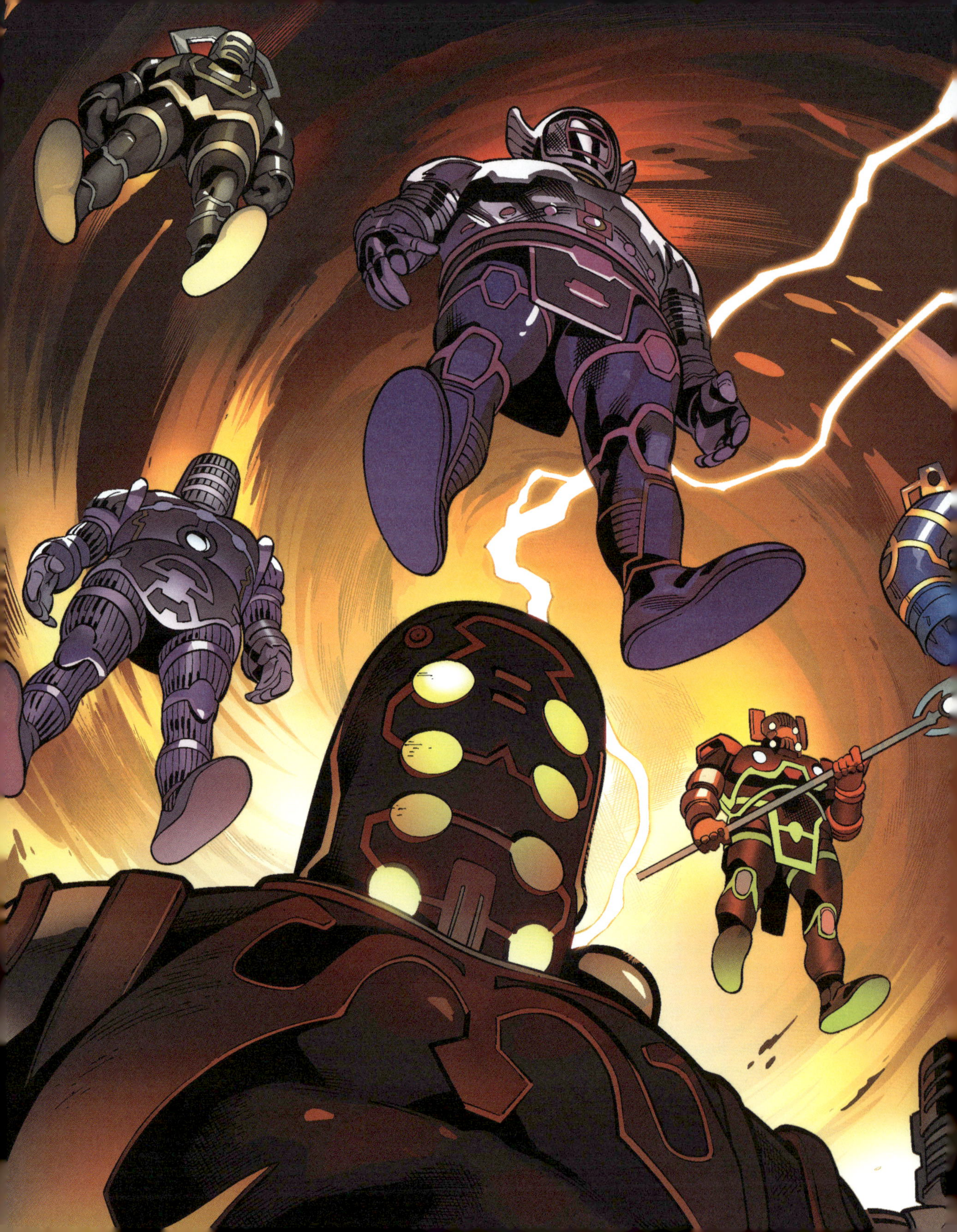

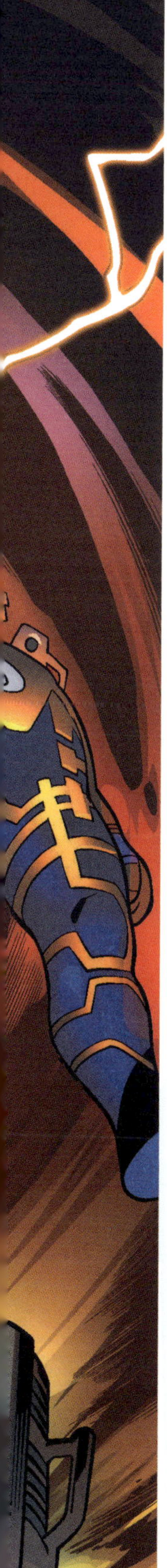

zuvor geschmiedetem Zauberhammer – schwer getroffen. Begierig, ihren Sieg zu feiern, vergruben die Rächer die Celestial-Leiche tief in der Erde und hofften, sie hätten es zum letzten Mal mit einem seiner Art zu tun gehabt.

Diese Hoffnung war jedoch vergebens. Kurze Zeit später traf das Erste Heer ein – zehn Celestials, die vom Himmel herabstiegen. Aus Angst, dass die Weltraumgötter Zgrebs Tod rächen wollten, rief Odin erneut die mächtigsten Helden der Erde zusammen. Am Vorabend der Schlacht stieß der Ase mit seinen Mitstreitern an. »Auf das Ende! Und einen guten Tod für uns alle!« rief er. Am kommenden Tag standen die Avengers ihren gewaltigen Feinden ohne Angst gegenüber, erfüllt von feuriger Kampfeswut und beseelt von ihrer gerechten Sache.

Doch es war alles umsonst, denn die Celestials wischten die Helden beiseite wie einen Haufen lästige Insekten. Das Erste Heer war nicht aus Gründen der Rache auf die Erde gekommen, sondern wegen einer viel wichtigeren Mission: um durch Experimente den Evolutionsprozess voranzutreiben. Die Taten von Göttern und Helden registrierte es nicht einmal. Als Odin vor den Celestials auf die Knie ging, wurde ihm klar, wie unbedeutend seine Macht im Vergleich zu jener der Weltraumgötter war.

> »Ich werde bis zum letzten Zwielicht kämpfen.«
> Odin

Odin und seine Mitstreiter wurden jedoch zu einem Vorbild, das viele Äonen überdauern sollte. Trotz unüberwindlicher Widrigkeiten hatten sie zusammengestanden, um die Erde zu verteidigen. Während die Details ihrer Existenz jahrhundertelang verborgen blieben, traten viele andere Helden-Teams in ihre Fußstapfen. Das Erbe der Urzeit-Avengers lebte weiter und ihr Mythos spiegelte sich in der Neuzeit, als andere übermächtige Individuen ihre Differenzen beilegten, um ein neues Avengers-Team zu bilden.

Himmlischer Besuch
Vor Millionen Jahren traf das Erste Heer der Celestials auf der Erde ein. Sein Besuch sollte zahllose Mythen und Legenden erblühen lassen und das Schicksal des Planeten verändern.
Avengers #3, August 2018

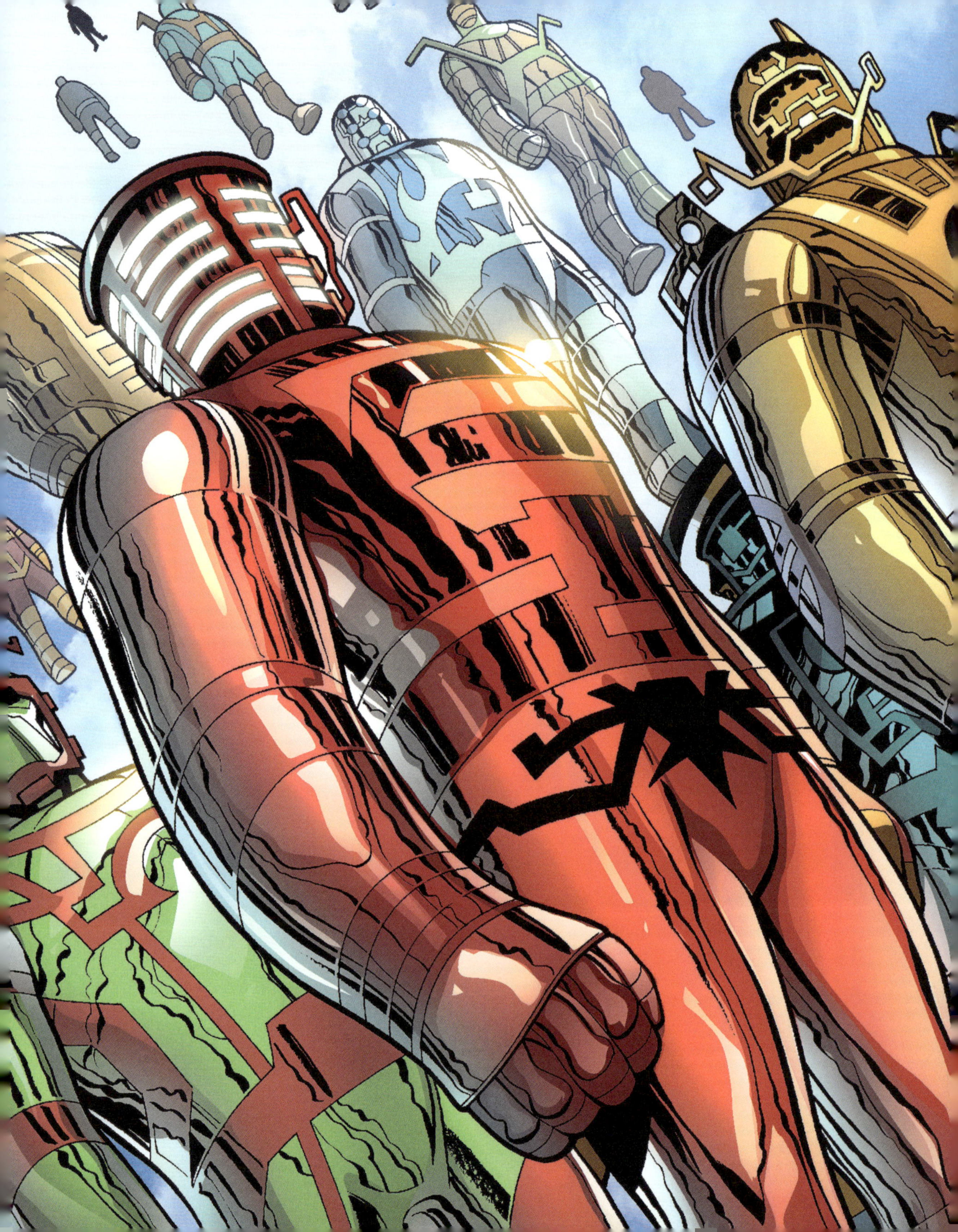

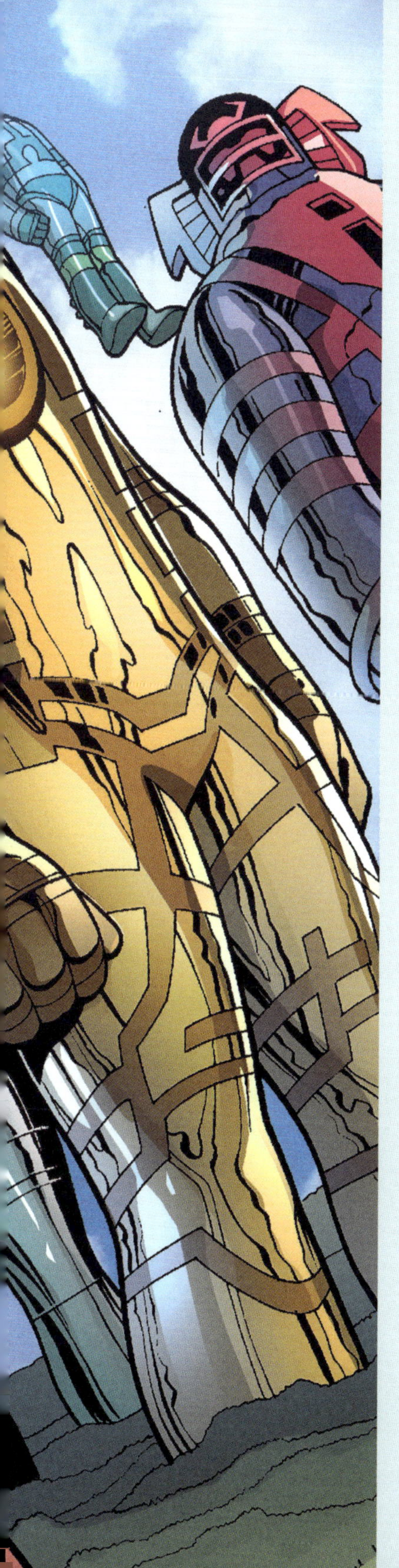

DIE ALL-GÖTTER KOMMEN

Die durchs All reisenden Celestials besuchten in fernen Zeiten die Erde und führten Experimente an primitiven Protomenschen durch, wodurch zwei Menschen-Ableger entstanden: die gottgleichen Eternals und die monströsen Deviants. Die Eternals waren Erschaffer, die Deviants Vernichter. Die Begegnungen der Menschen mit diesen Wesen ließ unzählige Mythen und Legenden gedeihen. In der Moderne kehrten die Celestials zurück, um über den Erfolg ihres genetischen Experiments zu urteilen. Es oblag Ikaris, einem Eternal der dritten Generation, die anderen Eternals, darunter die grimmige Thena und den flinken Makkari, zum Schutz der Menschheit zu mobilisieren.

Die Ankunft der Celestials

Die Celestials kamen aus dem Weltall, um das Schicksal der Erde zu bestimmen. Sie schufen zwei neue menschliche Arten – eine das Abbild der Götter, die andere eher das des Teufels.

Das Erste Heer der Celestials traf einige Zeit nach Zgrebs Tod ein. Es ist unklar, ob die Weltraumgötter wussten, dass einer der ihren kurz zuvor auf der Erde umgekommen war oder dass die kosmische DNS des Progenitors die irdische Biosphäre angereichert hatte. Sicher ist aber, dass sie aufgrund des irdischen Potenzials für übermenschliches Leben angelockt wurden. Schon in unzähligen anderen Welten hatten die Celestials über Jahrtausende hinweg ihr Vorhaben umgesetzt, den Evolutionsprozess voranzutreiben. Die Erde bot ihnen eine einzigartige Gelegenheit zum Experimentieren.

Das Erste Heer verließ sein Raumschiff, das so groß war, dass es die Sonne verdunkelte, und marschierte über die fruchtbaren Ebenen Afrikas. Von den zehn gigantischen Celestials hatte jeder eine spezifische Aufgabe. Gammenon der Sammler hatte den Auftrag, einige Protomenschen als Testobjekte zusammenzutragen. Er brachte eine Handvoll Anthropoiden zum schwebenden Mutterschiff zurück und legte sie dort in »Inkuba-Röhren«, um sie ruhigzustellen. Gammenon überließ nun Ziran dem Tester das Feld. Um die genetische Anpassungsfähigkeit der Protomenschen zu untersuchen, veränderte Ziran die DNS einiger Testpersonen, wodurch die missgebildeten Deviants entstanden, ein evolutionärer Ableger der Menschheit, der mit einem instabilen Genom gestraft war.

In Panik
Die außerirdischen Celestials landeten in Afrika und versetzten bei ihrer unnachgiebigen Suche nach Frühmenschen zur Durchführung ihrer Experimente die Tierwelt in Panik.
Eternals #1, August 2006

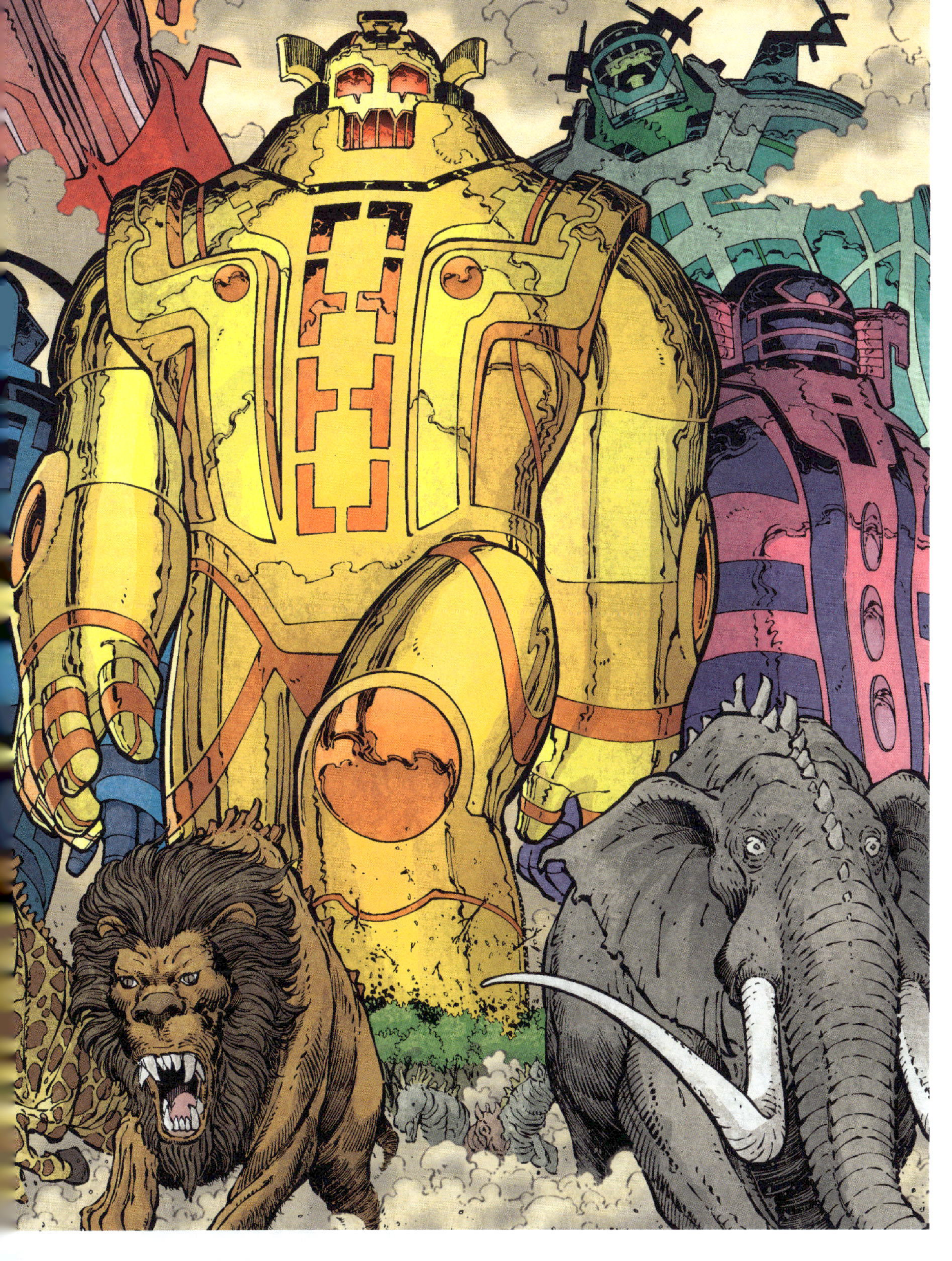

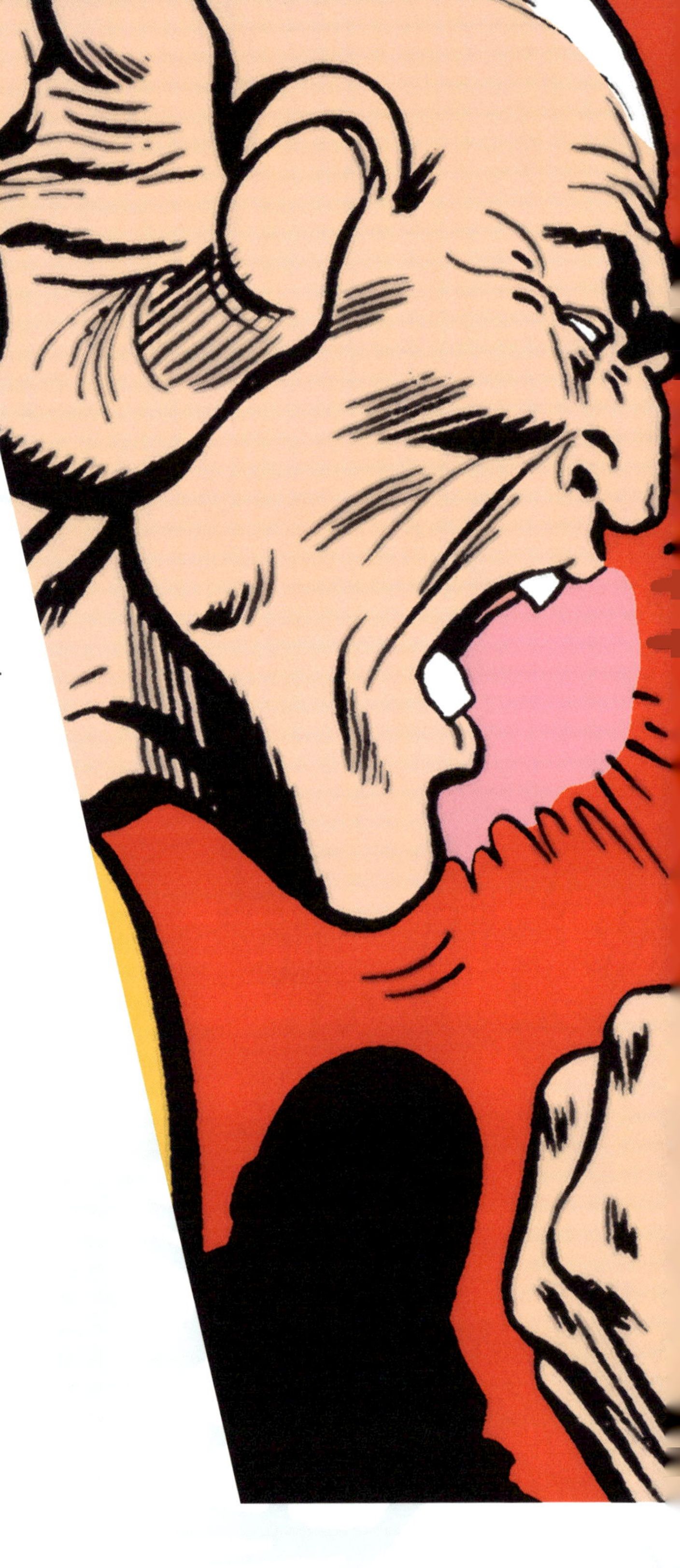

> »Nun muss der Krieg diesen Zwist beenden, der uns entzweit!«
>
> Uranos

Die in die Wildnis entlassenen Deviants suchten instinktiv tief unter der Erde Zuflucht. Als sie sich fortpflanzten, brachte jede nachfolgende Generation immer größere Monstrositäten hervor.

Währenddessen nahm Nezzar der Rechner auf dem Celestial-Mutterschiff ein zweites Experiment vor. Bei mehreren Anthropoiden wurden wiederum die Gencodes umgeschrieben, doch diesmal wurden sie in Eternals verwandelt – gottähnliche Wesen, die die Energien des Kosmos nutzen konnten. Mithilfe dieser Kräfte entkamen die Eternals aus dem Mutterschiff und ließen sich auf den höchsten Berggipfeln der Welt nieder. Schließlich befreite Oneg der Prüfer die letzten unveränderten Protomenschen aus der Gefangenschaft. Ihn faszinierte die Frage, wie die gewöhnlichen Menschen mit ihrer latenten Fähigkeit zur Entwicklung übermenschlicher Mutationen mit ihren Schwesterspezies konkurrieren würden. Das Erste Heer war nur kurze Zeit auf der Erde, aber die Auswirkungen seines Besuchs waren noch viele Jahrhunderte danach zu spüren.

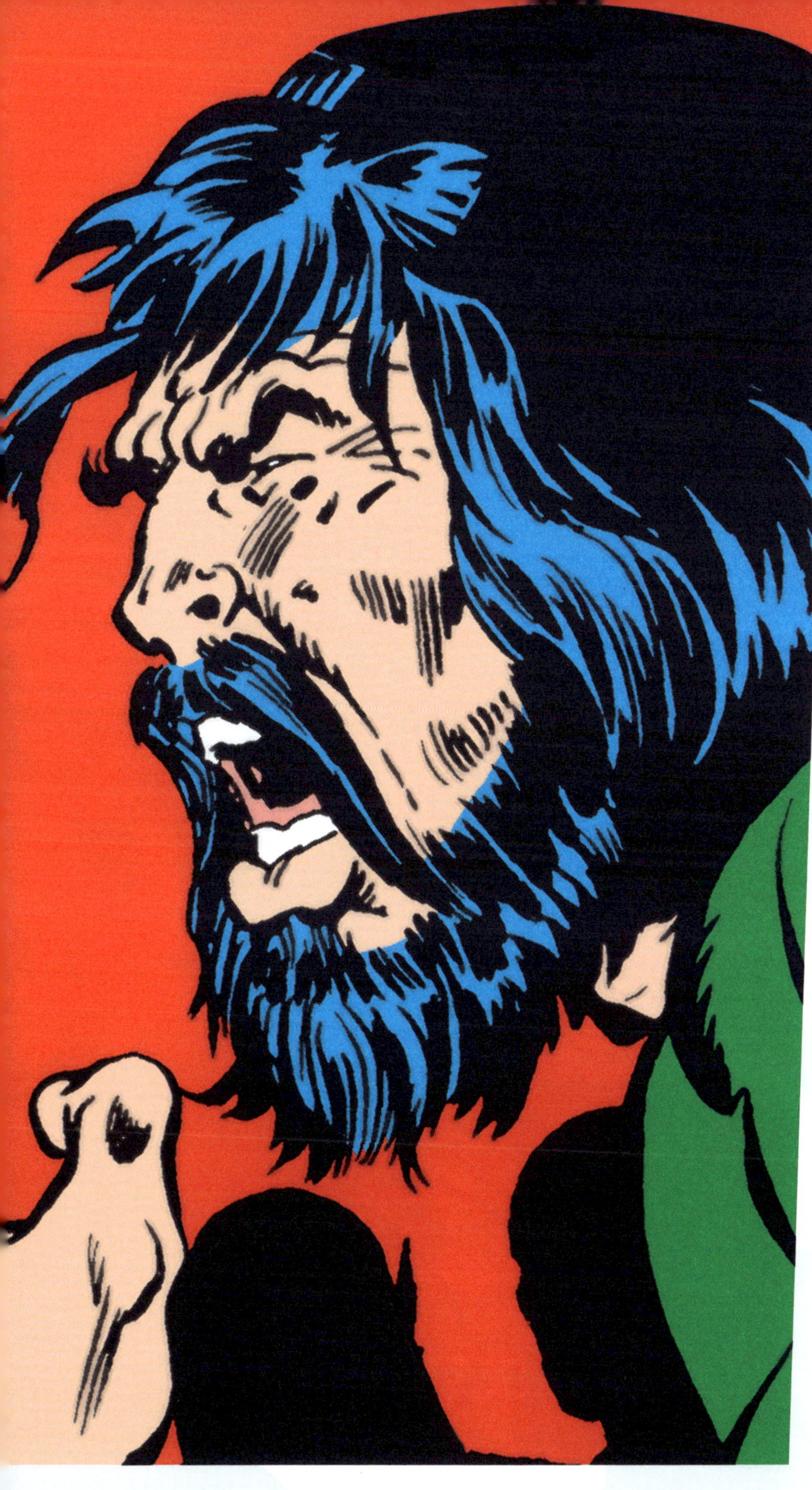

Ewiger Konflikt
Die Brüder Kronos und Uranos waren über die Frage zerstritten, wie sie ihre gewaltigen Kräfte am besten nutzen sollten. Ihre Auseinandersetzung führte zum Bürgerkrieg der Eternals.
What If? #24, Dezember 1980

Nachdem die ersten Eternals auf der ganzen Erde nach einem geeigneten Zuhause gesucht hatten, errichteten sie im geschützten Umfeld der Polarberge die Stadt Titanos. Sie war ein architektonisches Wunderwerk voller hoch aufragender Gebäude und weitläufiger Prachtstraßen. Kronos, Anführer der Eternals, hoffte, dass die friedliche Atmosphäre der Stadt sein Volk dazu bringen würde, sich den Künsten der Philosophie und Meditation zuzuwenden. Andere

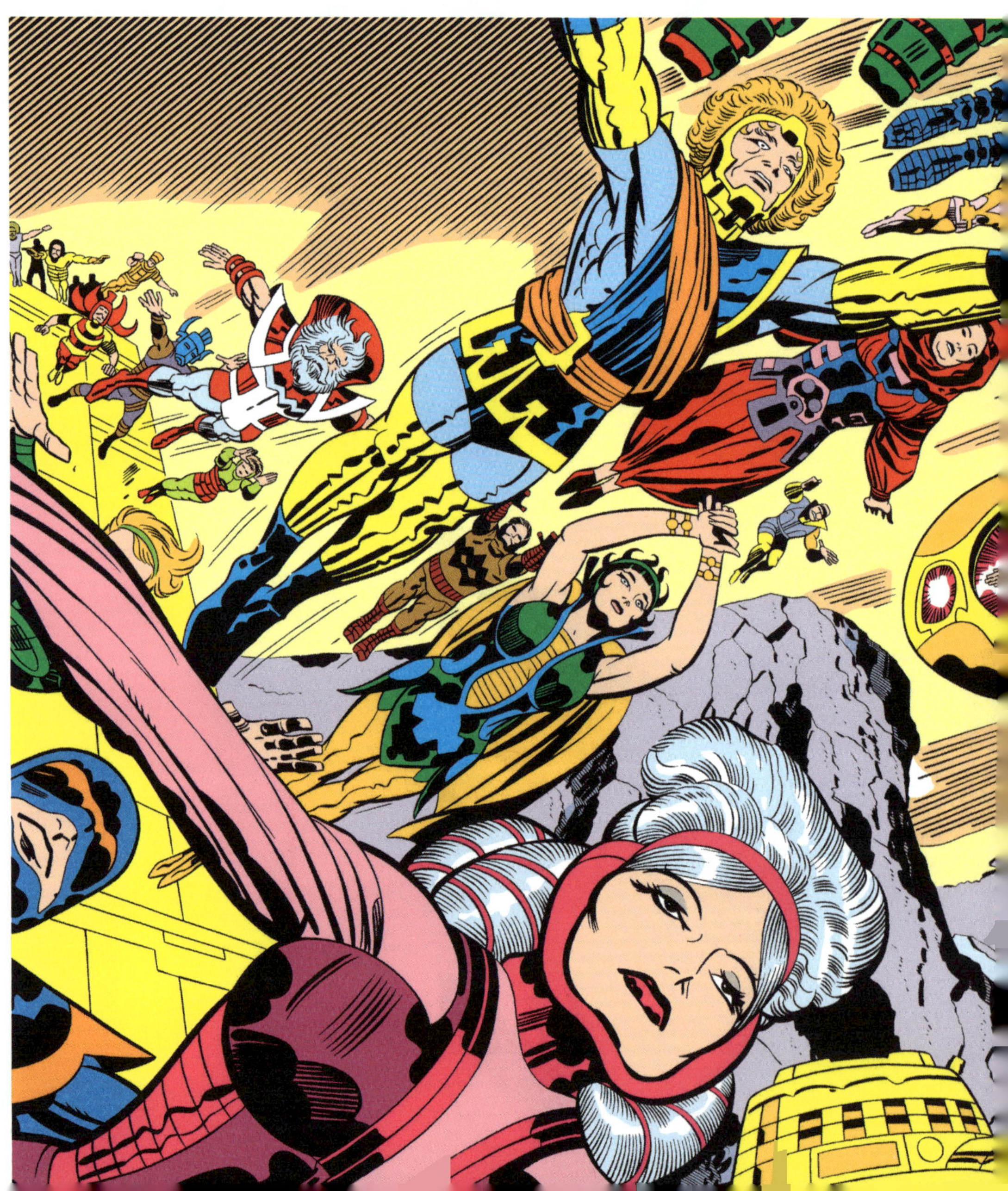

waren der Meinung, die Eternals sollten ihre gewaltigen Kräfte – immense körperliche Stärke, die Macht zu fliegen und die Fähigkeit, Materie zu transmutieren – zur Unterwerfung der Welt einsetzen. Auch Kronos' Bruder Uranos sprach sich dafür aus. »Wir sind geborene Eroberer und sollten uns diese schwache Welt untertan machen«, wetterte er. Kronos begegnete Uranos' Kriegsgebrüll mit ebenso feindseliger Rhetorik, und so brach schließlich ein Bürgerkrieg unter den Eternals aus.

Die heftigen Schlachten erschütterten sogar das stolze Titanos bis in die Grundmauern. Die Stadt wurde vernichtet, doch am Ende besiegten Kronos und seine Anhänger Uranos und die Rebellen. Nach langen Überlegungen der Sieger wurden Uranos und sein Gefolge ins All verbannt. Sie ließen sich auf dem Saturnmond Titan nieder.

Kronos konnte nun endlich über die Geheimnisse des Lebens nachsinnen und widmete sich wissenschaftlichen Studien. Tragischerweise führte ein Experiment mit kosmischer Strahlung zu einer Explosion von beispiellosem Ausmaß. Kronos wurde verdampft und sein Bewusstsein in den Weltraum geschleudert, wo es mit dem Gewebe des Universums verschmolz. Auf der Erde verbesserte die kosmische Partikelbestrahlung das bereits überlegene Erbgut der Eternals zusätzlich und machte diese Menschenart im wahrsten Sinne ihres Namens unsterblich. Die ältesten Söhne von Kronos, Zuras und Alars, zählten zu jenen, die durch den Partikelbeschuss besonders gestärkt wurden.

Himmelsgötter
Die Eternals zog es instinktiv zu den höchsten Gipfeln der Welt. Erst siedelten sie sich im Polarkreis an, später fanden sie in den verborgenen Regionen des antiken Griechenlands ein dauerhaftes Zuhause.
Eternals #11, Mai 1977

Um zu erfahren, was ihnen widerfahren war, untersuchten Zuras und Alars das zerstörte Labor ihres Vaters. Dort erzählte ihnen Kronos' körperlose Essenz, bevor sie endgültig verging, vom letzten waghalsigen Experiment mit kosmischer Strahlung. Mit seinen letzten Worten weissagte Kronos, dass die Zukunft der Eternals nun in den Händen der beiden Brüder liege.

Zuras und Alars beriefen einen Rat ein. Wie es Brauch war, eröffneten die geladenen Eternals die Versammlung in einem Kreis fliegend. Als sie jedoch in den Himmel aufstiegen, wurden die Anwesenden voneinander angezogen und zu einer Einheit verschmolzen, die einem riesigen, pulsierenden Gehirn ähnelte. Dies war der Uni-Mind, eine bizarre Auswirkung der Partikelbestrahlung. Jeder einzelne Eternal war darin Teil eines größeren Bewusstseins und in der Lage, unmittelbar mit allen anderen zu kommunizieren.

»Von diesem Tag an sind wir Eternals.«

Zuras

Im Uni-Mind vereint, beschlossen die Eternals, dass Zuras das Erbe seines Vaters antreten sollte. Um Zwietracht zu vermeiden, zog Alars nach Titan, wo er sich in »Mentor« umbenannte und einen außerirdischen Zweig der Eternals gründete. Dieser sollte schließlich Thanos hervorbringen, ein fürchterliches, despotisches Individuum mit einem verborgenen Deviant-Gen.

Als neuer Prime Eternal ordnete Zuras den Bau weiterer Städte überall auf der Erde an. Die Hauptstadt Olympia wurde inmitten der Bergregionen des antiken Griechenlands errichtet, Polaria im Ural in Westrussland und Ozeanien im Pazifik.

Ein Geist
Dank der kosmischen Partikelstrahlung konnten die Eternals ihre Wesen in einer einzigen Gestalt von unendlicher Weisheit vereinen: dem Ehrfurcht gebietenden Uni-Mind.
What If? #25, Februar 1981

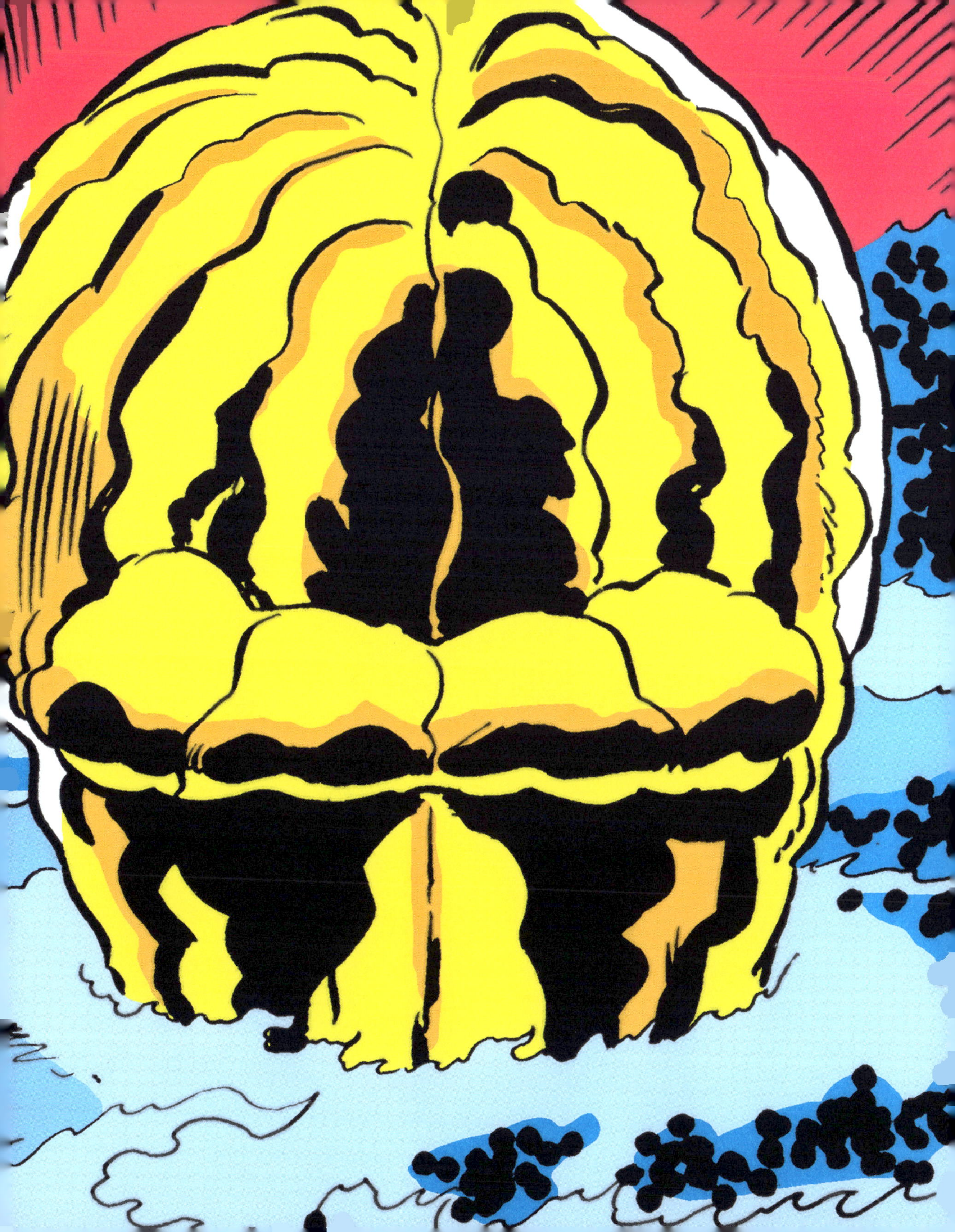

Der Lauf der Jahrhunderte brachte eine neue Eternal-Generation hervor, darunter Zuras' eigenwillige Tochter Thena, den leichtfüßigen Makkari und die genießerische Telepathin Sersi.

Während sich die Eternals dem Studium der Wissenschaften und der Künste widmeten, planten die Deviants die Eroberung der Welt. Trotz ihrer genetischen Instabilität waren sie bemerkenswert intelligent. Die Deviants entwickelten Jahrhunderte vor ihren menschlichen Verwandten fortschrittliche Technologien und bauten gigantische unterirdische Städte. Mit wachsender Macht kam neuer Mut, und bald schwärmten sie auf der Oberfläche der Erde aus. Von ihrer Hauptstadt auf der Insel Lemuria im Pazifik aus regierten die Deviants wie Könige.

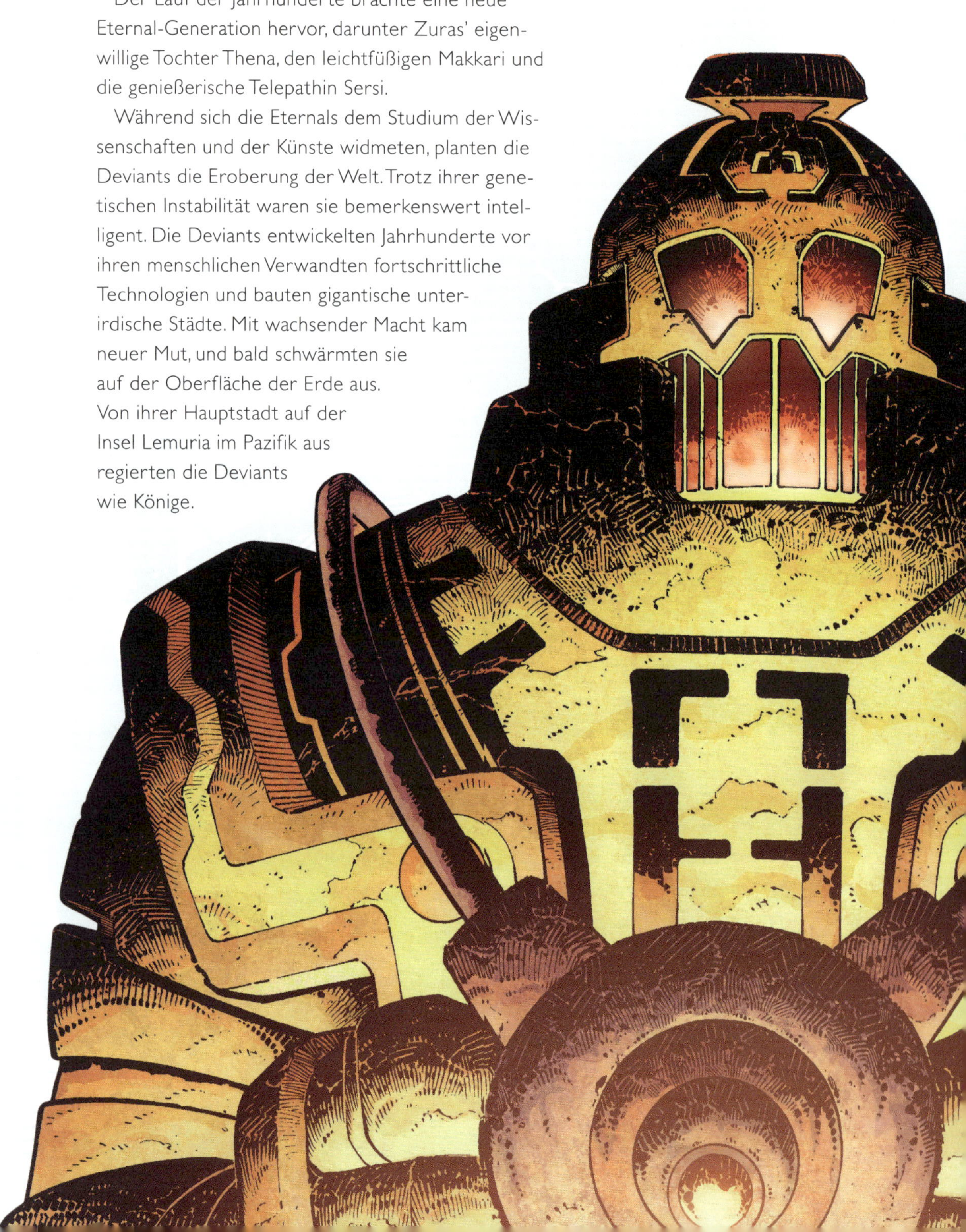

Sie versklavten einen Großteil der Frühmenschen. Der Rest wurde manipuliert und musste in endlosen Stellvertreterkriegen gegeneinander kämpfen. Millionen menschlicher Frauen und Männer lebten unterjocht und viele geknechtete Menschengenerationen erfuhren von den Deviants nur Schmerz und Leid. Diese Erfahrungen wurden zum Nährboden für viele Gleichnisse über ein Leben nach dem Tod – in der Hölle.

Das Reich der Deviants war 18 000 v. Chr. auf dem Höhepunkt. Seine Elite hielt sich für unangreifbar und glaubte, sie sei dazu bestimmt, für ewig zu regieren. Doch sie irrte. Als das Zweite Heer der Celestials über Lemuria am Himmel erschien, erkannten die Deviants ihre Bedeutungslosigkeit.

> »Die Deviants haben jeden Menschen zum Sklaven gemacht.«
>
> Ikaris

Die Weltraumgötter waren zurückgekehrt, um den Fortschritt ihrer Gen-Experimente zu begutachten. Die Deviants jedoch befürchteten das Schlimmste. Beim bloßen Anblick des riesigen Celestial-Mutterschiffs gerieten sie in Panik und nahmen ihre Schöpfer mit einem Dauer-Bombardement unter Beschuss. Die Celestials schlugen mit nur einer Bombe zurück. Deren Explosion war jedoch so stark, dass Lemuria von Feuerstürmen und einer riesigen Flutwelle vernichtet wurde. Einige Deviants flohen vor der Zerstörung unter die Erde. Ihre Nachkommen behielten Lemurias Untergang als den Großen Kataklysmus in Erinnerung.

Während die Deviants in ihren Verstecken kauerten, stieg das Wasser so hoch, dass ganze Landmassen untergingen. Viele Menschen fürchteten, das Ende der Welt sei gekommen.

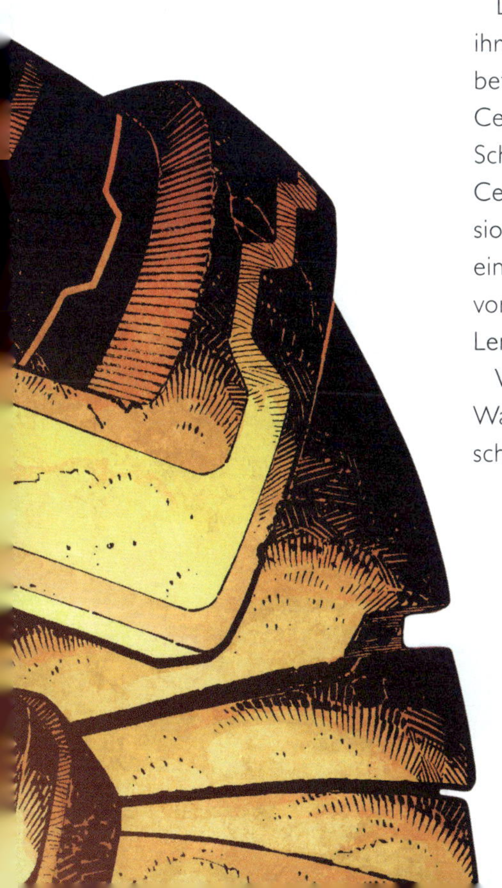

Verheerende Konfrontation
Der bloße Anblick der riesigen Celestials sorgte für eine Massenpanik unter den Deviants und führte die apokalyptischen Ereignisse des Großen Kataklysmus herbei.
Eternals #1, August 2006

Nur dank eines mysteriösen Eternals konnte eine Holzarche mit einer Ladung Menschen und Tiere das Festland erreichen. Wie ein großer Vogel flog der Eternal dem Schiff voraus und rettete es aus der Sintflut.

Der Große Kataklysmus lehrte Zuras eine wertvolle Lektion. Er erkannte, dass die Fähigkeiten der Eternals eine Verpflichtung mit sich brachten: Sie mussten die Erde schützen und sie auf die unvermeidliche Rückkehr der Celestials vorbereiten. Dies bedeutete auch, dass die Eternals aus ihren verborgenen Städten auftauchen mussten, um die finsteren Pläne der Deviants zu vereiteln.

»Werden wir uns nie friedvollen Dingen widmen können?«

Zuras

Diese Begegnungen bildeten den Grundstein moderner Mythen und Legenden. Die primitive Menschheit konnte sich die Vorkommnisse nicht erklären und hielt die Eternals mit ihren wundersamen Fähigkeiten für Götter. Für zusätzliche Verwirrung sorgte, dass Olympia in der Nähe des extradimensionalen Knotenpunkts errichtet worden war, der die Erde mit dem Reich der wahren Götter des Olymps verband. So verwechselten die Völker des antiken Griechenlands und Roms die Eternals häufig mit den olympischen Gottheiten.

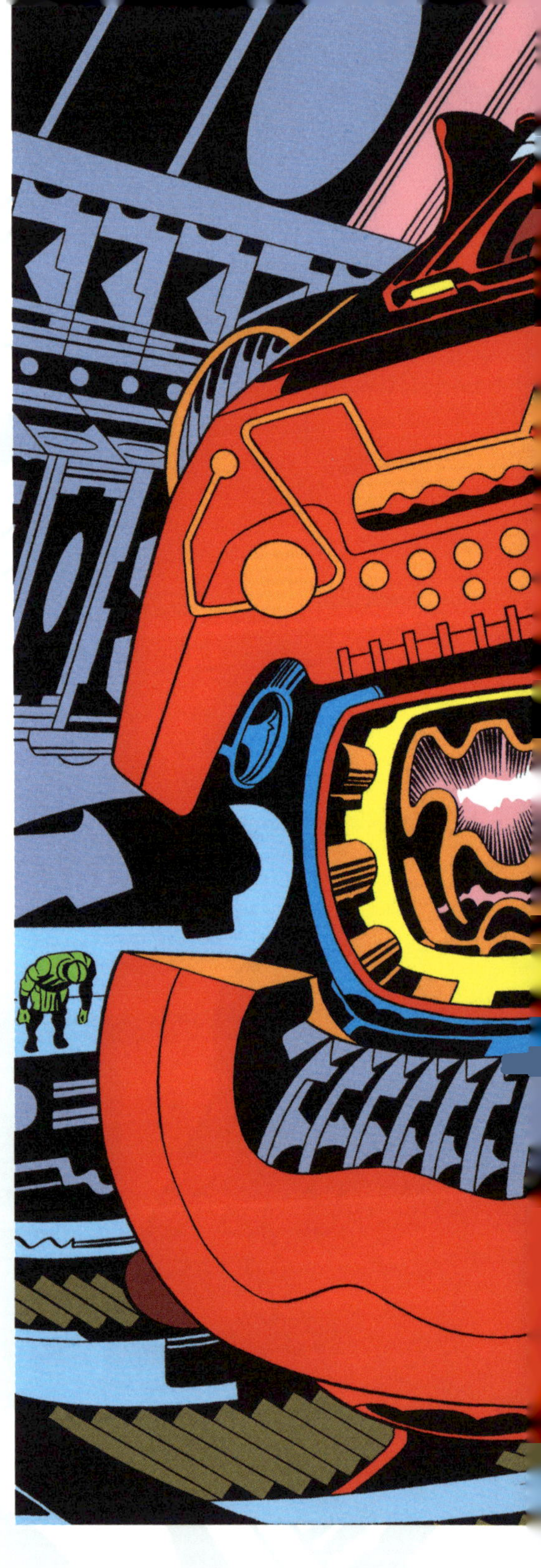

Massenvernichtung
Der Deviant-Kriegsherr Kro erbeutete ein riesiges Waffenarsenal, darunter eine gewaltige, panzerartige Bombe.
Eternals #13, Juli 1977

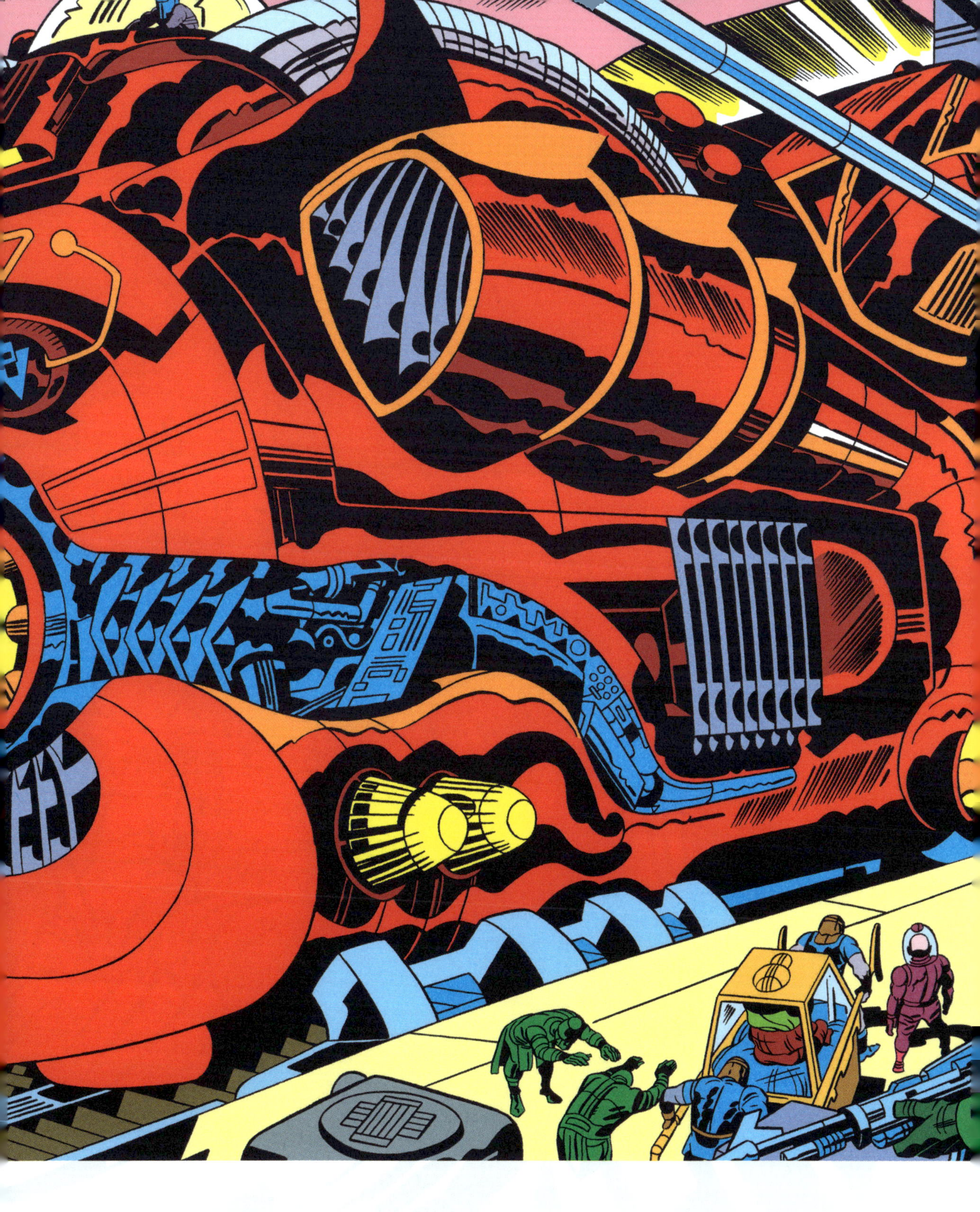

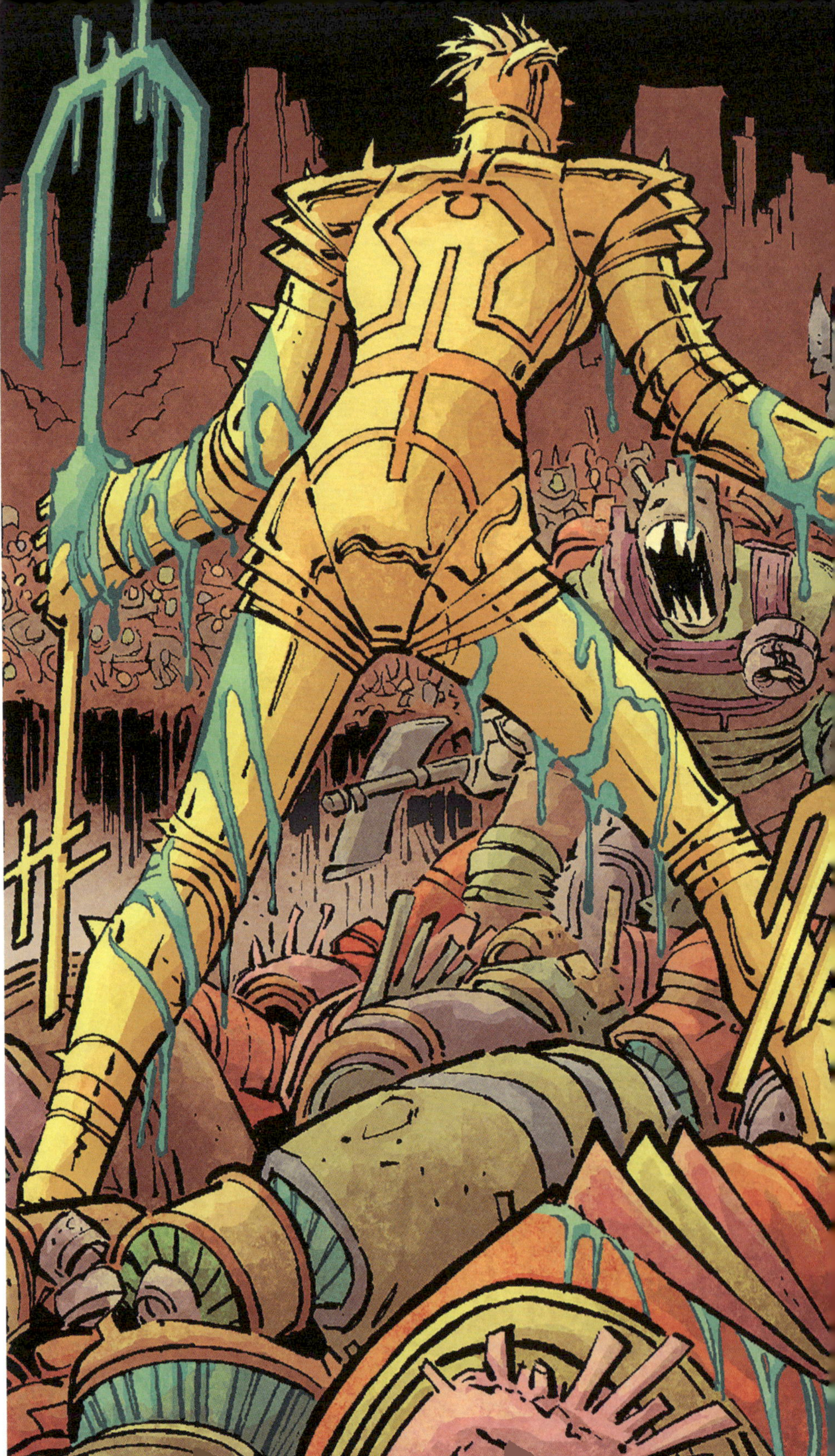

Kriegerin

Auf diversen Missionen zum Schutz der Menschheit bekämpfte Thena, die Tochter von Prime Eternal Zuras, mit unbändiger Wildheit und ungewöhnlicher Entschlossenheit die Deviants.

Eternals #4, November 2006

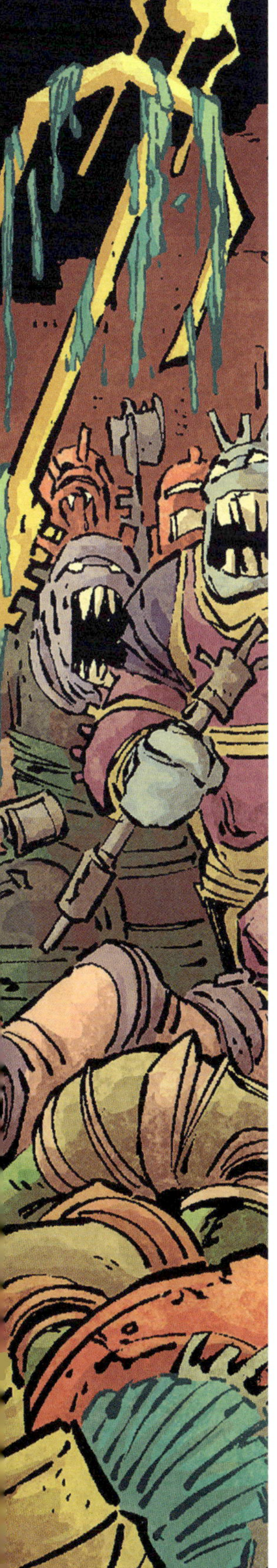

Von allen Eternals war der von Virakos angeführte Polar-Clan der zurückgezogenste – sowohl hinsichtlich seines Lebensraums als auch in Bezug auf seine Wesensart. Der Clan siedelte in frostigen Gefilden, die die kühle Distanziertheit seiner Mitglieder widerspiegelte. In Zeiten der Not jedoch griffen auch sie ein. Tatsächlich war es Virakos junger Sohn gewesen, der die Arche während der Sintflut der Großen Katastrophe gerettet hatte.

Jahrhunderte später wurde Virakos Sprössling erneut in die Welt hinausgeschickt. Er sollte auf Kreta einen gehörnten Deviant töten, der in einem Tunnellabyrinth sein Unwesen trieb. Dieses Abenteuer überdauerte als Legende des Minotaurus die Zeit. Auf Kreta schmolz das kalte Herz des Eternals, als er sich in eine Menschenfrau verliebte. Sie heirateten und bekamen einen Sohn, der keine außergewöhnlichen Kräfte hatte. Um dies auszugleichen, fertigte ihm sein Vater mechanische Flügel an. Der Junge war überglücklich. Nun konnte er neben seinem Vater am Himmel schweben. Die Warnung aber, die Flügel niemals alleine zu benutzen, missachtete das Kind. Sein erster Alleinflug endete tragischerweise mit seinem Tod. Der Eternal begrub seinen Sohn und nahm den Namen des Kindes an: Fortan nannte er sich Ikaris.

Ikaris hatte befürchtet, sein Herz würde im Laufe der kommenden Jahrhunderte verhärten, wie es bei den Polar-Eternals nach Verlusten üblich war. Indem er aber den Namen seines Erstgeborenen annahm, ehrte er seinen Sohn und vergaß ihn niemals.

Zuras' Strategie, sich auf die Rückkehr der Celestials vorzubereiten, erwies sich als erfolgreich: Als das Dritte Heer um 1000 n. Chr. auf der Erde eintraf, standen die Eternals zur Zusammenarbeit mit den Celestials bereit. Der Polar-Eternal Ajak nahm die Identität des Inka-Gottes Tecumotzin an und wies die im heutigen Südamerika angesiedelten Menschen an, sich auf den Besuch der Weltraumgötter vorzubereiten. Während die Deviants ihre unergründlichen Schöpfer angegriffen hatten, gingen die Eternals also weitaus umsichtiger und friedfertiger vor.

Das Jüngste Gericht

Die Celestials kehrten zurück, um Gericht über die Erde zu halten. Würden sie der Menschheit die nächste Evolutionsstufe gewähren oder sie als fehlgeschlagenes Gen-Experiment vernichten?

Nachdem sie Daten über die Entwicklung der drei Erdenspezies gesammelt hatten, verließen die Celestials des Dritten Heeres die Erde und hinterließen verschlüsselte Hinweise auf ihre Existenz. In den historischen Aufzeichnungen der Inka und Azteken fanden sich grobe Schnitzwerke der gewaltigen Weltraumgötter. In der Neuzeit sahen Wissenschaftler darin Beweise dafür, dass die Menschheitsgeschichte von Außerirdischen beeinflusst worden war. Der Archäologe Doktor Daniel Damian war einer der führenden Vertreter dieser Theorie. In Begleitung seiner Tochter Margo und seines Assistenten Ike Harris suchte er nach der sogenannten Verlorenen Stadt der Weltraumgötter. Dabei folgte Damian der Fährte der Alten. Seine Bemühungen waren von Erfolg gekrönt. Nach vielen Jahrzehnten fand er die Verlorene Stadt schließlich in den peruanischen Anden. Als der kleine Forschertrupp dort uralte Ruinen durchstöberte, stieß er auf Darstellungen, die die Celestials in ihren Sternenschiffen zeigten, sowie auf Steintafeln, die offenbar Karten der Milchstraße darstellten – und das war noch nicht alles. Als junger Archäologe konnte Harris unmöglich so viel über die Weltraumgötter wissen, wie dies der Fall war. Schließlich lüftete er sein Geheimnis: Er war der Polar-Eternal Ikaris, der für Prime Eternal Zuras eine Mission ausführte. Ikaris erzählte seinen staunenden Begleitern, dass sie ihre Welt mit zwei Schwesterspezies teilten: den Eternals und den Deviants. Er berichtete von der Geschichte der Celestial-Heere und von den neuesten Entwicklungen. Zuras hatte ein Raumschiff entdeckt, das Kurs auf die Erde nahm. Darin reiste das Vierte Heer Richtung Erde. Ikaris' Aufgabe war es nun, ein Peilsignal auszulösen, das die Weltraumgötter sicher zu ihrem alten Landeplatz leiten würde.

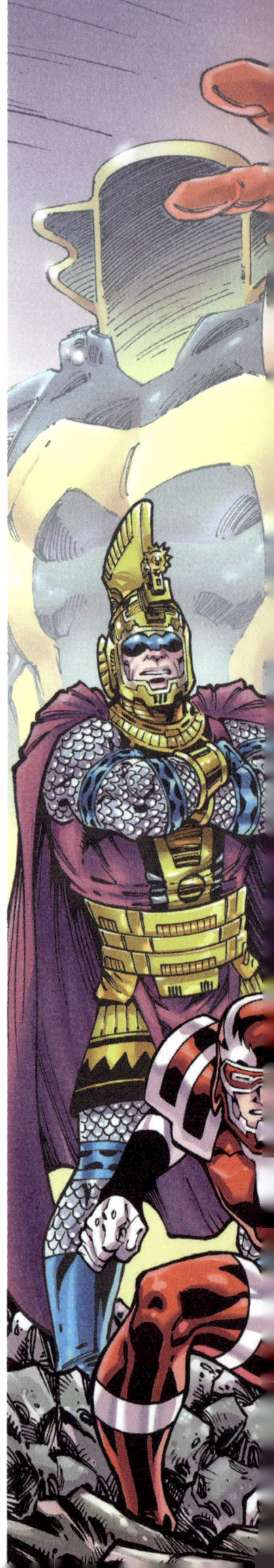

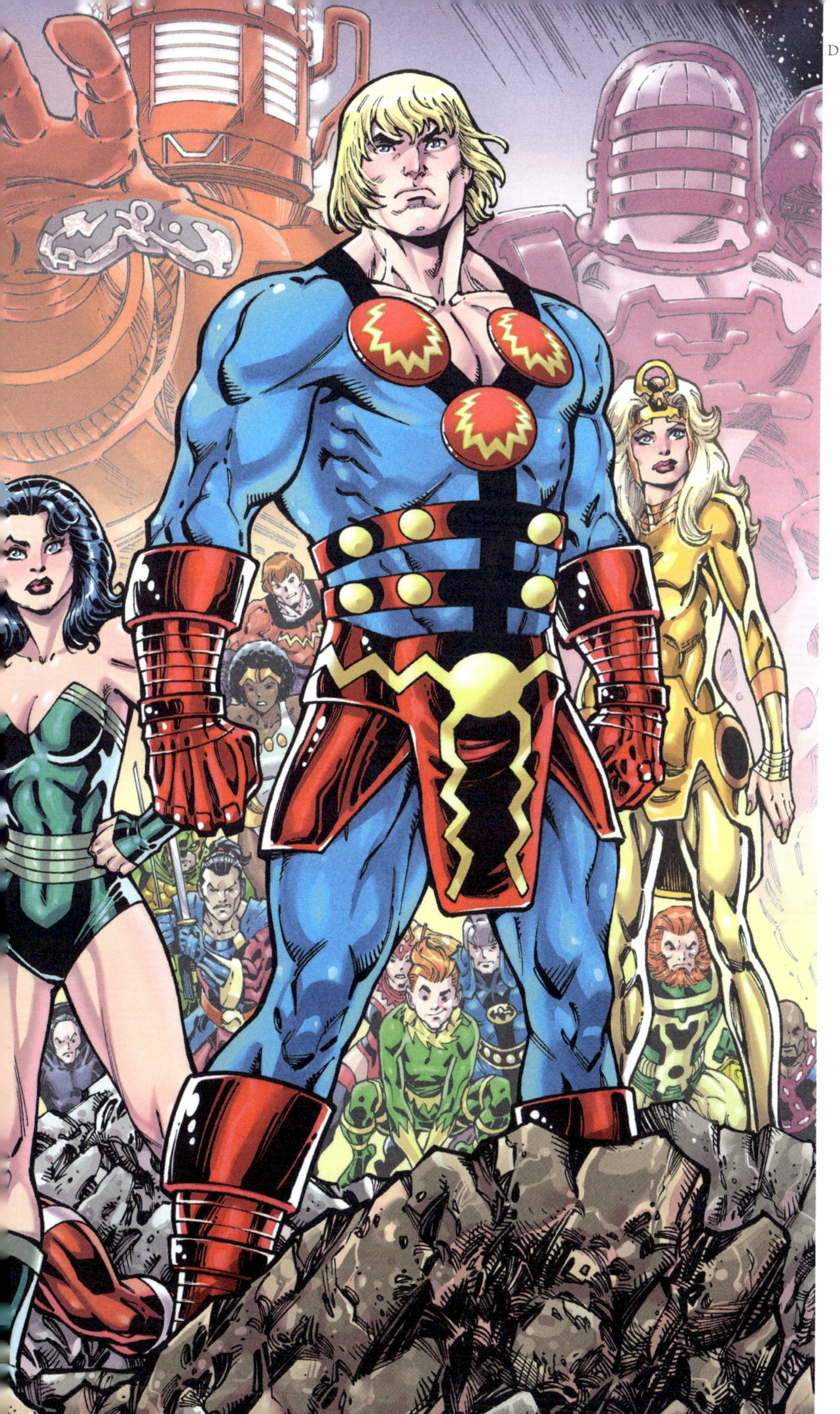

Uralte Mächte

Unterstützt von Ajax, Mokkari, Sersi und Thena, enthüllte der Polar-Eternal Ikaris die Existenz seiner Spezies, um für die kommenden Turbulenzen gerüstet zu sein.

Eternals: Secrets from the Marvel Universe #1, Februar 2020

Nach der Aktivierung eines Peilsignals betrat Ikaris eine sogenannte »Auferstehungsgruft«, um sich mit einem alten Freund zu treffen. Ajak hatte seit dem Aufbruch des Dritten Heeres tausend Jahre lang in Stase schlummernd verbracht. Nun erwachte er mit der Energie eines Mannes, der verlorene Zeit aufholen wollte. Neben ihm traten zahlreiche Inka-Techniker in Aktion, die als High-Tech-Bodenpersonal für die ankommenden Celestials fungierten.

Doktor Damian und Margo sahen voller Ehrfurcht, wie der erste Celestial langsam von seinem Raumschiff herabstieg. Es war Arishem, dessen monumentale Gestalt sich auf zwei riesigen Pylonen niederließ, vollkommen ruhig und scheinbar ungerührt von den umtriebigen Aktivitäten um ihn herum.

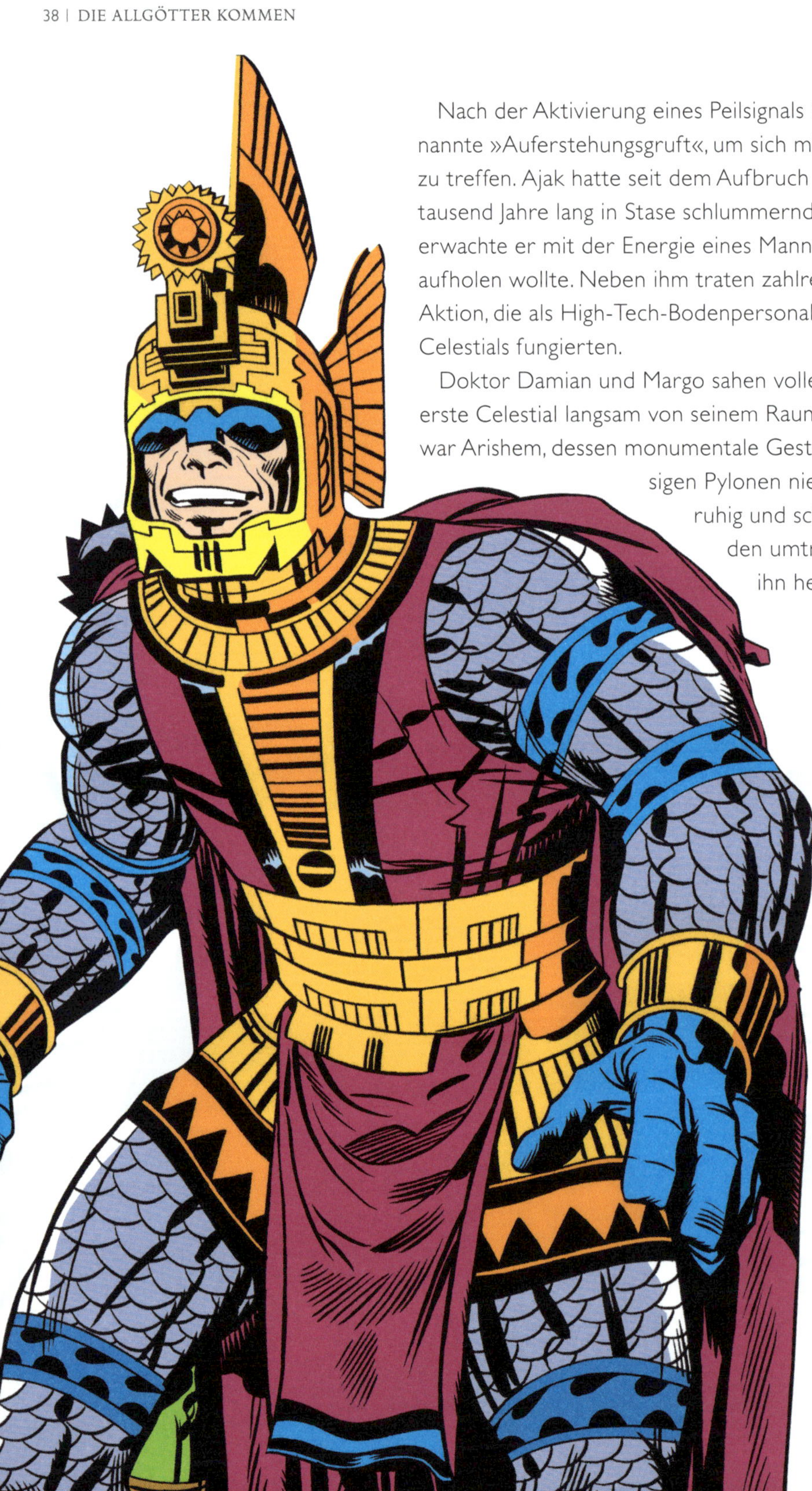

In Erwartung
Der Eternal Ajak erwachte nach Hunderten Jahren Schlummer, um die zurückkehrenden Celestials zu empfangen. Er war auserwählt, als Vermittler zwischen Weltraumgöttern und Eternals aufzutreten.
Eternals #2, August 1976

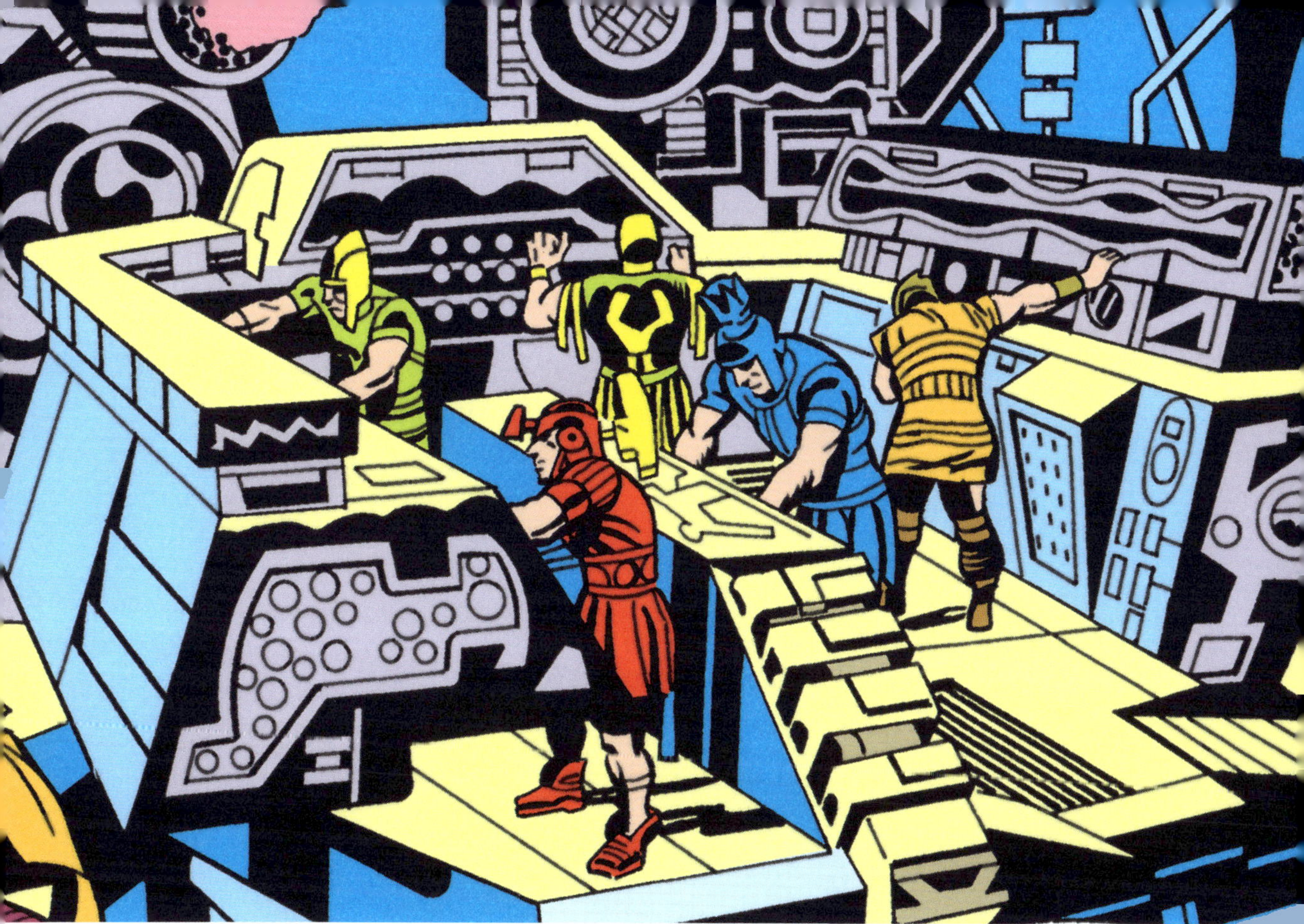

Ajak erkannte in dem Celestial Arishem den Richter und begriff den Auftrag des Vierten Heeres. Die Zeit des Jüngsten Gerichts war gekommen. Arishem sollte prüfen, ob die Menschheit und ihre beiden Schwesterspezies des Fortbestehens würdig waren. Nach 50 Jahren in stiller Einkehr würde er sein Urteil verkünden, das den Erdbewohnern beschied, ob sie leben durften oder sterben mussten.

Aber nicht nur die Eternals bemerkten die Rückkehr der Celestials. Auch die Deviants wussten von der nahenden Ankunft des Vierten Heeres. Seit der Zeit des Großen Kataklysmus hatten sie weitgehend im Verborgenen agiert und waren selten aus ihrer neuen unterirdischen Hauptstadt gekommen, die umgangssprachlich Stadt der Kröten genannt wurde. Kurz bevor das Celestial-Raumschiff landete, überfiel der Deviant-Kriegsherr Kro jedoch die Verlorene Stadt der Weltraumgötter. Es war der verzweifelte Versuch, das Vierte Heer auf irgendeine Weise abzuwehren. Es folgte eine ebenso kurze wie vergebliche Auseinandersetzung mit Ikaris.

Bodenpersonal
Aus dem Kälteschlaf erwacht, bereitete ein Team aus uralten Inkas sich auf die Ankunft der Celestials in ihrem riesigen Raumschiff vor.
Eternals #2, August 1976

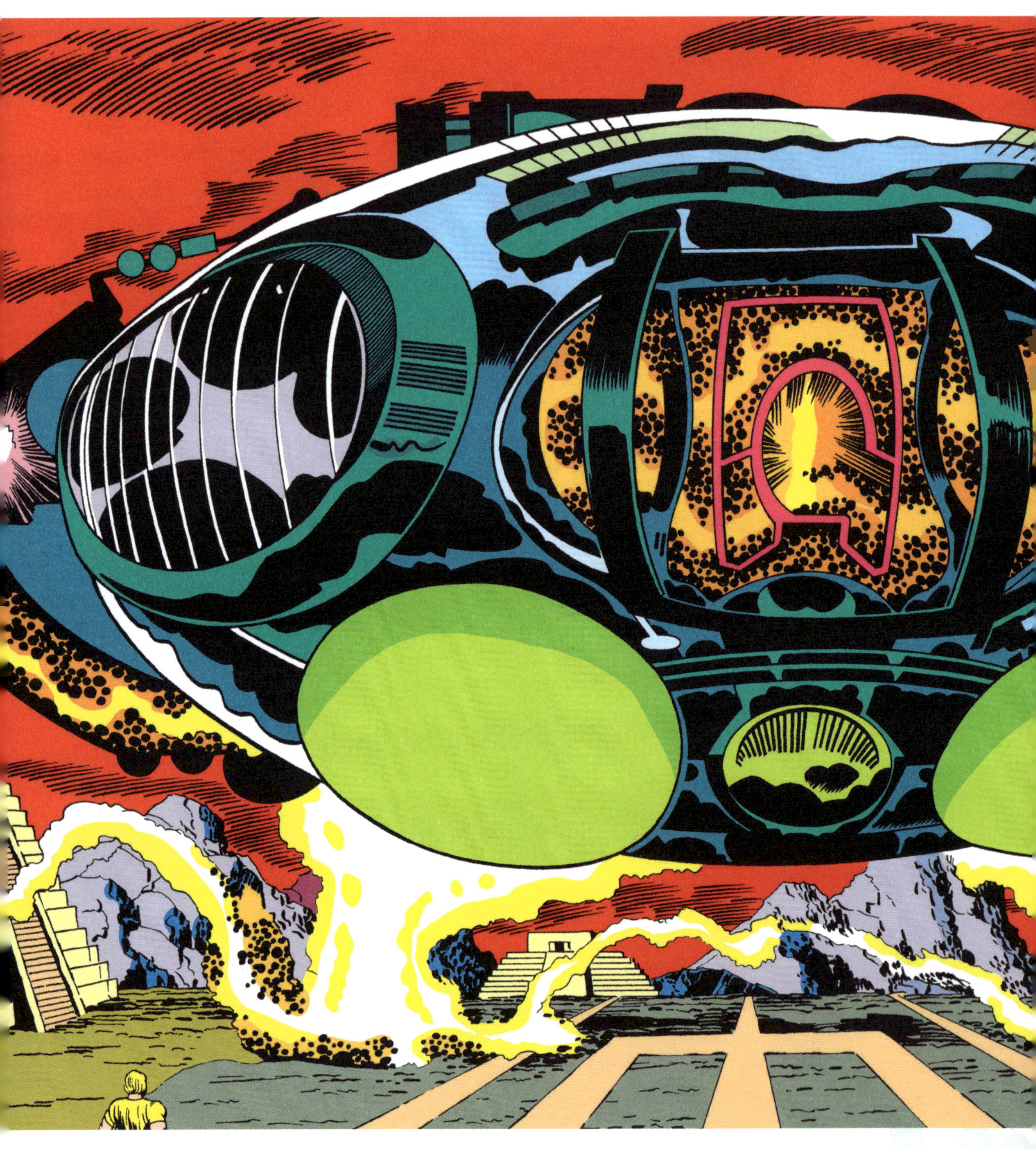

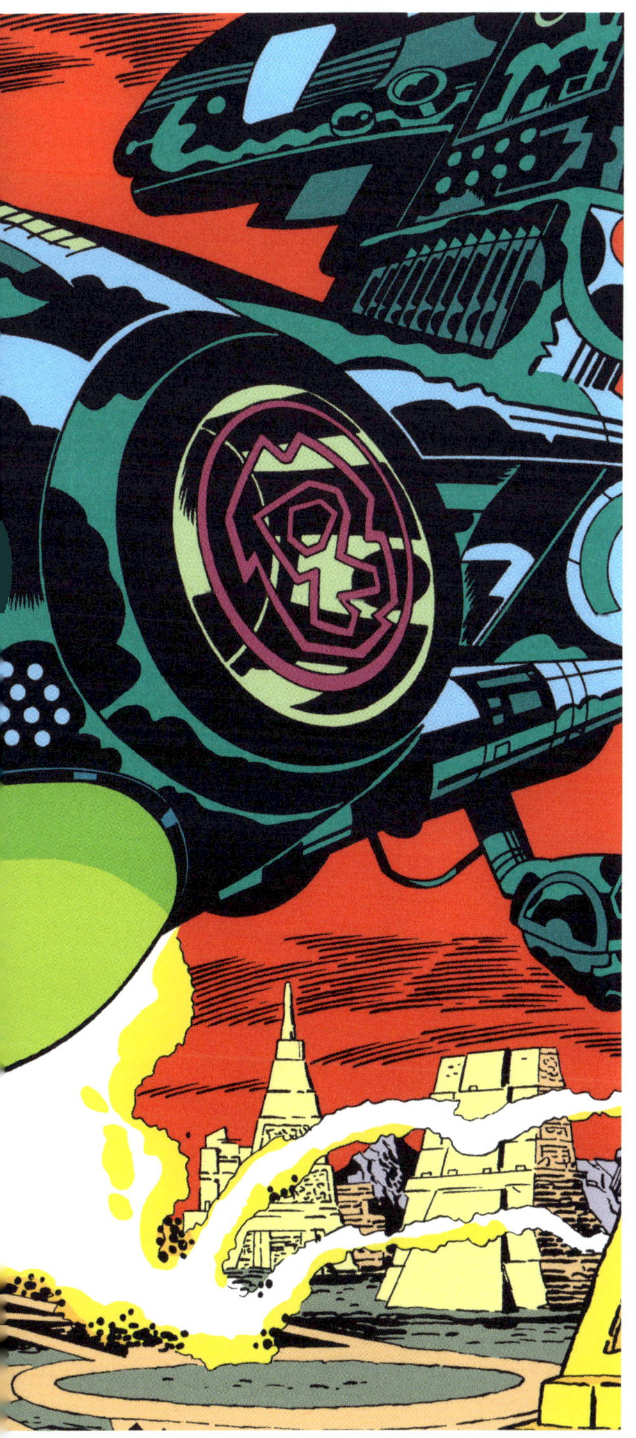

Kro kam zu spät, um die Ankunft der Weltraumgötter zu verhindern. In seiner ohnmächtigen Wut schrie er die nahenden Raumschiffe an und warf den Celestials ihre brutale Behandlung seines Volkes vor. Seine Worte waren voller Bitterkeit und Zorn, aber auch voller Trotz. Er schwor, niemals sein Knie vor seinen gigantischen, rätselhaften Schöpfern zu beugen, und drohte mit den mächtigen Waffen der Deviants.

> »Und so beginnt es – ein neues Zeitalter der Weltraumgötter auf Erden!«
>
> Ajak

Als wollten sie Kros Worte verspotten, setzten die Celestials eine Welle kosmischer Energie frei, welche die Deviants aus der Verlorenen Stadt vertrieb. Kro sträubte sich gegen diese schmachvolle Niederlage und entwarf rasch einen Plan zum Gegenangriff. Die Deviants wollten die Celestials nicht mehr selbst angreifen, sondern andere dazu bringen, für sie zu kämpfen. Kro erinnerte sich daran, dass die Menschheit seine Art einst für Höllendämonen gehalten hatte. Er verkleidete sich als Teufel und griff New York mit einer kleinen Armee von Deviants an, wobei jeder Soldat mit einer fortschrittlichen Waffe bewaffnet war, die erstickende Flammen ausstieß.

Himmelssturz
Inmitten eines Sturms kosmischer Energie tauchte ein Celestial-Raumschiff über der Erde auf. Nach tausend Jahren kehrten die Weltraumgötter zurück!
Eternals #2, August 1976

Kro wollte eine Massenpanik auslösen und eine Reaktion der menschlichen Behörden provozieren. Er hoffte, man würde ihn für einen Agenten der gigantischen Weltraumgötter halten und mit einem verheerenden Nuklearschlag auf die wachsende Basis der Celestials in den Anden reagieren.

> »Wenn du im Krieg Sinn erkennst, Kro, dann komm – auf in den Kampf!«
>
> Ikaris

Als Kros Plan in die Tat umgesetzt wurde, spitzten sich auch die Ereignisse in den Anden zu. Weitere Celestials waren aus ihrem Mutterschiff gekommen und hatten begonnen, die Anlage zu erneuern. Ajak beobachtete, dass die Weltraumgötter einen Wall um die Landezone errichten wollten – eine blickdichte Barriere, die nur die Celestials überwinden konnten. Darum bat er Ikaris, die Menschen zurück in die Zivilisation zu bringen. Doktor Damian aber weigerte sich zu gehen. Als Archäologe sah er in der Beobachtung der Ereignisse die Chance seines Lebens. Ajak warnte ihn, dass die Barriere erst in 50 Jahren verschwinden und der gealterte Damian wahrscheinlich seine letzten Tage in den Anden verbringen würde. Der Doktor blieb ungerührt. Sein Leben lang hatte er die Weltraumgötter erforscht und nun wollte er seine Studienobjekte liebend gern bis zum letzten Atemzug aus nächster Nähe untersuchen. Seine Tochter Margo beunruhigte die Vorstellung, ihren Vater zurückzulassen, doch Ikaris begriff schnell, dass der Wissenschaftler nicht umzustimmen war.

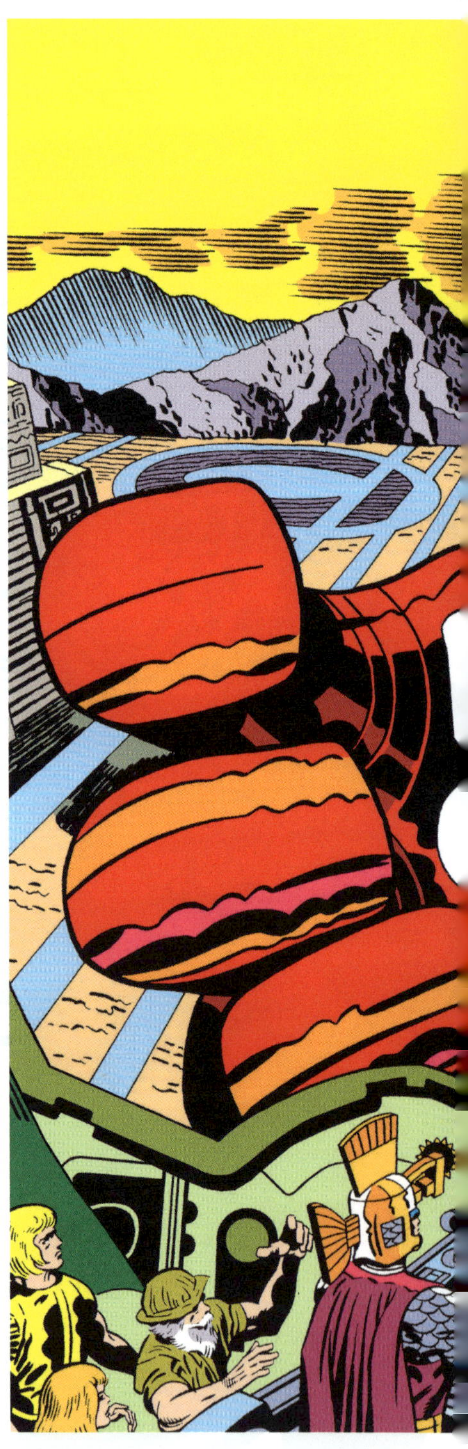

Kosmische Richter
Aus der Ferne betrachtet sah man den gigantischen Celestial Arishem als stillen Richter stehen, der über das Schicksal der hilflosen Erdenbewohner sinnierte.
Eternals #3, September 1976

Ikaris drängte Margo in das kleine Flugzeug des Expeditionsteams, und die beiden entkamen der Bergfestung in letzter Sekunde, bevor die Barriere undurchdringlich wurde.

Als Ikaris von Kros Angriff auf New York erfuhr, ließ er die verstörte Margo in der Obhut von Sersi zurück, einer Eternal, die sich im geschäftigen Manhattan niedergelassen hatte. Margo war verblüfft über Sersis Sorglosigkeit. Ikaris hingegen stürzte sich sogleich mitten in die tobende Schlacht. Kros Schergen hatten die Polizei bereits überwältigt und standen kurz vor dem Sieg. Beim bloßen Anblick der Monster gerieten die sonst so abgebrühten New Yorker in Panik und flohen vor den vermeintlichen Teufeln, so wie es ihre abergläubischen Vorfahren einst getan hatten.

»Der Teufel bleibt eure Angst – und meine Waffe!« Kriegsherr Kro

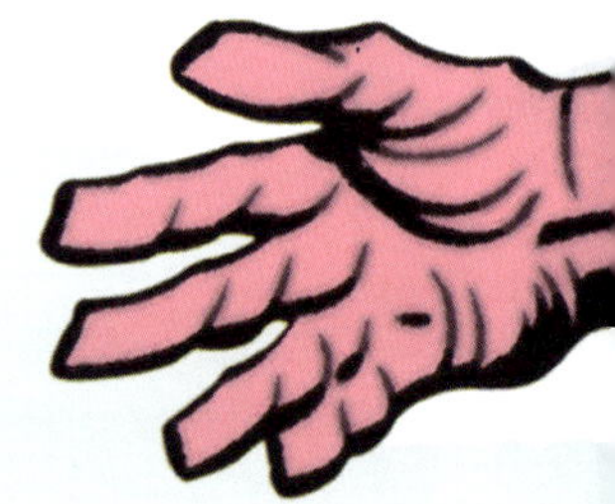

Ikaris bezwang zahlreiche Deviants, aber sein Kampf gegen die Horden war aussichtslos: Er wurde von einer lähmenden Gehirnmine niedergeschlagen. Als Sersi von Ikaris' Schicksal erfuhr, befürchtete sie das Schlimmste und stürzte sich widerwillig in die Schlacht. Sie nahm es mit diversen Deviants auf und rief ihre Verwandten im fernen Olympia zu Hilfe. Zuras war sich des Ernsts der Lage bewusst und schickte seine kriegerische Tochter Thena sowie den Piloten Makkari in das Kriegsgebiet. »Geht nun, alle beide! Lasst eure Aggression an den Deviants aus!«, lautete sein Befehl.

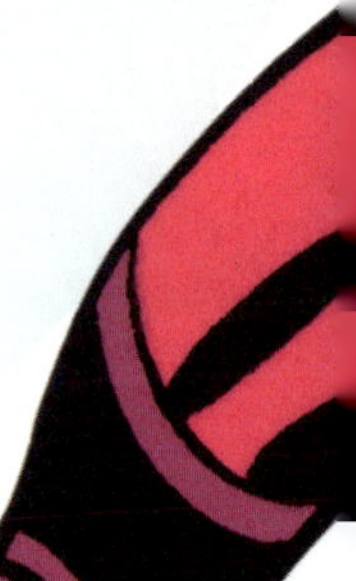

Zorn des Kro
Der Deviant-Kriegsherr Kro, der von den Celestials als bedeutungslos abgetan wurde, tobte angesichts dieser Beleidigung und schwor, sich an den undurchschaubaren Weltraumgöttern zu rächen.
Eternals #2, August 1976

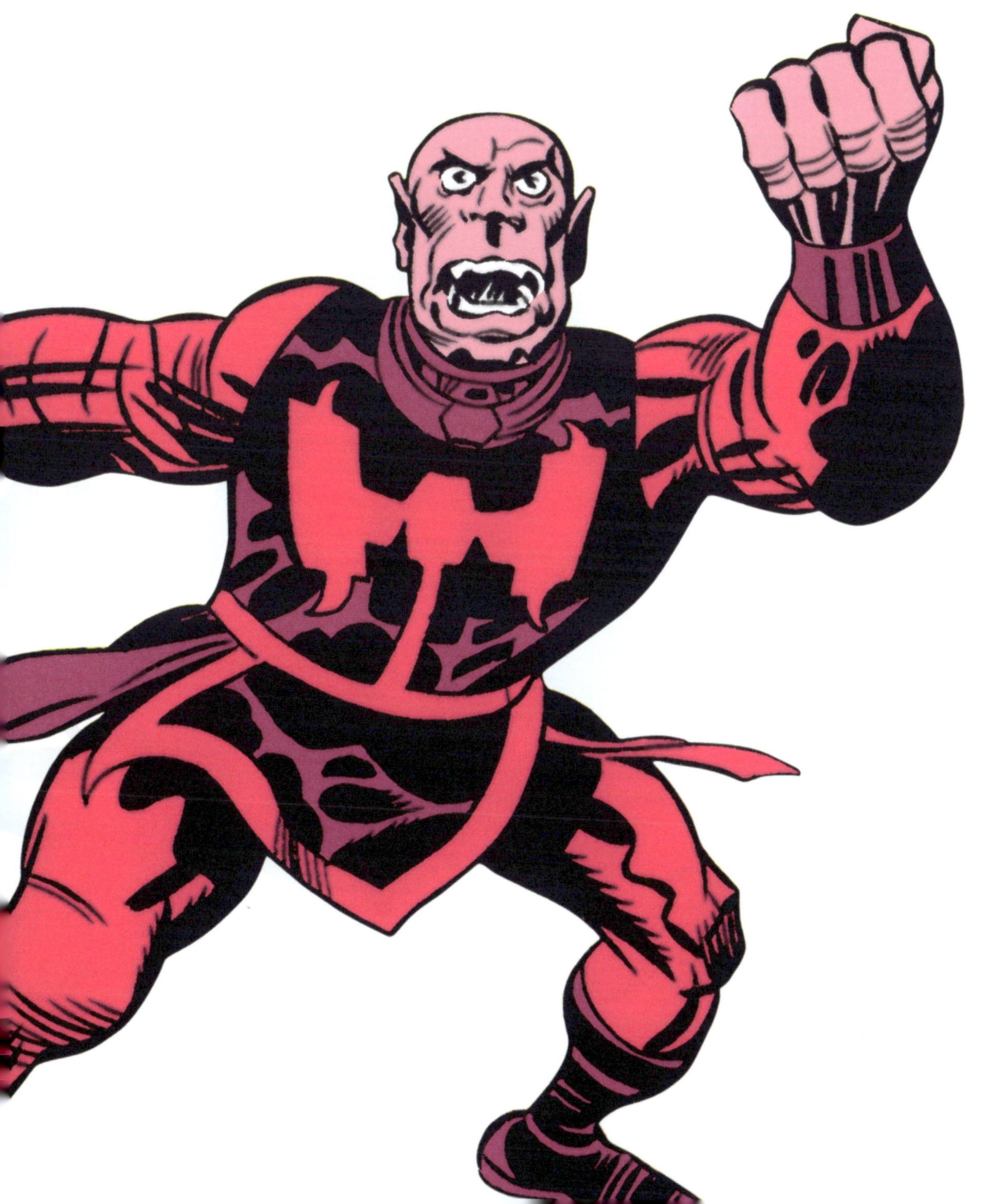

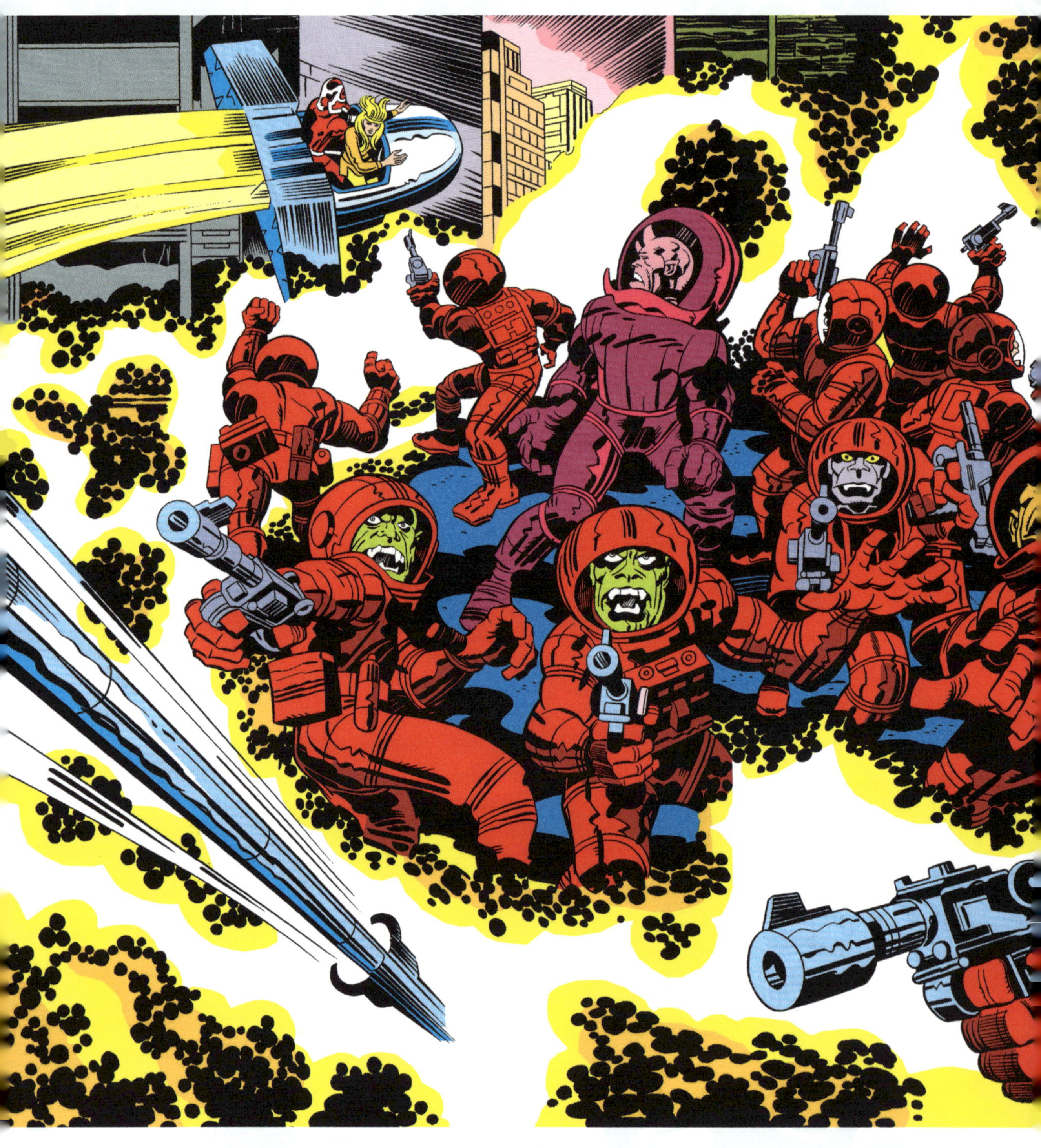

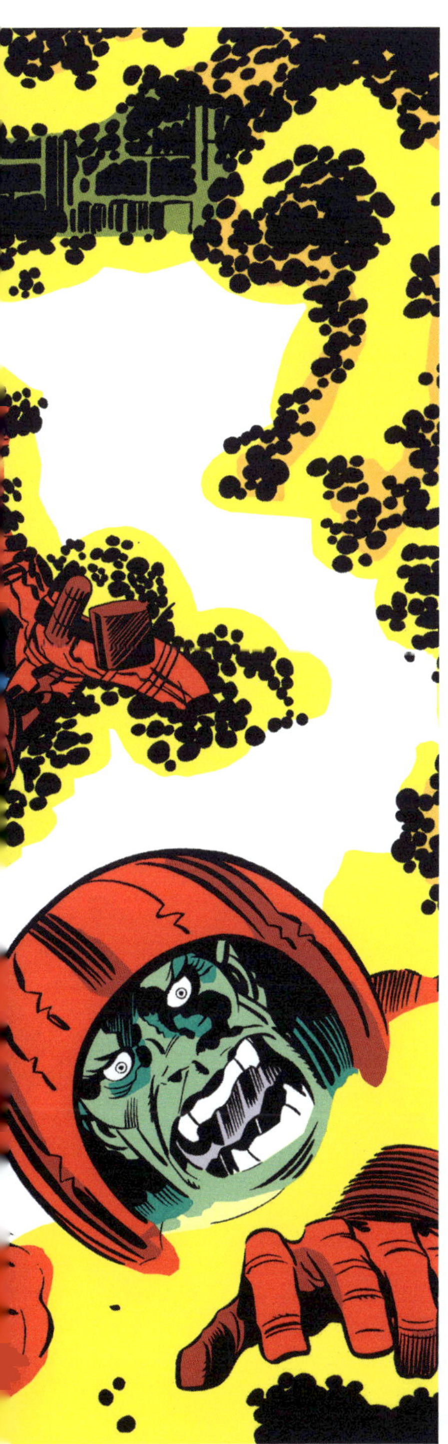

Thena und Makkari befolgten Zuras' Befehle voller Enthusiasmus und schlugen wild auf die Deviant-Soldaten ein. Auf Jet-Streitwagen und bewaffnet mit Hightech-Armbrüsten und Energielanzen brachten sie dem Feind schwere Verluste bei. Kro fügte sich in die unvermeidliche Niederlage und kapitulierte.

Kro kannte Thena von früher und nutzte diese Vertrautheit, um sich bei den Siegern einzuschmeicheln. Er schlug einen formellen Waffenstillstand vor und forderte, dass alle drei Menschenarten ihre Waffen niederlegen sollten, bis man eine gemeinsame Lösung gegen die Celestials gefunden hätte. Trotz ihres Argwohns stimmte Thena Kros' Strategie zu. Ikaris wurde wiederbelebt und kehrte zu den anderen Eternals zurück.

> »Ihr Wilden werdet den Angriff auf die Menschen bereuen!«
>
> Thena

Die Schlacht um New York war vorbei, aber der Kampf um die Erde hatte gerade erst begonnen. Die Menschheit hatte die Ereignisse in der Stadt beobachtet und wusste nun, dass sie den Planeten mit zwei Schwesterspezies teilte. Wochen nach dem Ende der Feindseligkeiten waren Ikaris und seine Eternal-Freunde bei einem Vortrag an einem New Yorker College für Anthropologie zu Gast. Sie beantworteten Fragen zu ihren erstaunlichen Fähigkeiten. Während einige Studenten fasziniert waren, zeigten andere sich skeptisch und taten die Ausführungen als Schwindel ab. Auch Kro war anwesend und verspottete die Menschen mit Gruselgeschichten über Teufel und Dämonen. Der Vortrag endete schließlich im Chaos. Trotzdem zeigte dieser Vorfall deutlich, dass eine neue Ära begonnen hatte. Wie die unterschiedlichen Menschen-Arten aufeinander und auf die Ankunft der Celestials reagieren würden, sollte tiefgreifende Auswirkungen auf die Zukunft des Lebens auf der Erde haben.

Hölle auf Erden

Kriegsmeister Kro führte seinen Truppen in einem Angriff auf New York an, wo die teuflische Armee in den Eternals Thena und Makkari ihre Meister fand.
Eternals #6, Dezember 1976

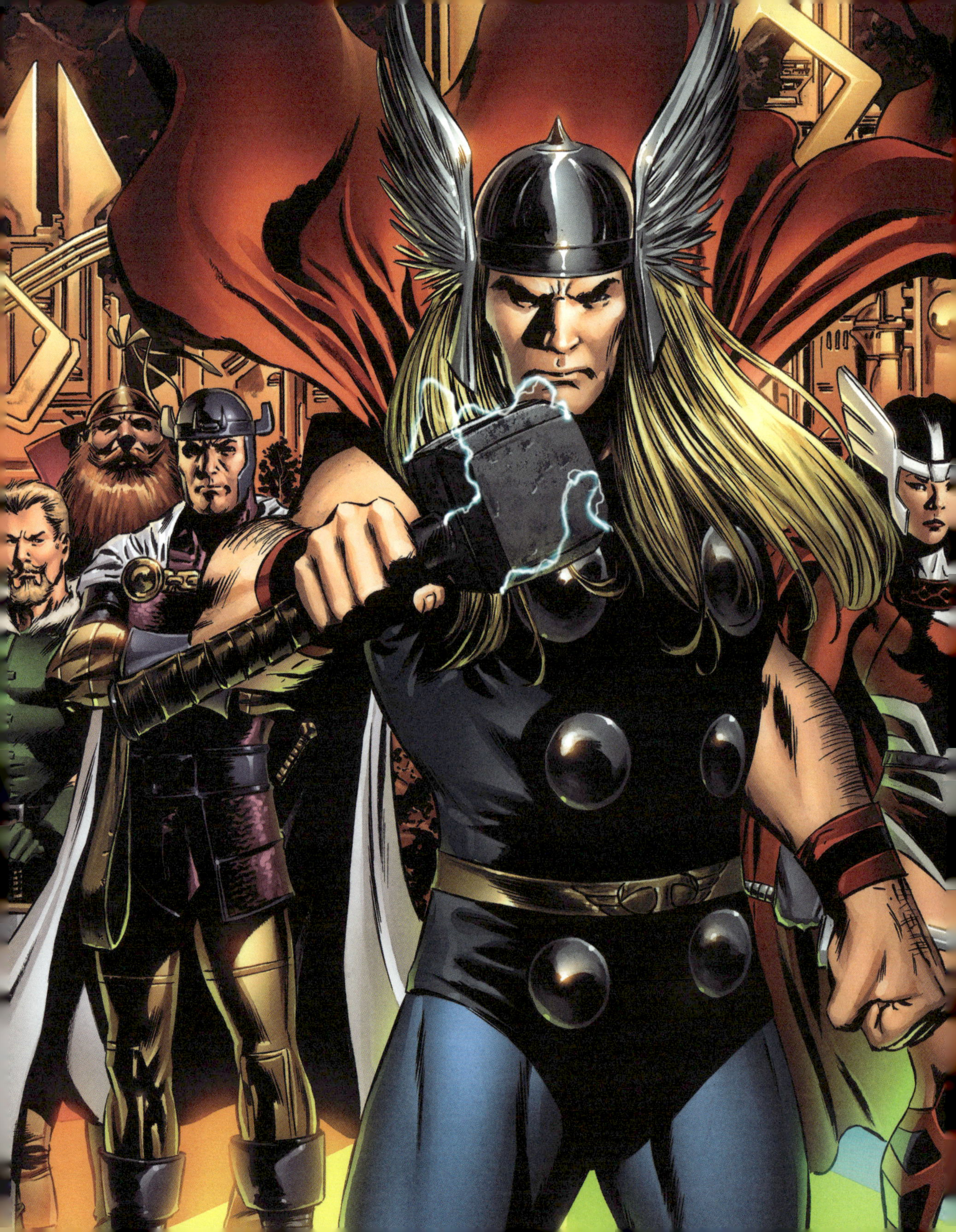

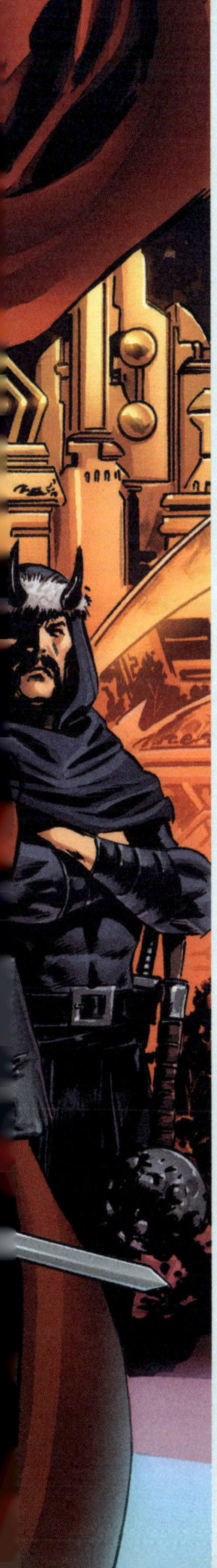

MACHT DER PANTHEONS

Den Göttern der Erde wurde durch die Gedanken der Sterblichen Gestalt und Substanz verliehen. Als die aufblühende Menschheit ihre ersten Schritte tat, entstanden aus ihren Hoffnungen und Ängsten diverse Götterpantheons. Die Götter des Olymps beeinflussten die antiken Zivilisationen in Griechenland und Rom, während Bast von den Orisha Bashenga in Afrika zur Erschaffung des Black Panther-Kultes beitrug. Mit dem Schwinden des Glaubens verebbte auch die Macht der Pantheons. Als Reaktion darauf schickte Odin, Allvater von Asgard, seinen Sohn Thor zur Erde, damit dieser in der neuen Ära der Superhelden den Kampf für Gerechtigkeit fortsetzte.

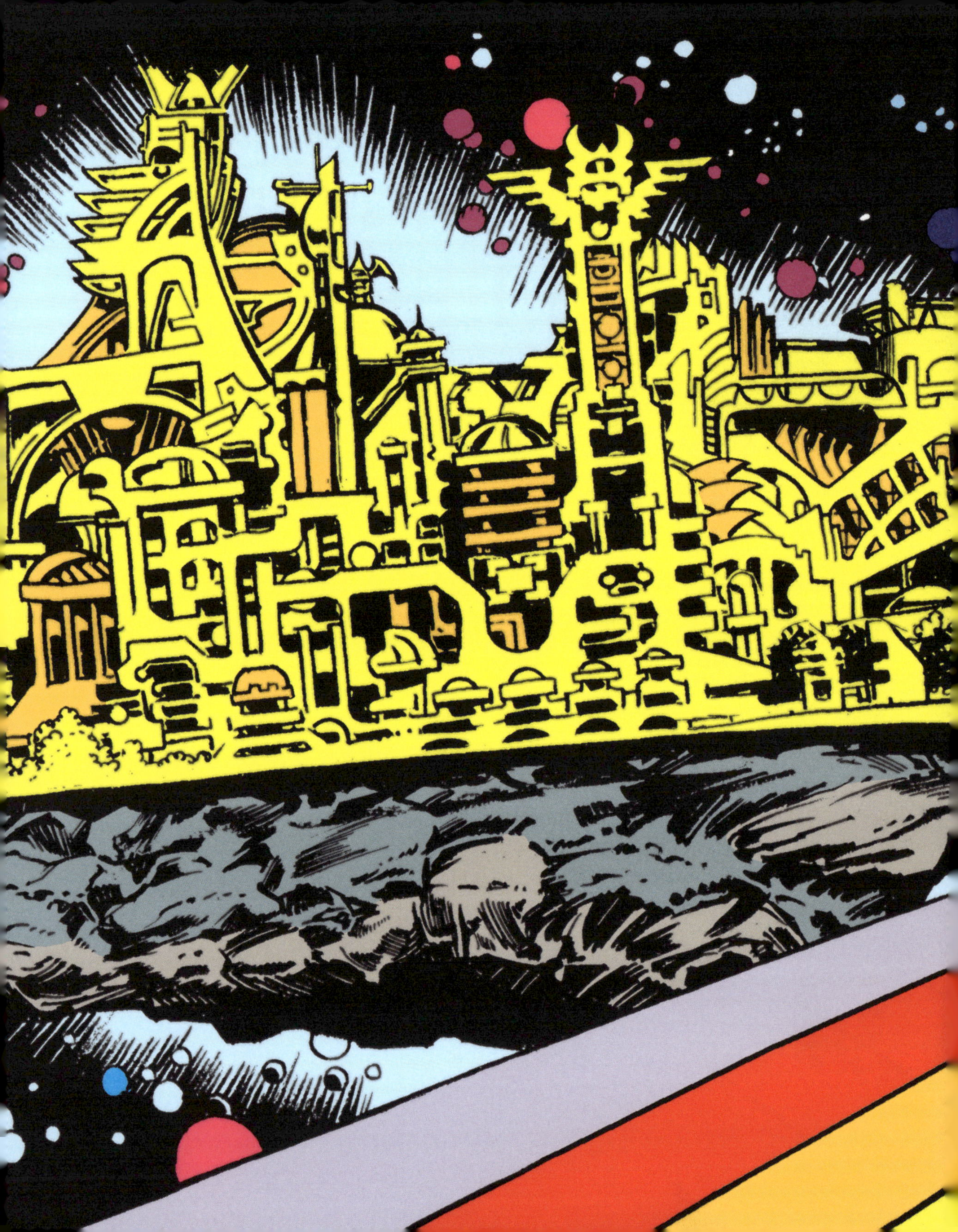

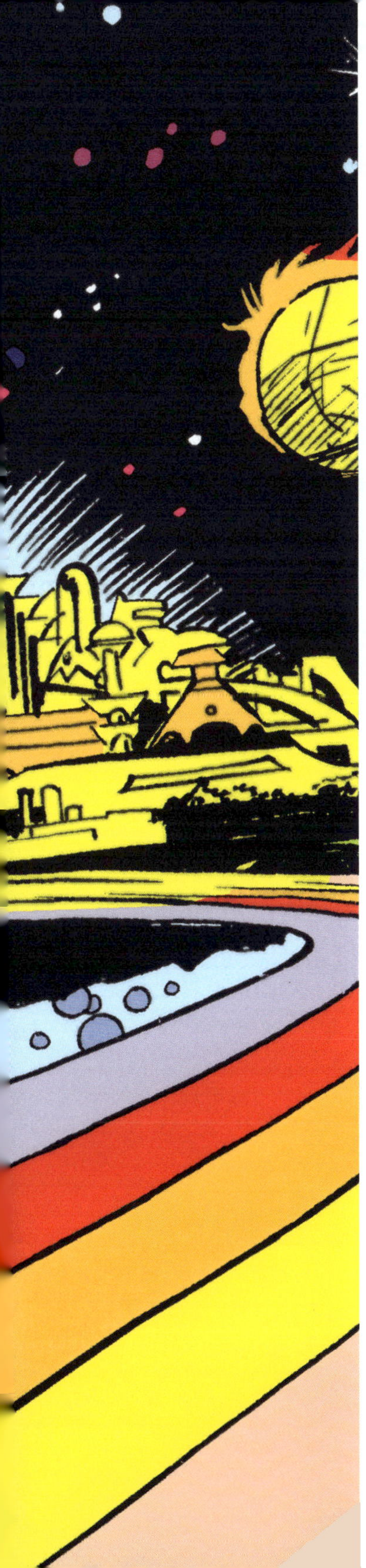

Die Asen: Tod und Wiedergeburt

Die Götter von Asgard waren in einem scheinbar endlosen Kreislauf von Tod und Wiedergeburt gefangen. Allvater Odin war entschlossen, die Fesseln dieser vorherbestimmten Ragnarök zu lösen und seinem Volk die Macht über sein Schicksal zurückzugeben.

Die Asen waren eines der ersten Pantheons, das nach Atums Vernichtung der dämonischen Alten Götter entstand. Angeführt vom unbezwingbaren Bor, waren die Asen ein Clan kräftiger Männer und Frauen, der die nördlichen Länder der Welt als Heimat beanspruchte und sich in Schnee und Eis niederließ. Leider kam es immer wieder zu Konflikten mit Anhängern anderer Gottheiten, und so verließen die Asen die Erde. Mithilfe der Zweige der mystischen Weltesche Yggdrasil gelangten sie in ein jenseitiges Reich namens Asgard.

Nach Bor wurde Odin Allvater von Asgard und erfuhr zu seiner Bestürzung, dass sein Volk in einem 2000-jährigen Zyklus von Tod und Auferstehung gefangen war. Zum Ende jeder Ära wurden die Asen von der verheerenden Ragnarök ausgelöscht, um dann in leicht veränderter Form wiedergeboren zu werden – verflucht, den Kreislauf erneut zu durchlaufen. Der stolze Odin wollte sein Volk von diesen Fesseln des Schicksals befreien. Er entwickelte einen Jahrhunderte andauernden Plan, von dem er hoffte, dass er den Göttern von Asgard Selbstbestimmung bescheren würde.

Über dem Regenbogen
Nachdem sie in Asgard heimisch geworden waren, erforschten die Asen die Zehn Welten über die Bifröst-Brücke – einen schillernden Verbindungsweg in jeden Winkel des Universums.
Thor Annual #5, September 1976

Teil seines Plans war es, im Reich der Sterblichen ein Kind mit der Erdmutter Gaea zu zeugen, die Odin in Gestalt der Göttin Jord begegnete. Tief in der Erde und umspielt von magischen Elfen und Nymphen, die bei der Geburt halfen, brachte Gaea den Donnergott Thor zur Welt.

Aufgrund des unausweichlichen Wirkens der Ragnarök hatte es zuvor andere Versionen von Thor gegeben, diese neueste Inkarnation war jedoch anders. Aufgrund seiner besonderen Abstammung war Thor ebenso ein Sohn der Erde wie ein Sohn von Asgard. Er war ein Gott, der durch seine direkte Verbindung zum Reich der Sterblichen noch an Stärke gewann. In den folgenden Jahren sollte Thor eine beständige Verbundenheit zur Erde – die Asen nennen sie Midgard – entwickeln und feststellen, dass diese Zuneigung seine Macht noch vergrößerte.

Zunächst aber wurde Thor in Asgard in die Obhut von Odins Frau Freyja gegeben, die ihn wie ihren eigenen Sohn großzog. Wie viele Asen entwickelte sich Thor zu einem eigensinnigen, wagemutigen jungen Mann, der nur für das Heute lebte und sich nicht um die Zukunft scherte. Er genoss es, mit seinen Kameraden zu kämpfen und zu feiern und war stolz darauf, von den Sterblichen verehrt zu werden, insbesondere von den herzlichen Nordmännern Skandinaviens. Nachdem Thor die junge Göttin Sif vor der Todesgöttin Hela gerettet hatte, belohnte Odin diese Heldentat, indem er Thor den aus Uru geschmiedeten Kriegshammer Mjölnir übergab.

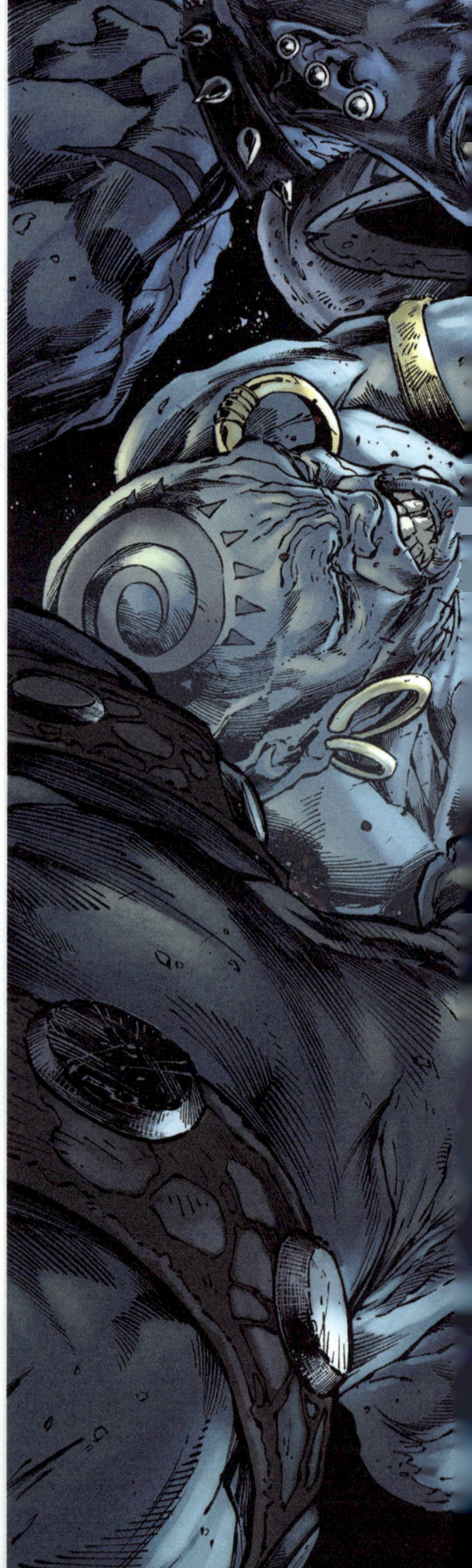

Väter und Söhne
Odin kämpfte an der Seite seines Vaters, des Kriegerkönigs Bor, doch seinen eigenen Nachkommen wollte Odin aus sinnlosen Gefechten heraushalten.
Thor #7, Mai 2008

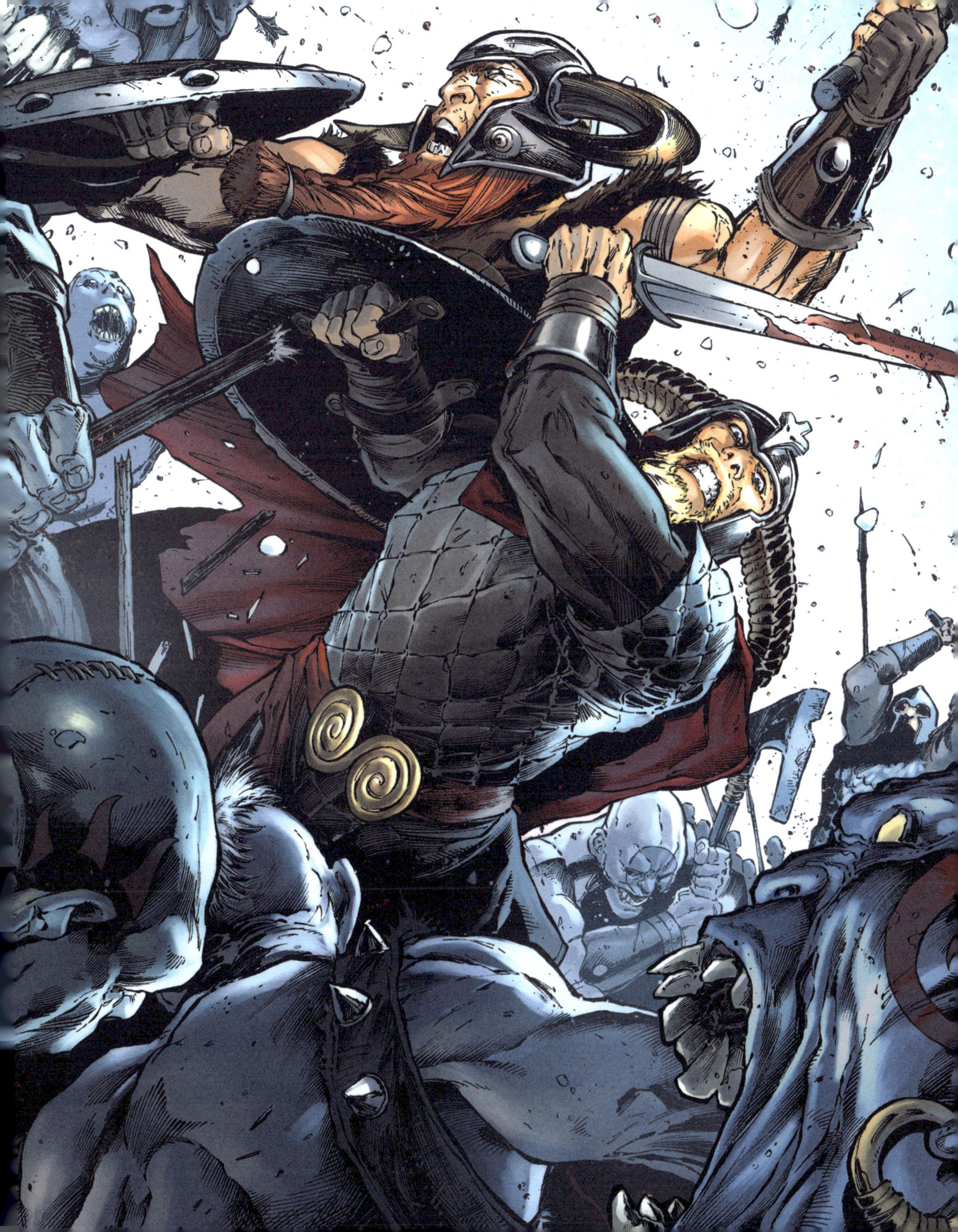

Odin hatte die mystische Waffe einst eingesetzt, um die Erde vor gewaltigen Bedrohungen zu beschützen, und er hoffte, sein Sohn würde ihm heldenhaft nacheifern. Mjölnirs Macht ließ Thor jedoch nur noch arroganter werden. Der junge Gott gab sich weiterhin kleinen Geplänkeln und sinnlosen Schlachten hin. Als er in Konfrontation mit einer Bande Frostriesen einen hart erkämpften Waffenstillstand brach, war Odins Geduld mit dem gedankenlosen Verhalten seines Sohnes zu Ende. Der Allvater nannte Thor unwürdig, den Thron von Asgard zu erben, und verbannte ihn auf die Erde.

»Ich suche einen Erben, dessen Macht die Asgards übertrifft.« Odin

Zur Strafe wurde der Donnergott zudem in einen gebrechlichen Sterblichen verwandelt. Thor erinnerte sich nicht an sein einstiges Leben und glaubte, er sei immer »Don Blake« gewesen – ein begabter amerikanischer Chirurg, der leidenschaftlich gerne anderen half. Nach arbeitsreichen Jahren machte Blake Urlaub in Norwegen, wo er die Invasion von steinernen Außerirdischen namens Kronans miterlebte. Auf der Flucht vor den Außerirdischen ließ Blake seinen Gehstock fallen und suchte in einer düsteren Höhle Zuflucht, wo er einen knorrigen Holzstab entdeckte.

Als der Arzt unbeabsichtigt mit dem Stock auf einen Felsbrocken schlug, ereignete sich Fantastisches: Das vermeintlich harmlose Stück Holz wurde in Mjölnir verwandelt, und Blakes schmale Gestalt wich dem mächtigen Körperbau von Thor, dem Gott des Donners. Ein Blick auf Mjölnirs Inschrift lieferte dem verwirrten Blake/Thor die Erklärung: »Wer diesen Hammer hält, so er denn würdig, besitze die Macht von Thor.« Blake nutzte seine göttlichen Kräfte, um die Kronans zu besiegen und erlebte weitere Abenteuer, sodass viele ihn für einen irdischen Superhelden hielten.

Familienwerte
Odin wollte Thor auf seine Rolle als König vorbereiten, wohingegen Freyja der Meinung war, dass ihr Sohn mehr vom Leben kennenlernen sollte als die Pflichterfüllung.
Thor #301, November 1980

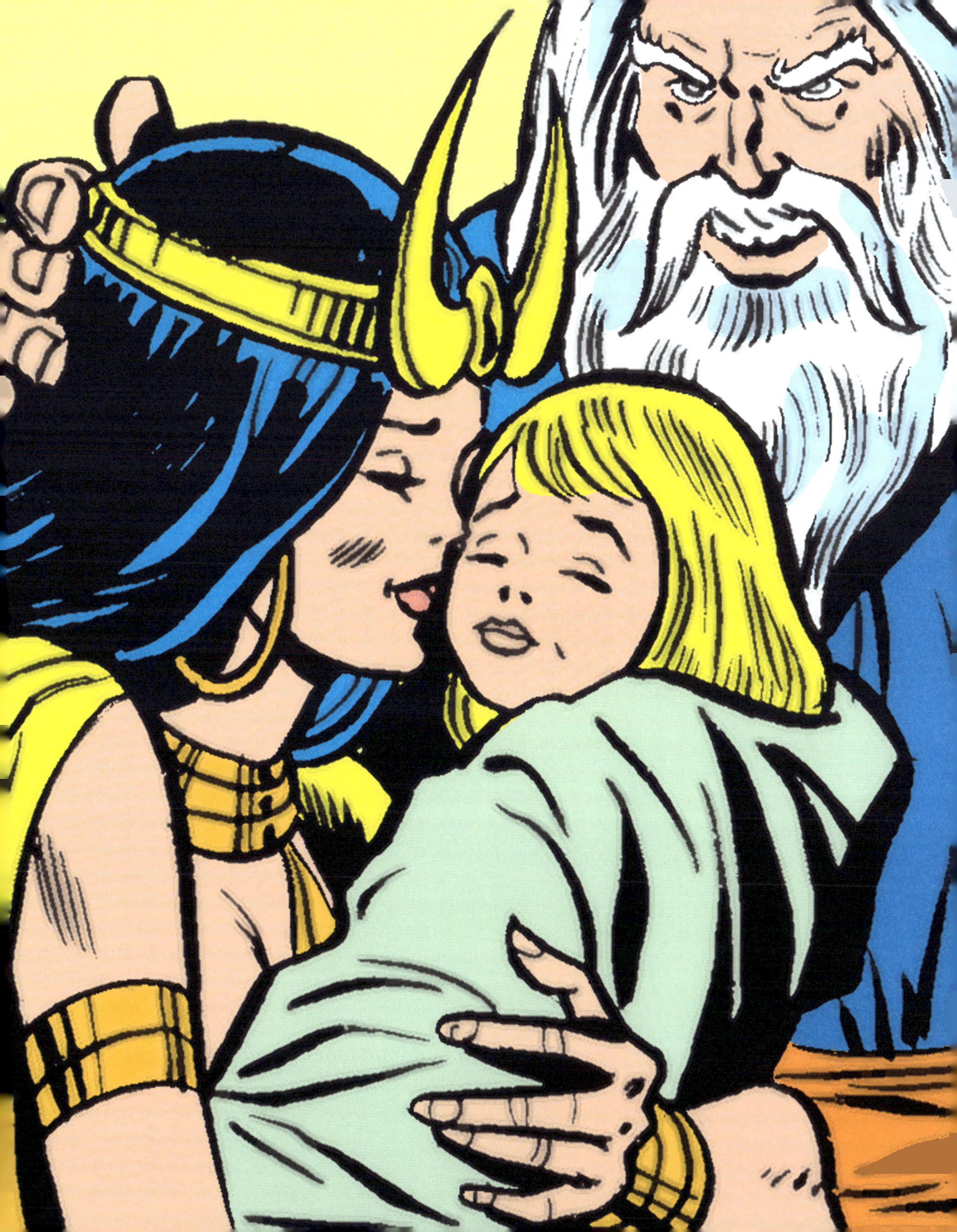

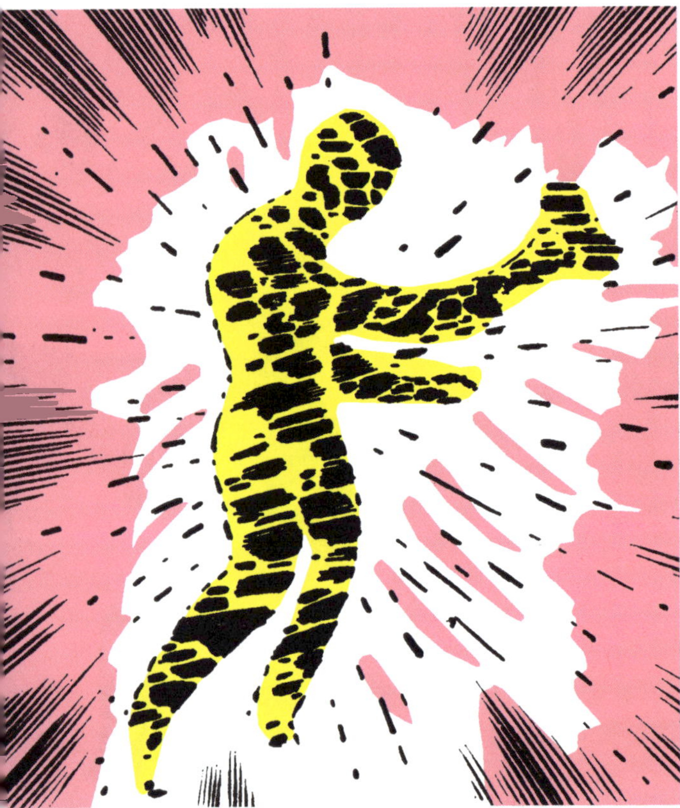

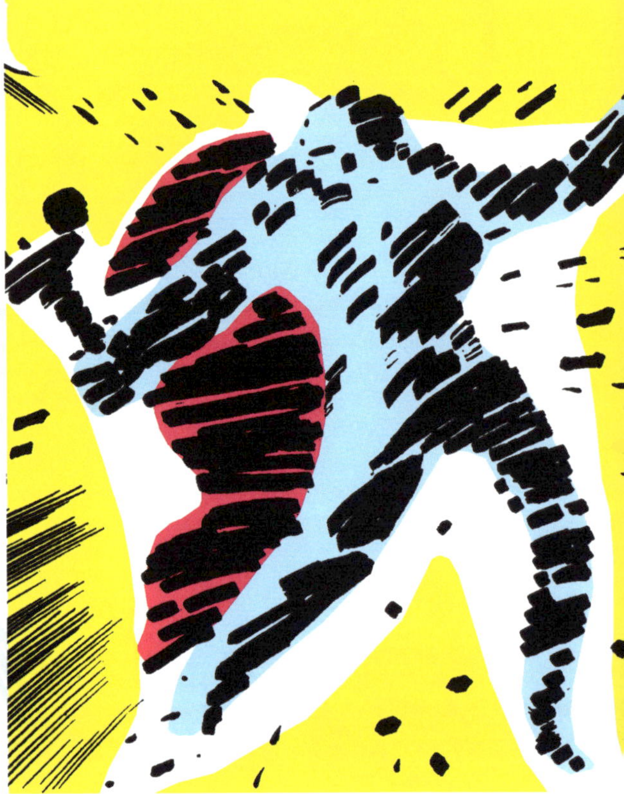

Natürlich war Thor viel mehr als nur ein verkleideter Verbrecherjäger. Schließlich kehrten seine Erinnerungen zurück und er verbrachte ebenso viel Zeit auf der Erde wie in Asgard. Oft kehrte er zurück zu den Sterblichen, da er sich in Don Blakes Kollegin, die Krankenschwester Jane Foster, verliebt hatte. Nach der Aussöhnung mit seinem Sohn gestand Odin, dass er Thor auf die Erde verbannt hatte, um ihn Demut zu lehren. In Gestalt von Blake war Thor gezwungen gewesen, seine eigenen Bedürfnisse denen anderer unterzuordnen. Wie Odin sagte: »Du hast die Kranken und Gebrechlichen behandelt! Du bist unter Schwachen gewandelt und hast ihnen Kraft gegeben.« Als Blake den Hammer in der Höhle fand, hatte er sein verlorenes Erbe zurückgewonnen – alles gemäß Odins großem Plan zur Vorbereitung auf kommende Kämpfe.

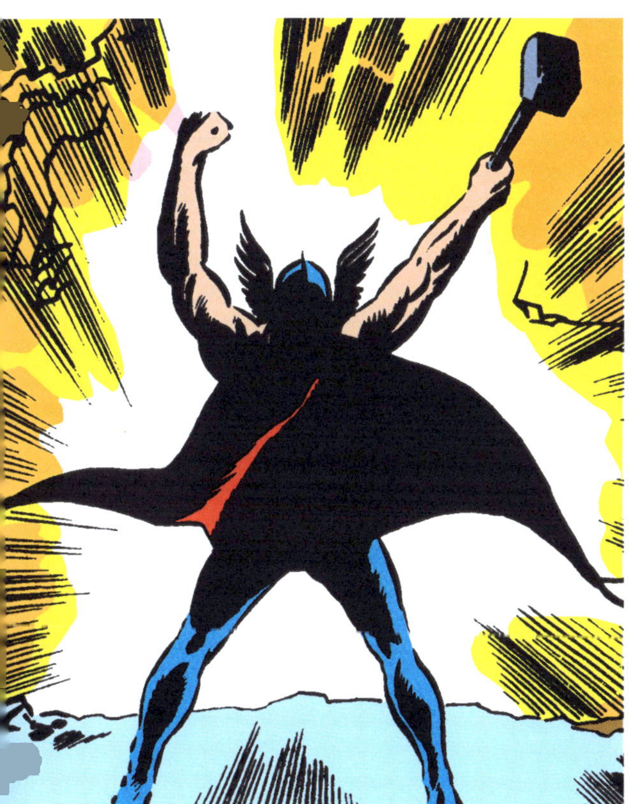

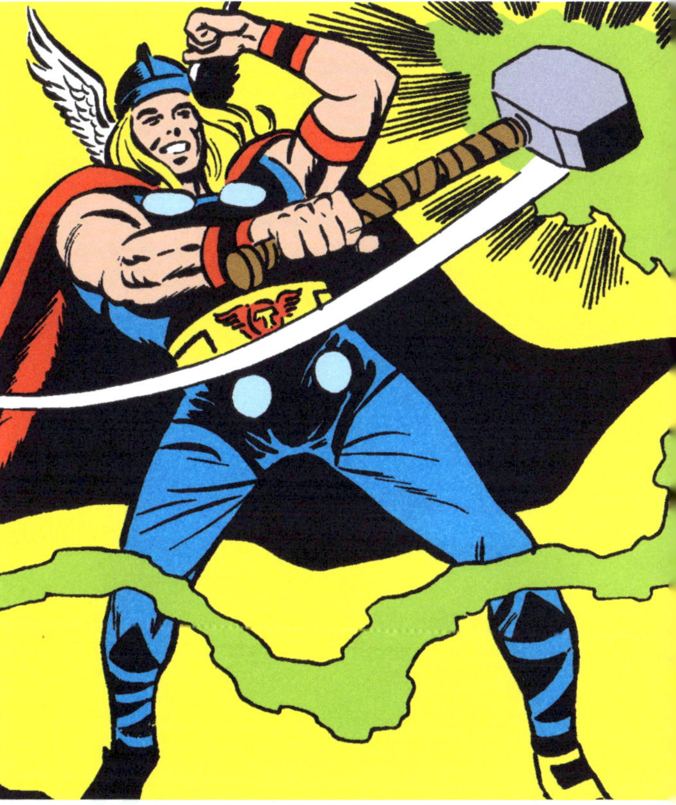

Göttlicher Hammer
Durch den Fund seines mystischen Hammers Mjölnir wurde der Donnergott wiedergeboren und begann seine neue Karriere als irdischer Superheld.
Journey into Mystery #83, August 1962

Als Jüngling hatte Thor viele Konflikte mit seinem Adoptivbruder Loki, dem Gott der Zwietracht. Dieser war der Sohn des Frostriesen Laufey und wurde nach einer siegreichen Schlacht von Odin adoptiert. Loki, von einigen abschätzig als Kriegstrophäe betrachtet, war anders als gewöhnliche Frostriesen. Er war kleinwüchsig, körperlich schwach und allein dadurch ein Außenseiter. Im Laufe der Jahre wurde Loki immer eifersüchtiger auf die Aufmerksamkeit, die Thor entgegengebracht wurde, und nahm seine Rolle als Unruhestifter bereitwillig an. Hauptsächlich mithilfe von Magie mühte er sich, seinen Bruder zu blamieren. Aus zunächst harmlosen Streichen wurde bald bitterer Ernst. Als der Donnergott als Superheld die Erde eroberte, brachte Loki häufig andere dazu, seine Missetaten für ihn durchzuführen.

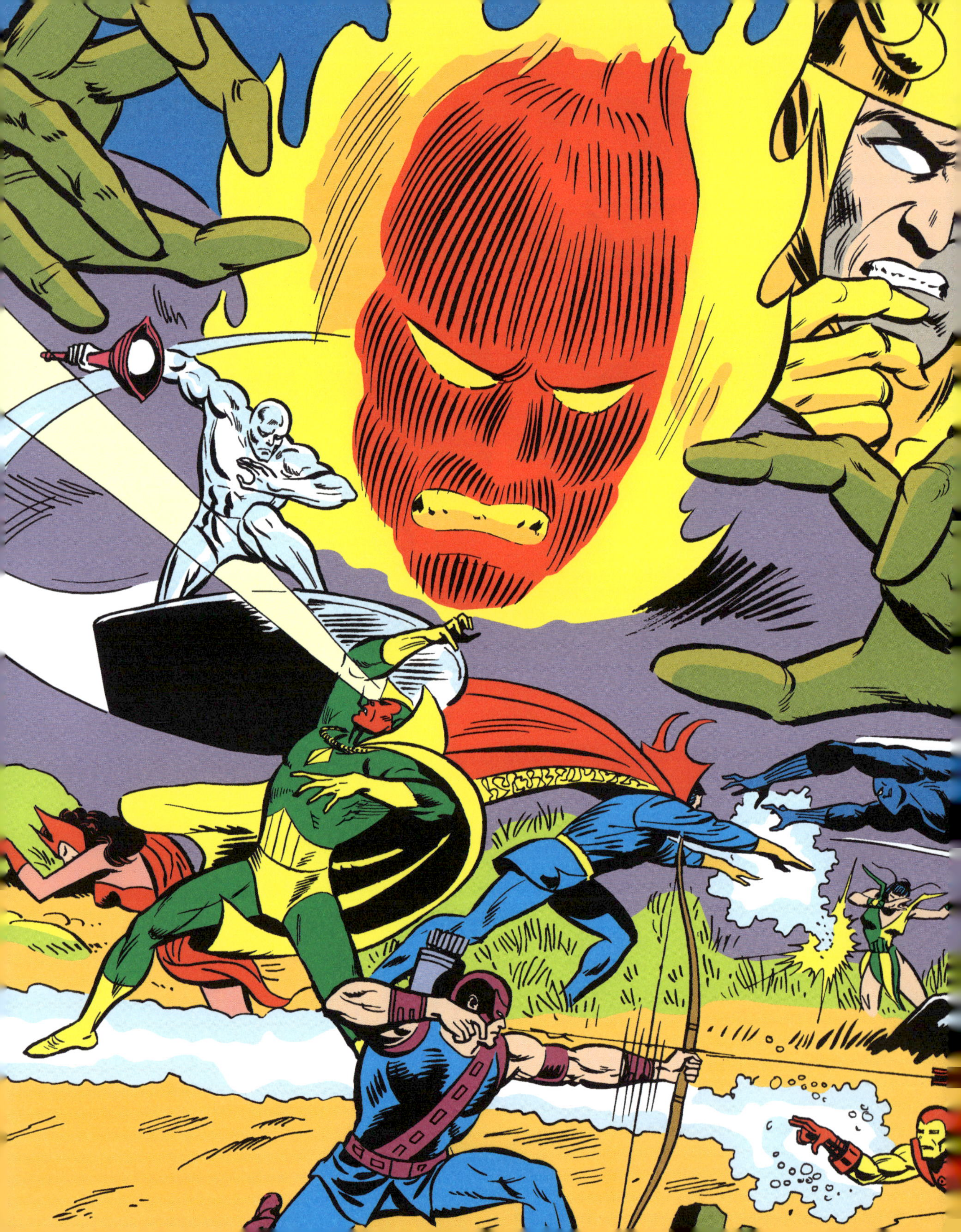

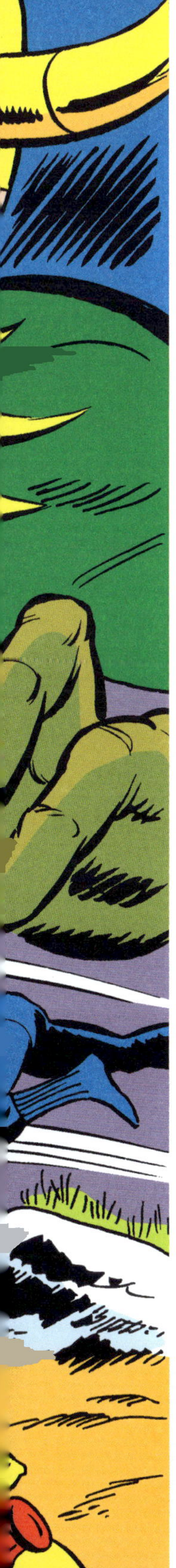

Der Gott der Zwietracht beauftragte Cobra und Mr. Hyde, Zarrko, den Tomorrow Man, den Absorbing Man und diverse andere Superschurken, gegen seinen verhassten Bruder vorzugehen. Doch alles war umsonst, denn Thor wehrte alle Angriffe mit einem Schulterzucken ab. Zu Lokis ewigem Bedauern führte sein Plan, den Hulk als Waffe gegen seinen Bruder einzusetzen, zur Bildung des größten Superhelden-Teams der Welt. Das gammaverstrahlte Monster schloss sich mit Thor, Iron Man, Wasp und Ant-Man zusammen und gemeinsam gründeten sie die mächtigen Avengers.

Während eines besonders heftigen Kampfes mit Thor wurde Loki versehentlich von einem Blitzschlag geblendet. In seinem geschwächten und verwirrten Zustand fiel er von einem Berggipfel, und alle glaubten, er sei tot. Tatsächlich aber wurde er vom schrecklichen Dormammu, dem Herrscher der jenseitigen Dunklen Dimension, aus dem Reich der Sterblichen entführt. Kurz zuvor war Dormammus Eroberung der Erde am Meister der Magie, Doctor Strange, gescheitert und er hatte geschworen, alle Gedanken an eine Annexion aufzugeben. Dormammu ging nun ein Bündnis mit Loki ein und schlug ihm einen Komplott vor, der es dem Herrscher der Dunklen Dimension ermöglichen würde, die Erde zu verschlingen, ohne seinen Eid zu brechen.

> »Wirst du mir helfen, Prinz des Bösen?« — Dormammu

Dormammu hatte erfahren, dass ein uraltes mystisches Artefakt, das Böse Auge, in sechs Teile zerbrochen worden war, die in den Winkeln der Erde vergraben worden waren. Konnte Dormammu das Böse Auge wiederherstellen, würde er genug Macht besitzen, um die gesamte Erde in die Dunkle Dimension zu bringen. Dann hätte Dormammu sein Ziel erreicht, ohne seinen Schwur zu brechen.

Schock und Furcht
Dormammu brachte die Superhelden-Gruppe Defenders dazu, seinen Willen auszuführen. Sein Plan wurde jedoch von den Avengers vereitelt.
Avengers #117, November 1973

Der geblendete Loki und der an seinen Eid gebundene Dormammu beschlossen, auf die bewährte Taktik des Unruhestifters zurückzugreifen. Sie wollten ahnungslose Mittelsmänner durch Manipulation zum Handeln bewegen. Mit seinen magischen Fähigkeiten sandte Loki eine telepathische Nachricht an Doctor Strange. Sie gab vor, vom heldenhaften Black Knight zu stammen, dessen Seele im Limbo gefangen war. Seit geraumer Zeit suchte Doctor Strange nach einer Möglichkeit, die Essenz des Black Knights mit dessen schlummerndem, von der asgardischen Enchantress in Stein verwandelten Körper zu vereinen. Lokis Nachricht gab ihm neue Hoffnung. Es schien, als sei das Böse Auge der Schlüssel zur Wiederherstellung des Black Knights. Doctor Strange und seine Verbündeten des Superteams namens Defenders eilten bald um die Welt, um die Fragmente des Artefakts zu suchen.

»Was für ein Narr ich war!« Loki

Als Loki sah, welch wahnsinnige Freude Dormammu der Gedanke an den Sieg bereitete, geriet er in Sorge. Er fürchtete, sein teuflischer Partner würde sich nach Erreichen seines Ziels gegen ihn wenden. Um sich abzusichern, erschien der Gott der Zwietracht vor den Avengers. Er erzählte ihnen, die Defenders hätten vor, das Böse Auge für ihre düsteren Pläne einzusetzen. Bald kämpften die beiden Superhelden-Teams gegeneinander, um sich das uralte Artefakt zu sichern. Dormammu erzürnte diese überraschende Wendung, aber der Avengers-Defenders-Krieg bot ihm dennoch eine einzigartige Gelegenheit. Als alle Teile geborgen waren, entsandte Dormammu einen dämonischen Gehilfen, um das wiederhergestellte Böse Auge zu rauben. Wie er es geschworen hatte, transportierte er die Erde sodann in die Dunkle Dimension. Die Avengers und die Defenders kämpften tapfer, um den sich ausbreitenden Wahnsinn einzudämmen, aber es war Loki, der schließlich zum Retter wurde. Er entriss Dormammu das Böse Auge, wodurch die feurige Essenz des Dämonenfürsten in das Artefakt gesaugt wurde. Der mystische Rückstoß stellte Lokis Sehvermögen wieder her, er verfiel jedoch in temporären Wahnsinn.

Kräftemessen
Während des Avengers-Defenders-Krieges auf entgegengesetzten Seiten stehend, teilte der Hulk ebenso wie Thor mächtige Schläge aus.
Defenders #10, November 1973

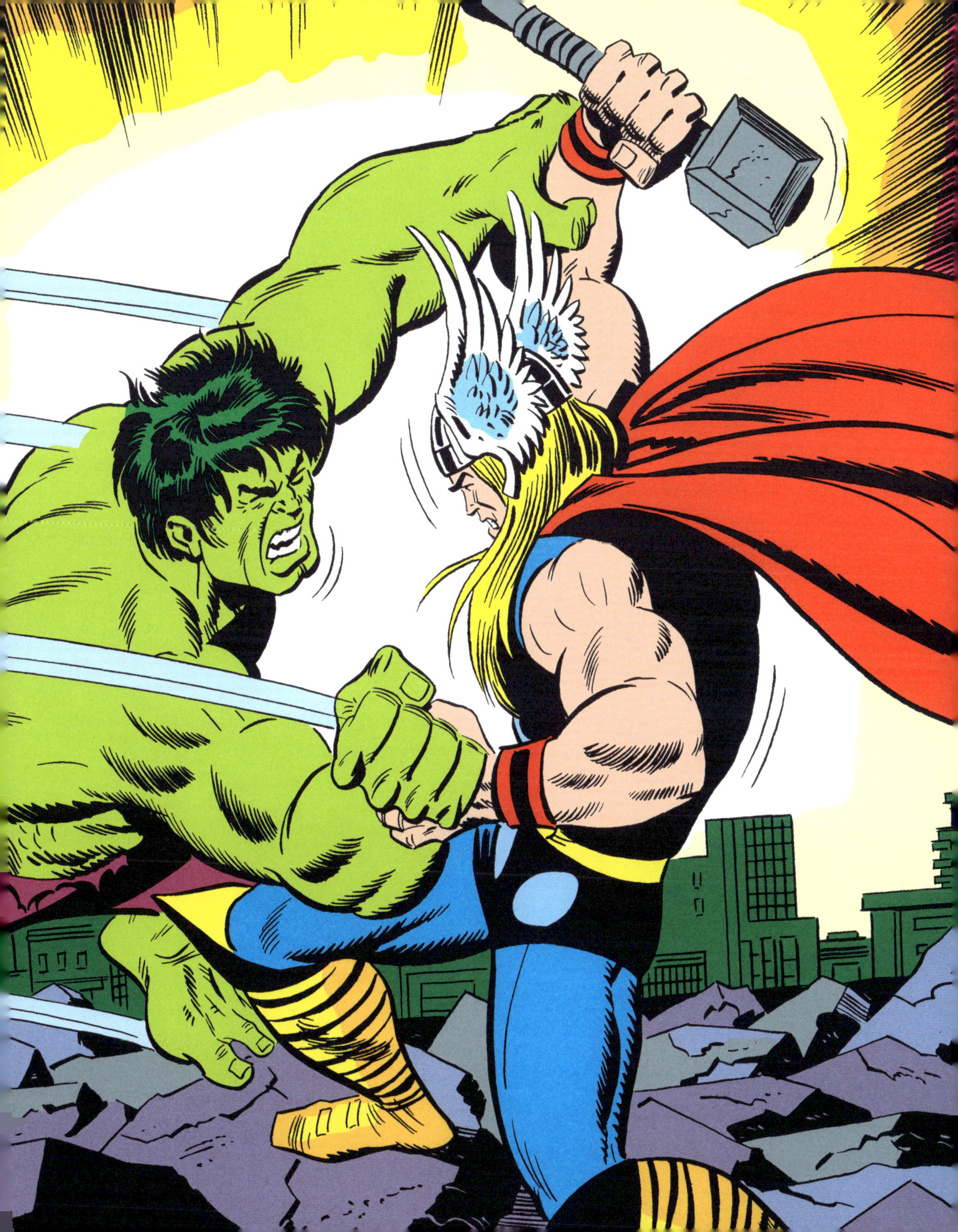

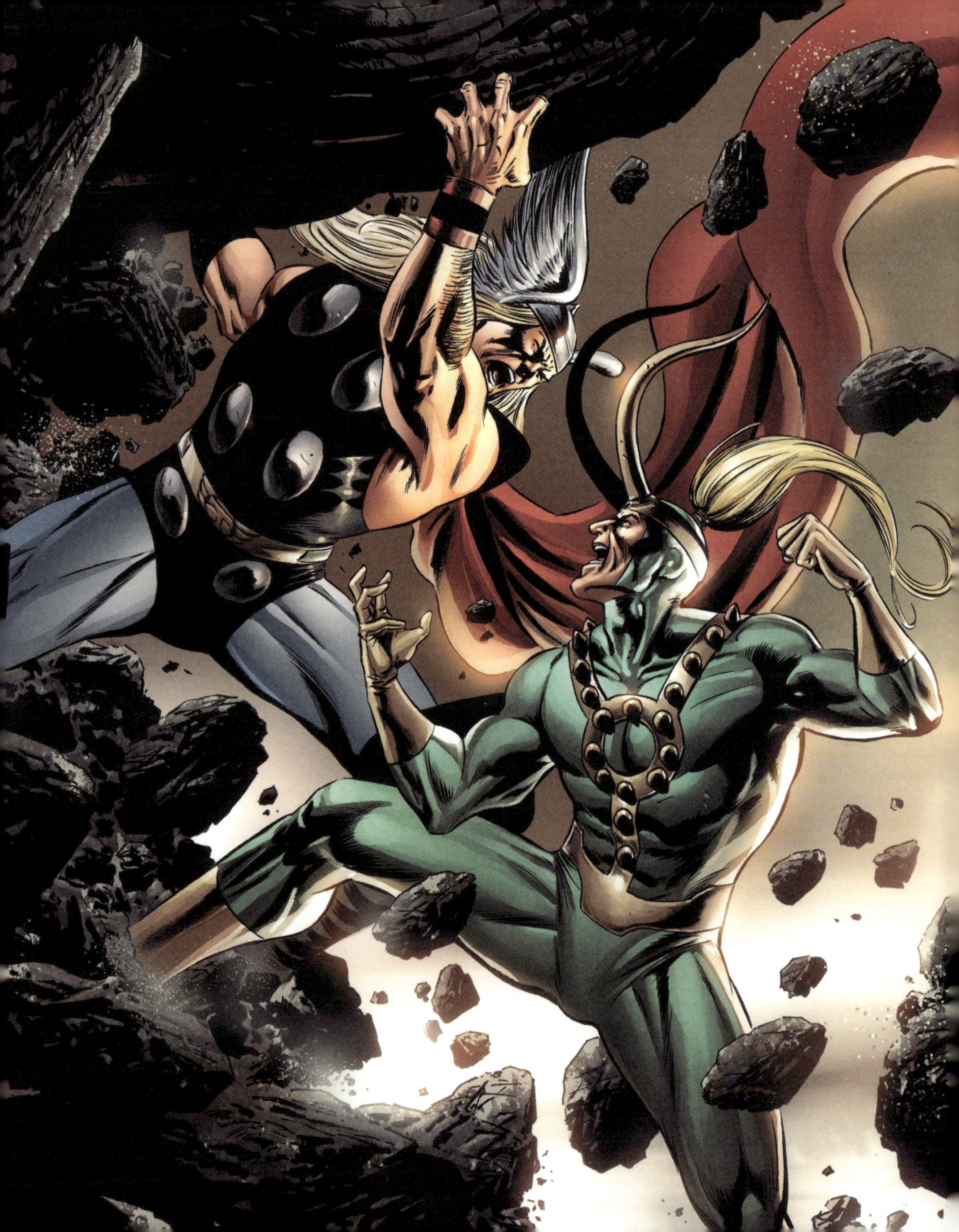

Der Gott der Zwietracht war bald wieder bei Sinnen und setzte seine Fehde mit Thor fort. Schließlich war der Tag der Ragnarök gekommen: Nach Odins Tod übernahm Thor widerstrebend doch gemäß seinem Schicksal den Thron von Asgard. Loki hingegen erfüllte mit zunehmender Boshaftigkeit die ihm zugedachte Rolle: Er befreite den wilden Wolf Fenris und ging ein Bündnis mit dem höllischen Dämon Surtur aus Muspelheim, dem Reich der Feuerriesen, ein. In der Form, aus der einst Mjölnir geschlagen worden war, ließ er eine Reihe gewaltiger Hämmer schmieden. Diese verlieh er seinen neuen Verbündeten – darunter die monströsen Trolle Ulik und Geirrodur – und ließ seine Streitkräfte auf Asgard los.

Bereits in der ersten Schlacht wurde Mjölnir in drei Stücke zerbrochen. Thor, der das Schlimmste befürchtete, floh zur Erde, um eigene Verbündete zu versammeln. Mit Captain America und Iron Man an seiner Seite kehrte der Gott des Donners nach Asgard zurück – doch es war zu spät. Loki und seine wilden Komplizen hatten Asgards Verteidiger überwältigt und nahmen nun die Stadt aus. Das Avengers-Trio half den Überlebenden, so gut es konnte, und machte seinem Namen alle Ehre, als es Loki und seine teuflischen Gehilfen attackierte. Captain America bändigte Fenris, während Iron Man und Thor in den Himmel schwebten, um Loki direkt anzugreifen.

Nachdem der Kampf scheinbar endlos getobt hatte, sah Loki seine Niederlage kommen und entschied sich für den Rückzug. Auch Thor musste dem Unvermeidlichen ins Auge sehen. Die Zeichen von Ragnarök waren unverkennbar – Asgard stand kurz vor seiner totalen Vernichtung. Doch der Gott des Donners wollte seine Freunde nicht dem unerbittlichen Schicksal überlassen. Er teleportierte die Rächer zur Erde, versammelte die verbliebenen Asen und bereitete sich auf die finale Schlacht in Vanaheim vor.

Bruderhass
Thor und Loki konnten dem für sie bestimmten Schicksal nicht entgehen und kämpften während der dunklen Tage Ragnaröks mehrmals gegeneinander.
Thor #84, November 2004

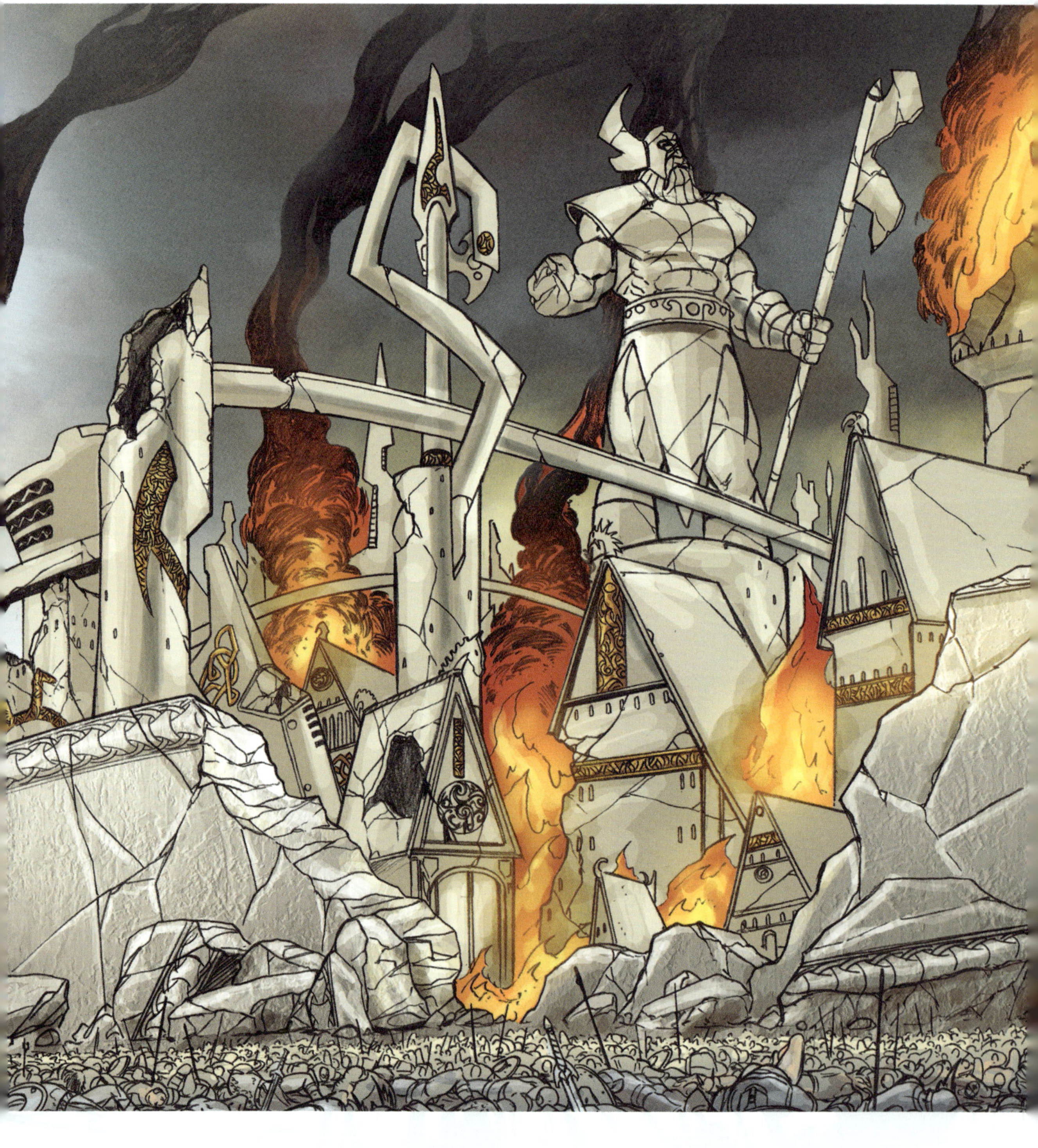

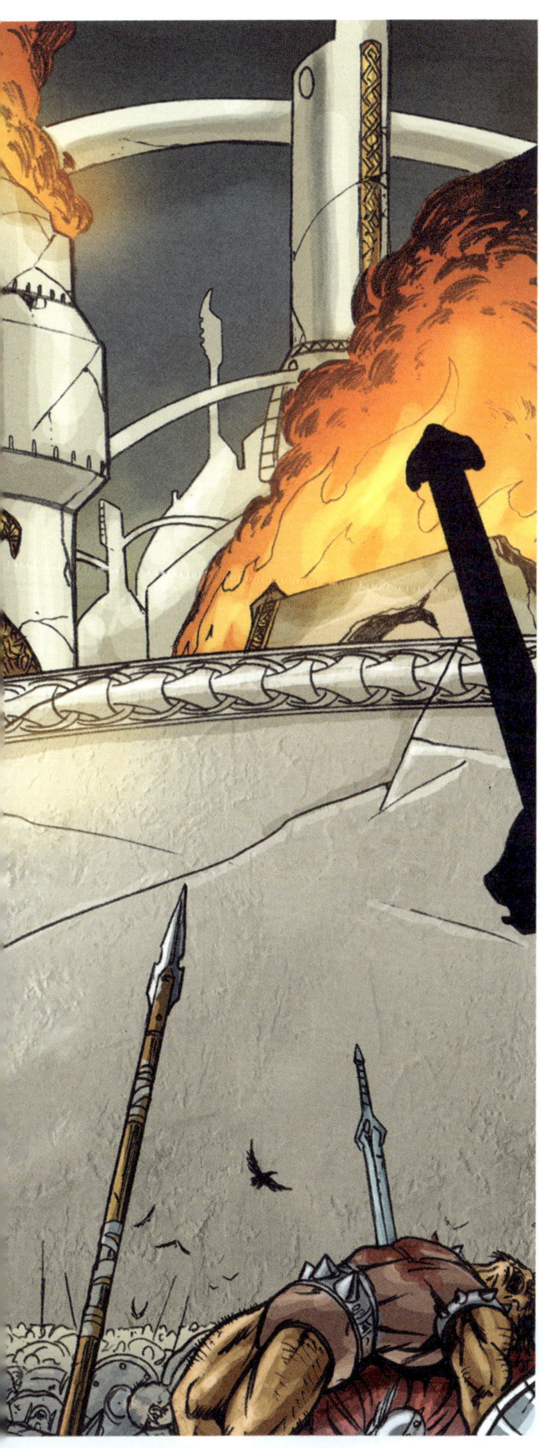

Der erschöpfte, kriegsmüde Donnergott suchte unablässig nach einer Möglichkeit, Ragnarök noch abzuwenden, und reiste zur Weltesche Yggdrasil. Wie sein Vater es Jahrhunderte zuvor getan hatte, riss Thor sich ein Auge aus und bot es als Opfer im Austausch für uraltes Wissen an. Doch das Wissen war nicht so leicht zu erkaufen: Thor war gezwungen, sein zweites Auge auszureißen und sich an Yggdrasils Ästen aufzuhängen, um die ersehnten Visionen zu erhalten.

Thor starb und betrat einen Bereich von Hel. Dort nutzte er die Runenmagie seines Volkes und erkannte in Ragnarök schließlich einen Zyklus und kein einzelnes Ereignis. Zudem erfuhr er etwas, das selbst Odin nicht gewusst hatte: Ragnarök ereignete sich nicht aus dem Nichts heraus. Sie wurde von einer Gruppe selbst ernannter »Götter der Götter« namens »Jene aus den Schatten« herbeigeführt. Jede Ragnarök produzierte riesige Mengen mystischer Energie, welche »Jene aus den Schatten« nutzten, um ihre Stärke und heimliche Autorität zu bewahren.

Als er schließlich ins Land der Lebenden zurückkehrte, war Thor wild entschlossen, die Asen aus dem Bann der gottähnlichen Parasiten zu befreien, die sich an ihrem endlosen Leiden genährt hatten. Seine menschliche Seite eröffnete ihm eine einzigartig sterbliche Sichtweise. Er erkannte, dass die Asen dem Kreislauf nur entkommen konnten, indem sie sich ein letztes Mal ihrem Schicksal hingaben. Und als die prophezeite Ragnarök erneut das nordische Pantheon verschlang, konnte Thor nur hilflos miterleben, wie sein Volk den tobenden Armeen des Dämons Surtur erlag.

Asgard in Flammen
Als der Tag von Ragnarök schließlich kam, legten die vom boshaften Loki entfesselten Truppen das stolze Asgard in Trümmer.
Thor #81, August 2004

Nach Surturs Triumph war Ragnarök unabwendbar und die Götterdämmerung hatte begonnen. Um den Zyklus zu durchbrechen, zerstörte Thor das Gespinst der drei Nornen. Die asgardischen Götter starben, aber nach ihrer Wiedergeburt würden sie dieses Mal frei sein, so wie Odin es geplant hatte. Er hatte seinen Sohn über Jahrhunderte hinweg ermutigt und gezügelt, damit Thor seine irdische Seite akzeptierte. Nur so konnte der Donnergott erkennen, was es bedeutet, sterblich zu sein. Nur so konnte er den Mut und die Vorstellungskraft gewinnen, um in einem Ende auch einen Anfang zu sehen.

»Ich bin ein Gott mit dem Herz eines Menschen.«

Thor (Odinson)

Nachdem er seine Aufgabe erfüllt hatte, schloss sich Thor den anderen Asen jenseits des Todesschleiers an, um »den tiefen Schlaf der Götter zu schlafen … zumindest für eine Weile«. Die Asen wurden schließlich auf der Erde wiedergeboren. Nach einer Seelensuche versammelte Thor sein Volk, um eine Hauptstadt an einem höchst ungewöhnlichen Ort zu bauen – das neue Asgard entstand am Himmel über dem verschlafenen Städtchen Broxton in Oklahoma, USA. Dieser Standort war jedoch nicht unproblematisch. Die Behörden fühlten sich von der Macht der Asen bedroht und sahen in ihnen eine unberechenbare Gefahr.

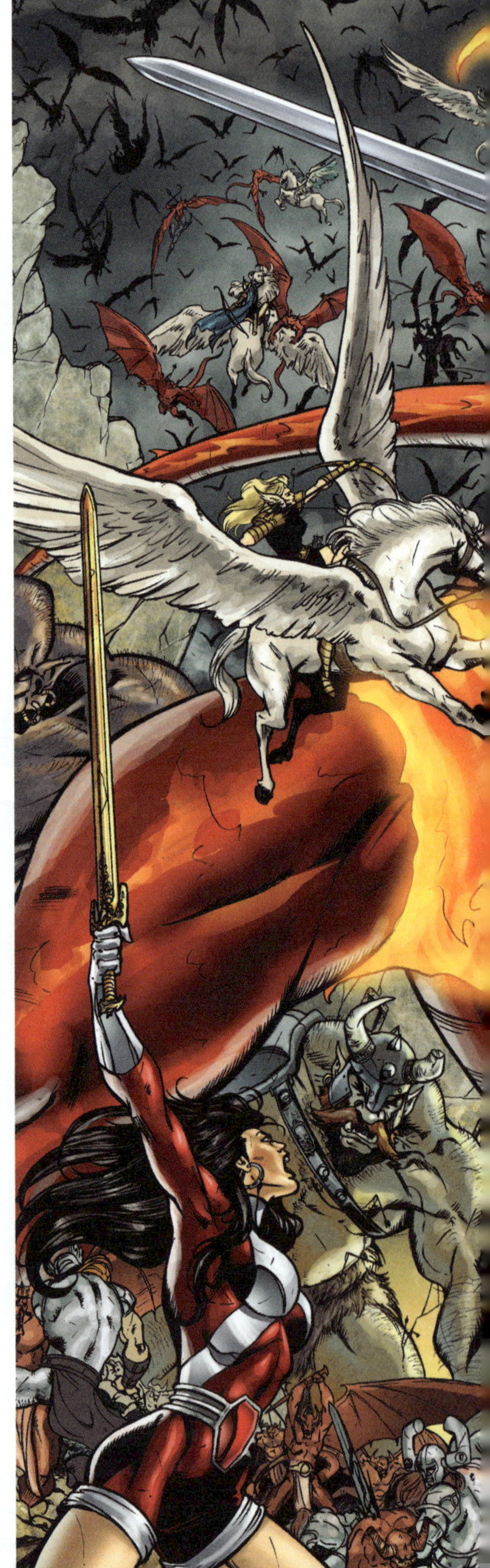

Feuer und Wut
Lady Sif führte Asgards verbliebene Krieger beim verzweifelten Angriff auf den Feuerriesen Surtur und die Armeen Muspelheims an.
Thor #85, Dezember 2004

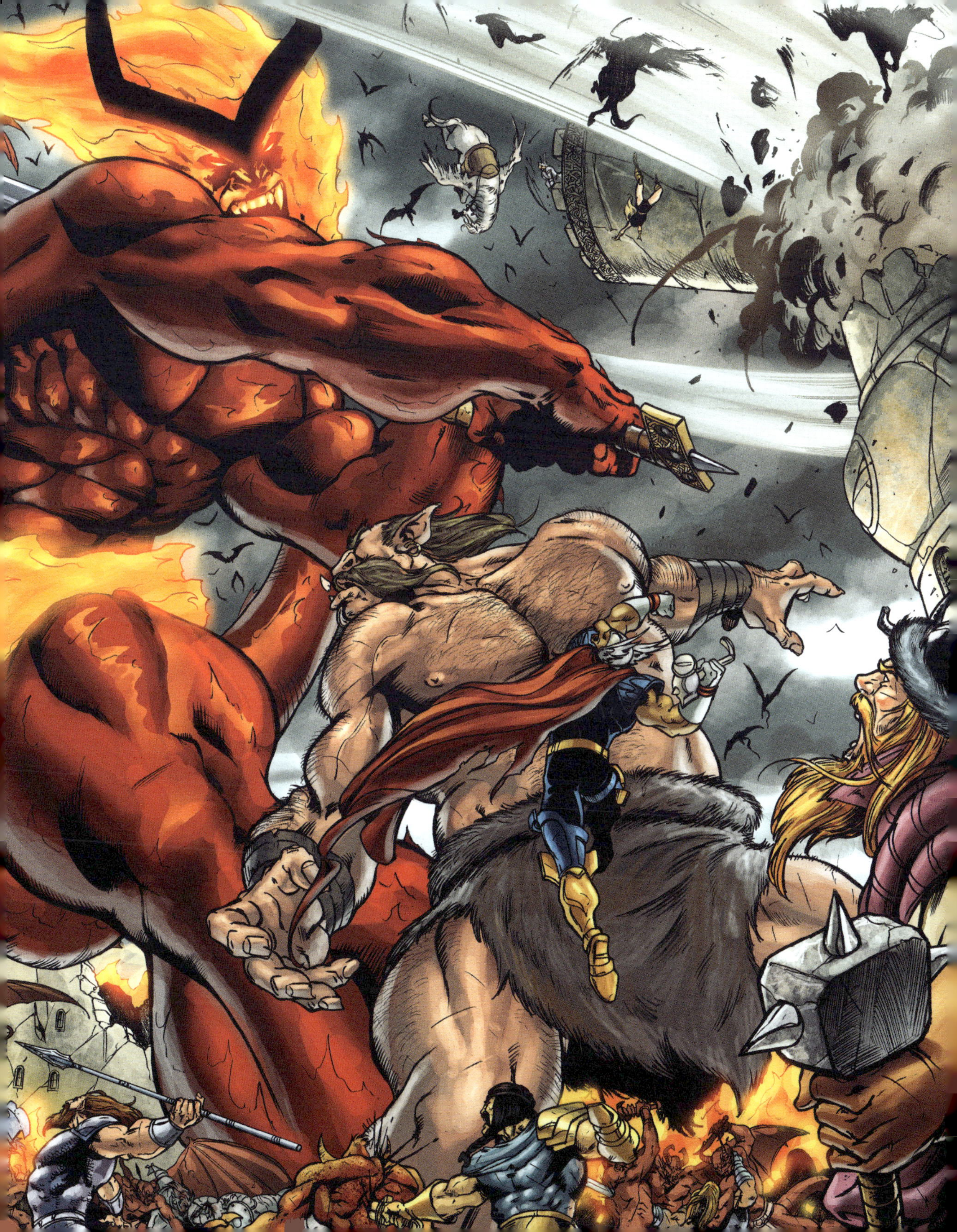

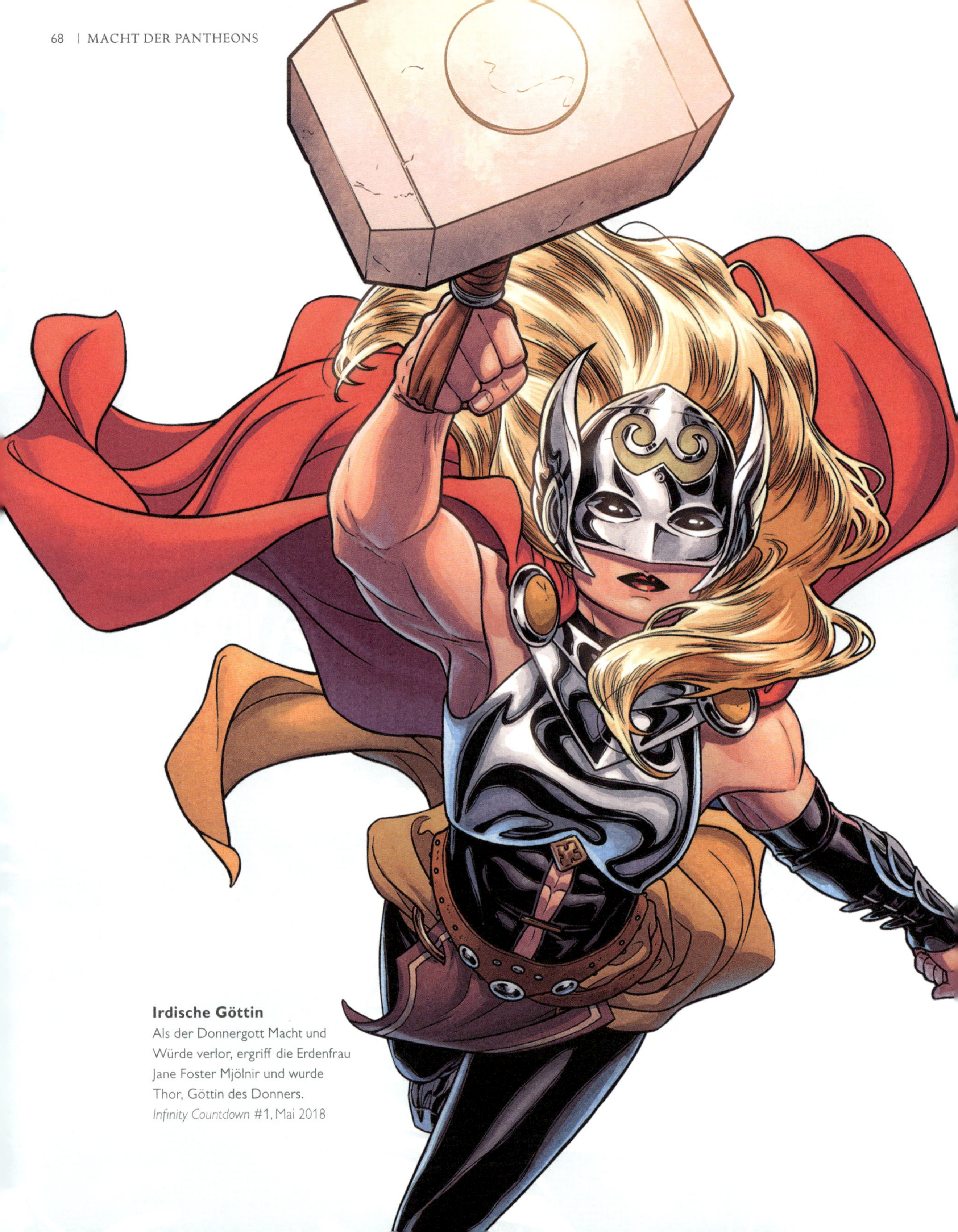

Irdische Göttin
Als der Donnergott Macht und Würde verlor, ergriff die Erdenfrau Jane Foster Mjölnir und wurde Thor, Göttin des Donners.
Infinity Countdown #1, Mai 2018

Obwohl ein Kompromiss gefunden und Asgard der Status einer ausländischen Botschaft mit voller diplomatischer Immunität für seine Bewohner verliehen wurde, blieb die Lage angespannt. Die neue Stadt wurde schließlich vom machiavellistischen Norman Osborn und seinem Team Dark Avengers zerstört. Unter der Herrschaft von Allmutter Freyja wurde die Stadt neu errichtet und, umbenannt in Asgardia, in einen Orbit um den Saturn transportiert.

Alles, was einst sicher schien, gab es nun nicht mehr. Auch Thor plagten zunehmend Zweifel hinsichtlich seines Wirkens im Universum und der Rolle, die die Asen allgemein erfüllten. Immer häufiger erkannte er die Eitelkeit und Arroganz des nordischen Pantheons und befand, es sei der Anbetung unwürdig. Von diesen Zweifeln geplagt, verlor er selbst seine Würde. Er konnte weder Mjölnir anheben, noch besaß er Macht über seine einstigen Kräfte. Er war nicht mehr Thor, der Donnergott, sondern nur noch der Odinson.

»Sterbliche ... wären ohne uns alle besser dran.« Odinson (Der Unwürdige)

Der herrenlose Mjölnir trat telepathisch in Verbindung mit Jane Foster. Die Krankenschwester, in die Thor einst verliebt gewesen war, war mittlerweile eine erfolgreiche Ärztin. Immer wenn sie den Hammer aufhob, verwandelte sie sich selbst in Thor, Göttin des Donners. Mit der Tapferkeit ihres Vorgängers bekämpfte die neue Thor zahlreiche Gefahren und wurde zum angesehenen Mitglied der Avengers. Leider forderten ihre Kräfte und ihre neue Mission einen hohen Preis. Die Menschenfrau Foster musste sich aufgrund einer Krebserkrankung einer Chemotherapie unterziehen. Ihre Verwandlungen in Thor tilgten aber die lebenserhaltenden Medikamente aus ihrem Körper. Nach ihrer Rückverwandlung in Jane waren daher alle Behandlungsfortschritte zunichte und der Krebs breitete sich in gefährlichem Ausmaß aus.

Als der Dunkelelf Malekith einen Krieg begann, war Jane gezwungen, ihre Gesundheit ein weiteres Mal hinten anzustellen, und sie zog erneut zum Schutz der Zehn Welten von Asgard in den Kampf. Daraufhin intervenierten Odinson und Doctor Strange und informierten die neue Thor, dass eine weitere Transformation zu ihrem Tod führen würde. Jane Foster legte widerwillig den Hammer beiseite, um sich nun mit aller Kraft dem Kampf gegen den Krebs zu widmen. Doch als Malekith den tödlichen Mangog auf Asgardia losließ, konnte Jane nicht tatenlos zusehen. Als Thor eilte sie der Stadt erneut zu Hilfe, band das Monstrum mit einer unzerreißbaren Kette an ihren Hammer und schleuderte Mangog und Mjölnir ins lodernde Herz der Sonne.

Als Mjölnir im Feuer der Sonne schmolz, wurde Thor wieder zu Jane Foster, die schließlich ihrer schweren Erkrankung erlag. Doch der Tod war nicht das Ende für Jane. Odinson schenkte ihr mit der Macht der göttlichen Mutter des Donners – einer elementaren Kraft, die aus dem zerstörten Mjölnir freigesetzt worden war – neues Leben.

Obwohl Jane Mangogs mörderischen Amoklauf beendet hatte, waren Asgardias Flugkontrollen so sehr beschädigt worden, dass die Stadt in die Sonne stürzte. Die Allmutter Freyja evakuierte ihr Volk nach Midgard. Auch Jane kehrte, nun frei vom Krebs, zur Erde zurück und schenkte Odinson einen kleinen geretteten Splitter Mjölnirs. Sie ermutigte ihn, sich den Titel des Thor zurückzuholen, ob er nun würdig sei oder nicht. In letzter Sekunde, wie sich herausstellte, denn der Krieg der Zehn Welten verlief dramatisch. Malekith hatte bereits neun Königreiche vernichtet und nahm nun Midgard ins Visier. Thor Odinsons nächste Schritte würden über Leben und Tod der Sterblichen entscheiden. Doch die Lage wurde immer hoffnungsloser: Malekiths Dunkelelfen bewegten sich in Finsternis und wechselten über die Schwarze Bifröst von Reich zu Reich. Sie griffen unvermittelt an, fingen Thor und verbannten ihn nach Jötunheim, dem Ödland der barbarischen Frostriesen.

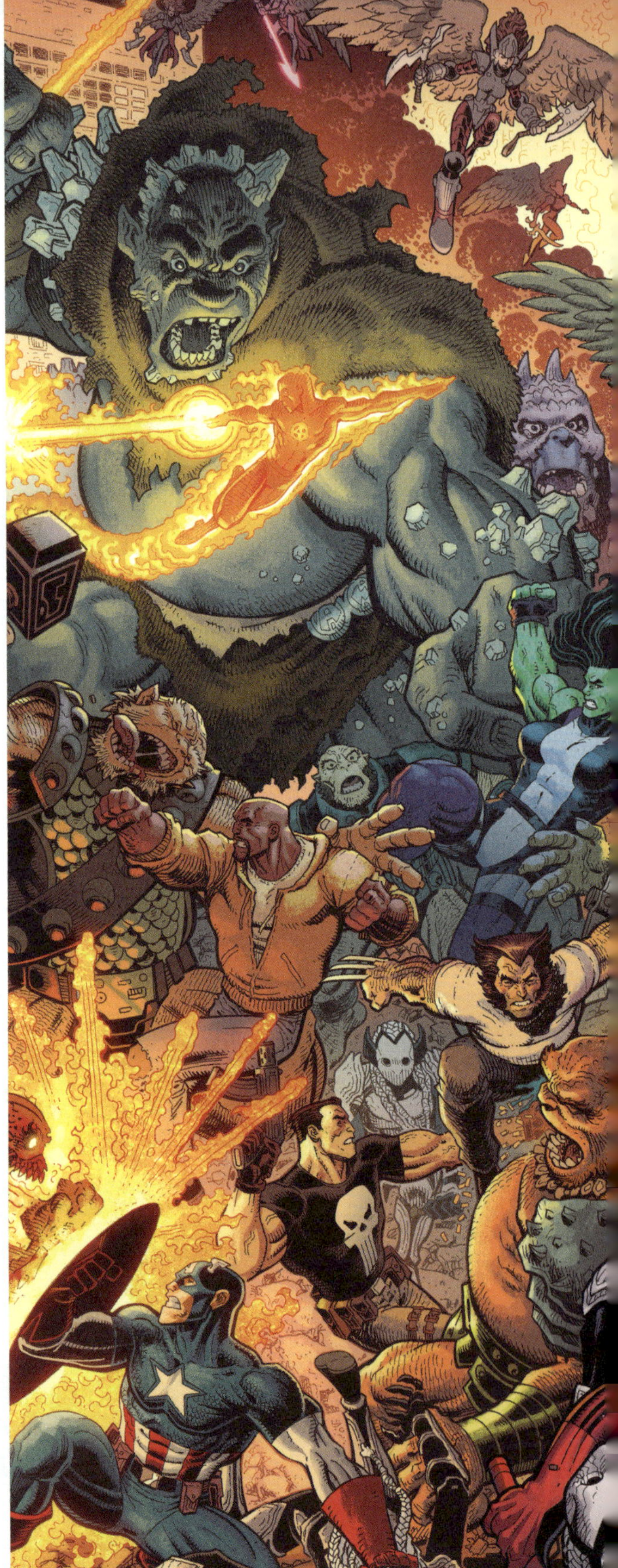

Weltkrieg mal zehn
Als der Dunkelelf Malekith den Zehn Reichen den Krieg erklärte, bildete Odinson eine Koalition aus Helden und Göttern, um die Invasoren zurückzuschlagen.
War of the Realms #1, Juni 2019

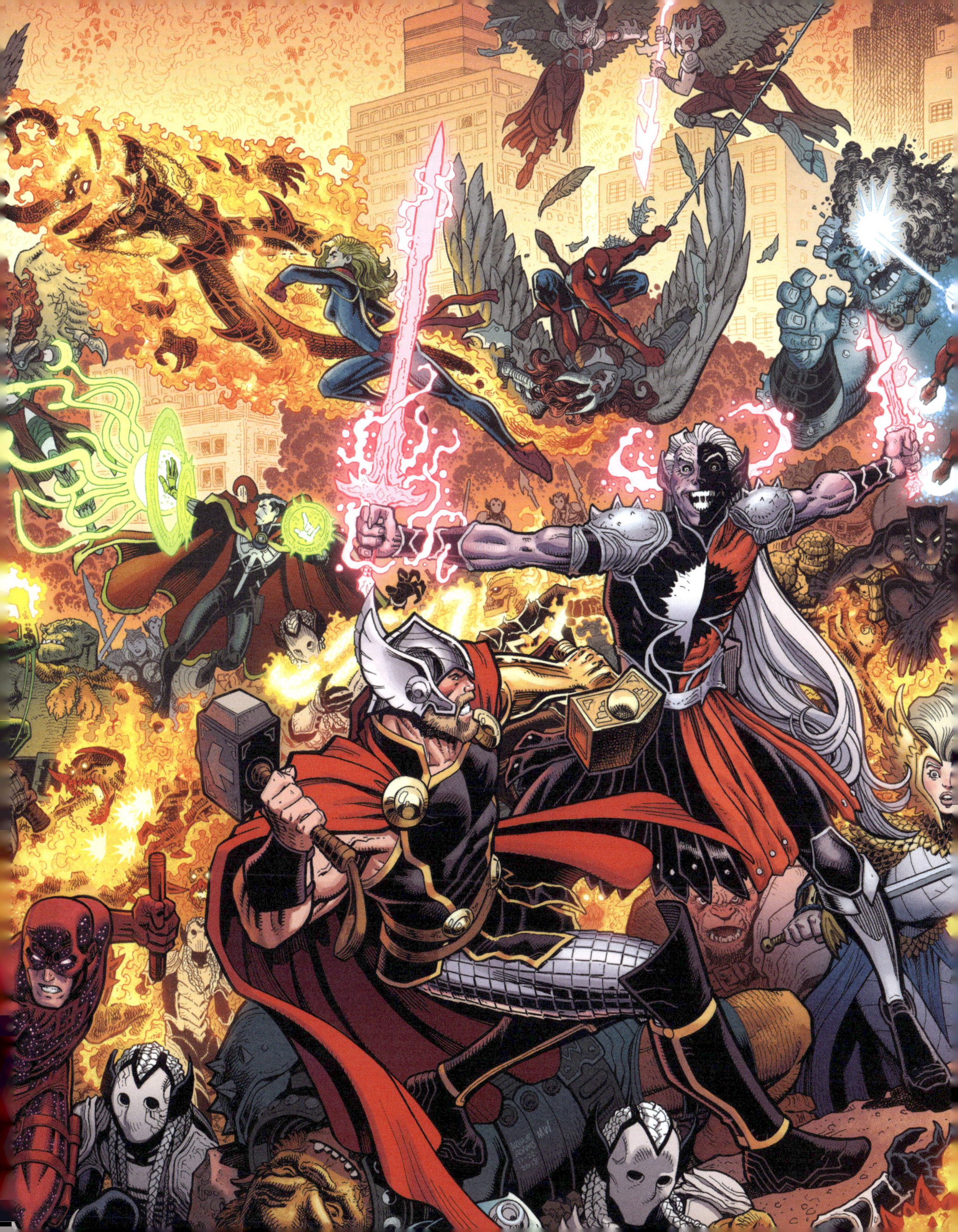

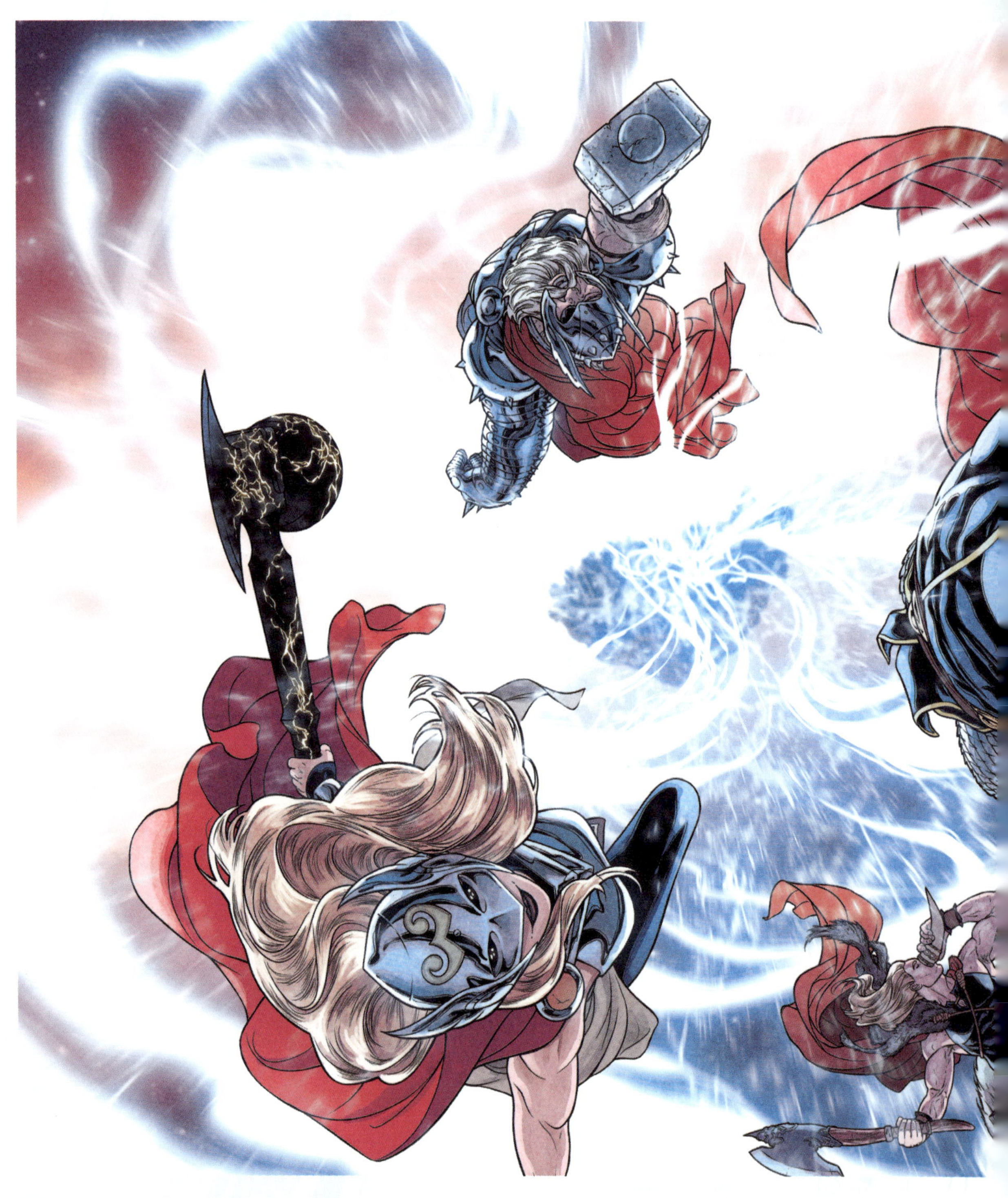

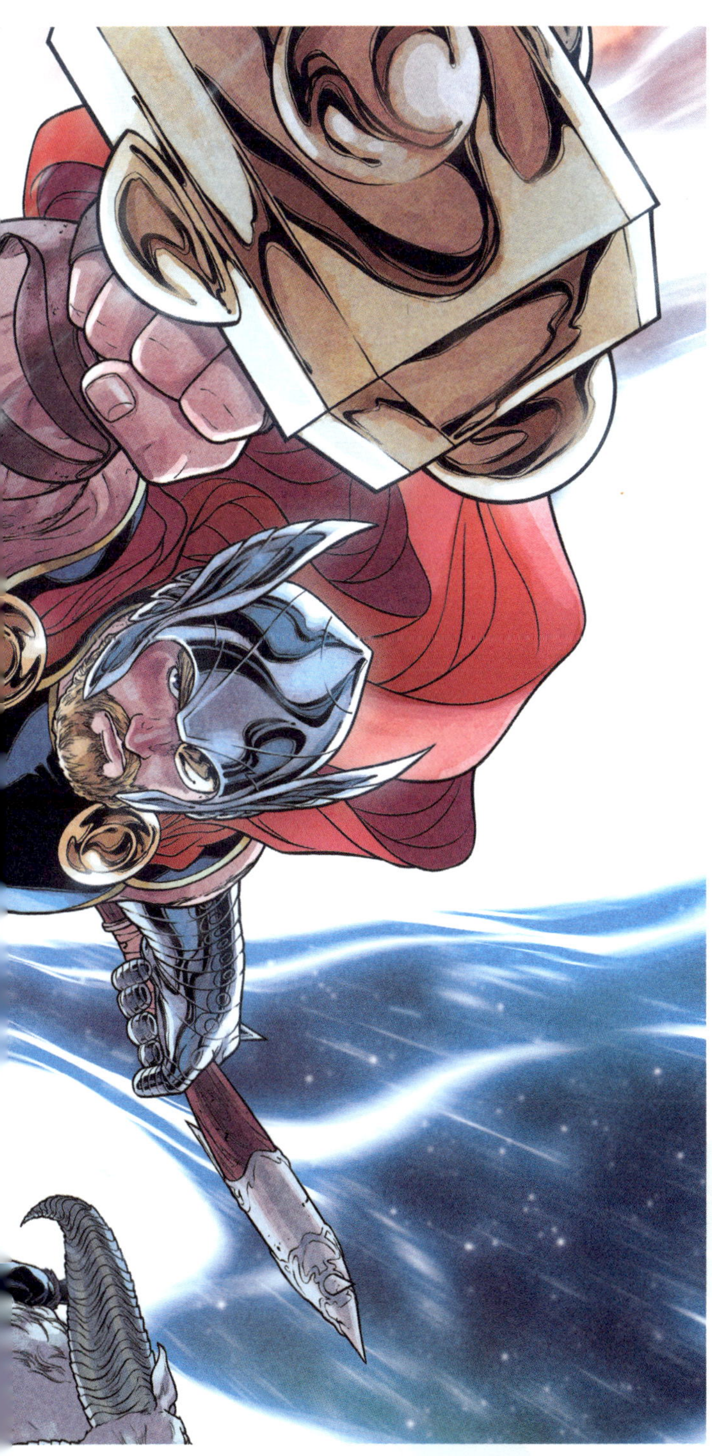

Da ihr Sohn außer Gefecht war, machte sich Freyja für die entscheidende Schlacht in New York bereit. Die Asen kämpften gemeinsam mit den Superhelden der Erde gegen den Feind. Doch die Stellung gegen endlose Wellen von Trollen, Frostriesen und Dunkelelfen zu halten, erschien aussichtslos.

> »Wir müssen die Welt retten.« Captain America

Freyja organisierte nicht nur Midgards Verteidigung, sie war zudem entschlossen, in die Offensive zu gehen. Darum entsandte sie eine Gruppe von Helden – darunter Spider-Man, Wolverine und Captain America – um Thor aus der Hand der Frostriesen zu befreien. Nach erfolgreicher Mission wandte sich der Donnergott an einen hastig einberufenen Kriegsrat im Avengers Mountain und übernahm sogleich das Kommando. »Nur einer wird diesen Kampf anführen«, erklärte er, »und sein Name ist Thor!« Letztendlich war es jedoch nicht ein Thor allein, der das Blatt wendete, sondern vier einzigartige Thors: ein Sturm der Donnergötter.

Thor Corps
Gemeinsam mit der Göttin des Donners und seinem einstigen und zukünftigen Selbst griff Odinson den unbesiegbar scheinenden Malekith an.
War of the Realms #6, August 2019

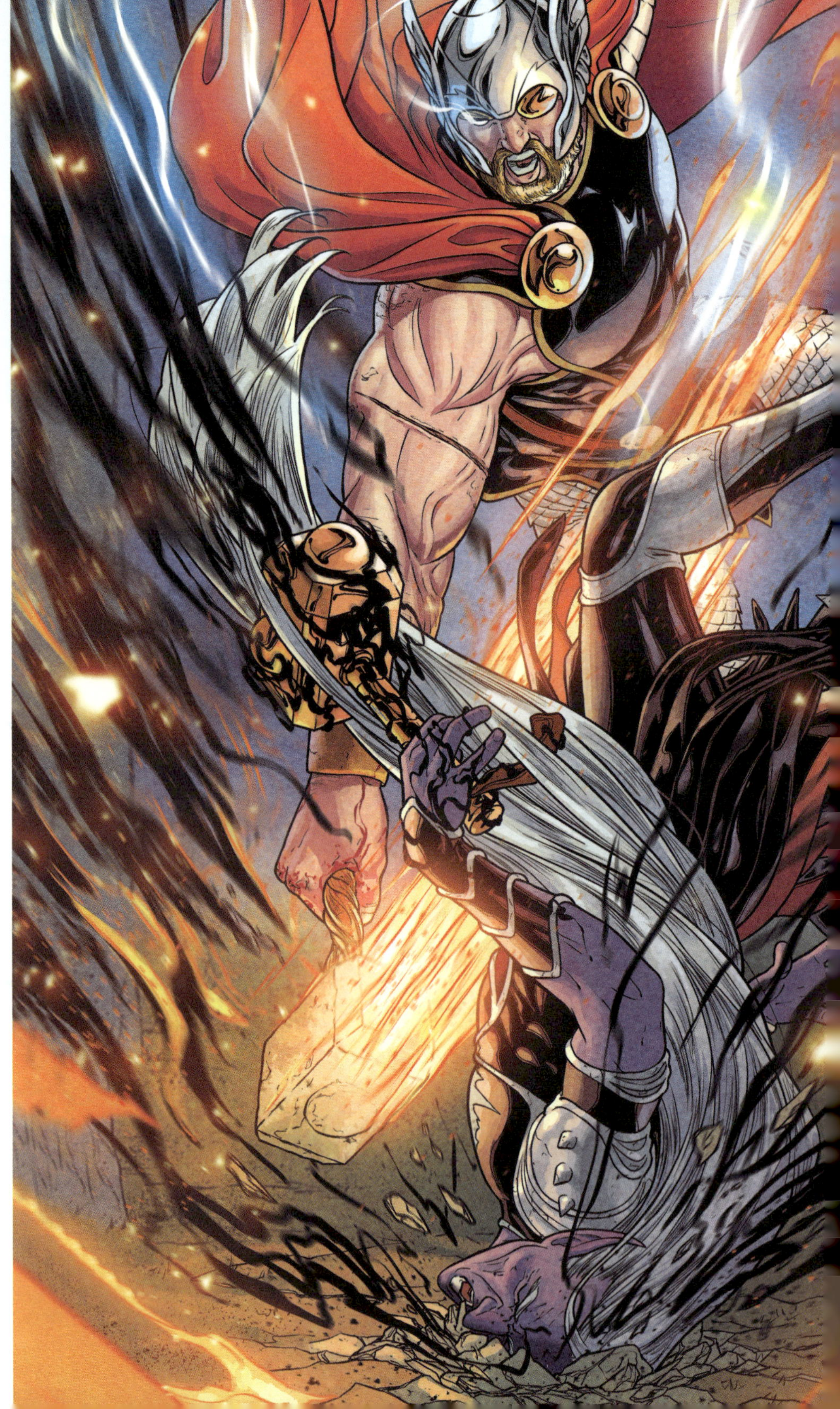

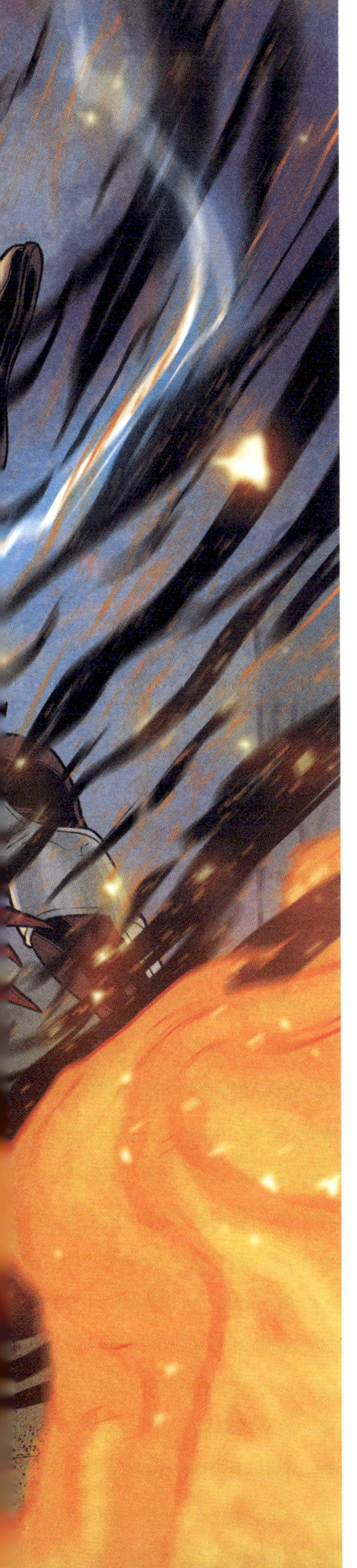

Odinson war bewusst, dass er mit einer scheinbar unbezwingbaren Übermacht konfrontiert war, darum konsultierte er erneut die Weltesche. Wie sich zeigte, hatte nach Asgardias Zerstörung ein Samen von Yggdrasil in der Sonne Wurzeln geschlagen. Odinson trotzte der Hitze des lodernden Sterns, um zu erfahren, wie man Malekith besiegen konnte. Auch dieses Mal war ein Opfer notwendig, um Weisheit zu erlangen, und Thor übergab dem Inferno bereitwillig sein rechtes Auge und das letzte Stückchen von Mjölnir.

»Heil … dem Allvater Thor.« Odin

Das Opfer sollte sich lohnen, denn Thor erfuhr, dass Malekith der Macht mehrerer Donnergötter nicht standhalten konnte. Odinson nutzte die Zeitreisetechnologie der Fantastic Four, um eine Inkarnation von sich aus der Vergangenheit und eine aus der Zukunft zu rekrutieren. Zudem nutzte Jane Foster den Mjölnir einer alternativen Wirklichkeit, um ein letztes Mal Thor zu werden. Und so brachte die vereinte Macht von vier Donnergöttern Malekith zur Strecke. Der entscheidende Schlag kam von Odinson, der enthüllte, dass er Mjölnirs letztes Fragment nicht aufgegeben hatte. Vielmehr hatte er mit Sonnenenergie daraus einen perfekten Hammer gefertigt, den er jetzt mit verheerender Wirkung einsetzte. Nach seinem Sieg wurde Thor zum Retter der Zehn Welten und zu Asgards neuem Herrscher erklärt.

K.o.-Schlag
Dank des neu gefertigten Mjölnir beendete Odinson Malekiths Streben nach universaler Macht mit einem Schlag.
War of the Realms #6, August 2019

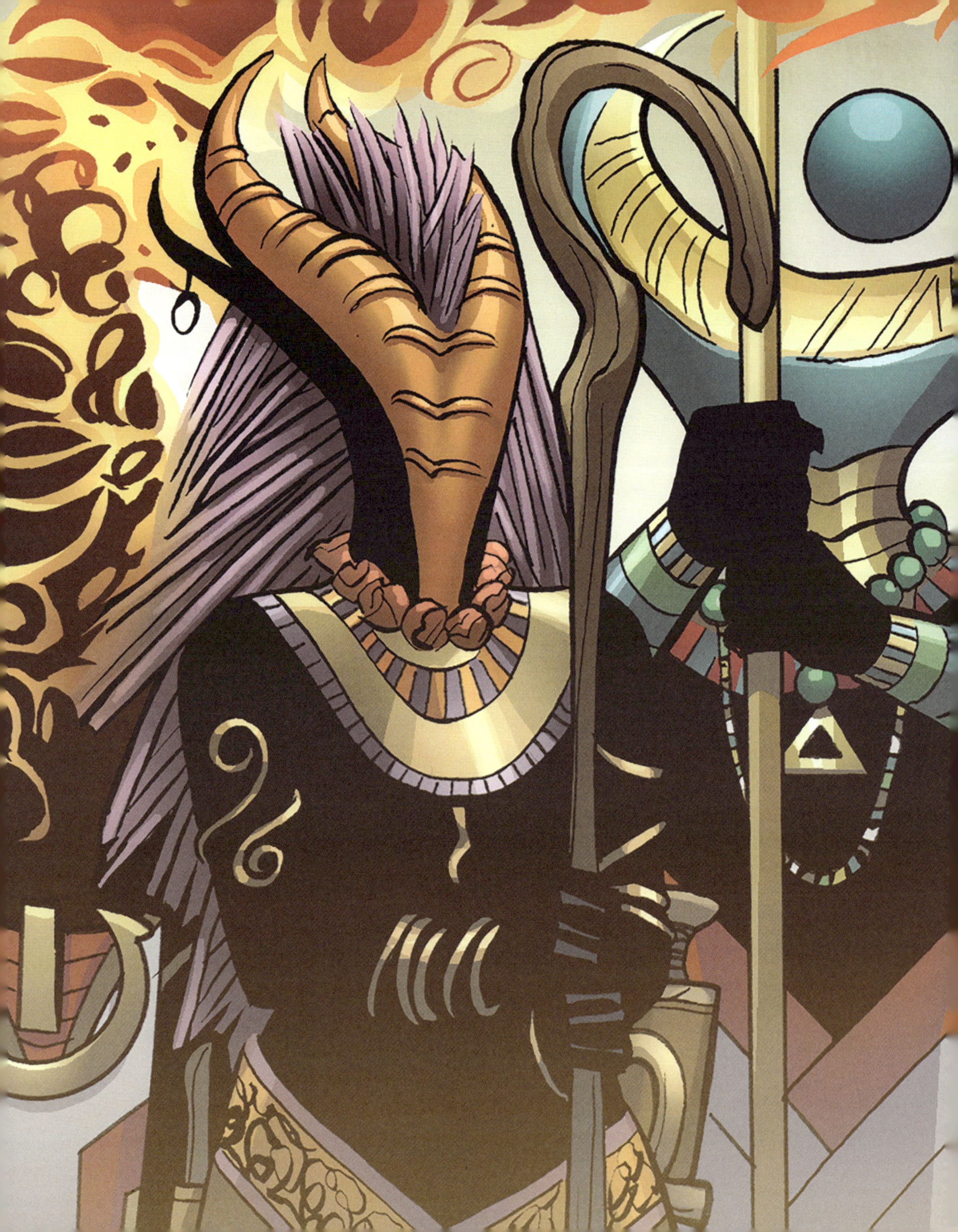

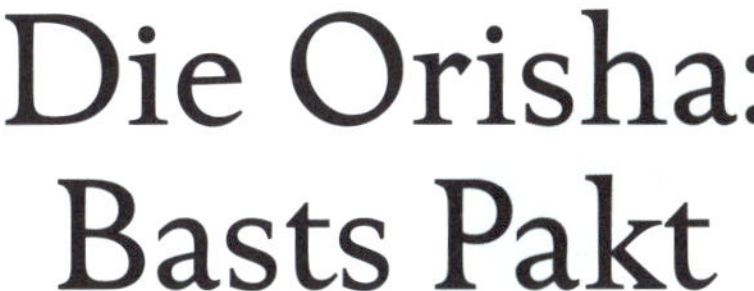

Die Orisha: Basts Pakt

In der Frühzeit der Menschheit willigte Bast von den Orisha ein, den Krieger Bashenga zu beschützen, wenn dieser bereit war, ihn anzubeten. Zusammen gründeten sie den Black Panther-Kult, eine bis in die Gegenwart reichende Abfolge heldenhafter Herrscher.

In alten, längst vergessenen Tagen durchquerten Wanderer Ostafrika. Auf ihrem Weg kamen sie in Kontakt mit den Originators, mystischen Tiermenschen, die entfernt mit den Alten Göttern verwandt waren. Die wichtigsten Originator-Stämme waren die Simbi – Schlangenmenschen –, die Anansi – wild anmutende Spinnenmenschen – und die gorillaähnlichen Vanyan.

Die ersten Begegnungen zwischen Originators und Menschen verliefen friedlich, doch der Wettbewerb um natürliche Ressourcen verstärkte die Spannungen zwischen den Gruppen. Schließlich löste ein kleiner Streit einen brutalen Krieg aus. Zunächst schienen die mächtigen und wilden Originators unbezwingbar zu sein, bald jedoch erhoben sich heldenhafte Kriegerinnen und Krieger, um ihre Mitmenschen zu beschützen. Durch den Glauben ihrer Anhänger gestärkt, wurden diese Frauen und Männer auf wundersame Weise in ein neues Heldengötter-Pantheon verwandelt: die Orisha.

Geboren in Afrika
Den Orisha, etwa Mujaji der Lebensspenderin und Ptah dem Gestalter, wurde durch den Glauben der ersten Menschen in Ostafrika Form und Substanz verliehen.
Black Panther #13, Juni 2017

Gestärkt durch ihr Gefolge, kämpften die Orisha gegen die Originators. Kriegsgott Kokou führte sie ins Feld, ihm folgte Mujaji, die Leben schenkte und nahm und nun eine tobende Flut auslöste, welche ganze Armeen von Originators hinwegschwemmte. Doch es war die Ehrfucht gebietende Panthergöttin Bast, deren wilder Kampf das Blatt zugunsten der Menschen wendete. Die Orisha verbannten die Originators in eine Unterwelt jenseits der sterblichen Sphären und bewachten die nächsten Jahrtausende die Tore zu diesem mystischen Gefängnis. Im Lauf der Zeit wurde der Krieg zur Legende und die Menschen, die die Orisha verehrten, vergaßen, dass ihr Land jemals anderen gehört hatte.

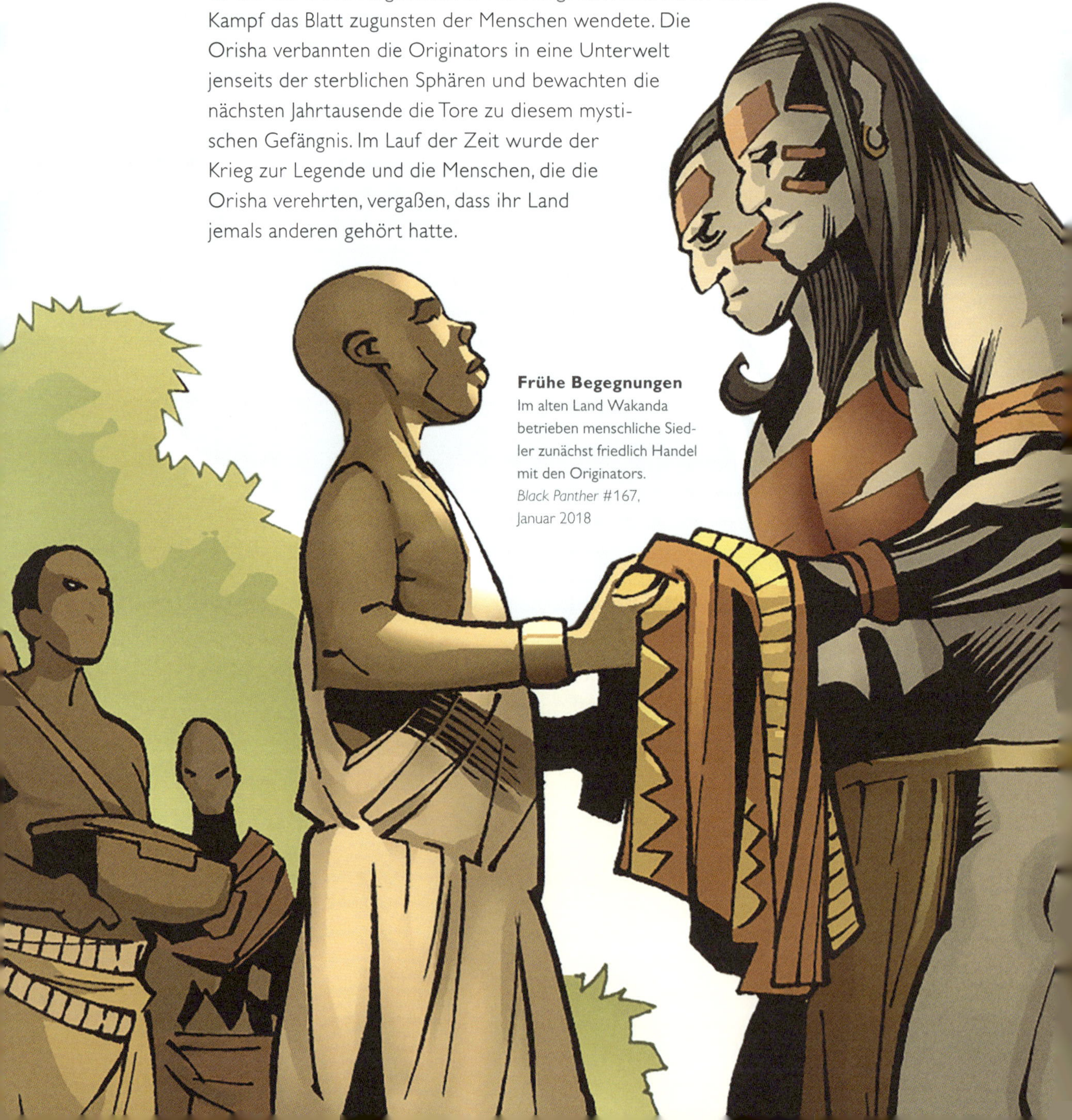

Frühe Begegnungen
Im alten Land Wakanda betrieben menschliche Siedler zunächst friedlich Handel mit den Originators.
Black Panther #167, Januar 2018

Zu jener Zeit, da die Originators besiegt wurden, stürzte ein Meteor zur Erde, verwüstete die Landschaft und warf einen großen Hügel auf. Das mit dem Mineralelement Vibranium angereicherte Gestein aus dem All hatte mehrere bemerkenswerte Eigenschaften: Es absorbierte kinetische Energie und gab Strahlung ab, die alle in der Nähe zu schrecklichen »Dämonengeistern« mutieren ließ. Um diese Monster zu bekämpfen, versammelte der visionäre Anführer Bashenga seinen Stamm und gründete einen Krieger-Clan, der sich der Bewahrung des Vibranium-Hügels und dem Schutz der Unschuldigen widmete, die in seinem Schatten lebten.

Bast war von Bashengas Mut beeindruckt und schlug ihm, da sie eine treue Gemeinde zur Bewahrung ihres Andenkens suchte, einen Pakt vor: Im Gegenzug für seine Gebete sollte Bashengas Stamm göttlichen Schutz erhalten. Das Clan-Oberhaupt stimmte zu und zog zu Basts Ehren die heiligen Panthergewänder an. Bashenga war der Erste in einer langen Reihe von Anführern, die ihre Autorität der Macht der Panthergöttin verdankten. Mit der Schaffung des Black Panther-Kults wurde das Land schließlich als Wakanda bekannt, Heimat einer Nation, die sich für Isolation und Unabhängigkeit entschied und Bast sowie das gesamte Pantheon der Orisha anbetete.

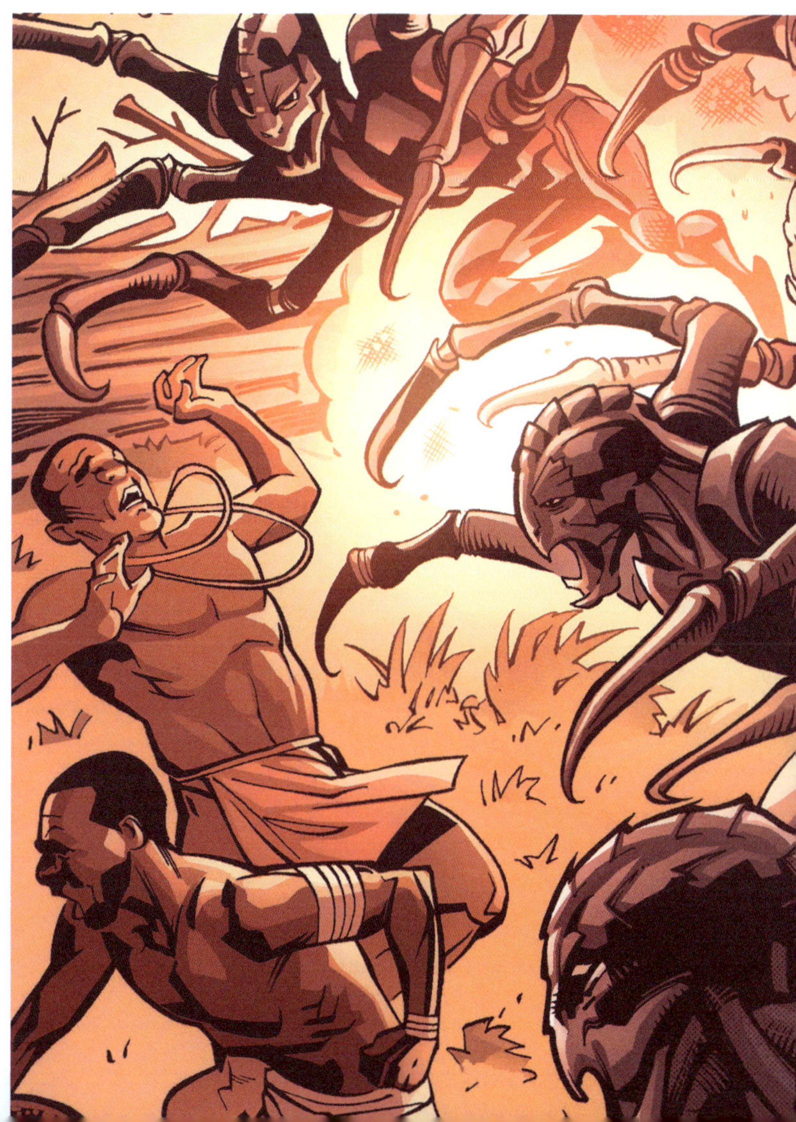

Grobe Kränkung
Eine Meinungsverschiedenheit sorgte für einen Konflikt und schließlich zum Krieg zwischen den Originators und den Menschen.
Black Panther #167, Januar 2018

Wakanda machte die Macht des Vibranium nutzbar und entwickelte viele Jahre vor anderen Ländern fortschrittliche Technologien, die häufig das Interesse räuberischer Invasoren weckten. Bashengas Beispiel folgend, zogen spätere Herrscher die zeremoniellen Black Panther-Gewänder über, um Eindringlinge abzuwehren oder Spione auszumachen. Wakanda bewahrte seine Geheimnisse, indem es sich von Fremdeinflüssen abschottete und an seinen Traditionen und Bräuchen festhielt. So konnte es sich jahrhundertelang vor Eingriffen von außen schützen.

Tatsächlich war die Vergangenheit in Wakanda unmittelbar greifbar, da jeder Führer dank Basts Einfluss mit seinen Vorgängern kommunizieren konnte. In der Nähe des Nyanza-Sees wurde eine Stadt der Mausoleen errichtet, die als zentraler Eingang zur jenseitigen Sphäre diente. Dort konnte der aktuelle Black Panther mit den Herrschern vergangener Zeiten kommunizieren. Dieser gespenstische königliche Ältestenrat – bestehend aus weisen Geistern von Frauen und Männern – war maßgeblich daran beteiligt, Wakanda durch viele schwierige Phasen zu leiten.

»Bashenga war ... weise und furchtlos.«

Black Panther (T'Challa)

Nachdem sein Vater T'Chaka durch die Hand des bösen Ulysses Klaw getötet worden war, bestieg T'Challa als letzter Clan-Chef Wakandas Thron. Von Anfang an war T'Challas Regierungszeit stürmisch, denn der junge Herrscher fühlte sich einerseits zur Forschung berufen und andererseits dem traditionellen Glauben an die Orisha verpflichtet. Zudem führten T'Challas Pflichten als Black Panther und als Mitglied der Avengers ihn häufig ins Ausland.

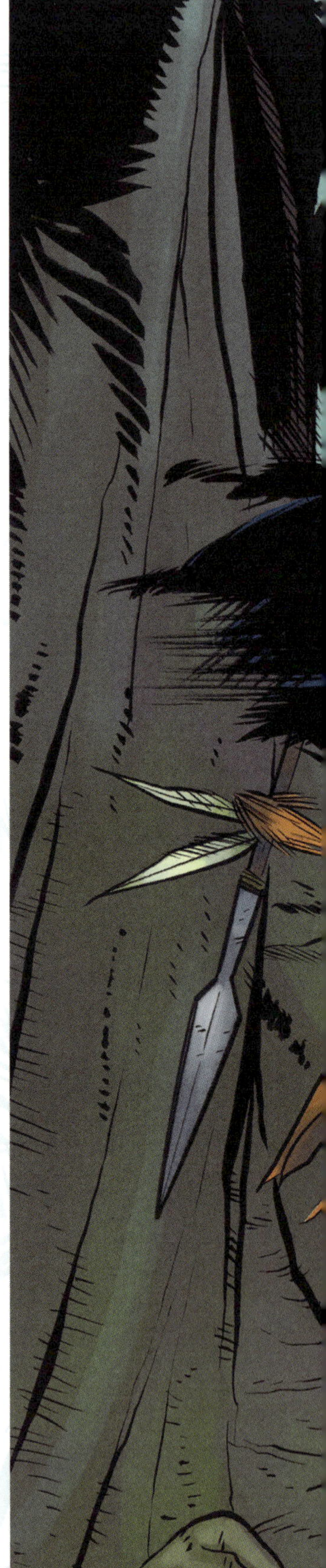

Kult-Gefolge
Geschützt durch die göttliche Bast, erschuf Bashenga den Black Panther-Kult, dessen kampferprobten Herrscher Wakanda viele Jahrhunderte lang beschützten.
Black Panther: Marvel Legacy Primer, 2017

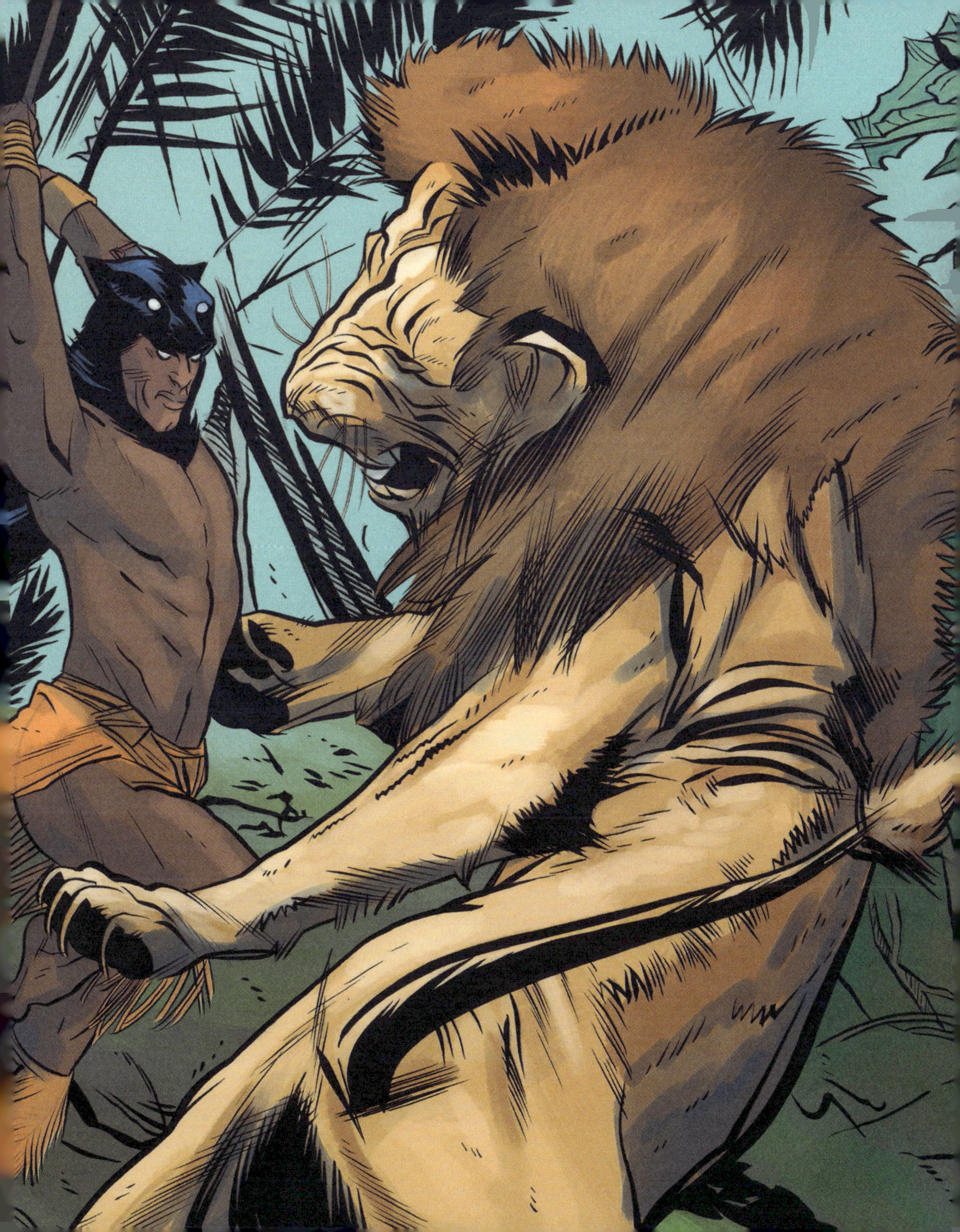

Infolgedessen gab es einige in Wakanda, die das Engagement ihres Monarchen für die Nation offen infrage stellten. Interessierte sich T'Challa mehr für den Rest der Welt als für sein eigenes Volk? Nachdem Wakanda einen Krieg mit dem Königreich Atlantis und eine Invasion Außerirdischer überstanden hatte, wurde der Ruf nach Veränderungen laut. T'Challa verhinderte eine Revolution, indem er demokratische Reformen wie die Einberufung eines Verfassungsrates und die Umwandlung Wakandas in eine konstitutionelle Monarchie anregte. Es schien, als wären die grundlegenden Probleme des Landes überstanden. Doch noch größere Herausforderungen sollten die Nation in ihren Grundfesten erschüttern und das Selbstbild der Wakander infrage stellen.

»Seit wir denken können, haben uns ... die Götter von Wakanda beschützt.«

Black Panther (T'Challa)

Während Wakandas Leidensgeschichte hatten sich die Orisha nicht gerührt. Nun verbreiteten sich Gerüchte, die Götter hätten ihr Volk aufgegeben. Nach einer desaströsen Ernte und einer unerbittlichen Sturzflut schien es wirklich so, als hätte Wakanda sogar den Segen seiner Panthergottheit Bast verloren. Auch T'Challa beunruhigte die Abwesenheit der Orisha, und er machte sich auf, diese Angelegenheit zu untersuchen. Seine Nachforschungen führten ihn tief in den Dschungel, wo er ein mystisches Tor fand, das Dutzende wütender Originators vom Stamm der Simbi ausspuckte. Obwohl T'Challa der Angriff der barbarischen Schlangenmenschen zunächst verwirrte, war er dankbar für die seltene Gelegenheit, seine volle Kraft einzusetzen, und besiegte seine Gegner rasch.

Schmerzerfüllt sprach einer der besiegten Schlangenmänner eine bedrohliche Warnung aus: »Die Orisha fliehen. Das Tor steht offen. Die Originators kehren zurück.«

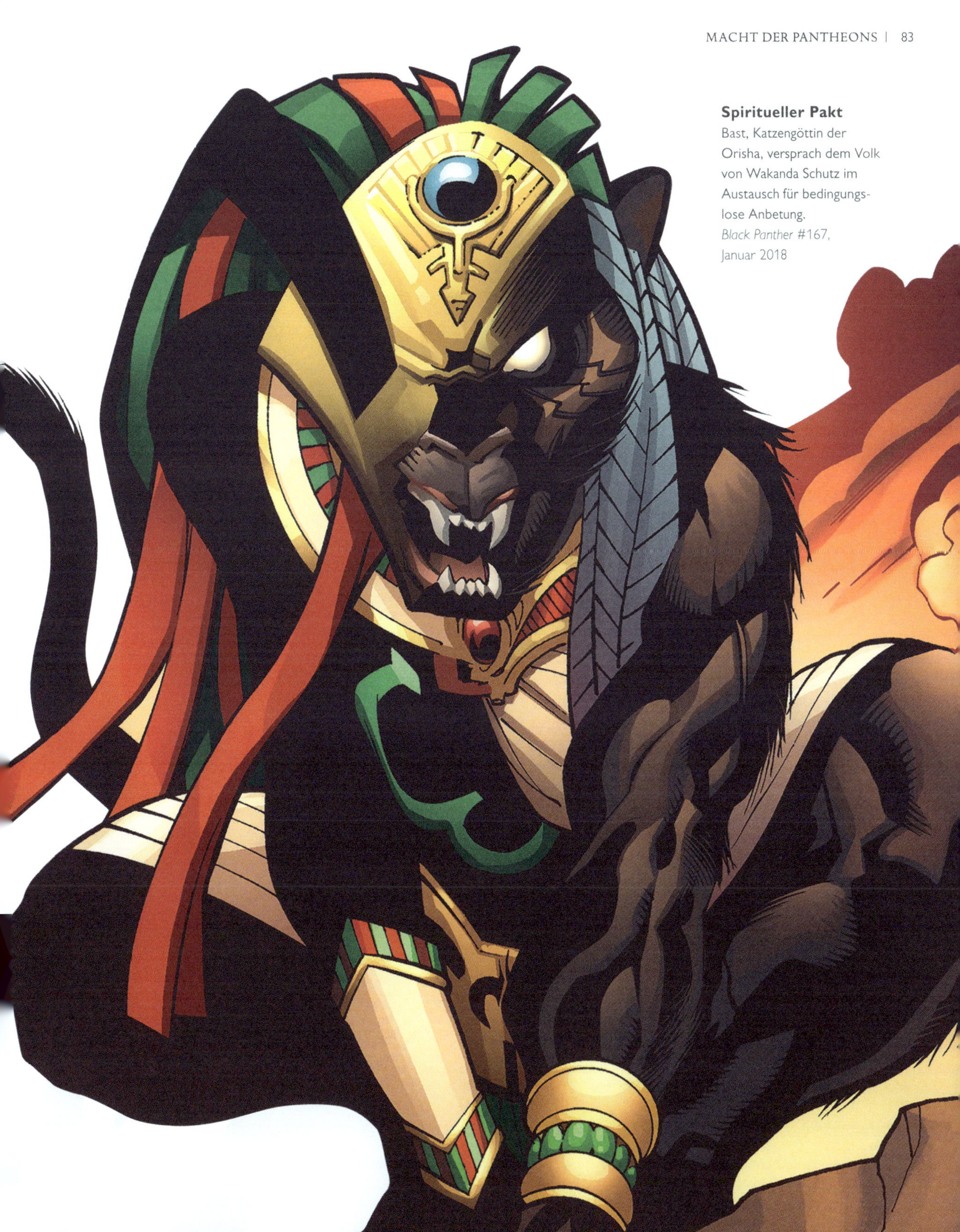

Spiritueller Pakt
Bast, Katzengöttin der Orisha, versprach dem Volk von Wakanda Schutz im Austausch für bedingungslose Anbetung.
Black Panther #167, Januar 2018

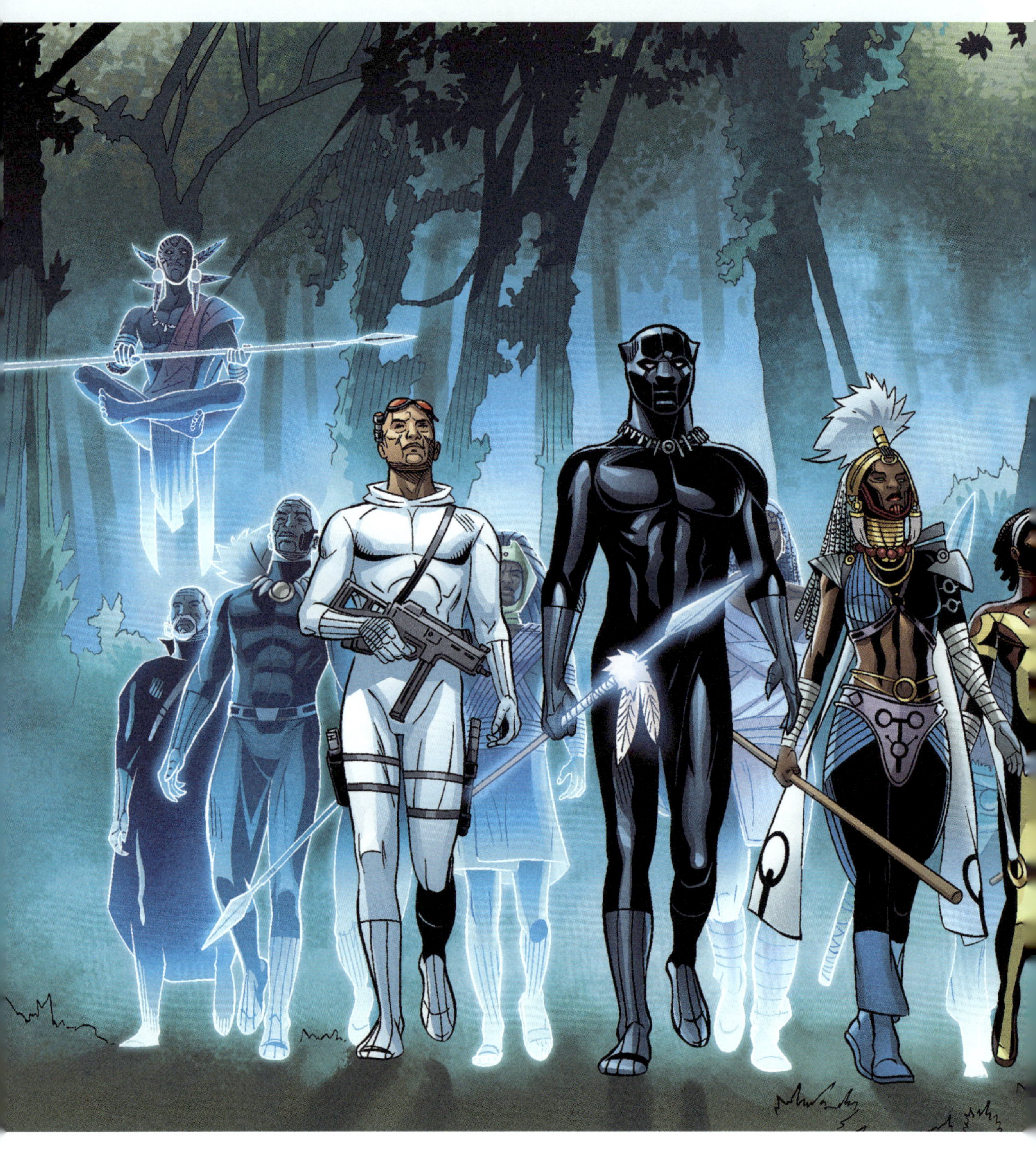

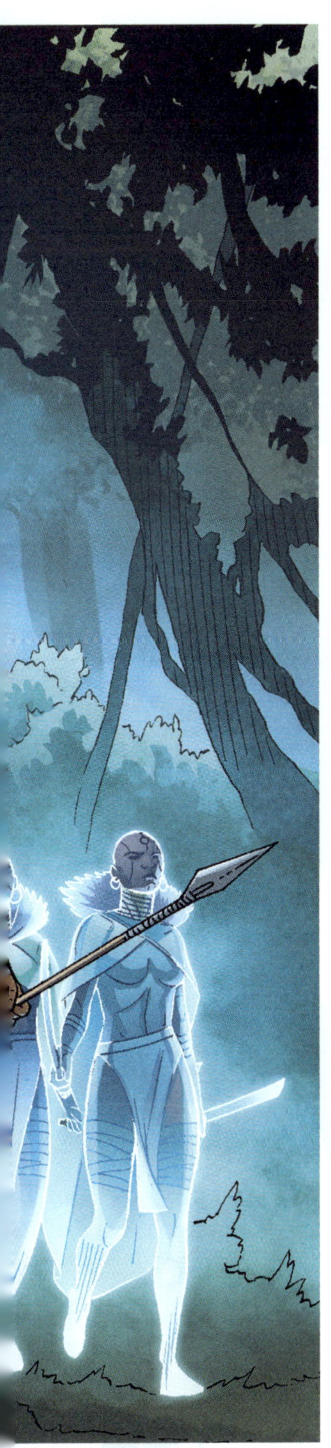

Auch wenn T'Challa diese Aussage ins Grübeln brachte, musste er sich doch zuerst um das immer noch geöffnete transdimensionale Tor kümmern. Er befahl einer Gruppe von Schamanen, das Portal zu schließen. Um den Zauber zu erwirken, der das Tor verbarrikadieren und die noch immer hindurchströmenden Originators besiegen sollte, beteten die Schamanen zu den Orisha. Ihre Beschwörung gelang: Das Tor wurde geschlossen, doch der Zauber tötete nicht nur die Schlangenmenschen, sondern auch die Schamanen. Es schien, als hätten die Orisha die Bitte um göttlichen Schutz abgewiesen.

Der königliche Geisterrat bestätigte T'Challa, dass die Orisha die sterblichen Sphären verlassen hatten, was Wakanda besonders verwundbar machte. Bald öffneten sich im ganzen Land weitere Portale. Die erzürnten Originators, die nicht länger unter dem Bann der Orisha standen, konnten auf die irdische Ebene zurückkehren und wollten mit aller Macht die Kontrolle über ihre angestammte Heimat zurückgewinnen.

Zur Bekämpfung der Invasoren rekrutierte T'Challa seine Ex-Frau Storm vom Mutanten-Team X-Men sowie den Zauberer Zawavari. Storm war bei Wakandas Bevölkerung schon immer beliebt gewesen und ihre Fähigkeit, das Klima zu kontrollieren, erwies sich bei der Bekämpfung der Krise als unschätzbar wertvoll. Sie zwang den Winden ihren Willen auf und befriedete die tosenden Sturzbäche. Storm nutzte ihre wachsende Popularität, um die Unterstützung der Menschen für ihren königlichen Beschützer zu gewinnen: T'Challa, den Black Panther. Obwohl die Helden den Originators standhielten, konnten sie keinen entscheidenden Sieg erringen. Darüber hinaus wurde es zunehmend schwierig, die Menschen vom rechten Glauben zu überzeugen. Einige Wakander wandten sich von den Orisha und Bast ab und folgten den gewalttätigen Lehren eines mysteriösen neuen Gottes namens Sefako.

Ahnen-Armee

Beim Angriff auf Wakanda bezog Black Panther Stärke von seinen geisterhaften Urahnen und scharte seine Alliierten – wie den Spionagechef Akili, seine Schwester Shuri und den Mutanten Manifold – um sich.

Black Panther #11, April 2017

Um mehr über seine Feinde zu erfahren, reiste T'Challa mit seiner Schwester Shuri nach Djalia, der Astralebene des wakandischen Kollektivgedächtnisses. Dort wurden die Geschwister von einem Geist in der Gestalt von Königinmutter Ramonda begrüßt. Die Erscheinung erkannte in T'Challa einen Erkenntnis-Suchenden und enthüllte ihm alles über die Originators und ihren vergessenen Krieg mit den Orisha.

»Sie haben die Originators beleidigt. Und es kam zum Krieg.«

Mutter des wakandischen Kollektivgedächtnisses

T'Challa war schockiert, als er erfuhr, dass seine Vorfahren ein ganzes Volk aus ihrem Land verbannt hatten. Der Erinnerungsgeist entgegnete jedoch, dass jetzt keine Zeit für Vorwürfe sei. Die Vergangenheit sei Vergangenheit und nur die Zukunft zähle. Obwohl das Leid der Originators T'Challas Mitgefühl weckte, stellten die Kreaturen noch immer eine ernste Bedrohung für Wakandas Bewohner dar. Viele würden sterben, wenn die Originators im Königreich Amok laufen konnten.

T'Challa kehrte mit neuer Entschlossenheit ins Reich der Sterblichen zurück. Er versammelte seine Verbündeten – darunter Storm, Shuri, Zawavari und den Ex-Bösewicht Thunderball – und stellte sich der ständig wachsenden Armee der Originators entgegen. Die Kriegsparteien trafen im ausgetrockneten Bett des Nyanza-Sees aufeinander. Diese einst fruchtbare Oase hatte sich durch den mystischen Einfluss der Originators in eine Wüste verwandelt.

Zunächst schienen die Invasoren die Oberhand zu gewinnen, doch Storm setzte all ihre außergewöhnlichen Mutantenkräfte frei, um eine Flut von wahrhaft epischen Ausmaßen auszulösen.

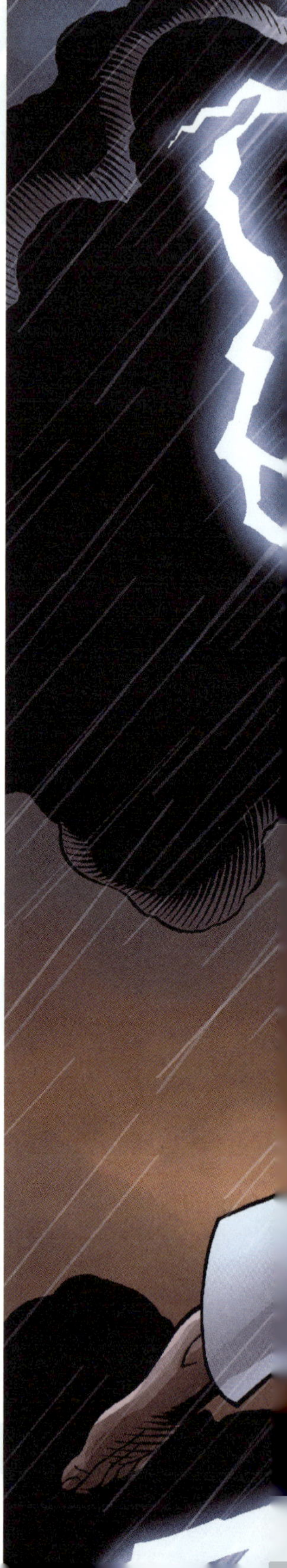

Sturmritt
Storm konnte mithilfe ihrer Mutantenkräfte den durch die Originators ausgelösten Unwettern Einhalt gebieten.
Black Panther #16, September 2017

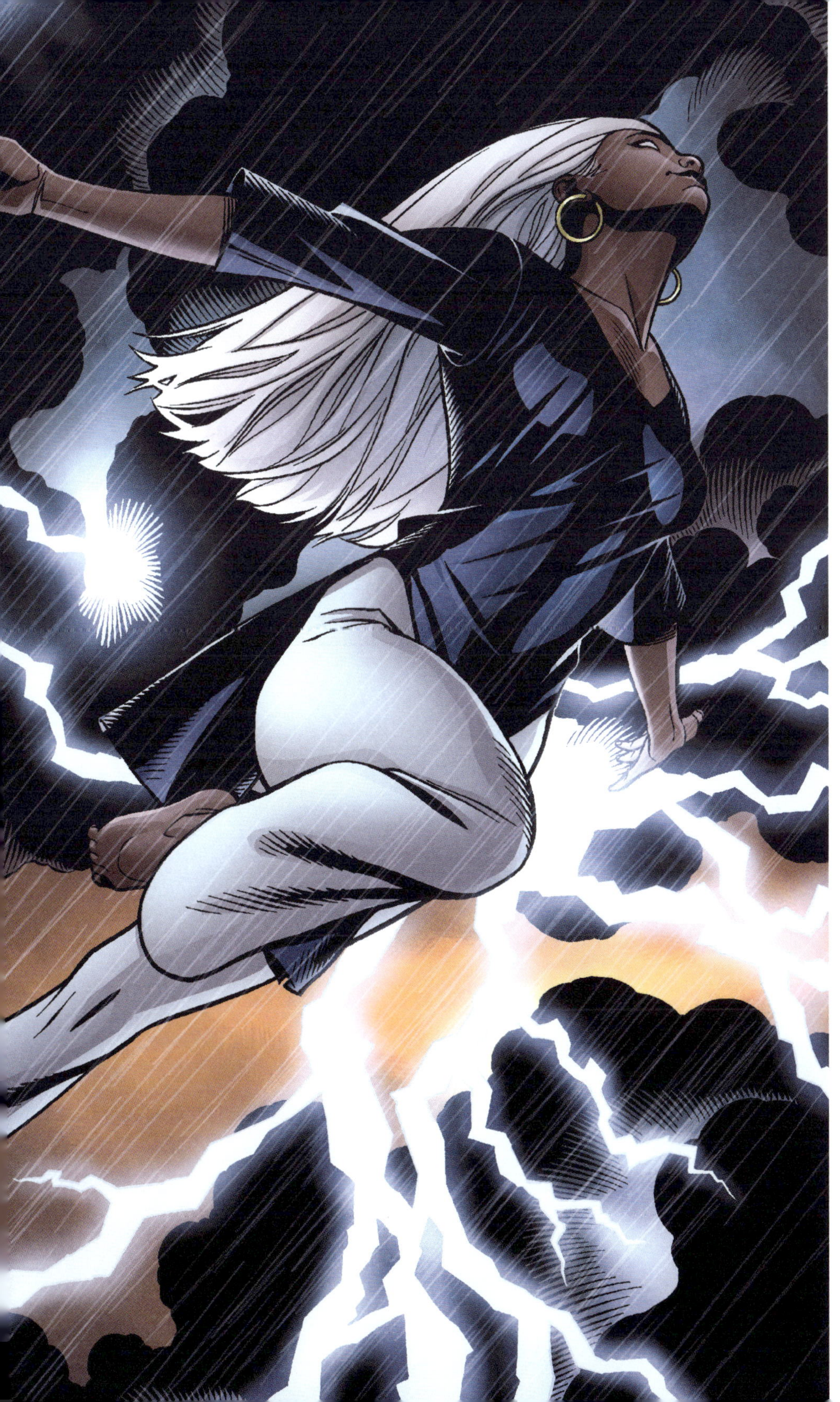

Regen und Hagel gingen auf die Originators nieder und trieben sie durch das Portal zurück. Der Sieg schien sicher, aber als Storm und Shuri sich in die Nähe des offenen Tors wagten, erschreckte sie eine herauskommende Gestalt. Storm erkannte sie sofort: Es war der Adversary, ein mächtiges, launisches Dämonenwesen, gegen das sie schon mit den X-Men gekämpft hatte.

> »Die Zeit meiner Herrschaft naht!«
>
> Adversary

Nach einem verlorenen Kampf war der Adversary aus der materiellen Welt in die gleichen Sphären wie die Originators verbannt worden. Dort nannte er sich Sefako und half den Originators, über die Portale freizukommen. Er selbst wollte die Abwesenheit der Orisha ausnutzen und nach seiner Rückkehr in die materielle Welt endlose Zwietracht säen.

Der Adversary griff Wakandas Verteidiger an und begrub Storm unter tonnenschweren Trümmern. Seit ihrer Kindheit litt sie unter Klaustrophobie, und eingeengt, wie sie war, geriet Storm nun in Panik und war unfähig, ihre Kräfte einzusetzen, um sich zu befreien. T'Challa versuchte, das Selbstvertrauen seiner früheren Liebe zu stärken, indem er ihr versicherte, dass er an sie glaubte, so wie alle Menschen Wakandas an sie glaubten.

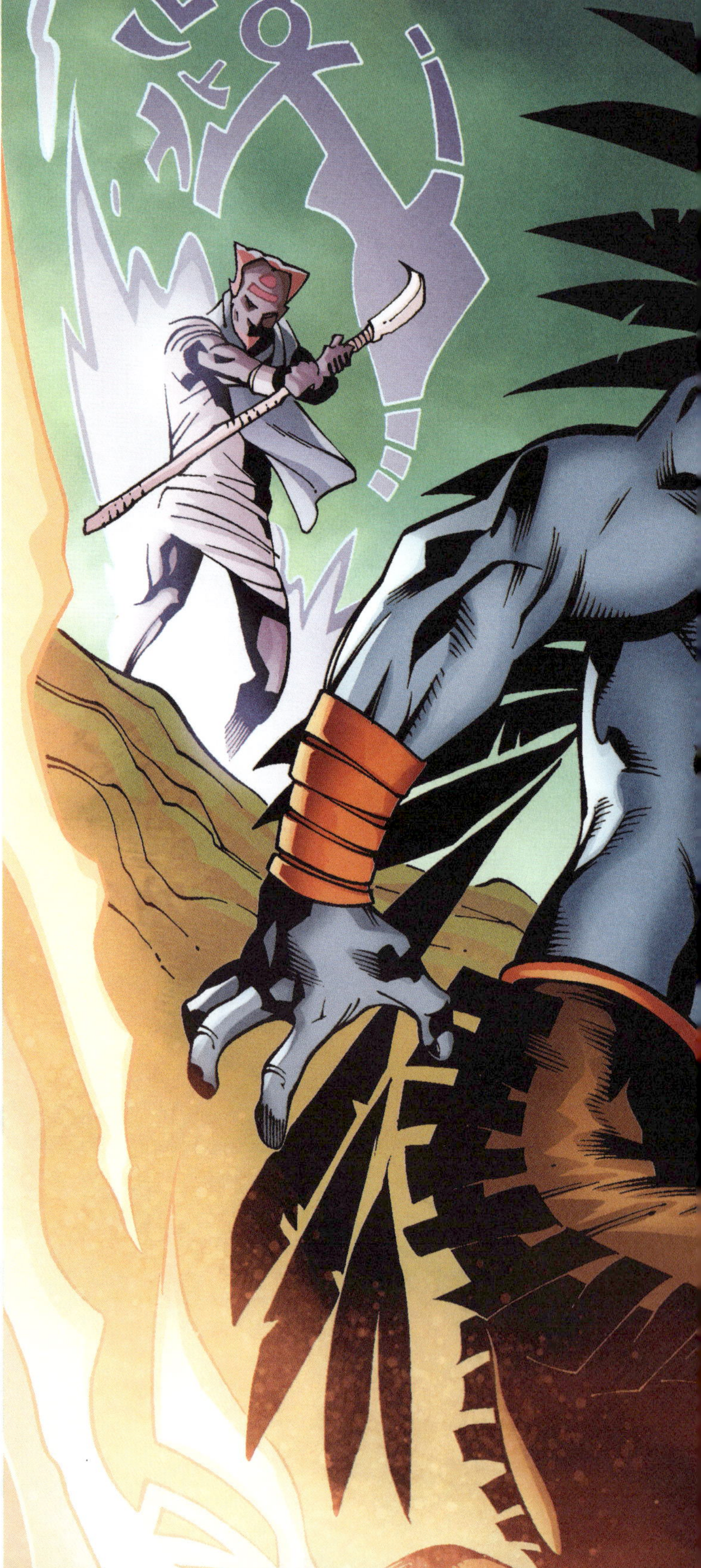

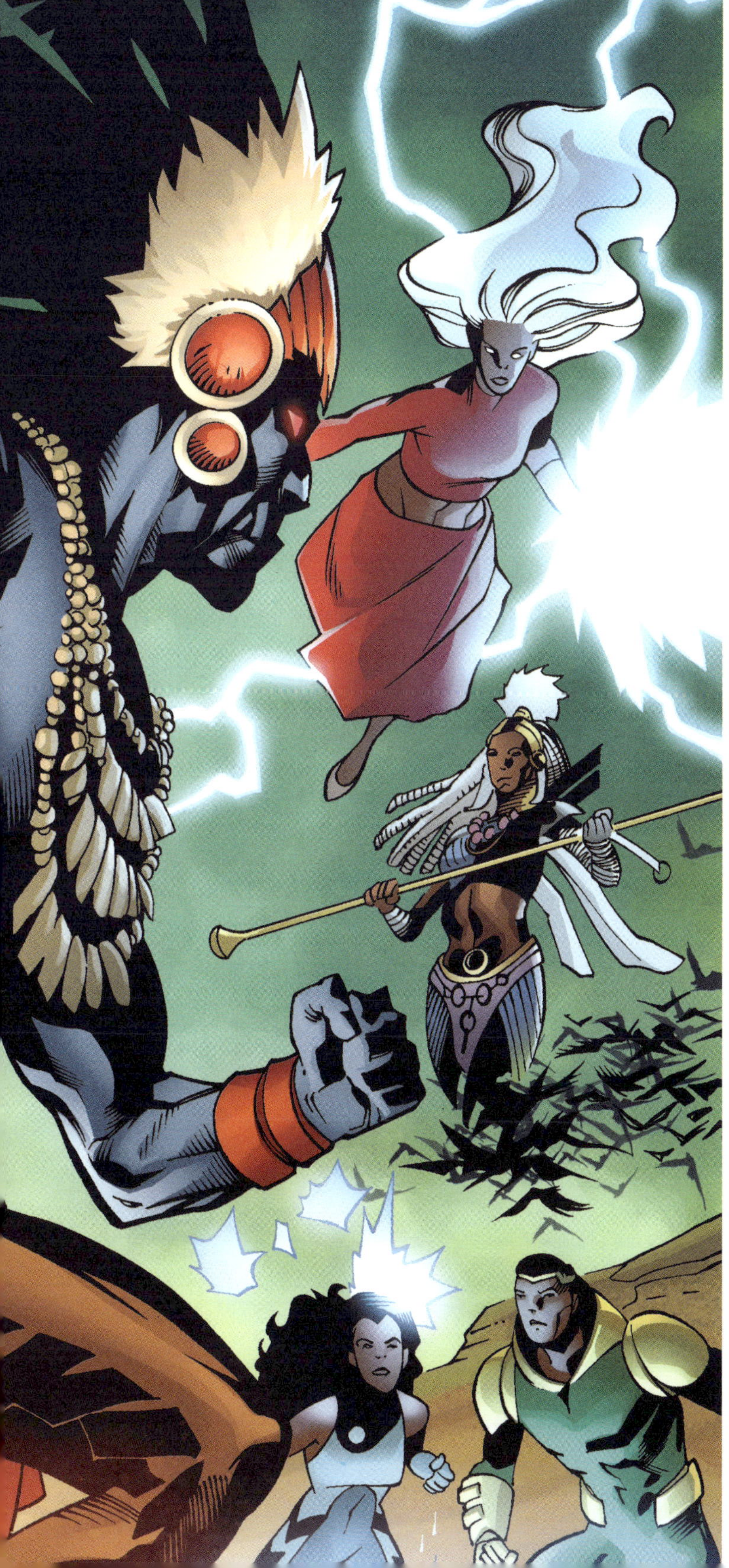

Auf den über Funk erteilten Befehl ihres Königs beteten Wakander aller Gesellschaftsschichten für ihre Göttin des Sturms. Dieser Anbetungsakt gab Storm neue Macht und stärkte ihre Mutantenkräfte, sodass sie sich befreien konnte. Am Himmel schwebend beschoss Storm den Adversary mit fürchterlichen Blitzen und vertrieb ihn durch das letzte verbliebene Portal, das für immer versiegelt wurde.

Der Adversary war besiegt, doch die Orisha blieben verschwunden. Weiterhin war unklar, warum sie ihr Volk verlassen hatten. Obwohl T'Challa einen großen Sieg feierte, wusste er, dass sein Königreich in eine Ära der Ungewissheit aufbrach. Die Wahrheiten von einst hatten sich als Trugbild erwiesen, und auf das Wohlwollen der Götter konnte man sich nicht mehr verlassen.

Gegenreaktion
Wakandas Verteidiger Zawavari, Storm und Shuri standen bereit, um den dämonischen Adversary in sein jenseitiges Gefängnis zurückzuschicken.
Black Panther #172, Juni 2018

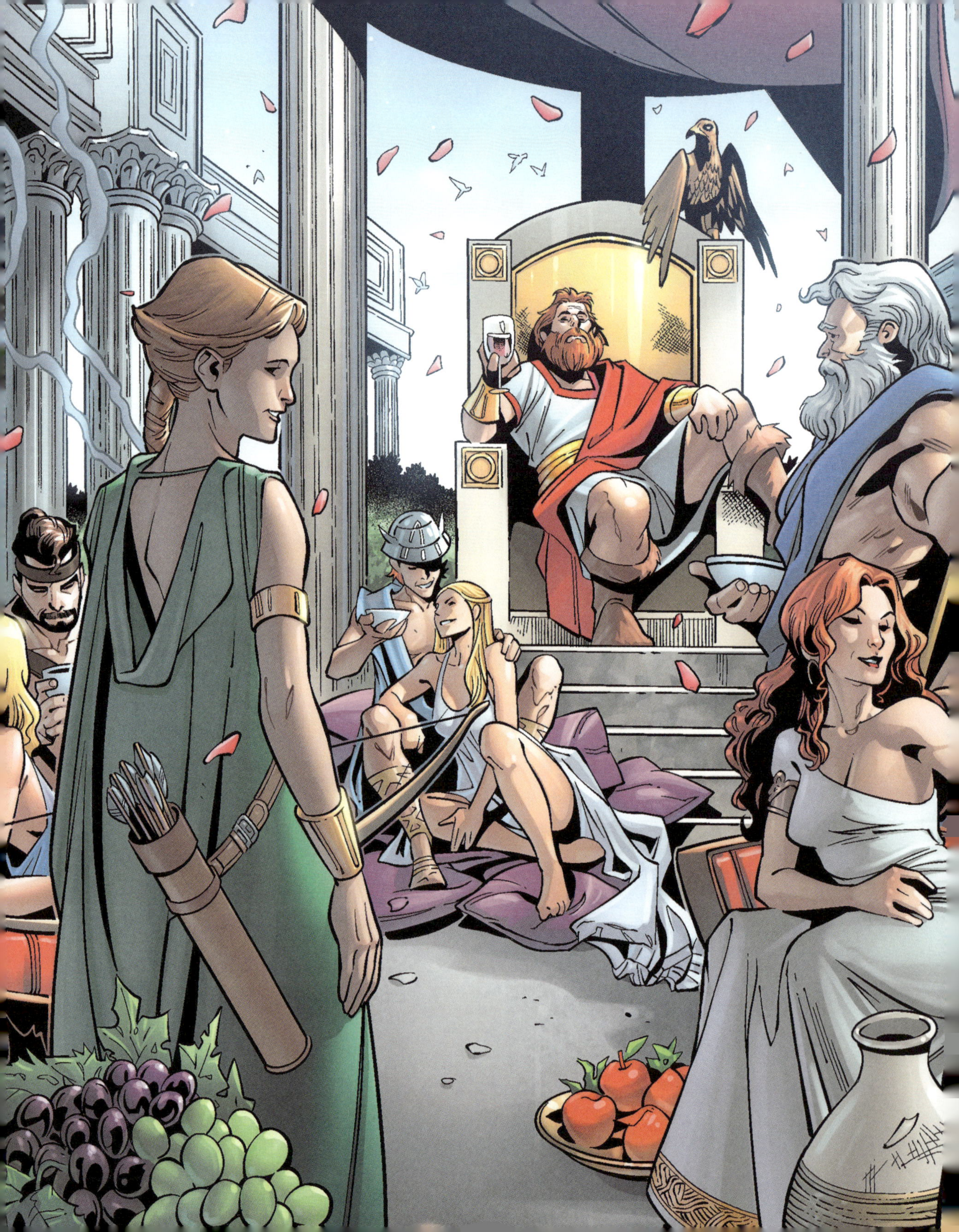

Die Olympier: Kampf der Pantheons

Während sich die anderen Olympier aus dem Reich der Sterblichen zurückgezogen hatten, kam der übermütige Halbgott Hercules immer wieder auf die Erde zurück. Dort geriet er häufig in Konflikt mit dem asgardischen Donnergott.

Die Götter des Olymps, die im antiken Griechenland und im Alten Rom verehrt wurden, beeinflussten über Jahrhunderte die Geschicke der Menschen. Sie lebten in einer Taschendimension abseits der Erde und reisten über zahlreiche Verbindungspunkte in die Welt der Sterblichen, am häufigsten auf den Olymp in Griechenland. Nachdem er sich als unangefochtener Herrscher der Olympier erwiesen hatte, nahm Zeus Hera zur Frau. Pluto wurde zum Gott der Unterwelt ernannt, Neptun wurde Herr der Meere und Demeter Fürsorgerin des Landes. All dies schaffte Stabilität, und unzählige Menschen verehrten die Olympier, deren Pantheon aufblühte und erstarkte. Mit der Zeit wurde ihre Vorherrschaft jedoch infrage gestellt und endete schließlich. Durch die rasante Entwicklung der Menschheit und das Aufkommen neuer Glaubensrichtungen stießen die Olympier zunehmend auf rivalisierende Pantheons, insbesondere die Asen Nordeuropas und die Heliopolitaner Ägyptens.

Freude und Genuss
In ihrem friedvollen Reich auf dem Berg Olymp genossen die Götter auf zahllosen Festen die feudale Gastfreundschaft von Zeus.
Avengers: No Road Home #1, April 2019

Um unnötige Konflikte zu vermeiden, zogen sich die Olympier mit Zeus' Segen allmählich aus irdischen Angelegenheiten zurück. Vom Olymp aus beobachteten sie den Fortschritt der Menschheit und lenkten gelegentlich die Sterblichen in die richtige Richtung. Meist jedoch waren sie passive Zuschauer und beobachteten, wie sich die Welt ewig weiterdrehte.

Im Gegensatz zu den anderen Göttern fand Hercules, Sohn des Zeus und der sterblichen Alkmene, seine Geburtswelt Erde unendlich faszinierend. Selbst nachdem er in das olympische Pantheon aufgenommen worden war, erlebte Hercules häufig irdische Abenteuer, insbesondere als er sich Jasons Argonauten anschloss und seine legendären Zwölf Aufgaben erfüllte.

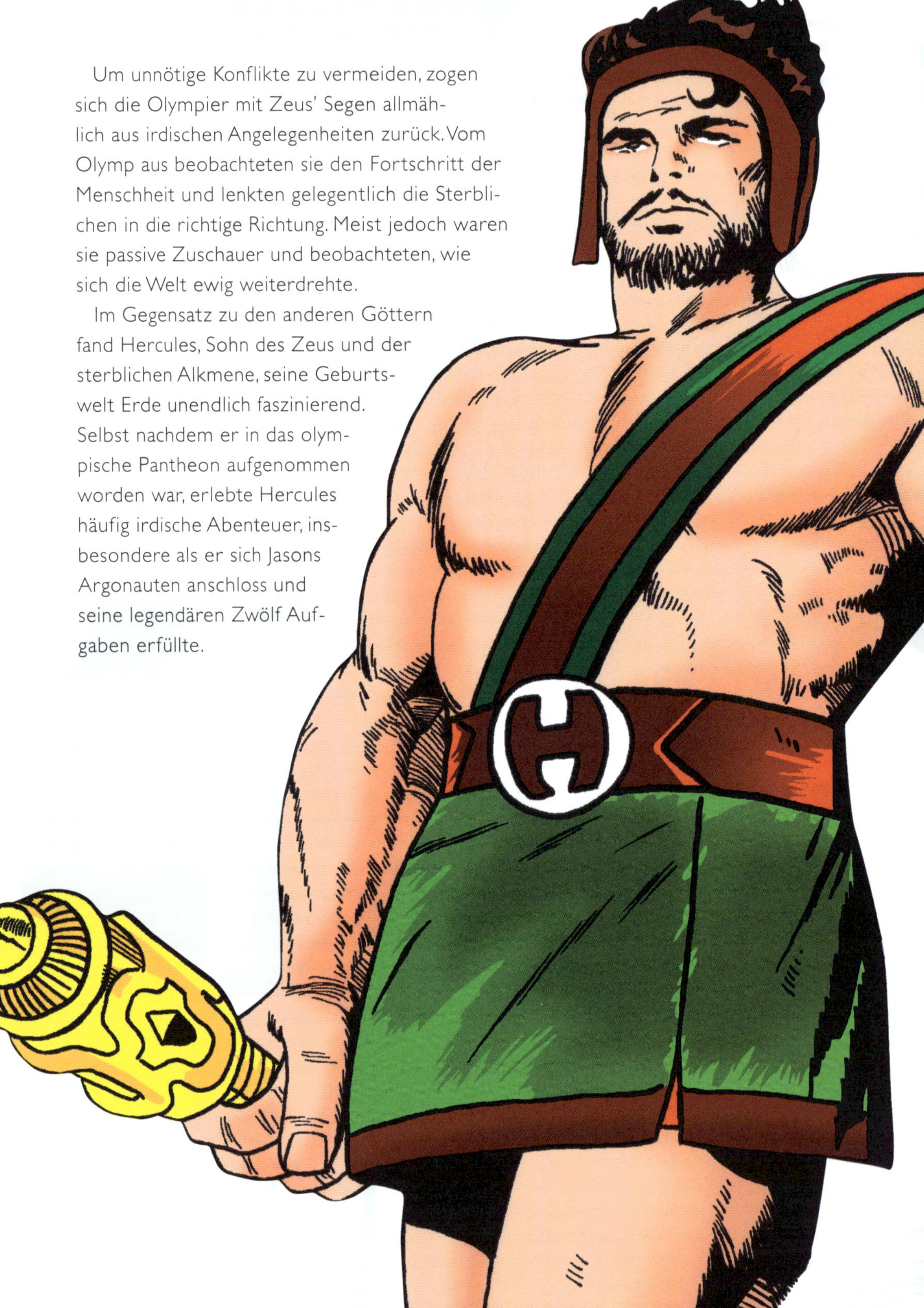

Hercules war mit enormer Kraft gesegnet und mit unendlicher Arroganz gestraft. Sein vorlautes, prahlerisches Wesen führte häufig zu Missverständnissen und gewalttätigen Konflikten mit anderen Heißspornen. Im Laufe der Jahre kam es mit dem Asen Thor mehrmals zu Auseinandersetzungen. Ihr erstes ereignisreiches Treffen lag so lange zurück, dass die Begegnung selbst für die Götter des Olymps und aus Asgard wie ein Mythos erschien.

Als er noch recht jung war – lange bevor er Demut auf Erden lernte – dürstete Thor immerzu nach Heldentaten. Als er mitbekam, dass ein Portal Asgard einst mit dem Olymp verbunden hatte, reiste er auf der Suche danach nach Jötunheim. Bald hatte er die Pforte gefunden, und wie es das Schicksal wollte, kam er gerade rechtzeitig, um eine Gruppe von Sturmriesen von ihrer Invasion des Olymps abzuhalten.

Thors Kampf mit den Sturmriesen verursachte jedoch einen Steinschlag und der Donnergott wurde durch das Tor auf den Olymp geschleudert. Die ungewohnten Eindrücke dort erinnerten ihn unweigerlich an seine Heimat. Auf der Suche nach dem Heimweg traf Thor an einer Brücke auf eine Gestalt, die sich als Hercules vorstellte. Er beharrte auf seinem Recht, vor dem Fremden die Brücke zu überqueren. Das ließ sich Thor nicht bieten und rasch kam es zu einer Schlägerei. Felsbrocken wurden durch die Luft geschleudert und Marmorsäulen zu Staub zermalmt, aber keiner der beiden Kraftprotze konnte sich einen Vorteil verschaffen.

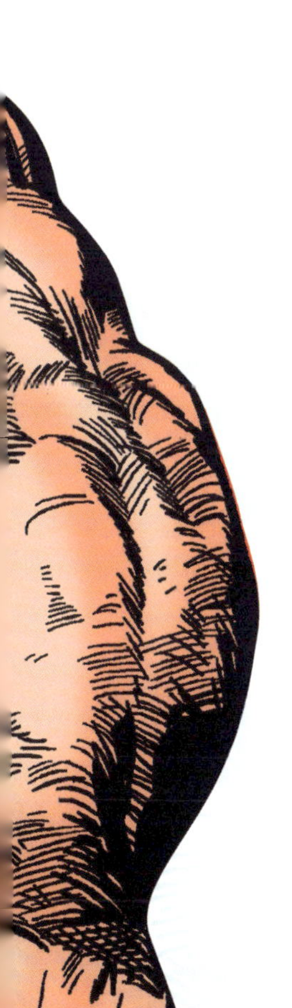

Gefahrensucher
Der Halbgott Hercules empfand die stille Natur und friedvolle Ruhe des Olymps als schrecklich langweilig. Sein Leben lang suchte er auf der Erde immer wieder nach Abenteuern.
Thor #124, Januar 1966

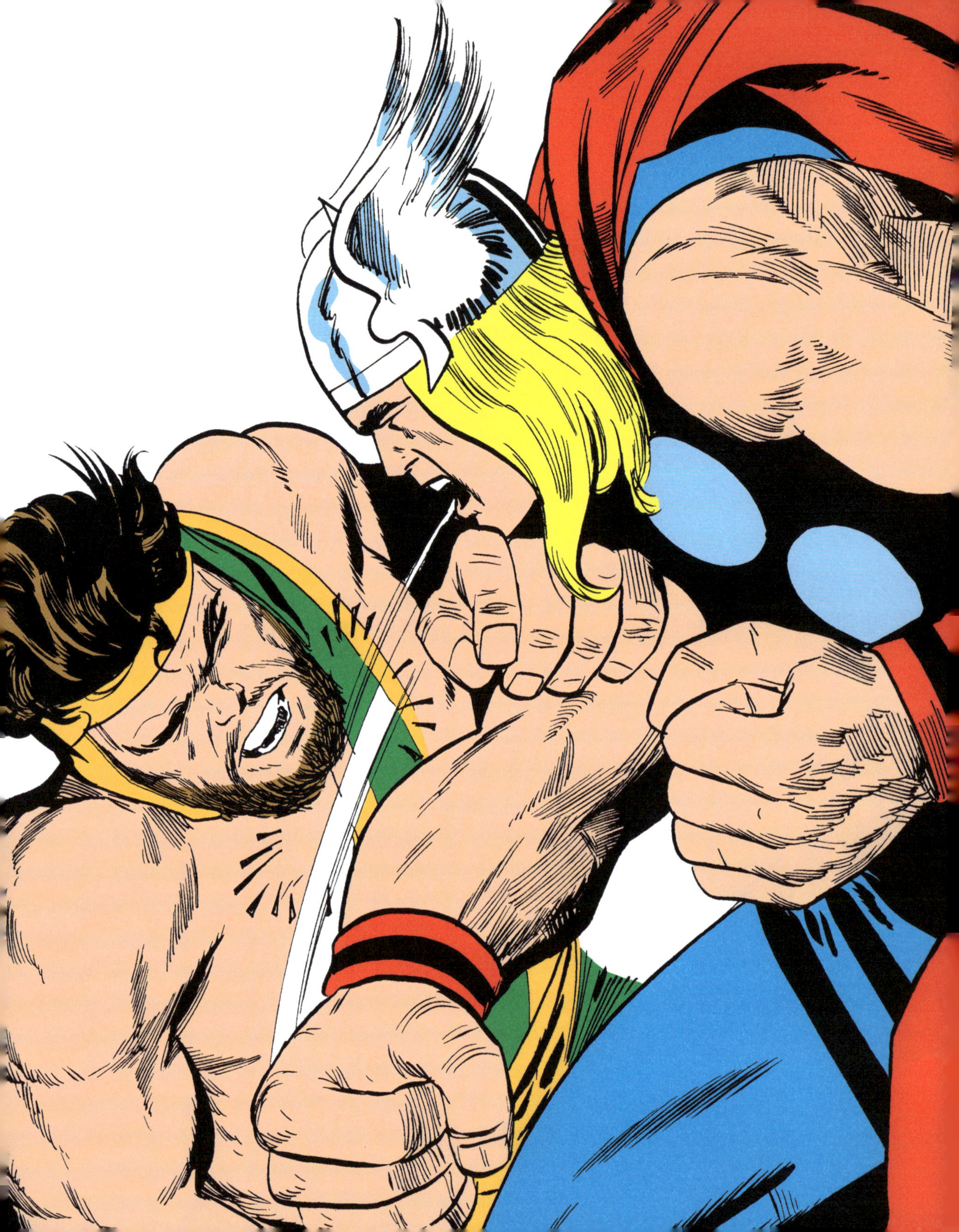

»Thor von Hercules besiegt? Niemals!«

Thor Odinson

Das laute Gezänk der Krieger erweckte schnell Zeus' Aufmerksamkeit, der die Kämpfer trennte und ihnen befahl, den Streit zu beenden. Nachdem sich die Gemüter beruhigt hatten, teleportierte Zeus Thor zurück nach Jötunheim. Sogleich begann die Reise aus der Erinnerung des Donnergottes zu schwinden, als wäre sie nur ein Traum gewesen. Mit von Zeus getrübten Gedanken vergaß Thor sein erstes Treffen mit Hercules, obgleich zukünftige Auseinandersetzungen ziemlich ähnlich abliefen.

Als die Verehrung der nordischen Götter ihren Höhepunkt erlangt hatte, erhörte Thor die flehenden Gebete einiger Wikinger und reiste nach Midgard, um ihnen in einem Krieg gegen einen mysteriösen neuen Feind zu helfen. Die Nordmänner bekämpften eine Gruppe Griechen, die auf der Suche nach Neuland Skandinavien überfallen hatte. Thors Einschreiten wendete das Blatt zugunsten der Wikinger. Daraufhin riefen die Griechen ihre eigenen Götter an – und es erschien der mächtige Hercules.

Thor und Hercules kämpften, doch sie waren einander ebenbürtig, und der Kampf konnte nicht entschieden werden. Dennoch waren beide entschlossen, ihren Anhängern zu beweisen, dass sie – und damit auch ihr Pantheon – die Stärksten waren. Thor bot Hercules einen Waffenstillstand an und schlug vor, den Kampf später wieder aufzunehmen. Dann nämlich, wenn sie es geschafft hatten, ihre jeweiligen Pantheons für einen umfassenden Krieg zwischen den Göttern von Asgard und Olymp zusammenzuführen. Hercules, wie immer von der eigenen Überlegenheit überzeugt, willigte in Thors Vorschlag ein.

Eigensinnige Helden
Offenbar waren die impulsiven und tollkühnen Kraftprotze Hercules und Thor aus demselben Holz geschnitzt. Frühe Begegnungen zwischen ihnen arteten immer in Raufereien aus.
Thor #126, März 1966

Das unüberlegte Verhalten seines Sohnes hatte Allvater Odin jedoch verärgert. Er weigerte sich, Asgards Streitkräfte für einen fehlgeleiteten Krieg zu mobilisieren, den nach seinem Empfinden nur Stolz und Arroganz ausgelöst hatten. Ähnlicher Ansicht war Zeus im Olymp, der jeden Gedanken an diesen Krieg ablehnte. Doch der schelmische Loki nahm mittels eines Zaubers vorübergehend die Gestalt von Thor an, attackierte die Götter des Olymps und verschwand dann spurlos. Wütend über diese unverschämte Provokation und nicht ahnend, dass er getäuscht worden war, erklärte Zeus den Asen den Krieg.

»Du willst also Krieg, mein Sohn?«

Zeus

Und so trafen die Kriegsparteien auf einem felsigen Schlachtfeld in einer Region des Weltraums fernab vom Reich der Sterblichen aufeinander. Thor führte die Asen ins Feld, während Hercules die olympischen Streitkräfte befehligte. Die Schlacht wütete zwei Erdentage lang, ohne dass einer der Kontrahenten sich einen Vorteil verschaffen konnte.

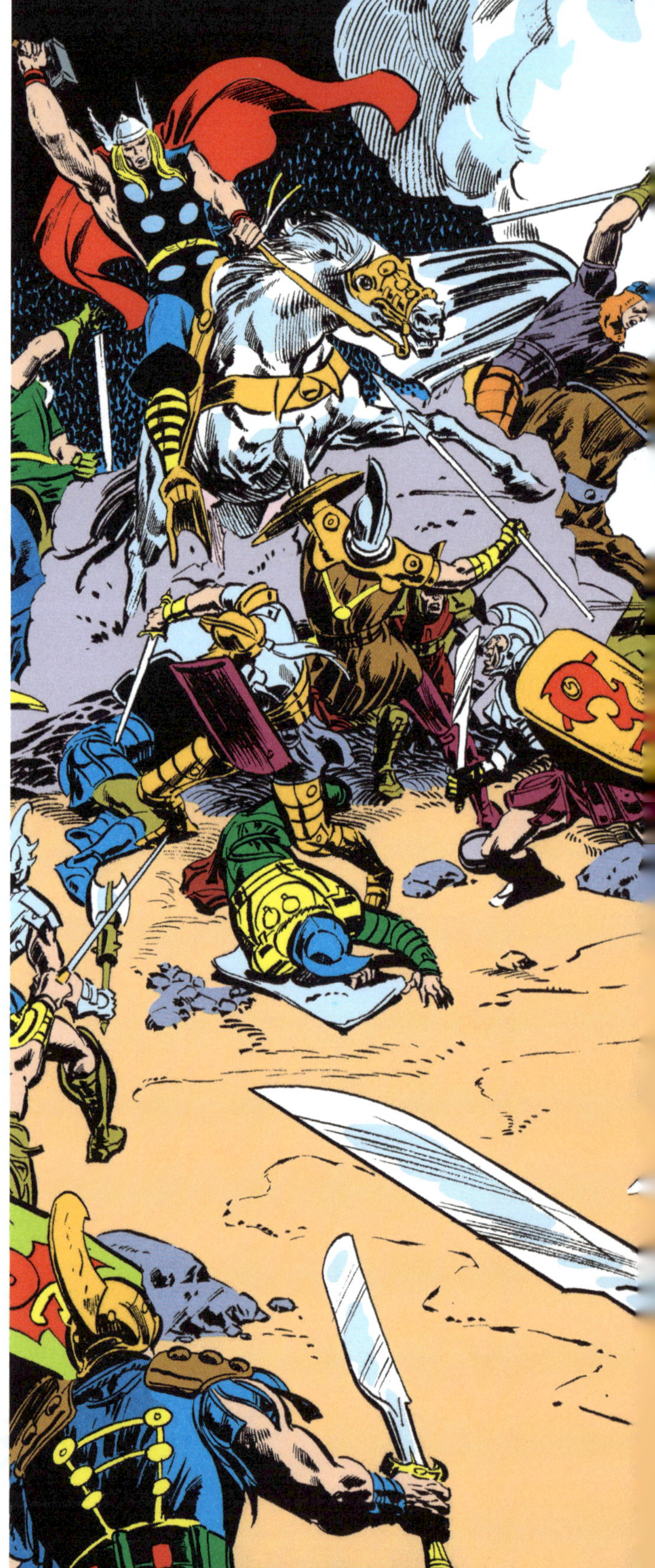

Kriegsgötter
Mit dem treuen Balder an seiner Seite führte Thor den Angriff gegen die olympischen Götter an, um zu beweisen, dass Asgard mächtiger ist als der Olymp.
Thor Annual #15, September 1976

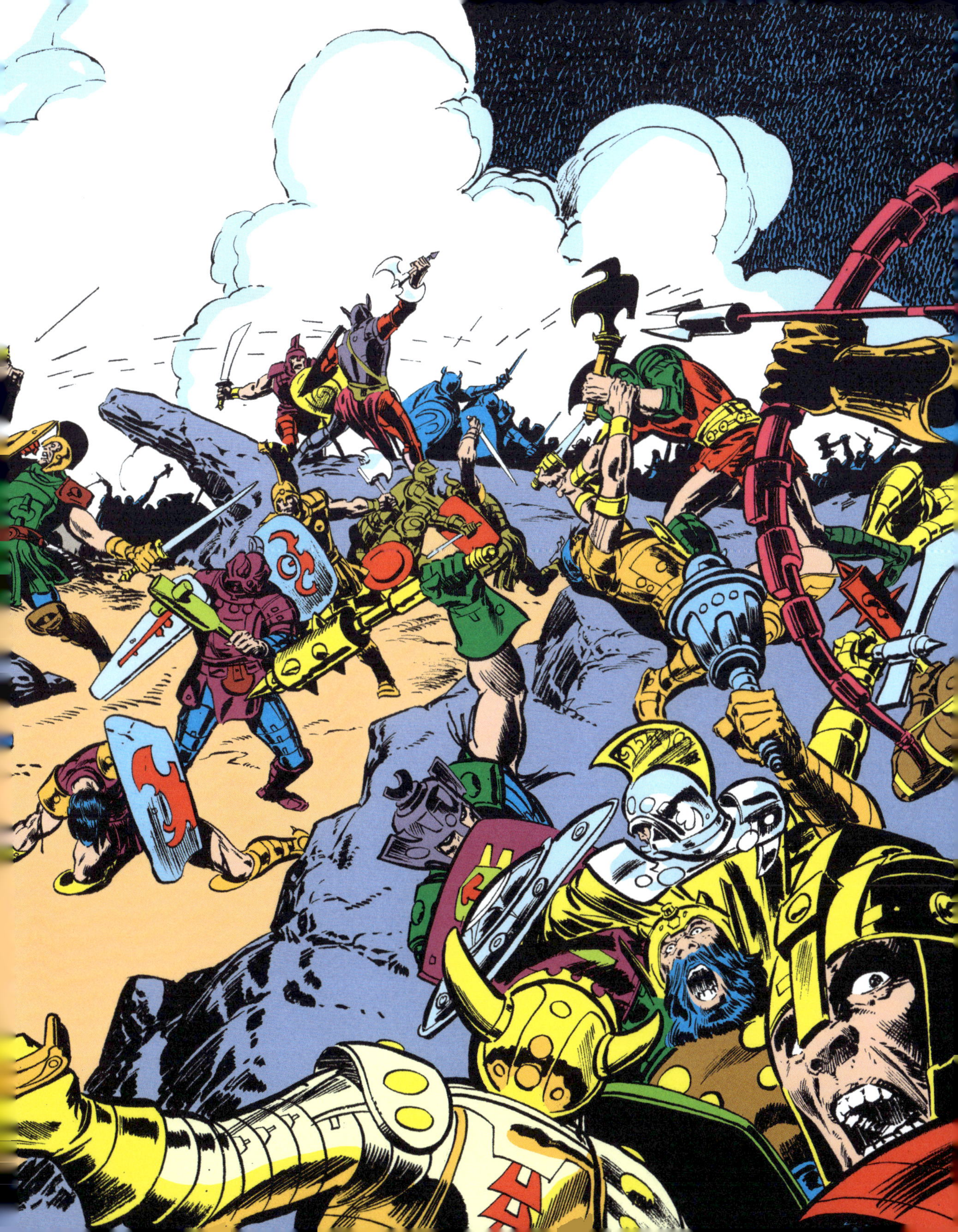

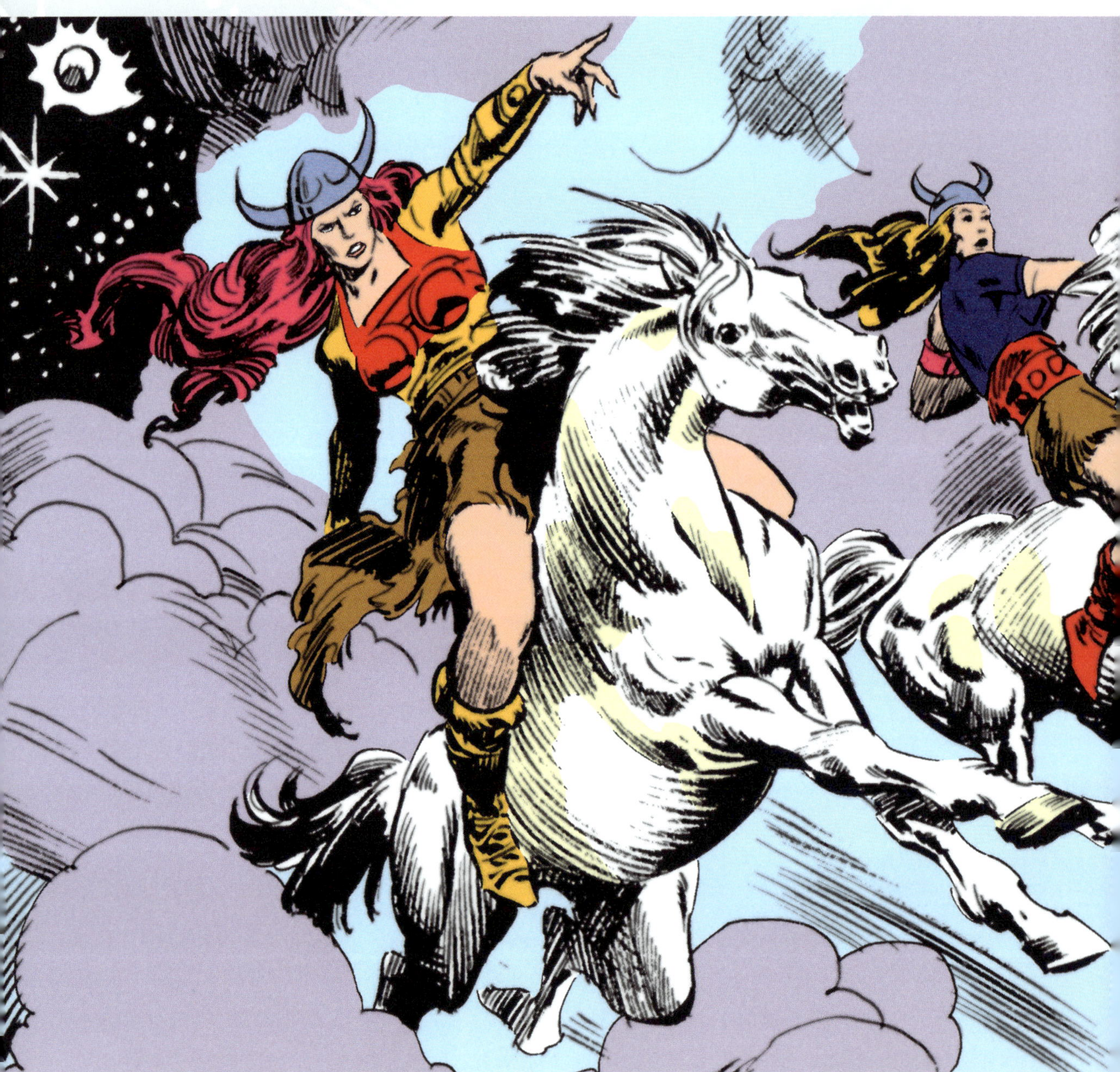

Ehrengeleit für die Toten
Die Walküren brachten die Tapfersten der Gefallenen im Konflikt zwischen Asgard und dem Olymp auf ihren geflügelten Pferden nach Walhalla, das Land der ruhmreichen Toten.
Thor Annual #15, September 1976

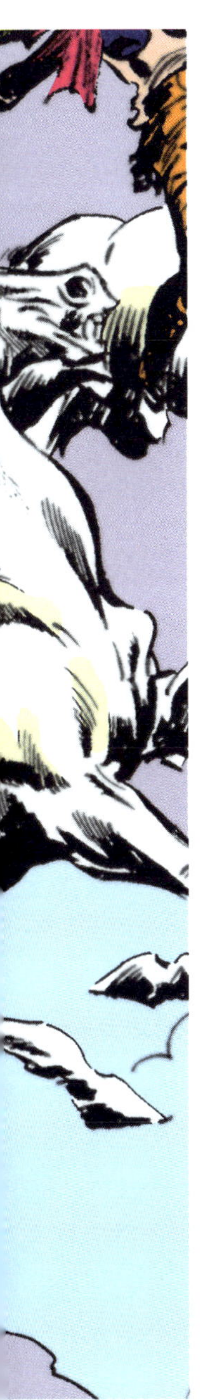

Am Ende, als die Walküren die Seelen der Toten ins ferne Walhalla geleiteten, signalisierte der düstere Klang eines nordischen Schlachthorns den Sieg der Asen. Der triumphierende Thor glaubte nun, die Asen hätten das Recht, die Olympier als Götter Griechenlands abzulösen. Odin jedoch verbot seinem Sohn, ins antike Griechenland zu reisen und die Inseln zum Protektorat Asgards zu erklären. Thor ignorierte seinen Vater und ging trotzdem. Er erwartete Jubel und Verehrung von seinen neuen Untertanen, wurde aber mit unverhohlener Verachtung empfangen. Außerdem wurde er, je länger er in Griechenland weilte, immer schwächer, als ob das Land selbst ihn seiner unsterblichen Kraft beraubte.

Nach seiner Rückkehr nach Asgard verlangte Thor vom Allvater Antworten. Odin erklärte, es sei einem Pantheon unmöglich, ein anderes einfach zu verdrängen. Der Glaube der Griechen stärke die Olympier, während deren Macht ihre Anhänger schütze. Beide waren untrennbar miteinander verbunden, so wie die Asen es mit den Wikingern waren. Tatsächlich war der Konflikt mitsamt der vermeintlichen Niederlage der Olympier von Odin und Zeus inszeniert worden, um ihren Söhnen eine dringend benötigte Lektion über die Wirkung – und die Grenzen – der göttlichen Macht zu erteilen.

> »Götter glauben an Menschen und Menschen glauben an Götter.« Odin

Obwohl Hercules und Thor diese Kriegserfahrung einiges lehrte, dauerte es noch viele Jahrhunderte, bis sie die Weisheit ihrer Väter erkennen sollten. Selbst in der Moderne setzten die Götterprinzen ihre törichte Rivalität fort. Dies änderte sich erst, als Thor ein Superheld auf der Erde wurde. Ähnlich wie Odin war nämlich auch Zeus der Torheiten seines Sohnes überdrüssig geworden und schickte Hercules zur Erde, wo der Halbgott ein passendes Ventil für seine Stärke und sein leidenschaftliches Wesen finden sollte.

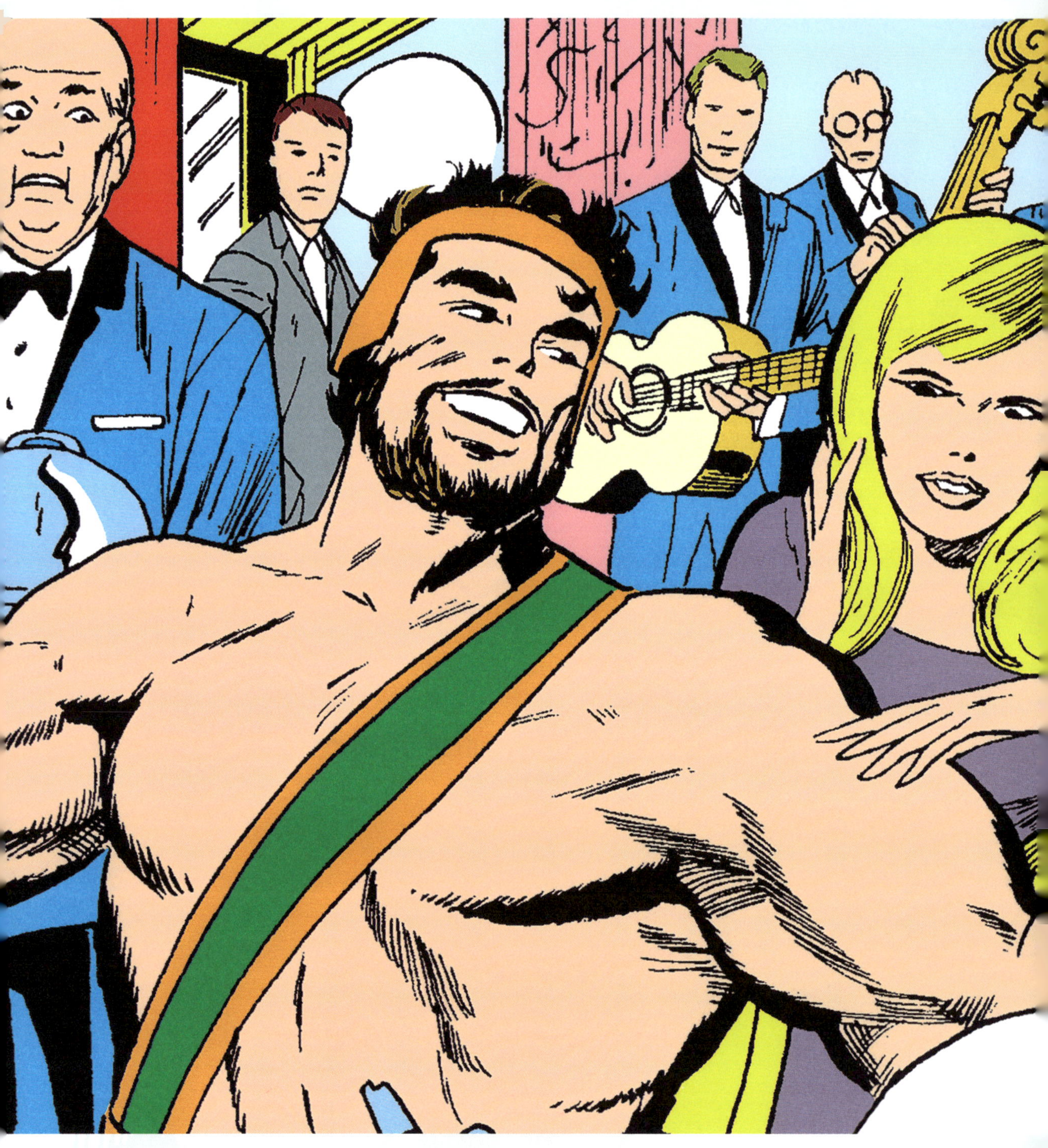

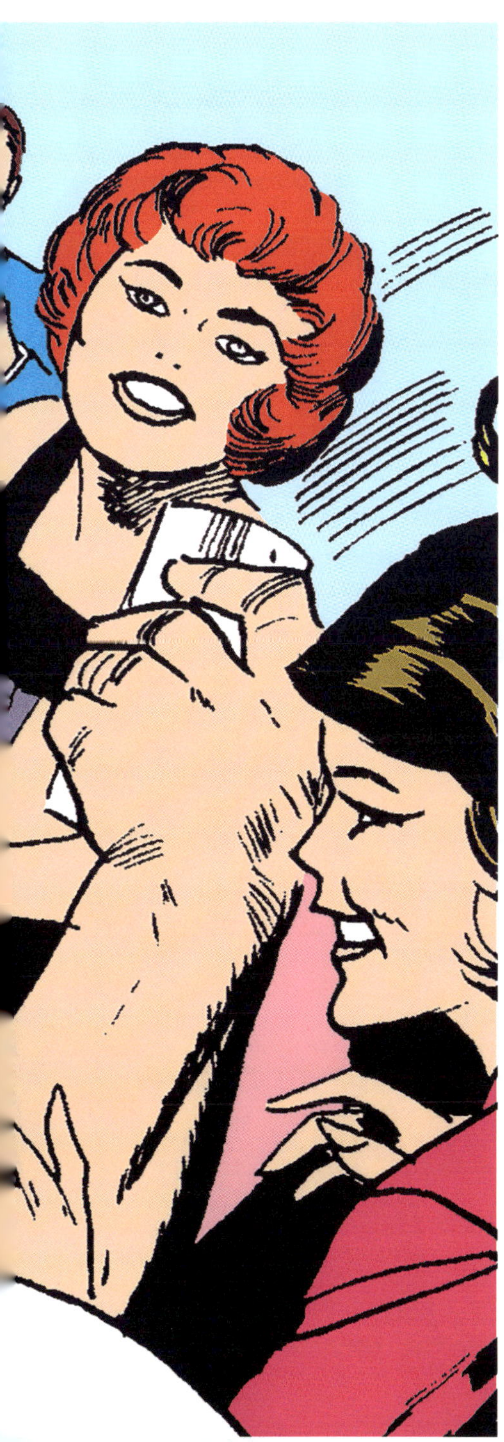

Leider war Hercules' Lust auf Speis' und Trank größer als sein Wunsch, Unrecht zu bekämpfen. Die meiste Zeit fand man ihn beim Schlemmen in New Yorks besten Restaurants.

In einem davon traf Hercules Jane Foster, die er mit Erzählungen seiner Abenteuer beeindrucken wollte. Als Thor Hercules' Charmeoffensive sah, wurde der Donnergott eifersüchtig und ein erstes Wortgefecht führte schnell zum Kampf. Doch dieses Mal war der Halbgott im Vorteil: Odin hatte seinem Sohn zur Strafe dafür, dass er Jane seine Identität als Don Blake enthüllt hatte, die Hälfte seiner Kraft entzogen und so konnte Hercules den Donnergott leicht besiegen.

Ein Talentsucher aus Hollywood beobachtete das Duell und war so beeindruckt von Hercules' Fähigkeiten, dass er ihm einen Schauspielvertrag anbot und ihm Ruhm und Reichtum in Hollywood versprach. Hercules wollte der Welt nicht die Gelegenheit vorenthalten, seine Großartigkeit zu bestaunen, und begleitete den Agenten gerne in die Filmhauptstadt der Welt. In den Stardust Studios betrat der Halbgott ein aufwendiges Set und stellte erstaunt fest, dass der geplante Blockbuster angeblich seine legendären Abenteuer nacherzählen sollte.

Götterspeisen
Bei Hercules' erstem Besuch in New York ließ er sich in den besten Restaurants verköstigen und begeisterte andere Gäste mit Erzählungen seiner Abenteuer.
Thor #125, Februar 1966

Der charismatische Produzent brauchte nicht lange, um Hercules zu überreden. Doch kaum stand dessen Unterschrift unter dem Vertrag, legte sich eisige Finsternis über das Filmgelände. Der Produzent nahm seine Sonnenbrille ab und gab sich als Pluto, Herr der Unterwelt, zu erkennen. Hercules hatte sich nicht zum Mitwirken in einem Film verpflichtet, sondern dazu, seinen göttlichen Onkel als Herrn der Hölle zu ersetzen.

Seit Jahrhunderten hatte Pluto versucht, der Last seines höllischen Amtes zu entfliehen, und dank Hercules' Leichtgläubigkeit war er nun endlich frei. Hercules protestierte und warf Pluto Betrug vor, doch gemäß der Gesetze des Olymps war der Vertrag bindend. Hercules konnte seinem Schicksal nur entkommen, wenn irgendein Retter ihm zu Hilfe eilte. Ein zunehmend hoffnungsloser Halbgott erbat verzweifelt Hilfe bei seinen olympischen Vettern, aber er wurde überall abgewiesen. Selbst der Kriegsgott Ares war nicht geneigt, die Schwerter mit dem teuflischen Pluto zu kreuzen.

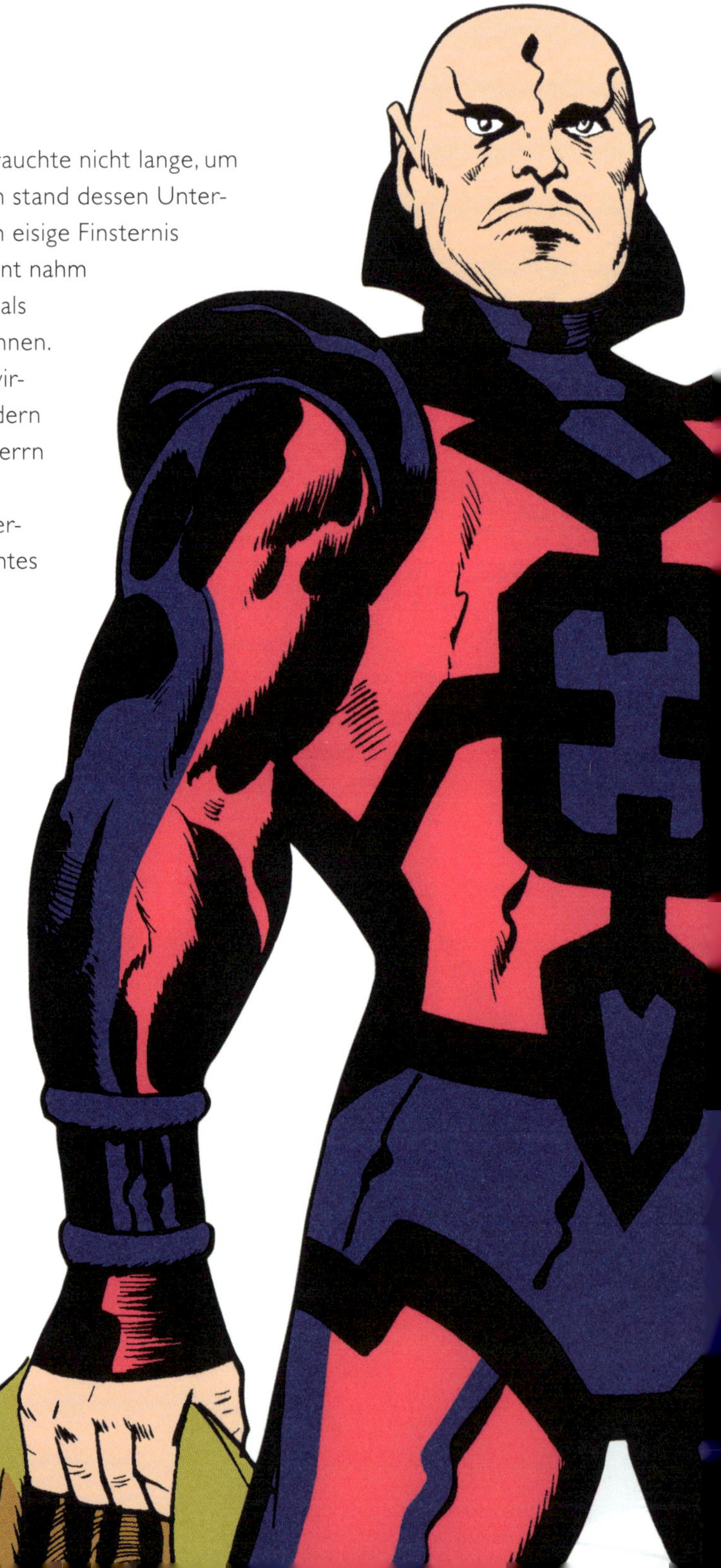

Hercules' Rettung kam schließlich von höchst überraschender Stelle. Thor hatte sich von seiner Niederlage gegen den Olympier erholt und sich mit seinem Vater ausgesprochen, der dem Donnergott seine volle Stärke zurückgab. Nun offenbarte Odin seinem Sohn eine alte asgardische Prophezeiung, die besagte, dass Thor im Limbo verharren müsse, bis die Winde der Welt ihn baten, für einen anderen in die Schlacht zu ziehen.

»Pluto! Thor, Sohn des Odin, nimmt deine Herausforderung an!« Thor Odinson

Also reiste Thor, wie vorausgesagt, ins öde Schattenreich und wartete geduldig auf den Ruf zu den Waffen. Zur erwarteten Zeit trug der Wind seinen Ohren laute Widerworte zu. Erstaunlicherweise war es Hercules' Stimme, der, selbst als man ihn in die Unterwelt zerrte, gegen Plutos Betrug aufbegehrte. Beeindruckt von Hercules' Mut eilte Thor seinem ehemaligen Rivalen zu Hilfe. Er nahm es mit Plutos Armeen auf und richtete so viel Schaden an, dass der düstere Herr der Unterwelt befürchtete, sein Reich könne unwiederbringlich zerstört werden. Gezwungenermaßen entließ Pluto Hercules aus seinem höllischen Vertrag.

Auf der Erde legten der Olympier und der Ase ihre Differenzen bei, und bald nahm Hercules sogar Thors Platz bei den Avengers ein. Sie blieben zwar Rivalen, die immer wieder in handfesten Streit gerieten, aber ihre Beziehung stand nun auf dem festen Boden des gegenseitigen Respekts.

Ruhestandspläne
Pluto, der olympische Fürst der Unterwelt, war seiner höllischen Pflichten überdrüssig und versuchte, Hercules mit einem Trick zum neuen Hüter des Schattenreichs zu machen.
Thor #164, Mai 1969

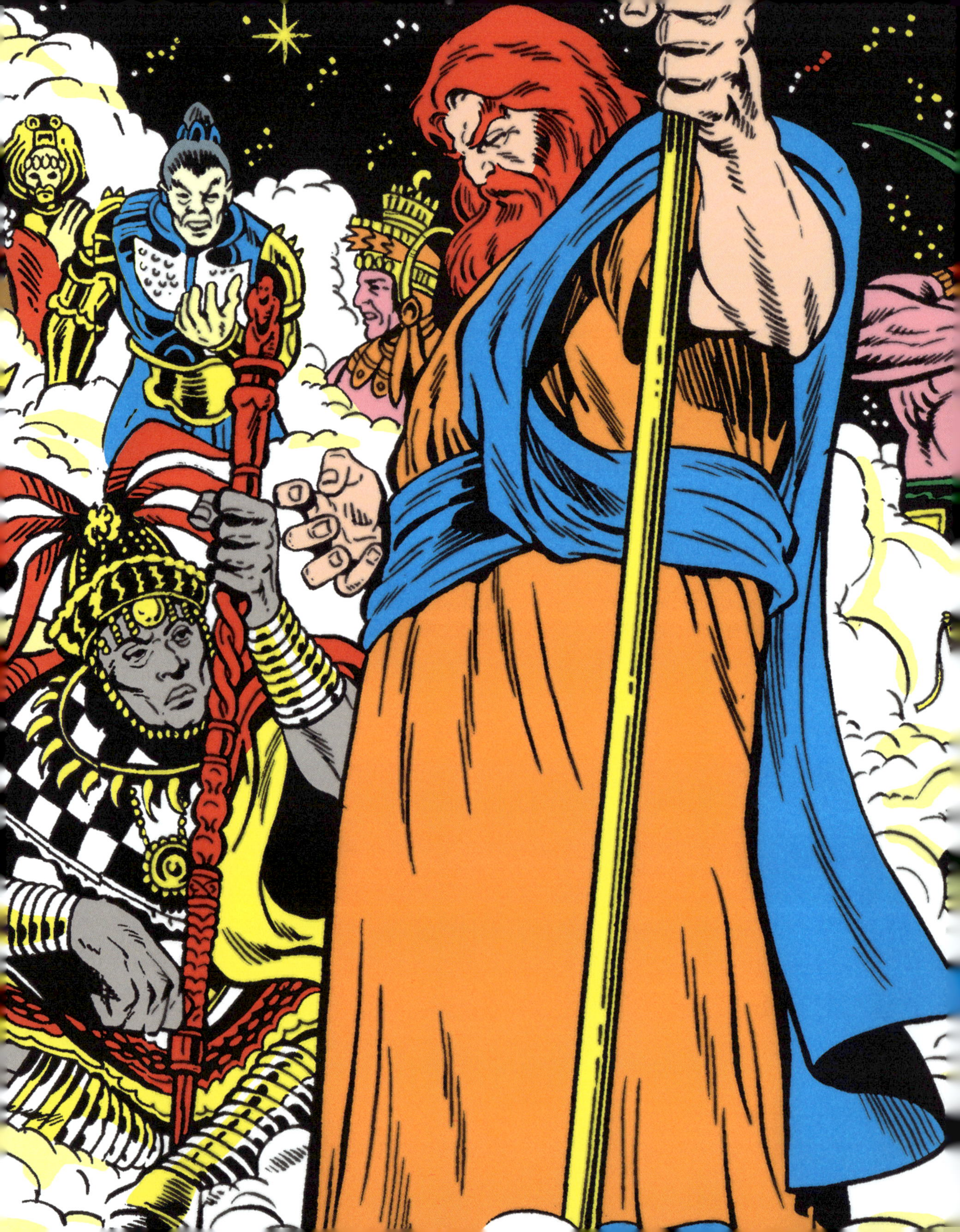

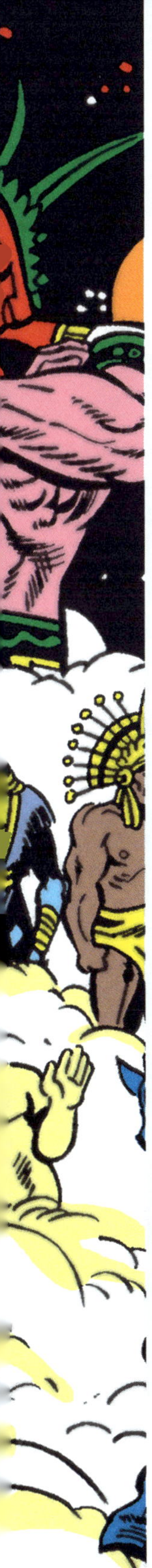

Der Rat der Erdengötter

Aus Furcht vor der Macht der Celestials rief Allvater Odin alle Pantheons der Erde auf, ihre Differenzen beizulegen. Das Konzil der Götter wurde einberufen, um zu beraten, wie man am besten mit der Bedrohung durch die Weltraumgötter umgehen solle.

Etwa 1000 n. Chr., als das Dritte Heer der Celestials zur Erde kam, um die Ergebnisse seiner Gen-Experimente zu begutachten, stand Allvater Odin vor der Frage, wie man den außerirdischen Eindringlingen beikommen könne. Er wusste von seinen Erfahrungen mit dem Ersten Heer, dass sie direkte Angriffe leicht abwehren würden. Zudem befürchtete er, dass jede übereilte Aktion die Celestials dazu bringen könnte, ihre Arbeit abzubrechen und die Menschheit auszulöschen wie jedes andere fehlgeschlagene Experiment. Und natürlich würden ohne die Anbetung der Menschen auch die Götter der Erde untergehen.

Auf der Suche nach einer Antwort versammelte Odin die weisen Führer aller göttlichen Pantheons. Es war das erste Mal in der Geschichte, dass ein solches göttliches Konzil einberufen wurde, was allen vor Augen führte, welche Gefahr von den Celestials ausging. Nach vielen Diskussionen wurde vereinbart, dass Odin, Zeus und Vishnu den Weltraumgöttern entgegentreten und sie auffordern sollten, die Erde zu verlassen.

Rat der Weisen
Der Olympier Zeus (Mitte) im Gespräch mit den Maya-Gott Itzamna bei der ersten Zusammenkunft des Götterrats. Der maskierte Tomazooma, Gott der amerikanischen Ureinwohner, sieht interessiert zu.
Thor #300, Oktober 1980

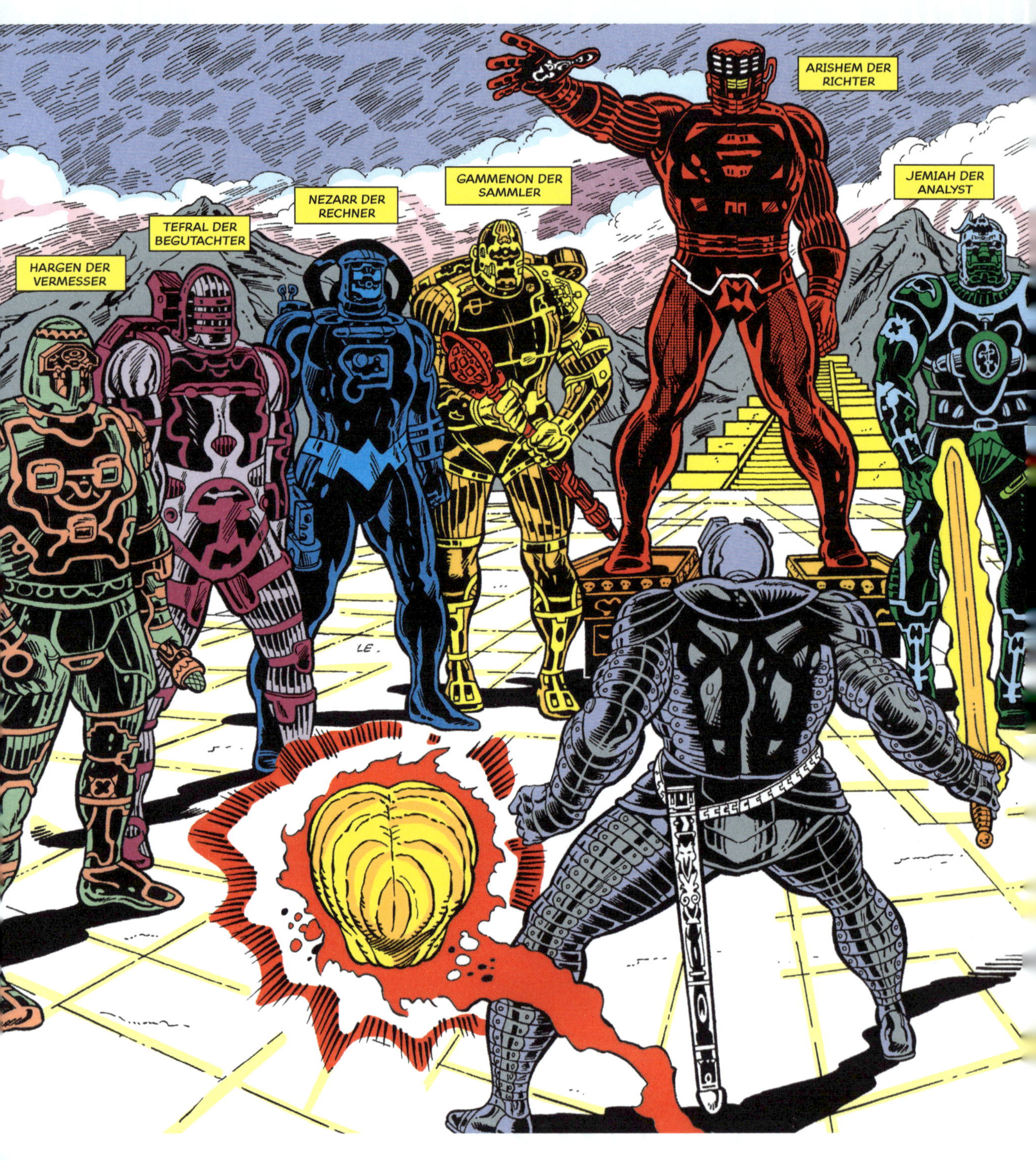
HARGEN DER VERMESSER
TEFRAL DER BEGUTACHTER
NEZARR DER RECHNER
GAMMENON DER SAMMLER
ARISHEM DER RICHTER
JEMIAH DER ANALYST

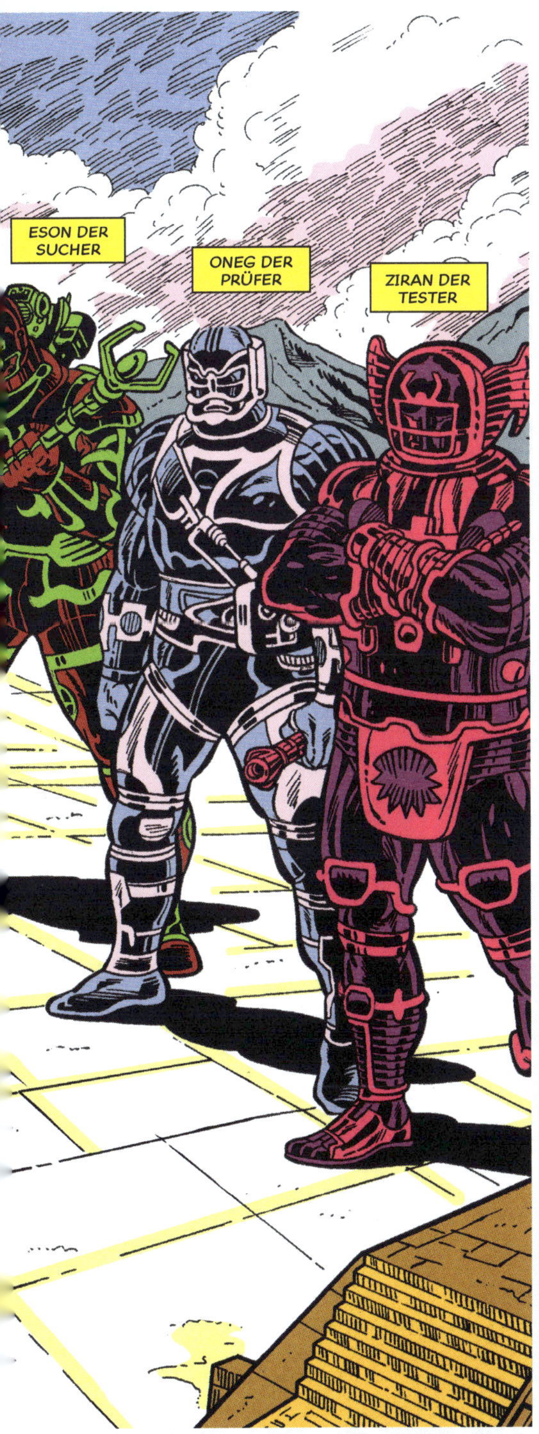

Ein donnernder Sturm kündigte die Ankunft der göttlichen Gesandten in ihrem funkelnden Streitwagen am Stützpunkt des Dritten Heeres in den Anden an. Vor dem Celestial Arishem verkündeten sie ihr Ultimatum. »Unsere Völker werden sich vereint euren Plänen für unsere Welt widersetzen«, gab Odin zu verstehen.

Bevor ein weiteres Wort gesagt werden konnte, mahnte der Eternal Ajak die Götter zur Vorsicht. Selbst ihre Macht sei im Vergleich zu jener der Celestials unbedeutend. Wie um diesen Punkt zu unterstreichen, projizierte Arishem in die Köpfe der drei Götter ein Bild. Es zeigte die Pfade, die die Erde mit den Reichen der Unsterblichen verbanden, zerstört. Die Botschaft war klar: Die Celestials hatten die Macht, die Götter von der Menschheit zu isolieren, und sie würden es im Notfall auch tun.

Da erkannten die drei Götter, dass dies nicht der richtige Zeitpunkt für einen offenen Konflikt war und verneigten sich vor Arishem. Sie sagten, sie würden die Pläne der Celestials für die Menschheit nicht stören. Während Vishnu und Zeus wohl beabsichtigten, ihr Wort zu halten, tat Odin dies nicht. Er schmiedete das nächste Jahrtausend über Pläne, um die anmaßenden Weltraumgötter zu stürzen. Zu ultimativen Waffen wurden seine nahezu unzerstörbare Destroyer-Rüstung und das gigantische Odinschwert. Als die Celestials mit dem Vierten Heer zurückkehrten, um das endgültige Urteil über die Erde zu fällen, setzte Odin seine Pläne um. Der Destroyer, erfüllt von der Lebenskraft Odins und der anderen Asen, nahm gigantische Ausmaße an.

Schlachtpläne
Odin entwickelte eine Strategie, um die Celestials zu besiegen. Er übernahm die Kontrolle über den Destroyer und bewaffnete sich mit dem Odinschwert.
Thor #300, Oktober 1980

Der Destroyer führte das Odinschwert und machte sich für den Kampf gegen die Celestials bereit. Unterstützt wurde er von den Eternals, die erkannt hatten, dass sie angesichts solch monumentaler Ereignisse nicht untätig bleiben konnten. In der Gestalt des Uni-Mind beschlossen sie, die Menschheit vor den Celestials zu schützen, und stürzten sich an der Seite des Destroyers in den Kampf.

Doch diese mutige Tat der Eternals war vergebens. Ein Energiestoß der Celestials Gammenon und Jemiah zerschmetterte den Uni-Mind und hinterließ einen Haufen bewusstloser Eternals.

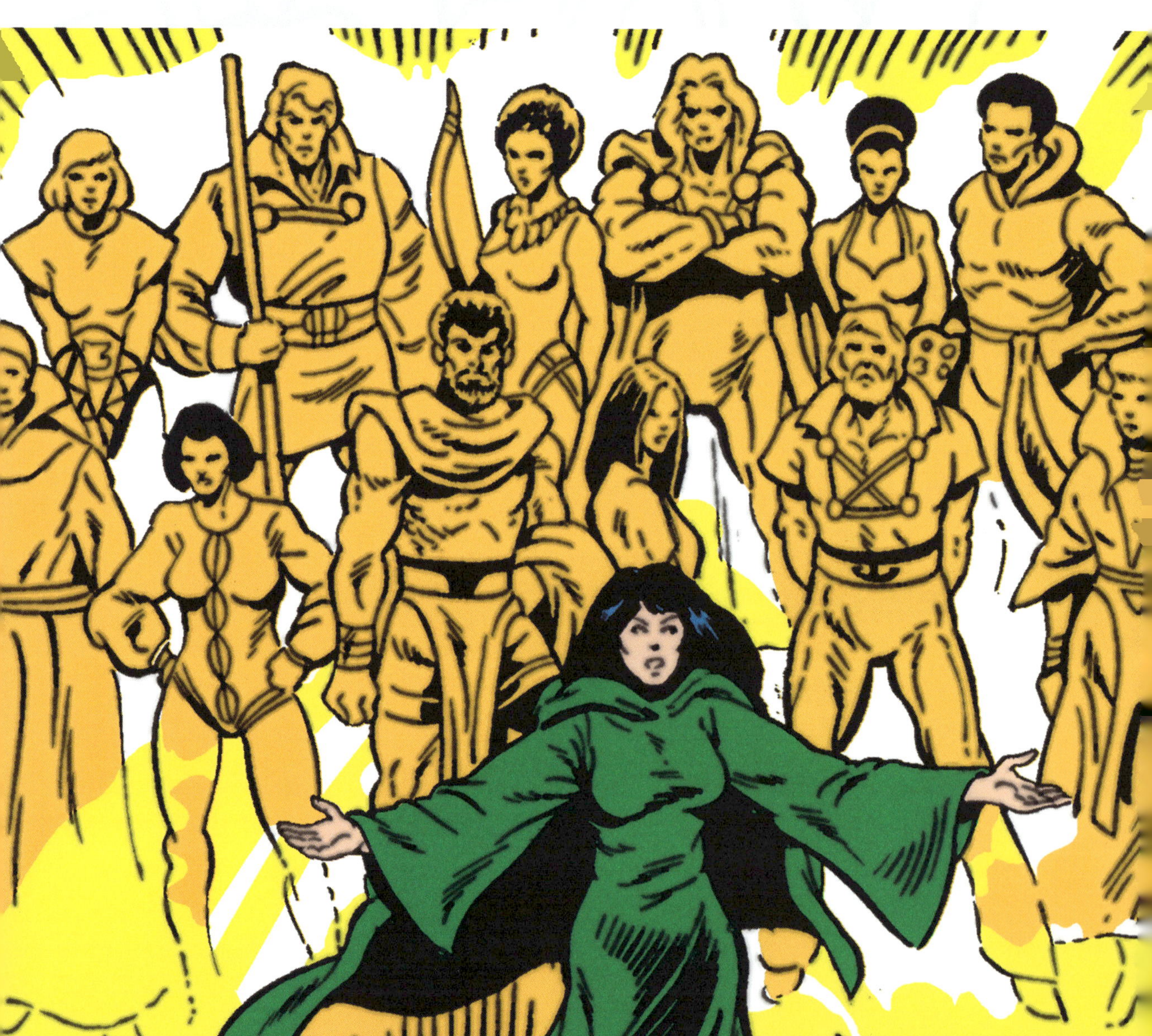

Von Odin gesteuert, griff der Destroyer den Feind an und kämpfte sich zu den Weltraumgöttern vor. Doch obwohl das Odinschwert verheerende Wirkung zeigte, war der Allvater hoffnungslos unterlegen. Als die Celestials ihr Feuer auf ihn richteten, wurde der Destroyer durch ihre Feuerenergie zu Schlacke geschmolzen.

Thor, der in die Anden geeilt war, als er vom Plan seines Vaters erfuhr, beobachtete den vermeintlichen Tod von Odin und den Asen. Wütend schleuderte Thor Mjölnir auf Arishem und beförderte den Riesen zu Boden. Als der benommene Celestial sich wieder aufrichten wollte, durchbohrte Thor mit dem Odinschwert die Brust seines Feindes. Aber selbst das konnte Arishem nicht aufhalten. Der Celestial projizierte seine Lebensenergie in das Schwert und verwandelte es in eine Pfütze flüssigen Metalls.

»Ich war es, die dich gebar, Thor.«

Erdmutter Gaea

Als Thor schon dem Tod ins Auge sah, erschien urplötzlich eine neue Gestalt auf dem Schlachtfeld. Erdmutter Gaea baute sich vor Arishem auf und beanspruchte Thor als ihren leibhaftigen Sohn. Sie erklärte, dass Odin die Celestials mit Gewalt besiegen wollte, sie und die Göttinnen der Erde hätten jedoch die letzten tausend Jahre heimlich nach einer friedlichen Lösung gesucht. Sie hatten die fähigsten Individuen der Welt ausgewählt und gefördert. Nun sei der Tag gekommen, das Ergebnis ihrer Arbeit den Celestials als Höhepunkt menschlicher Evolution zu präsentieren. Die sogenannten Young Gods waren bestrebt, den Kosmos zu erforschen, und Gaea schlug den Celestials vor, sie in ihre Obhut zu nehmen. Während die Young Gods mehr über das Universum lernten, konnten die Celestials sie studieren und ihr eigenes Wissen erweitern.

Junge Götter
Die Erdmutter Gaea suchte Verständigung statt Konflikt und bot den Weltraumgöttern den Höhepunkt der menschlichen Entwicklung für ihren Rückzug an.
Thor #300, Oktober 1980

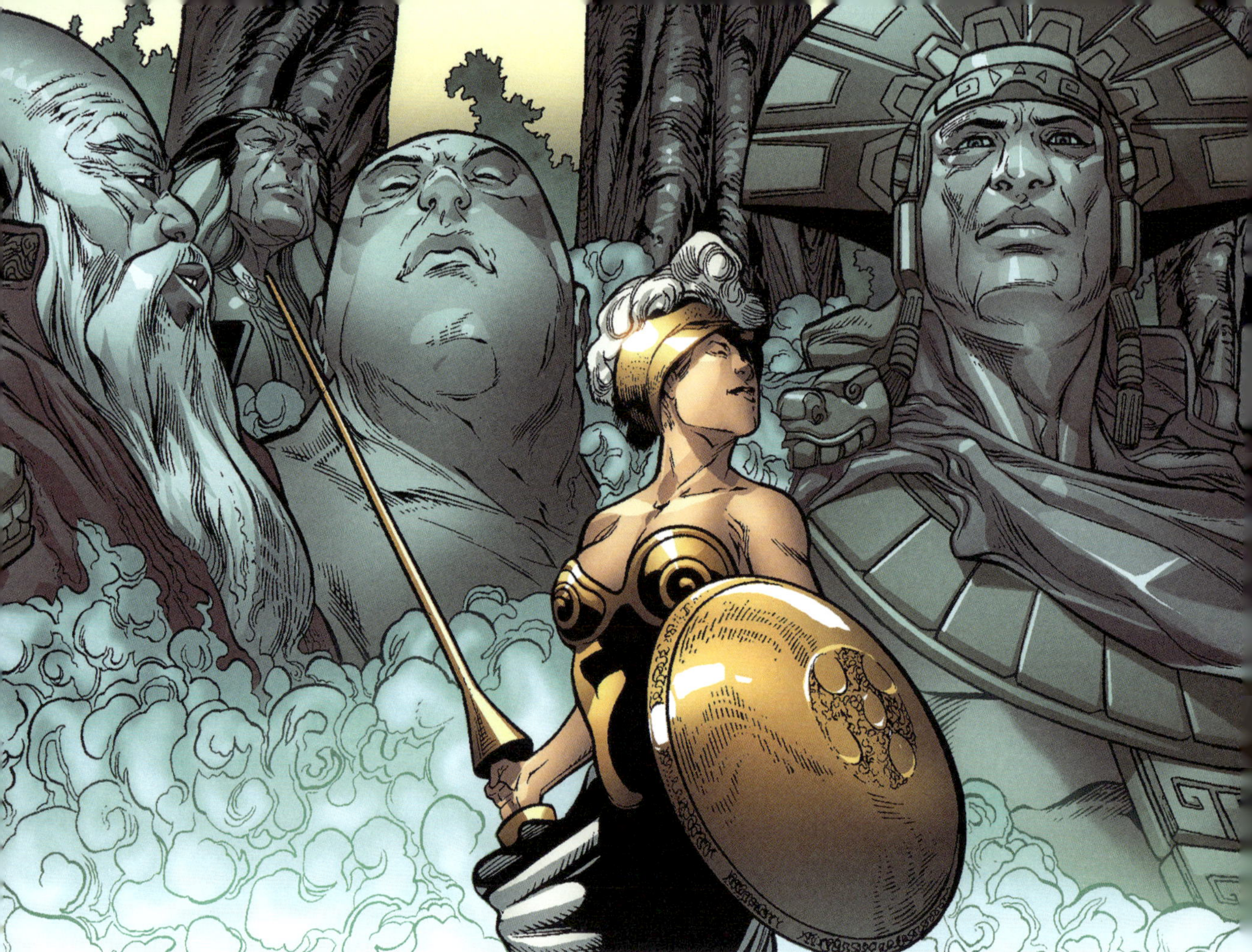

Arishem überdachte das Angebot und willigte schließlich ein. Er fällte sein Urteil über die Menschen und entschied zugunsten ihres Fortbestands. Gemeinsam mit den Young Gods verließen die Celestials danach ohne viel Aufhebens die Erde. Zuletzt setzten sie ihre Energie ein, um das Kollektivgedächtnis der sterblichen Frauen und Männer zu trüben und den jüngsten Besuch der Weltraumgötter aus ihren Gedanken zu löschen. Nach diesen aufregenden Ereignissen reiste Thor in jedes der göttlichen Pantheons. Er bat um einen Teil der göttlichen Essenzen, um Odin und die Asen ins Leben zurückzubringen. Sein Plan war erfolgreich: In Asgard feierten Thor und die anderen wiederhergestellten Götter ihren Sieg. Währenddessen hofften die Eternals und die Deviants sowie ihre menschlichen Vettern auf eine Zukunft, die frei von den Interventionen der Celestials war.

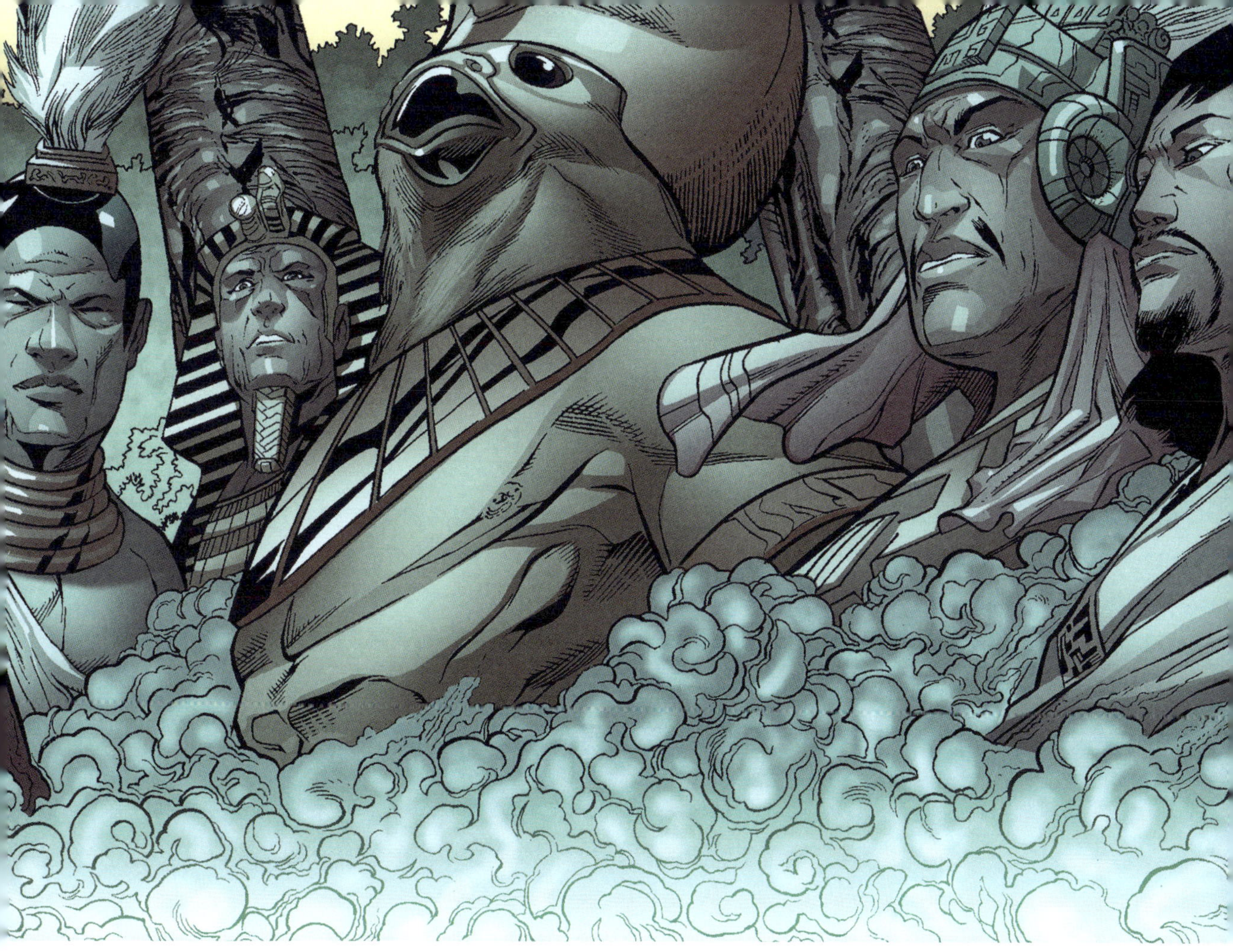

Das Konzil der Götter aber bestand fort. Hier diskutierten diverse Gottheiten Dinge von kosmischer Bedeutung und ernsthafte Bedrohungen. Als der uralte Demogorge durch ein Komplott von Todesgöttern neues Leben erhielt, fürchtete der Rat, er würde die Pantheons auslöschen. Daher entsandten sie ein aus Thor, Horus und Quetzalcoatl bestehendes Team, das den Gottesser ausschalten sollte. Den drei Göttern gelang es schließlich, den Demogorge zu seinem Schlafplatz in der Sonne zurückzubringen.

Einige Zeit später berief Athene, die olympische Göttin der Weisheit, ein Treffen des Konzils ein, um über die große Bedrohung durch die außerirdischen Skrulls zu sprechen. Die Celestials hatten diese Deviant-Rasse einst erschaffen, die dank ihrer gestaltwandlerischen Kräfte die dominante Spezies auf ihrer Heimatwelt Skrullos war und sich nun anschickte, das Weltall zu erobern.

Ruf zu den Waffen
Die olympische Göttin Athene richtete sich mit einer dringenden Warnung an das Götterkonzil.
Incredible Hercules #116, Juni 2008

Da ihr Reich dem Chaos verfallen war, hatten die Skrulls zunächst die Erde infiltriert, viele der wichtigsten Persönlichkeiten und Helden gefangen genommen und durch eigene Agenten ersetzt. Diese operierten jahrelang im Verborgenen, bis die Hauptflotte der Skrulls in den Orbit eintrat. Dann gaben sie ihre Tarnung auf, um eine groß angelegte Invasion vorzubereiten.

Athene befürchtete, dass mit einem Sieg der Skrulls die Pantheons der Erde durch außerirdische Unsterbliche ersetzt werden könnten. Um dieses schreckliche Schicksal abzuwenden, forderte sie einen

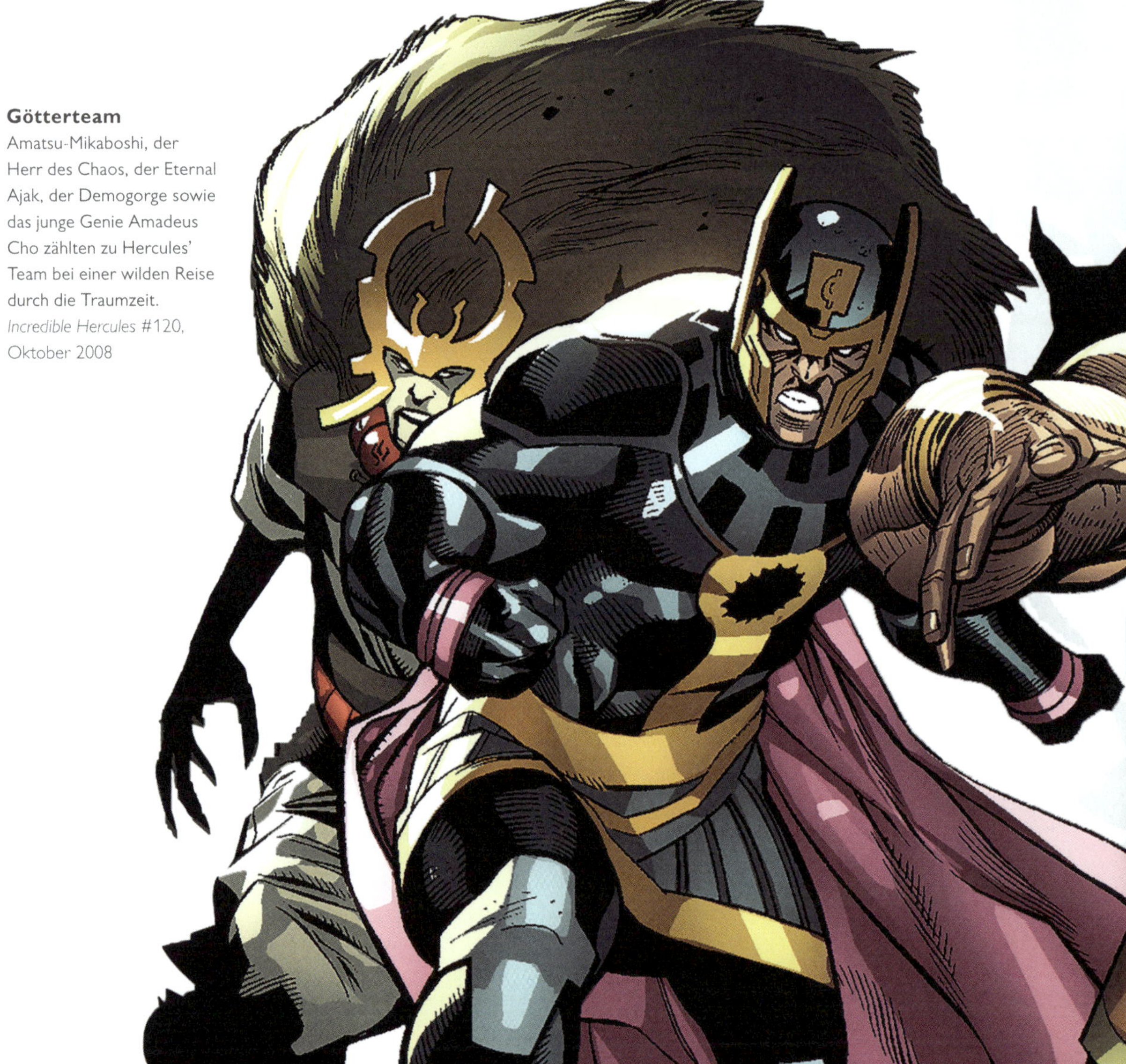

Götterteam
Amatsu-Mikaboshi, der Herr des Chaos, der Eternal Ajak, der Demogorge sowie das junge Genie Amadeus Cho zählten zu Hercules' Team bei einer wilden Reise durch die Traumzeit.
Incredible Hercules #120, Oktober 2008

Präventivschlag und schlug dem Götterrat vor, diverse Götter und Halbgötter zu beauftragen, die Skrullgottheiten Sl'gur't und Kly'bn auszuschalten. Der Plan fand Zustimmung, und da Thor und die Asen nach ihrer kürzlichen Wiederauferstehung als zu angreifbar erachtet wurden, sollte Hercules die sogenannte »God Squad« bei ihrer dringenden Geheimmission anführen.

Der Rat stellte Hercules den Eternal Ajak, den wiedererwachten Demogorge, die nordische Göttin Snowbird und den Chaoslord Amatsu-Mikaboshi zur Seite. Zu dem hastig zusammengestellten Team gehörte auch Hercules' Freund und Verbündeter, das junge Menschengenie Amadeus Cho.

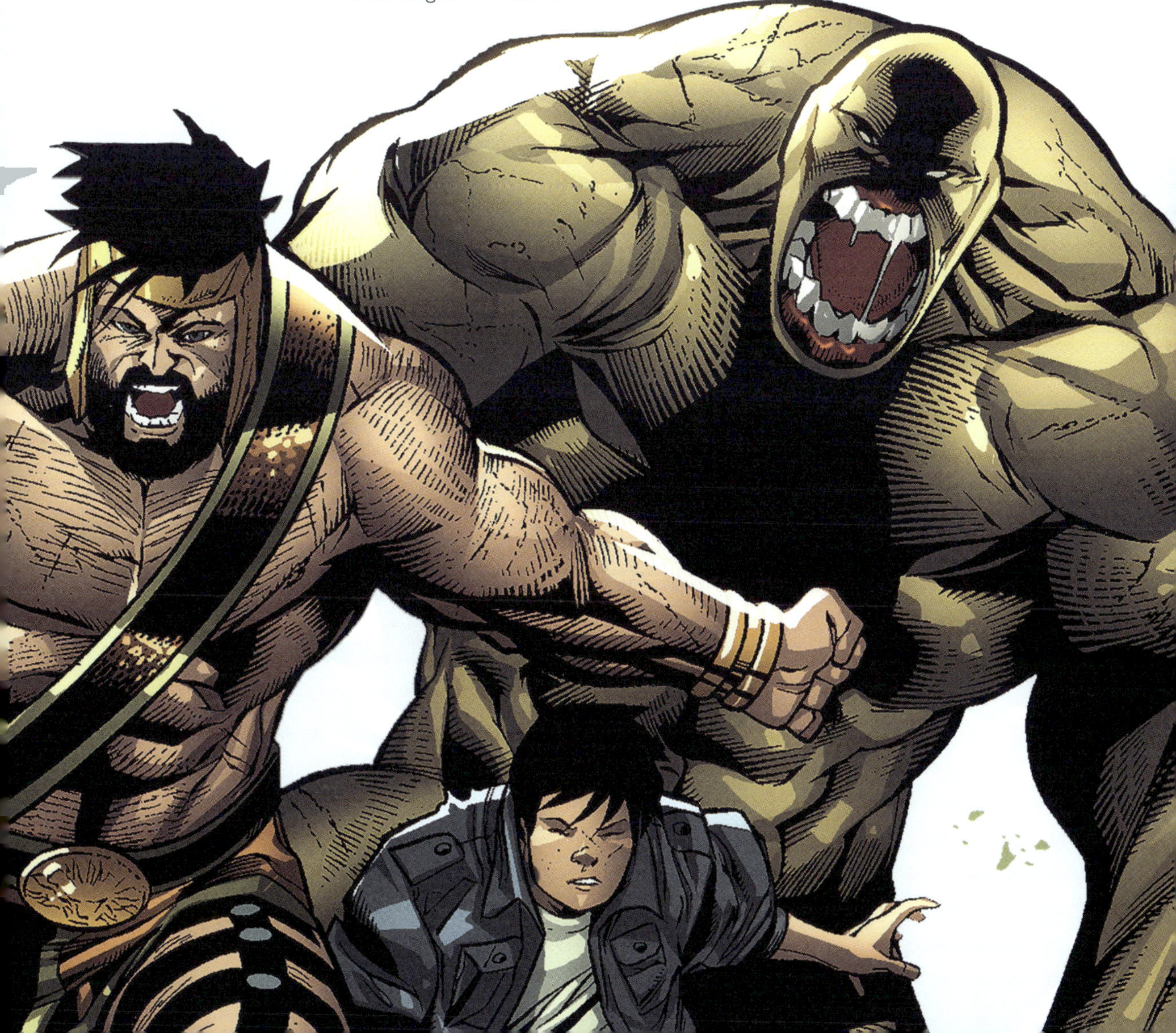

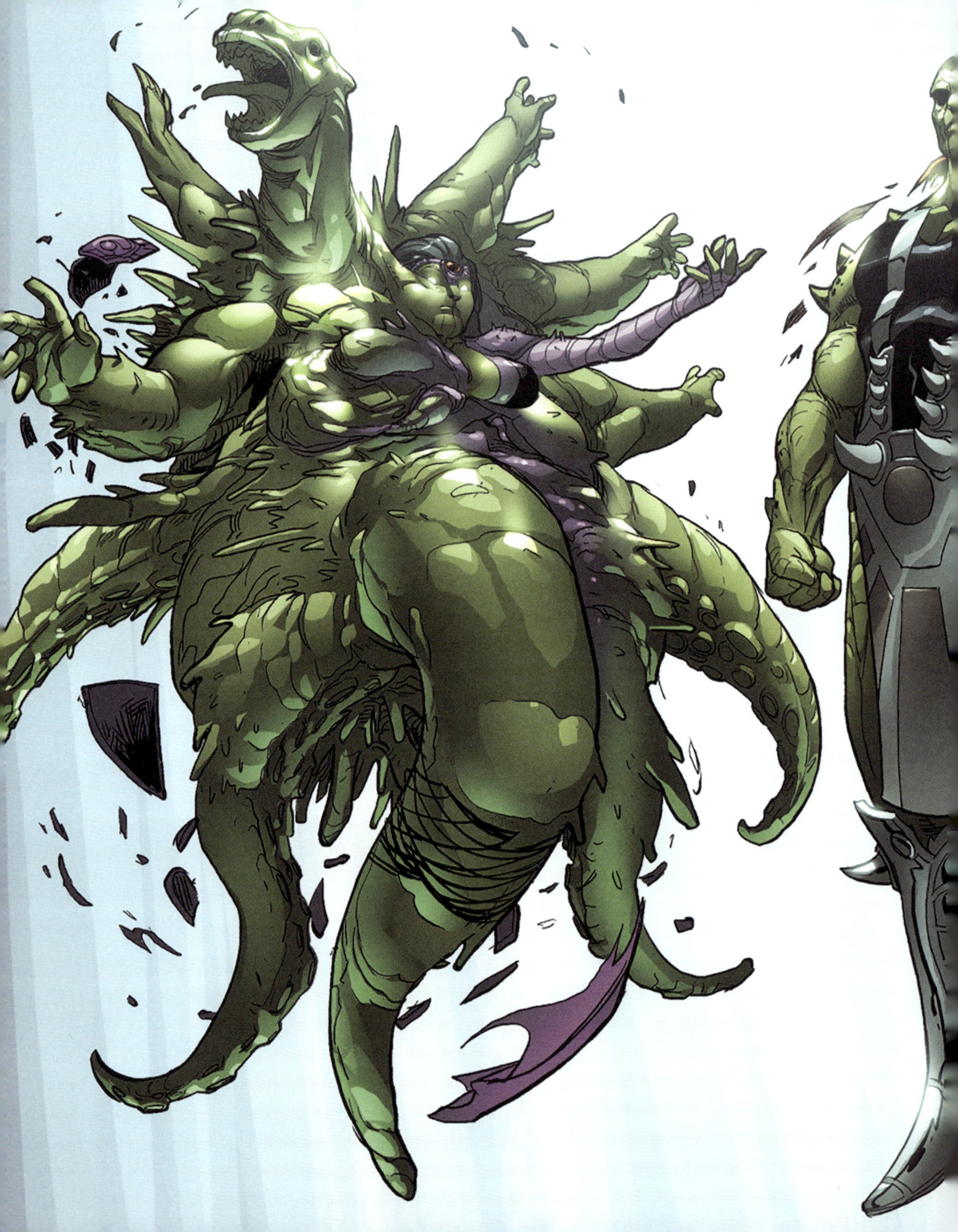

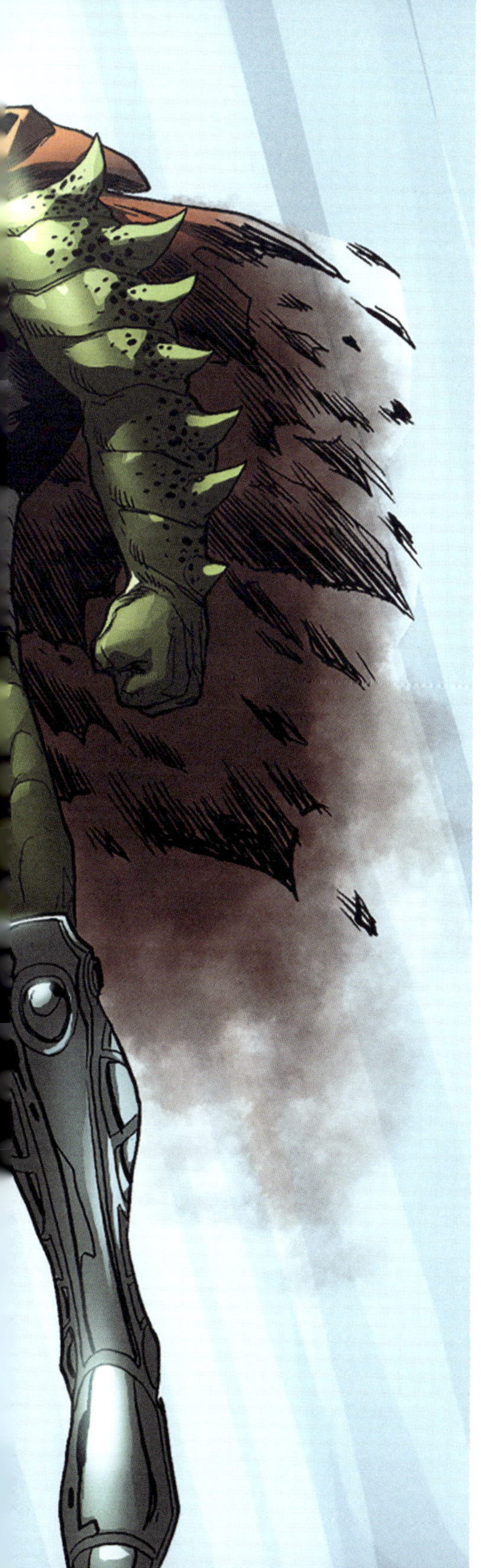

Die Domäne der Skrullgötter befand sich irgendwo in der Traumzeit. Mithilfe einer Karte, gestohlen von Nightmare, dem Herrn der Träume, nahm die God Squad auf einer mystischen Galeone Kurs auf das immaterielle Reich.

»Ich bin bereit, Gott zu spielen!« Hercules

Die Stimmung war schlecht, da alte Rivalitäten zwischen den Göttern zutage traten. Außerdem befand sich ein Spion auf dem Schiff: ein Skrull in Gestalt von Amadeus Chos jungem Kojoten Kirby. Als die God Squad ihr Ziel erreichte, wurde sie bereits von den Skrullgöttern erwartet. Kly'bn täuschte Friedfertigkeit vor und berichtete, er habe in der Antike als letzter Eternal auf Skrullos überlebt. Alle anderen seien von Sl'gur't und ihrem Deviant-Gefolge getötet worden. Als Sl'gur't gekommen war, um auch ihn zu vernichten, habe Kly'bn ihren Hass zurückgewiesen und seine Liebe für sie und alle Lebewesen offenbart. Sl'gur't hatte Kly'bns Geständnis so betört, dass sie ihn heiratete. Die Kraft ihrer Liebe hatte die beiden als erste Skrullgötter in den Himmel aufsteigen lassen.

Ihr einziges Ziel, erklärte Kly'bn, sei es nun, ihre Liebe auf anderen Welten zu verbreiten. Hercules glaubte dem Gesäusel Kly'bns nicht. Er machte unmissverständlich klar, dass das vermeintliche Wohlwollen der Skrullgötter zur Versklavung der Menschheit und zur Auslöschung ihrer Pantheons führen würde.

Himmelspaar
Die ihre Form ändernde Sl'gur't und der stattliche Kly'bn stiegen nach der Erklärung ihrer Liebe in den Skrull-Himmel auf.
Incredible Hercules #120, Oktober 2008

Ein erbitterter Kampf entbrannte, und trotz seiner olympischen Stärke musste sich Hercules Kly'bns vielfältiger Eternal-Macht beugen. Erst als er durch Amadeus Cho, einen gewöhnlichen Menschen im Angesicht außergewöhnlicher Umstände, inspiriert wurde, gewann Hercules schließlich die Oberhand. Dank Snowbirds Ablenkungsmanöver gelang es ihm, Kly'bn einen tödlichen Schlag zu versetzen. Währenddessen entfesselte Amatsu-Mikaboshi anderswo in der Skrull-Traumzeit seine chaotischen Kräfte und tötete Sl'gur't.

Der Tod ihrer Götter brachte die Skrull-Invasoren auf der Erde in eine gefährliche Lage. Geschwächt und panisch waren die Außerirdischen den irdischen Superhelden nicht gewachsen und wurden rasch in den Weltraum vertrieben. Hercules und die God Squad wurden nicht mit Fanfaren begrüßt, als sie nach Hause zurückkehrten. Ihre Mission war ein Geheimnis geblieben und allein die Götter wussten vom Kampf auf Leben und Tod, der sich in der Traumzeit ereignet hatte.

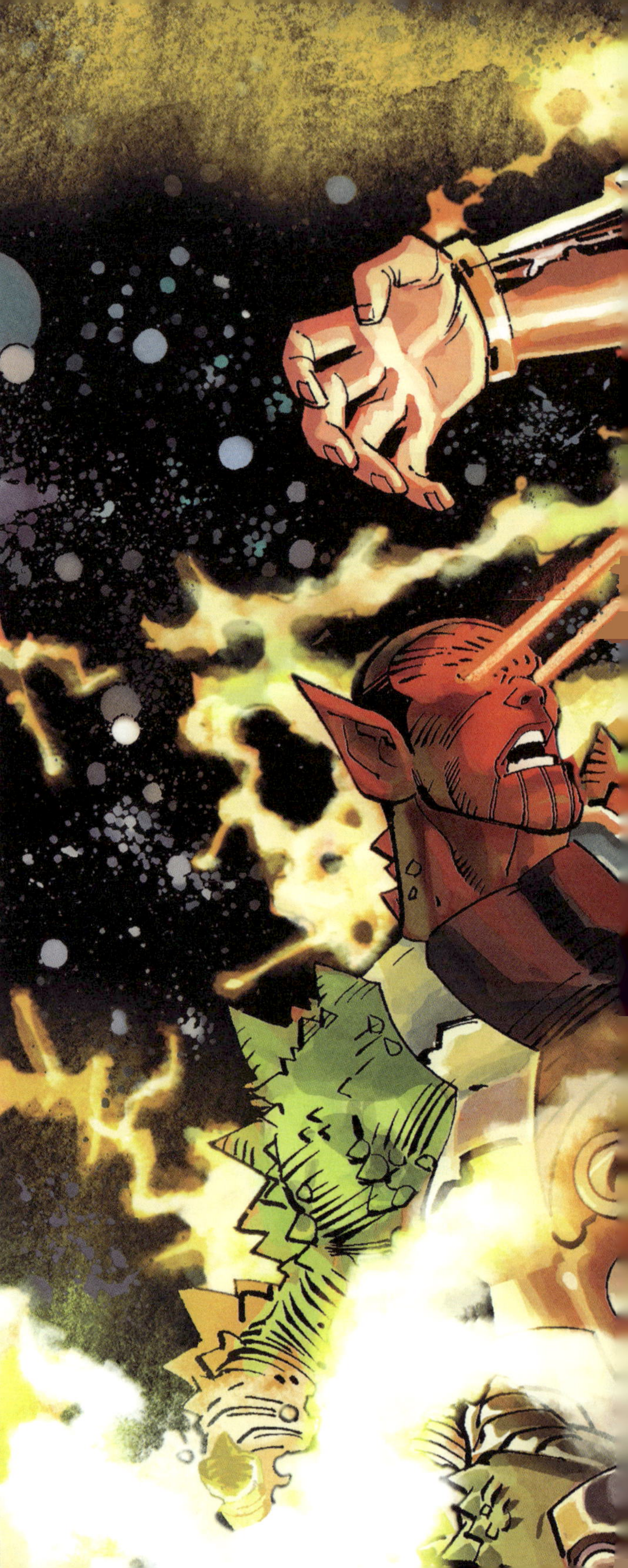

Göttliche Fügung
Der Zweikampf zwischen Hercules und dem Skrullgott Kly'bn sollte die Bedrohung für die Götterpantheons der Erde beenden.
Incredible Hercules #120, Oktober 2008

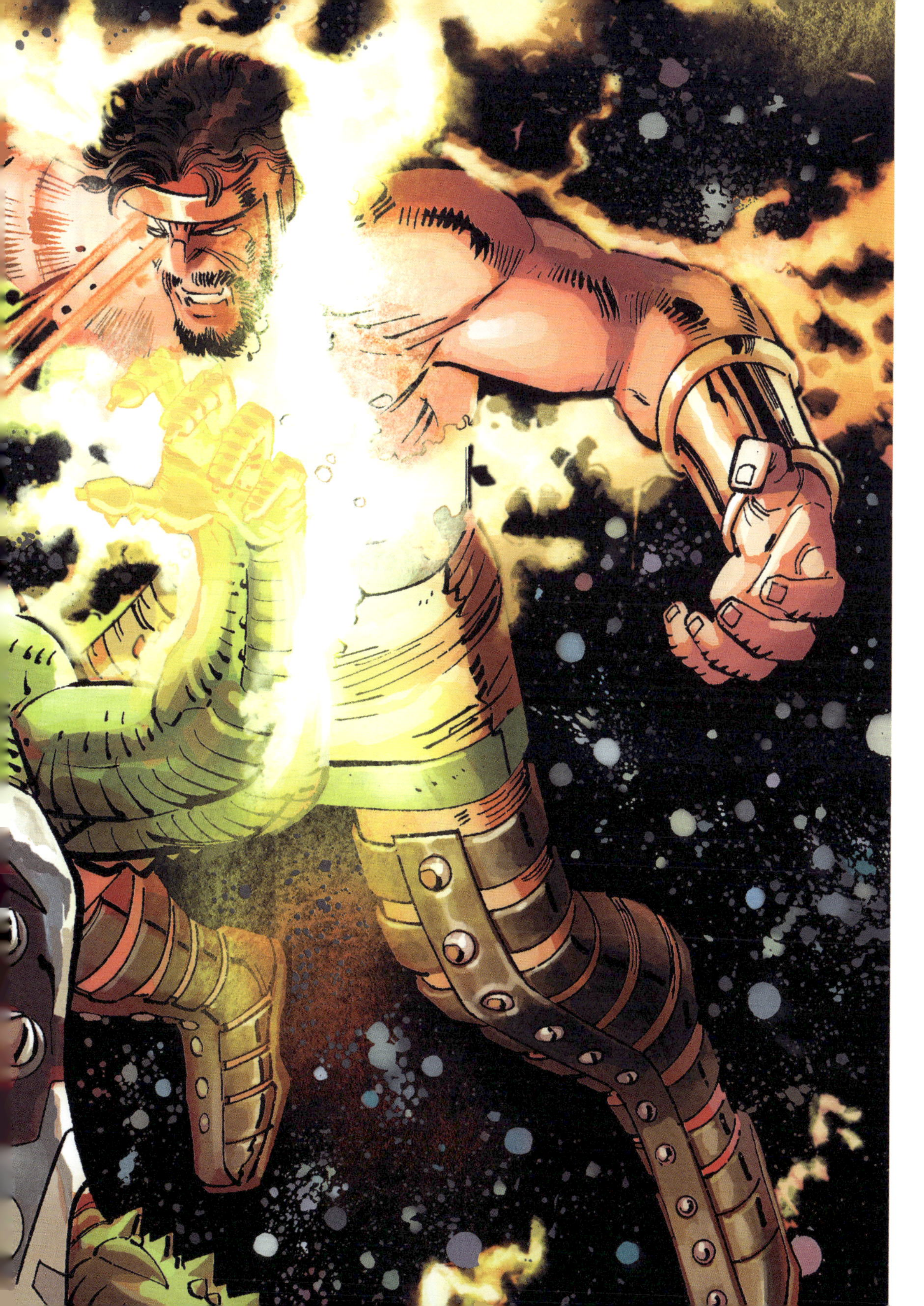

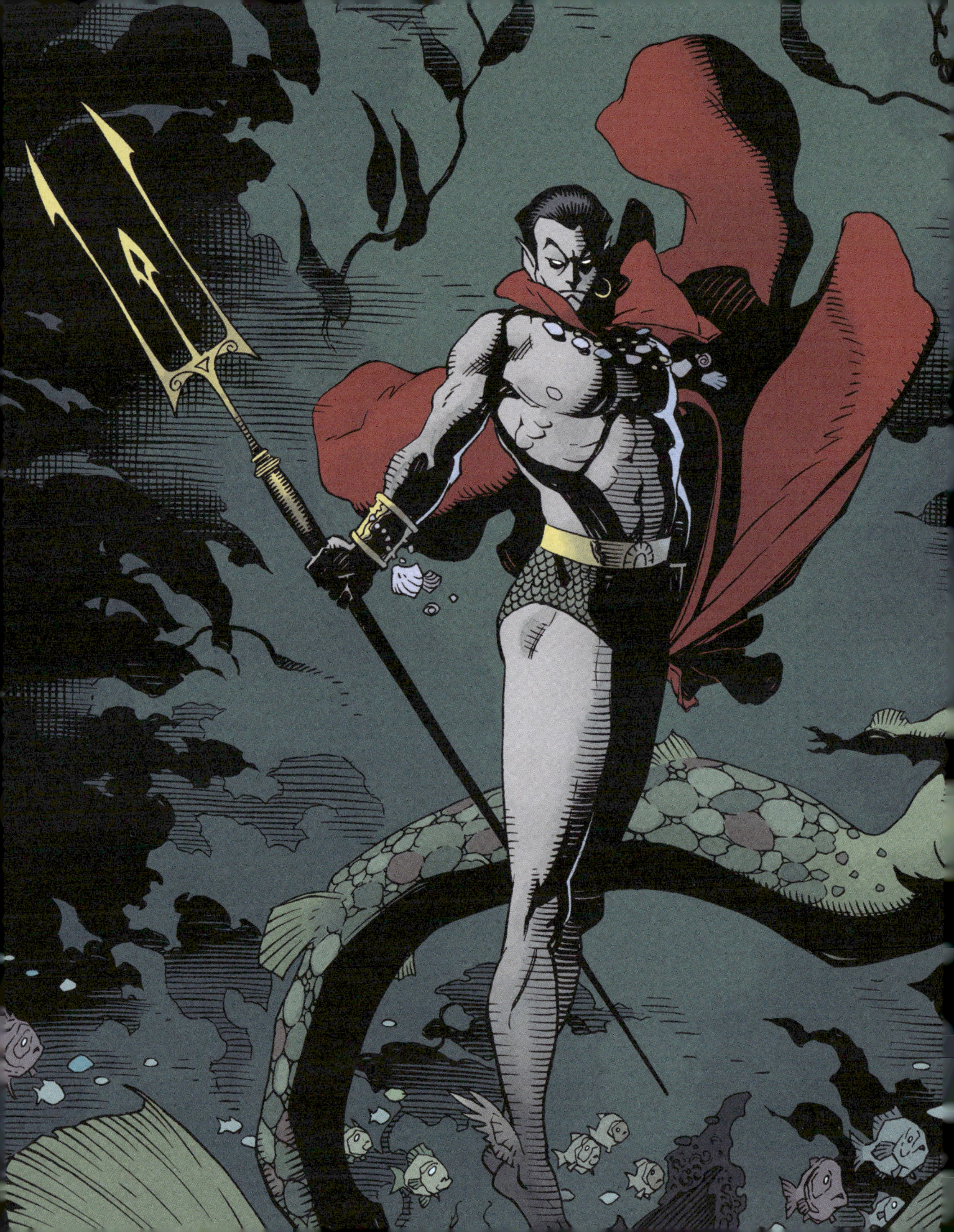

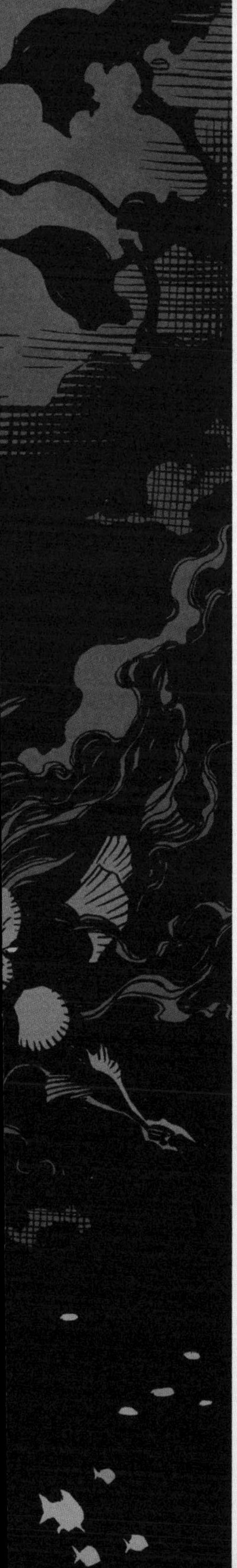

LEGENDÄRE HELDEN

Da die Götter sich aus irdischen Angelegenheiten zurückzogen, sprangen viele sterbliche Helden in die Bresche. Einige wie die Mitglieder der Bruderschaft des Schilds setzten fortschrittliche Technologie im Kampf gegen die Mächte der Finsternis ein. Andere wie Black Knight und Captain Britain wurden vom mythischen Magier Merlin ermächtigt, die Werte des legendären Camelot zu bewahren. Sogar das ferne Atlantis brachte in dem königlichen Namor, alias Sub-Mariner, ein einzigartiges Individuum hervor – einen der ersten Mutantenhelden der Welt.

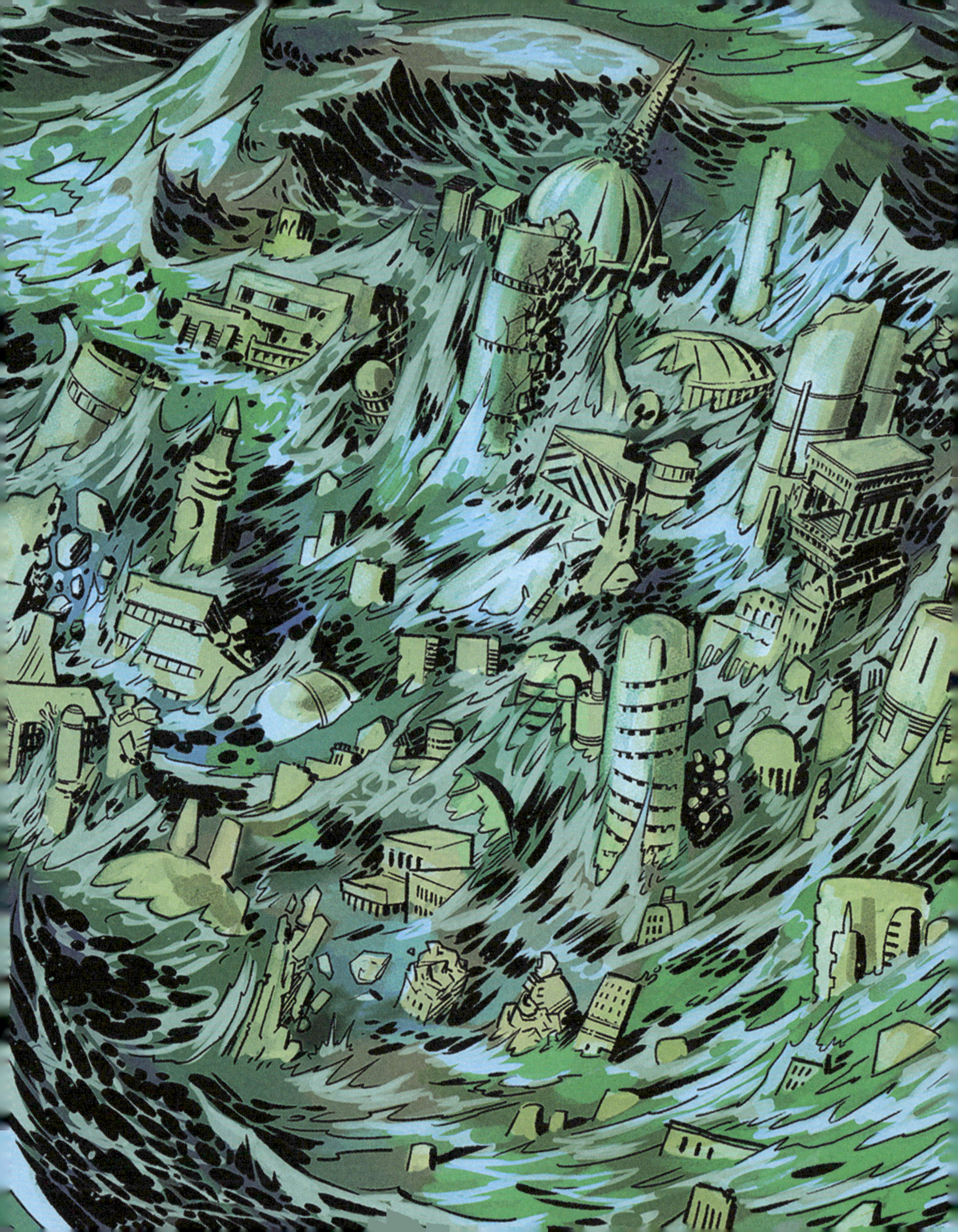

Kataklysmus und Konflikt

Jahrhundertelang wurde Atlantis von Streitigkeiten gequält, und selbst als der Sub-Mariner die Stadt vereinte, wurde das versunkene Königreich weiterhin von Gestalten aus den Schatten des Gestern heimgesucht.

Der Große Kataklysmus von 18 000 v. Chr. fegte nicht nur das Deviant-Königreich hinweg, er ließ auch Atlantis auf den Meeresboden sinken. Die legendäre Metropole war als eine der wenigen menschlichen Zivilisationen von den fürchterlichen Deviants verschont geblieben und stellte einen gewaltigen Hort wissenschaftlichen und kulturellen Wissens dar. All die uralte Weisheit ging verloren, als Atlantis in nur wenigen Tagen unterging. Doch eine Handvoll Atlanter überstand auf wundersame Weise diese Katastrophe.

Die Überlebenden wurden zu den ersten Wasseratmern, einem neuen Ableger der Menschheit, der später als *Homo mermanus* klassifiziert werden sollte. Ob die Atlanter die Kiemen und ihre verbesserte Physiognomie durch natürliche Mutation, die Anwendung geheimer Wissenschaft oder durch Zauberei bekamen, ist unbekannt, aber dank ihrer schnellen Anpassung konnten sie sich unter Wasser bestens entfalten. Da Atlantis in Trümmern lag, verließen die Überlebenden die Stadt und wurden ein Nomadenvolk, das sich in den Ozeanen der Welt ausbreitete. Im Lauf der Jahrhunderte inspirierten die Sichtungen des *Homo mermanus* viele Legenden über Wassermenschen.

Fortgespült
Der vom Zweiten Heer der Celestials ausgelöste Große Kataklysmus beförderte 18 000 v. Chr. Atlantis, den Gipfel der menschlichen Zivilisation, krachend auf den Meeresboden.
History of the Marvel Universe #1, September 2019

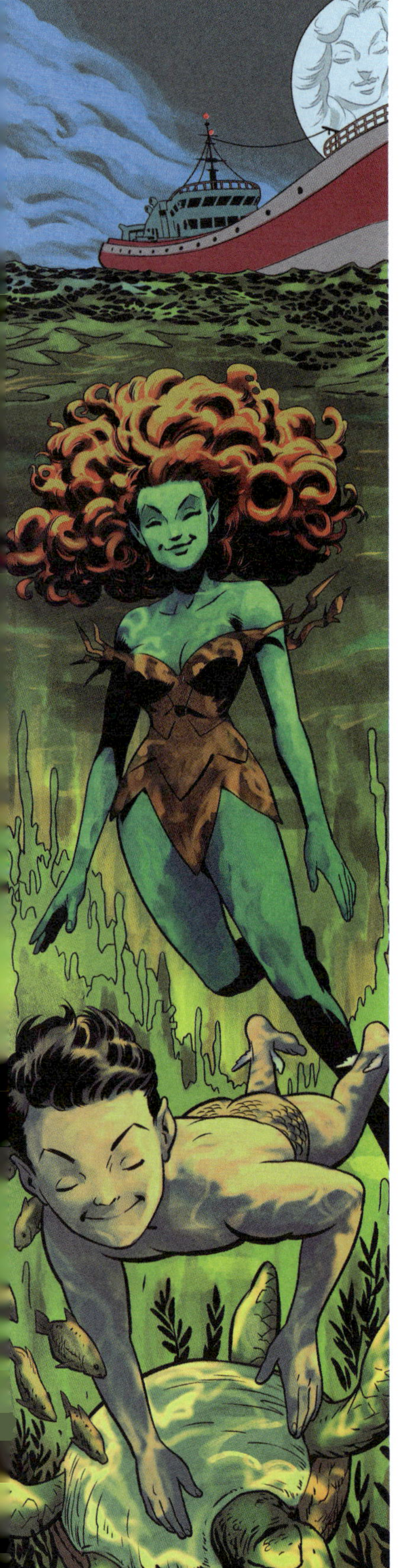

Tausende Jahre nach seinem Untergang wurde Atlantis von den Nachkommen seiner einstigen Bewohner bevölkert. Es entwickelte sich zum Mittelpunkt eines ausgeklügelten Netzwerks von Unterwasserkantonen und -fürstentümern. Ebenso wie an Land prägte Krieg die Geschichte des versunkenen Atlantis, wobei häufig rivalisierende Kriegsherren um die Vormachtstellung wetteiferten. Die andauernden Machtkämpfe erreichten ihren Höhepunkt zu Beginn des 20. Jahrhunderts, als Wasserbarbaren Kaiser Thakorr zwangen, Atlantis aufzugeben und in den eisigen Gewässern der Antarktis eine neue Stadt zu gründen.

Als das Expeditionsschiff Oracle unter dem Kommando von Captain Leonard McKenzie im antarktischen Eis festsaß, sollten es Unterwassersprengungen befreien. Leider befand sich das neue Atlantis direkt unter dem Schiff und wurde durch die Explosionen beschädigt. Der erzürnte Thakorr befahl seiner Tochter Fen, einen Kriegskorps zur Untersuchung dieser Detonationen auszusenden. Da sie jene unter ihrem Befehl nicht in Gefahr bringen wollte, schwamm die Prinzessin selbst zur Oberfläche. Dort schluckte sie eine Lösung, die es ihr ermöglichte fünf Stunden lang fern vom Wasser atmen zu können. Als sie an Bord der Oracle versuchte, das Wesen der Menschen zu ergründen, verliebte sie sich in Captain McKenzie. Die beiden heirateten, doch ihr Glück endete jäh. Aus Angst um die Sicherheit seiner Tochter befahl Thakorr einigen atlantischen Kriegern, Fen mit allen Mitteln zurückzuholen. Tragischerweise wurde die Crew der Oracle bei der rasch eskalierenden Konfrontation getötet.

Einige Monate später, während sie noch immer den sinnlosen Verlust ihres Mannes betrauerte, brachte Fen einen hellhäutigen Jungen zur Welt, den sie Namor, den rächenden Sohn, nannte. Namor war der erste Mensch-Atlanter, der sowohl an Land als auch im Wasser atmen konnte. Er war zudem ein Mutant mit der Fähigkeit, schnell wie eine Rakete durch die Luft zu fliegen.

Zwischen zwei Welten
Nach einer Romanze mit einem Landbewohner gebar die atlantische Prinzessin Fen einen Mutanten – Namor.
History of the Marvel Universe #2, Oktober 2019

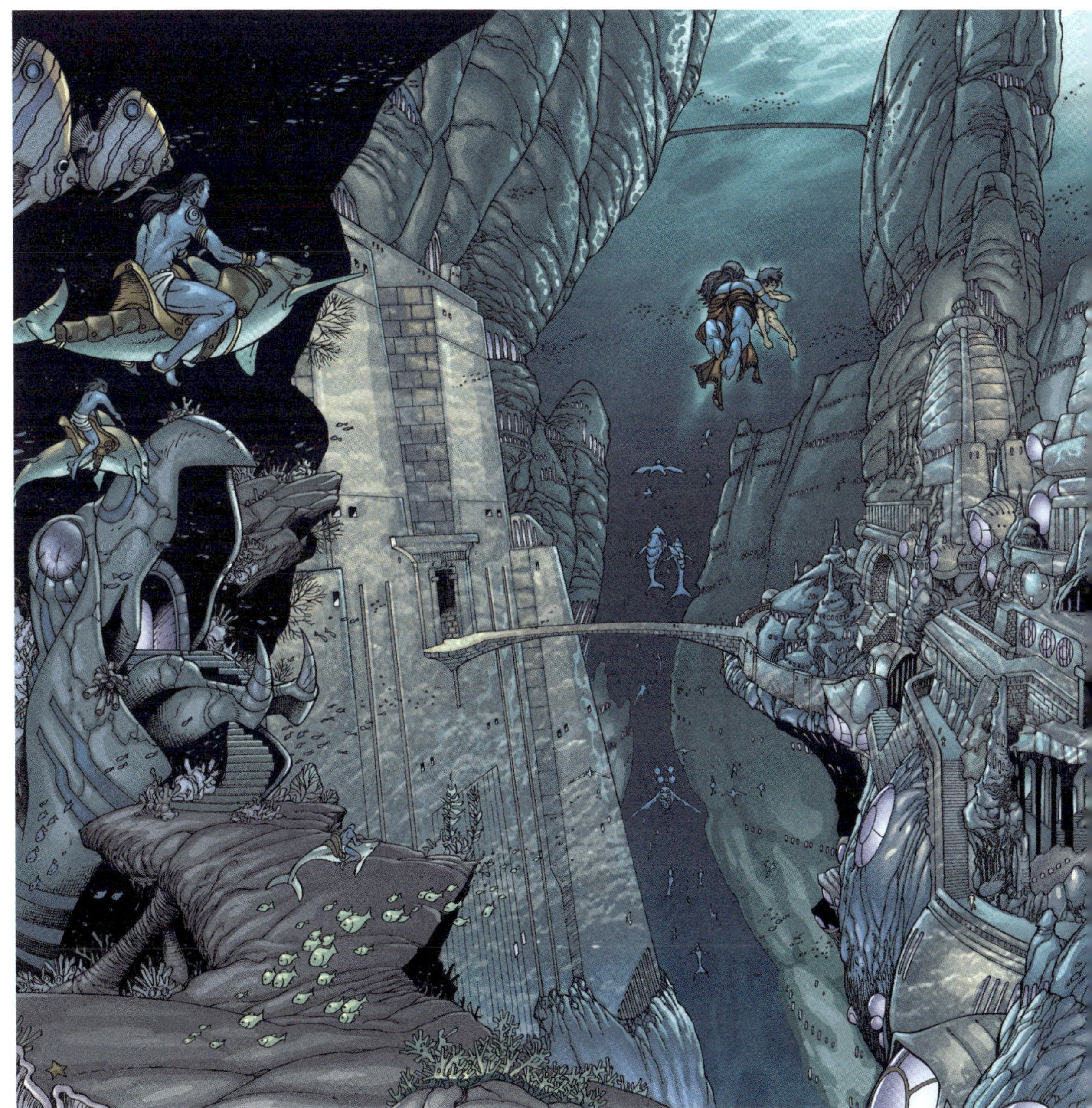

Königlicher Außenseiter
Namor wurde durch seinen königlichen Status und seine überfürsorgliche Mutter vor dem Neid atlantischer Reinblütler bewahrt.
Namor #1, Juni 2003

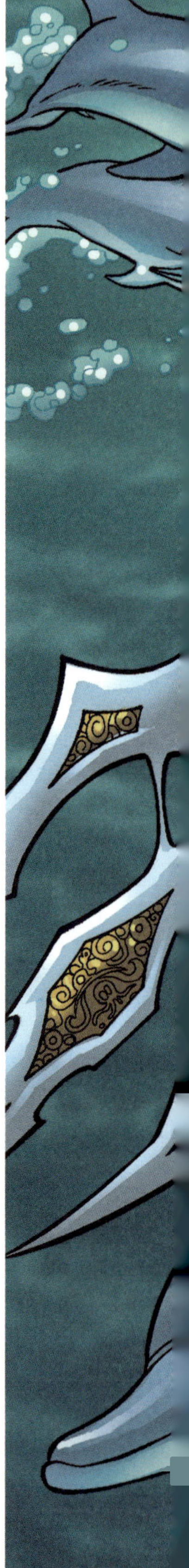

Namors Mentor, Kaiser Thakorr, lehrte ihn, die Landwelt abgrundtief zu hassen. Als junger Erwachsener griff er New York an und zerstörte die Schifffahrtswege als Vergeltung für den seiner Meinung nach fahrlässigen Umgang der Menschheit mit den Weltmeeren. Von der Presse als »Sub-Mariner« tituliert, war Namor eine Bedrohung für die Vereinigten Staaten. Dies änderte sich jedoch während des Zweiten Weltkriegs, als Namor sich gemeinsam mit Captain America und der ersten Human Torch den Alliierten anschloss. Seine Mitgliedschaft bei den Invaders, die die Schrecken der Tyrannei bekämpften, brachte ihm schließlich die Akzeptanz der Menschen ein.

»Man erzählt viele Geschichten über mich ...«

Namor, der Sub-Mariner

Es war wohl unvermeidlich, dass auf Namors Triumph sein Tiefpunkt folgte. Nach dem Krieg irrte er jahrzehntelang ziellos umher, da seine Erinnerungen von dem psionischen Schurken Destiny unterdrückt worden waren. Erst mithilfe der zweiten Human Torch Johnny Storm erlangte Namor sein Gedächtnis zurück und eilte nach Atlantis. Doch die Stadt war von den verheerenden Atomtests der Menschen zerstört und ihre Bewohner im ganzen Meer verstreut worden.

Erfüllt von neuem Misstrauen gegenüber den Erdbewohnern nahm Namor seinen Kampf gegen menschliche Belange zunächst wieder auf. Doch nachdem er seine Untertanen zusammengeführt hatte, konzentrierte Namor sich zunächst darauf, Atlantis unter seiner Herrschaft wieder aufzubauen. Aufgrund seiner Abstammung wurde Namor nie vollständig akzeptiert. Manche Atlanter betrachteten ihn als Fremden, und das Verhältnis des neuen Königs zu seinen Untertanen war oft ebenso angespannt wie seine Beziehungen zur Erdoberfläche. Die Ereignisse spitzten sich zu, als das Reich von mythischen Kreaturen aus der Vergangenheit überwältigt wurde. Eine Zeit lang Zeit lang schien es, als habe Namor seine Untertanen tatenlos ihrem schrecklichen Schicksal überlassen.

Aus der Tiefe
Als junger Mann war Prinz Namor starrköpfig und wagemutig. Er wandte sich mehrmals von Atlantis ab, um die Erdoberfläche anzugreifen.
Namor #1, Juni 2003

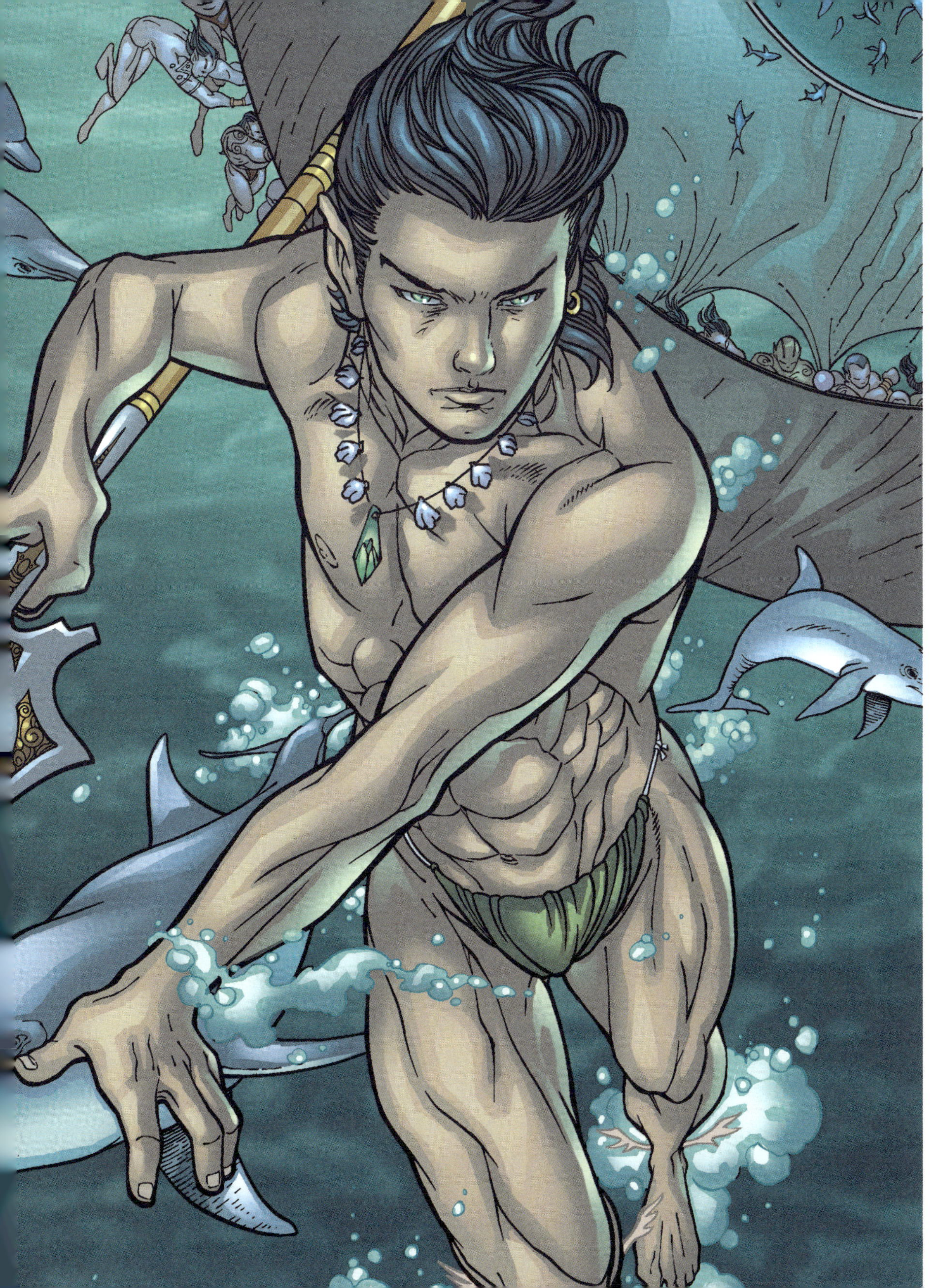

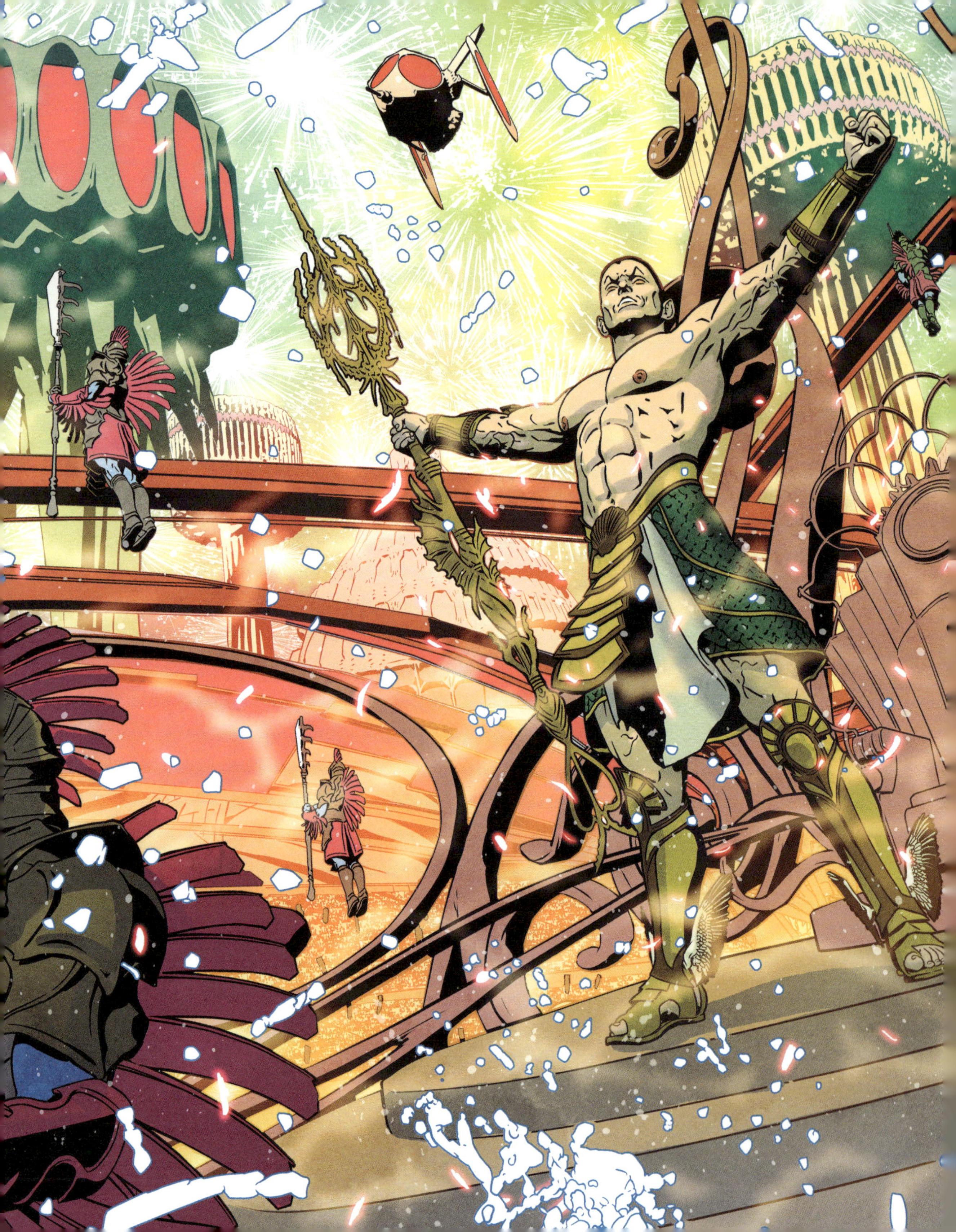

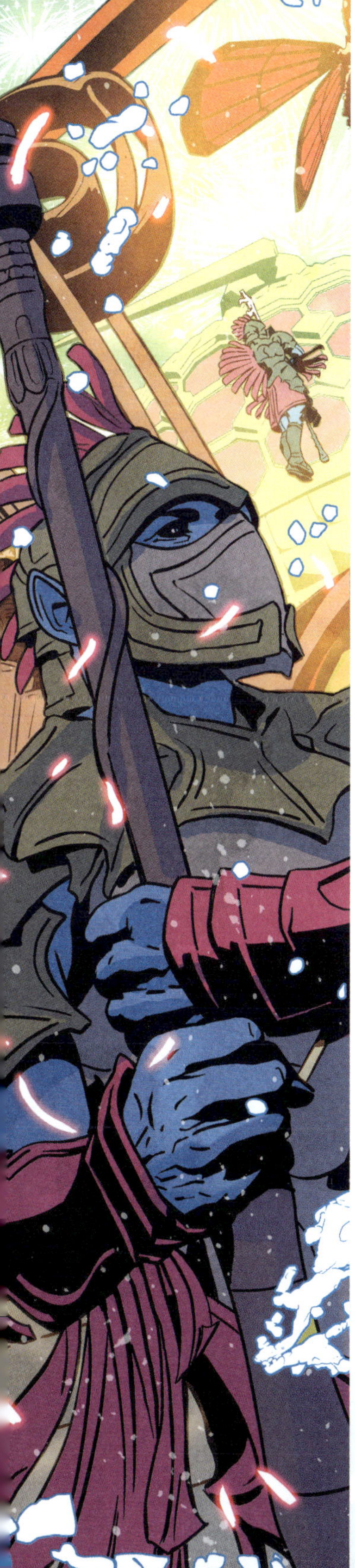

Mithilfe uralter Magie befreite Sin – die bösartige Tochter des Red Skull – Odins Bruder Cul Borson, den Schlangengott der Furcht, aus seinem langen Schlaf unter dem Atlantik. Daraufhin breitete sich eine Welle des Terrors über der Welt aus, die Verstörung und Massenpanik mit sich brachte. Darüber hinaus verlieh der Schlangengott sieben Individuen aufgrund ihrer Eigenschaft, Furcht und Zwietracht zu säen, Hämmer von ungeheurer Macht. Einen Hammer erhielt auch Namors alter Erzfeind, der barbarische Attuma. Mit der Macht des Hammers konnte er die Gestalt der atlantischen Legende Nerkkod, Bezwinger der Meere, annehmen. Durch eine Allianz mit Jenen, die nicht sterben, – alten, entfernt mit den Alten Göttern verwandten Dämonen – eroberte Attuma Atlantis und unterwarf dessen Bürger.

»Deine Furcht ... verpestet das Wasser.«

Attuma (als Nerkkod)

Konfrontiert mit einem übermächtigen Gegner und voll irrationaler Furcht, die der Schlangengott entfesselt hatte, floh Namor aus der Stadt. Doch Attumas Worte hallten in seinen Ohren wider: »Vergiss nie, dass mit jedem deiner Atemzüge deine Stadt zerfällt und dein Volk leidet.« Nicht allein aus Angst kehrte Namor Atlantis den Rücken. Er erkannte auch das Ausmaß seiner Aufgabe: Mächtige Verbündete waren nötig, um seine Stadt zurückzuerobern. Daher bildete er ein neues Defenders-Team mit Doctor Strange, dem Mutanten Loa, dem kosmischen Silver Surfer, und She-Hulk Lyra.

Mächtiger Monarch
In der Moderne nahm Namor seine Verantwortung als Unterwasser-Regent an und gelobte, sein Volk mit Gelassenheit zu regieren und es vor Schaden zu bewahren.
Nick Fury #4, September 2017

Sogleich wurden die Helden von Jenen, die nicht sterben, angegriffen. Die dämonischen Geister ergriffen Besitz von unzähligen Meerestieren und verzerrten ihre Körper zu grotesken Missbildungen. Namor und seine Kameraden kämpften mit aller Macht gegen diese Monster an, doch bei anderen Gegnern mussten sie zurückhaltender sein. Einige von Jenen, die nicht sterben, fuhren in die Körper gefangener Atlanter und klagten Namor an, als sie mit gezogenen Waffen auf ihn zumarschierten: »Unser König ... wie konntest du zulassen, dass man uns gefangen nimmt?«

Glücklicherweise erschütterten Namor diese Worte nicht, sondern stärkten vielmehr seine Entschlossenheit. Frei von Furcht nahm er seine Verantwortung als König von Atlantis an und hielt den vorrückenden Truppen stand. Er bezwang sie mit minimaler Gewaltanwendung und schlug viele bewusstlos. Dies gab Doctor Strange genug Zeit, um Jene, die nicht sterben, mit Zauberkraft in ihr jenseitiges Reich zurückzutreiben. Ohne seine magischen Verbündeten war Attuma gezwungen, Atlantis mit seinen wenigen verbliebenen Streitkräften zu verlassen. Die Defenders verfolgten ihn, und während seine Heldenkollegen Attumas Truppen fassten, versetzte Namor dem Schurken einen entscheidenden Schlag. Von seinem Hammer getrennt, floh der verwundete Attuma.

Nach seinem Sieg kümmerte sich Namor um das Wohlergehen und die Sicherheit seines Volkes. Während andere den Schlangengott direkt angriffen – der Ase Thor konnte seinen Onkel schließlich mit dem Odinschwert besiegen – nutzte der König von Atlantis die Zeit, um sein Reich aufzubauen und das Vertrauen seines Volkes zurückzugewinnen.

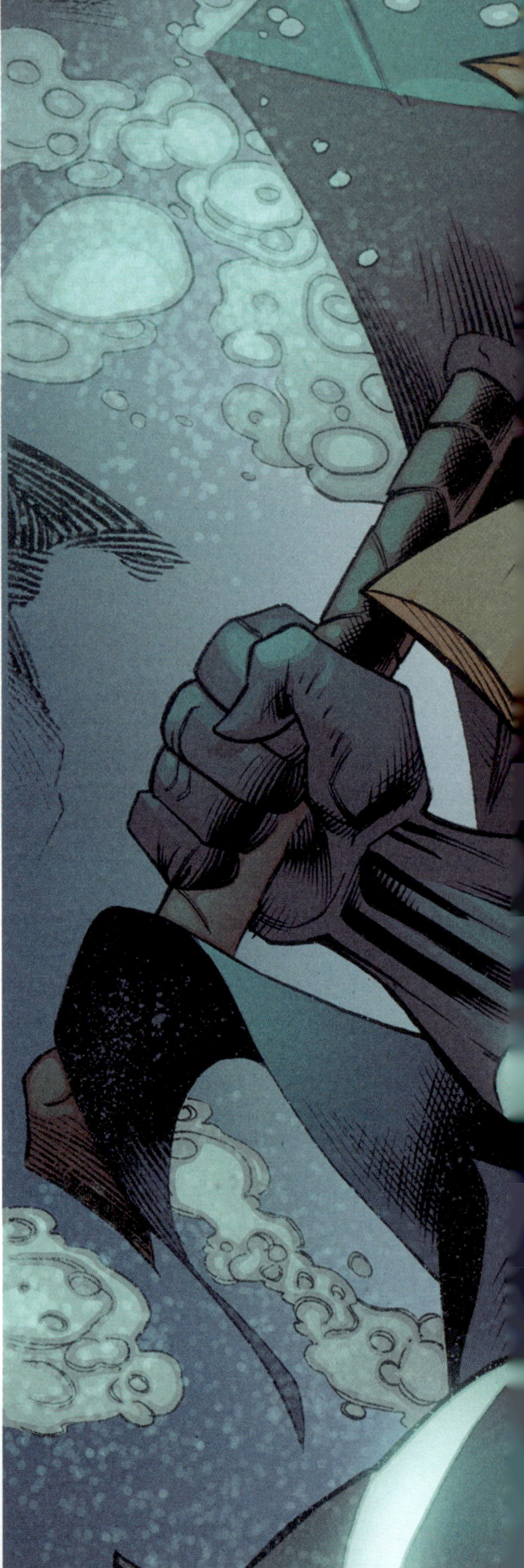

Wellenschlag
In Gestalt von Nerkkod, dem Bezwinger der Meere, vertrieb der barbarische Attuma den Sub-Mariner aus seinem Unterwasserreich.
Fear Itself: The Deep #3, Oktober 2011

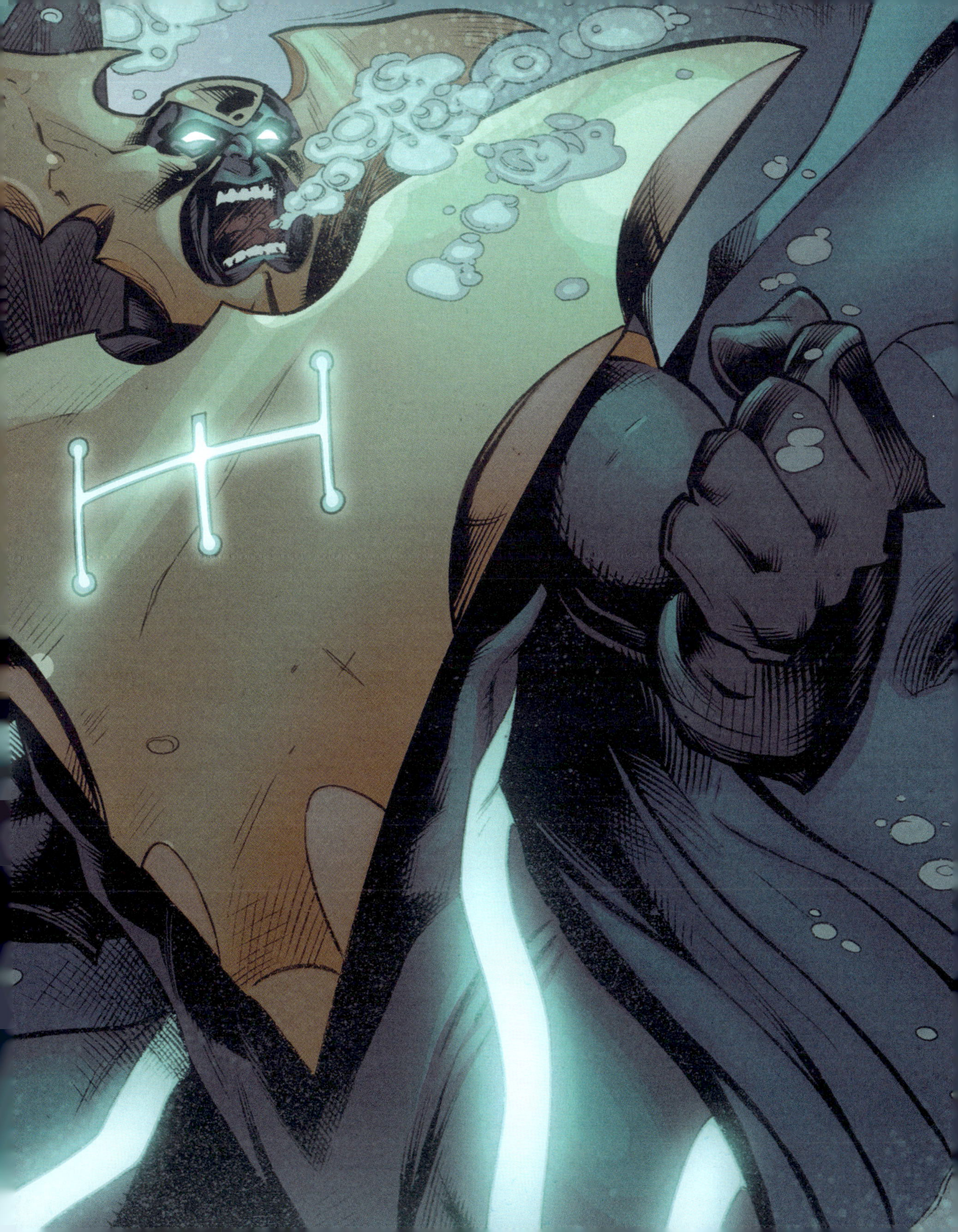

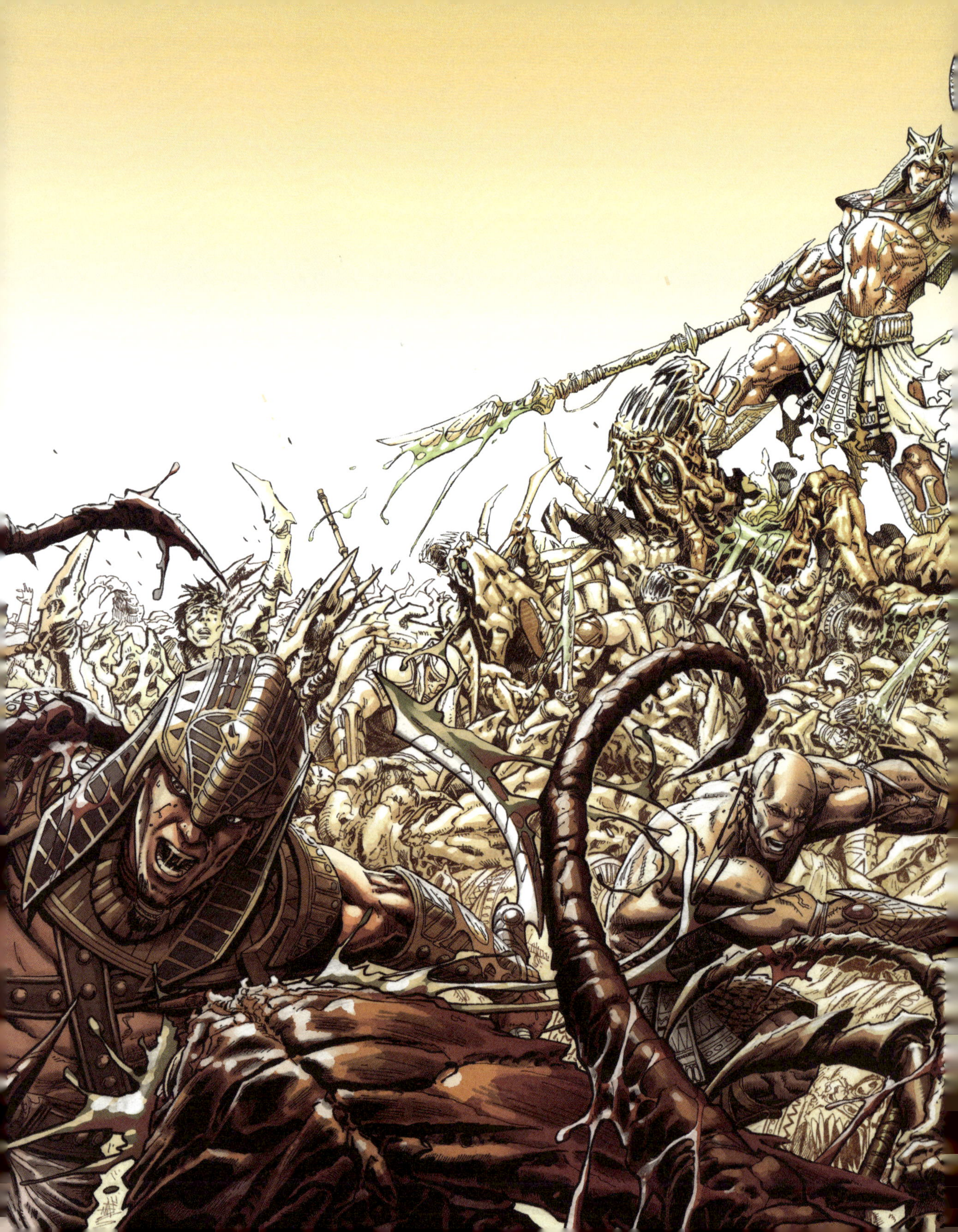

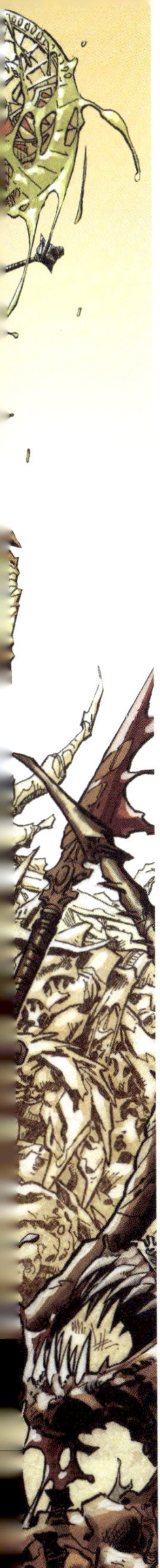

Schwert und Schild

Der Weltenlauf hat unzählige selbstlose Wächter hervorgebracht, die, im Schatten verborgen, die menschliche Zivilisation unbemerkt geführt und Legenden hinterlassen haben, die bis heute inspirieren.

Als die außerirdischen Parasiten der Brood drohten, erst das alte Ägypten und dann die ganze Welt zu erobern, stellte sich ein Krieger namens Imhotep den marodierenden Kreaturen entgegen. Er bildete eine mächtige Armee, die die Invasoren zurückschlug. Nachdem er die Königin der Brood 2620 v. Chr. getötet hatte, gründete Imhotep die Bruderschaft des Schildes, eine Organisation zum Schutz der Menschheit vor gewaltigen Bedrohungen.

Die Bruderschaft war mehr als ein Clan von Kriegern. Auch Philosophen, gelehrte Frauen und Männer zählten zu ihr. Die im Geheimen operierende Gruppe versuchte, die Menschheit in eine aufgeklärte Zukunft ohne Unwissenheit und Furcht zu geleiten. Im Lauf der Jahrhunderte waren einige der größten Denker der Historie Mitglieder der Bruderschaft. Um 200 v. Chr. wandelte der geniale griechische Erfinder Archimedes den Koloss von Rhodos in ein riesiges Exoskelett um. Diesen Schutz trug er am Leib, um gegen einen marodierenden Kree Sentry zu kämpfen und ihn zu vernichten. Knapp drei Jahrhunderte später nahm der chinesische Staatsmann und Universalgelehrte Zhang Heng seine Verantwortung als führendes Mitglied der Geheimorganisation wahr und führte mit einer gelandeten Celestial-Göttin eine tiefgründige philosophische Diskussion.

Schildträger
Im alten Ägypten stellte der Krieger Imhotep eine Armee gegen die außerirdische Brood auf und begründete die Bruderschaft des Schildes.
S.H.I.E.L.D. #1, Juni 2010

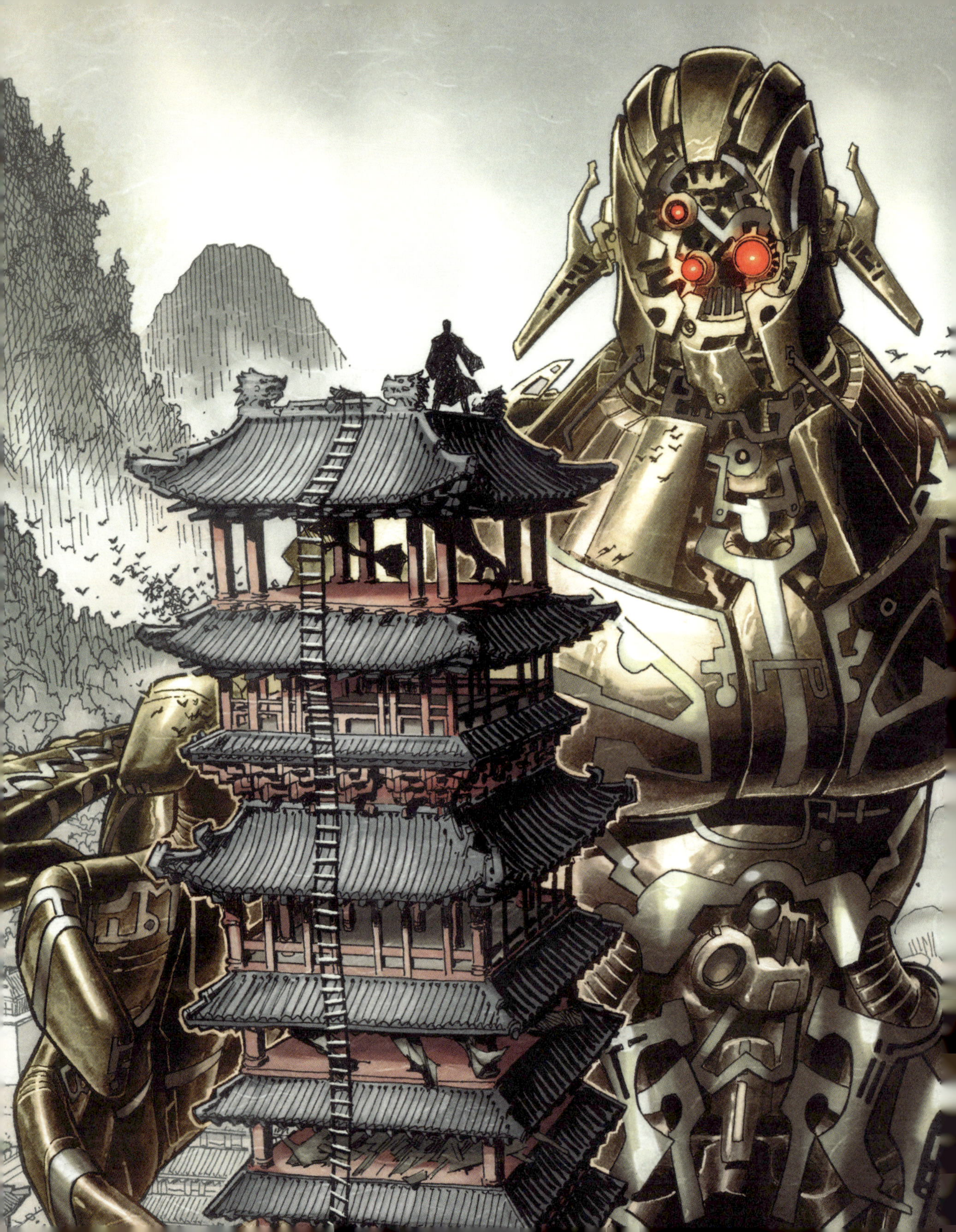

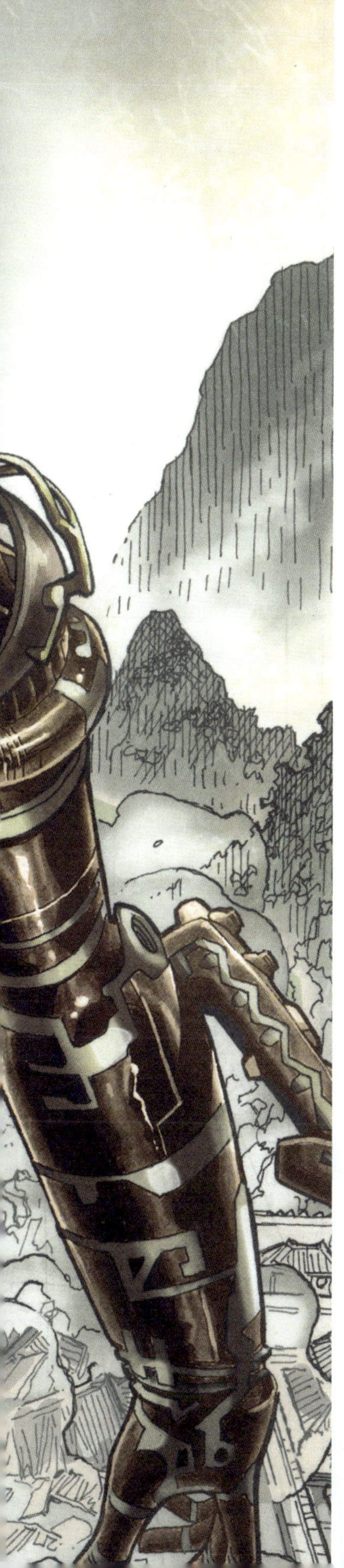

Die gigantische Weltallgöttin stand kurz vor der Geburt ihres Kindes, und die Niederkunft drohte, durch eine Freisetzung immenser kosmischer Energien die Welt zu zerfetzen. Zhang Heng erinnerte an das Existenzrecht der Menschheit und überzeugte die Celestial davon, auf der Erdensonne zu gebären.

Etwa 750 n. Chr. übernahm der renommierte persische Wissenschaftler Jabir ibn Hayyan die Führung der Bruderschaft. Er baute eine Maschine zur Bewahrung aller Hoffnungen, Träume und Bestrebungen der Menschheit. Doch sein Experiment scheiterte, und seine Erfindung entzog Tausenden von Gelehrten die Lebenskraft. Durch diese massive Dezimierung der Bruderschaft und den Verlust immensen Wissens trat die Welt in ein dunkles Zeitalter der Unwissenheit ein.

Die Renaissance brachte rund 750 Jahre später jedoch neue Hoffnung. Genies wie der Futurist Leonardo da Vinci und der Astronom Galileo Galilei widmeten ihr Leben dem Dienst in der Bruderschaft des Schildes. Während seiner Amtszeit als deren Oberhaupt war Leonardo da Vinci besonders besorgt über das Celestial-Baby, das seit Zhang Hengs Zeiten in der Sonne gewachsen war. Er erfand einen mechanischen Fluganzug, der ihn für genauere Observationen in den Weltraum bringen sollte, verschwand aber während des Jungfernflugs.

Ein Jahrhundert nach Leonardos Verschwinden wurde Sir Isaac Newton in die Bruderschaft aufgenommen und stieg rasch zum Vorsitzenden des Hohen Rates auf. Auf seiner Suche nach geheimem Wissen fand er die Formel eines legendären Elixiers, mit dem er sein Leben ins Unendliche verlängerte. Seine Unsterblichkeit verlieh Newton einen noch klareren Geist und viele Gelegenheiten, über scheinbar unlösbare Probleme nachzusinnen. Schließlich entwickelte er die Leise Mathematik, eine Formel zur Vorhersage der Zukunft. Anhand dieser Formel und der Prophezeiungen von Nostradamus sagte Newton voraus, dass das Ende der Welt im Jahr 2060 bevorstehe. Er nannte diese Offenbarung die Stumme Wahrheit.

Aus der Nähe
Im Jahr 114 n. Chr. erbaute Zhang Heng einen hohen Turm, damit er mit der auf die Erde gekommenen Celestial direkt sprechen konnte.
S.H.I.E.L.D. #1, Juni 2010

Gerüstet mit diesem Wissen, leitete Newton die Umstrukturierung der Bruderschaft des Schildes in die Wege. Anstatt mit seinem Wissen an die Öffentlichkeit zu treten, besann sich der Bund auf seine Tradition, isolierte sich zunehmend und agierte bald schon ausschließlich im Geheimen. Zwar würde er die Menschheit weiterhin vor fremden Bedrohungen schützen, tat dies aber nur in Vorbereitung auf ihr unausweichliches Ende. Laut Newton war es die alleinige Aufgabe der Bruderschaft, die Welt in ihre vorbestimmte Zukunft zu führen. Diese Denkweise stand im Widerspruch zu den Gründungsprinzipien des Bundes, nach denen alle Männer und Frauen ihr Schicksal selbst bestimmen können. So war es nicht verwunderlich, dass einige in der Bruderschaft Newtons düsterer Ideologie widersprachen.

»Ich bin ein Erbauer großer Dinge.« Leonardo da Vinci

Die Rebellen fanden in Leonardo da Vinci, der 1956 erstaunlicherweise wieder auftauchte, einen unerwarteten Anführer. Neben seinem Fluganzug hatte der Erfinder eine Zeitbrücke erschaffen, mit der er die Jahrhunderte überbrückt hatte, um an diesen für die Zukunft der Bruderschaft kritischen Punkt zu gelangen. Zunächst herrschte zwischen da Vinci und Newton ein brüchiger Frieden, während dem beide versuchten, ihre Kameraden von der Richtigkeit ihrer Ideen zu überzeugen. In dieser Phase befreite Leonardo das Celestial-Sternenkind aus der Sonne und versuchte, mittels der universellen Sprache der Mathematik mit dem scheinbar unergründlichen Raumgott zu kommunizieren.

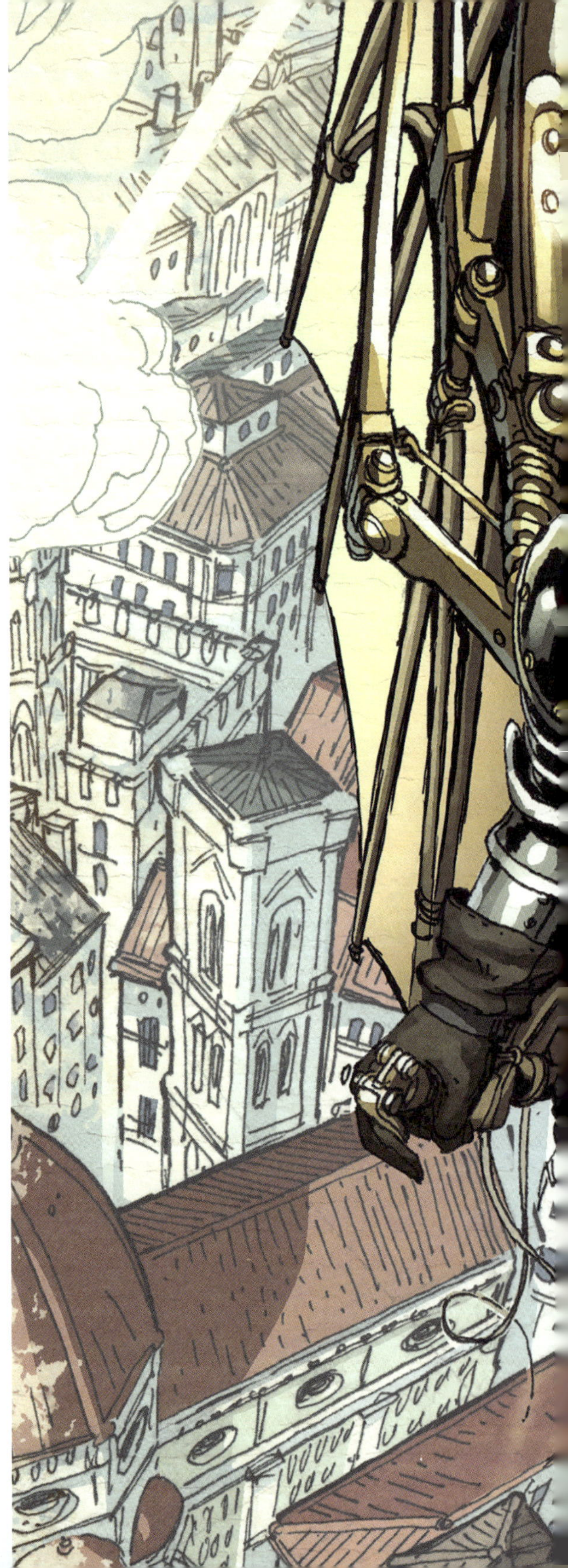

Sonnenforscher
Das Renaissance-Genie Leonardo da Vinci erfand eine Flugmaschine, um wichtige Vorgänge in der Sonne zu untersuchen.
S.H.I.E.L.D. #1, Juni 2010

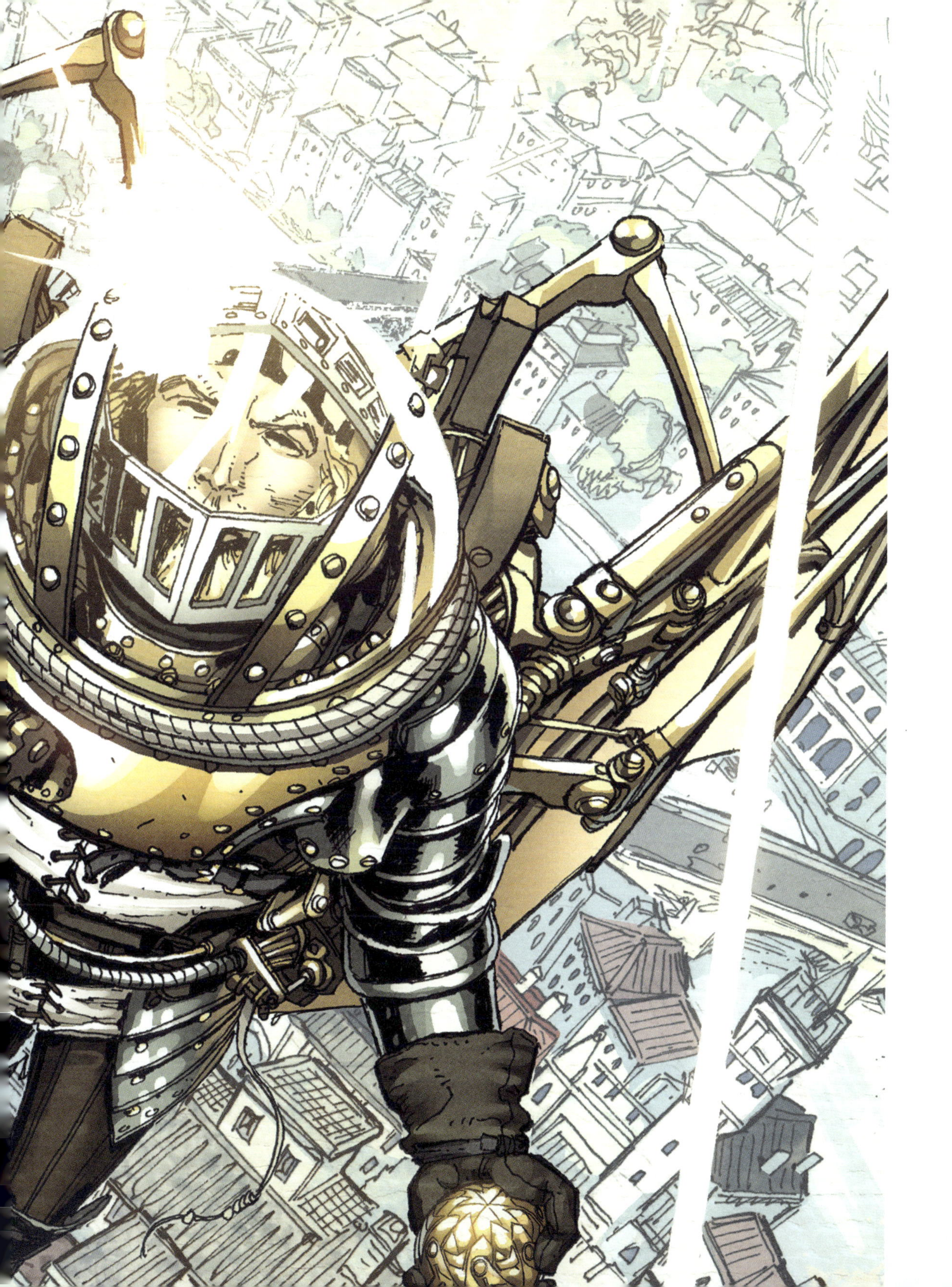

Schließlich brach der wohl unvermeidliche Krieg zwischen den beiden konkurrierenden Lagern der Bruderschaft aus, und bewaffnete Gruppen gingen in den Straßen Roms aufeinander los. Inmitten des folgenden Chaos erblickte das Sternenkind die Newton'schen Gleichungen der Leisen Mathematik, die es in den Wahnsinn trieben. Der riesengroße Celestial verwüstete sinnlos die Stadt, bis zwei neue Bruderschafts-Mitglieder – Howard Stark und Nathaniel Richards – eine von ihnen entwickelte Kanone einsetzten, um ihn aufzuhalten.

Newton, dessen Anhänger sich ergeben hatten, floh zum vermeintlichen Ende der Zeit. Im Jahr 2060 erkannte er, dass die Zukunft nicht feststand, sondern dass es viele mögliche Entwicklungen gab.

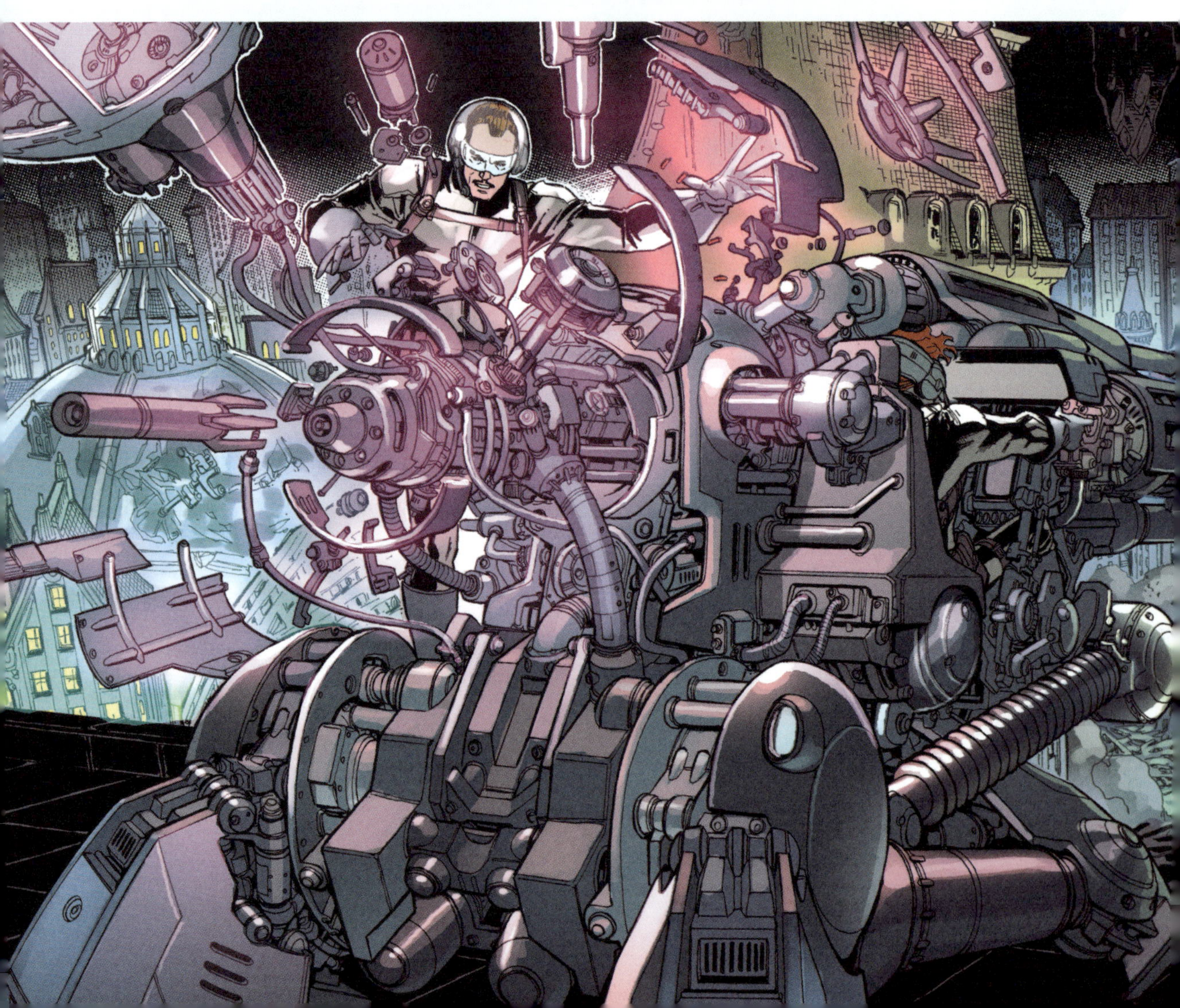

Im Quantenuniversum gab es eine Unzahl alternativer, nebeneinander existierender Zeitstränge. Mit Howard Stark, Nathaniel Richards und anderen Verbündeten folgte da Vinci Newton in die Zukunft und verbannte ihn in eine postapokalyptische Realität, die der von der Stummen Wahrheit vorhergesagten Welt ähnelte.

Nach seiner Rückkehr ins 20. Jahrhundert zeichnete Howard Stark diese Ereignisse für seinen kleinen Sohn Tony auf. Stark senior ermutigte seinen Sohn, der später zum Superhelden Iron Man werden sollte, an eine Zukunft der endlosen Möglichkeiten zu glauben. Er erinnerte ihn daran, dass schon die Idee eines besseren Morgen der erste Schritt in diese Zukunft sei.

Kind der Sterne
Howard Stark und Nathaniel Richards erbauten eine Kanone, die in der Lage war, ein tobendes Celestial-Sternenkind auszuschalten.
S.H.I.E.L.D. #3, Dezember 2010

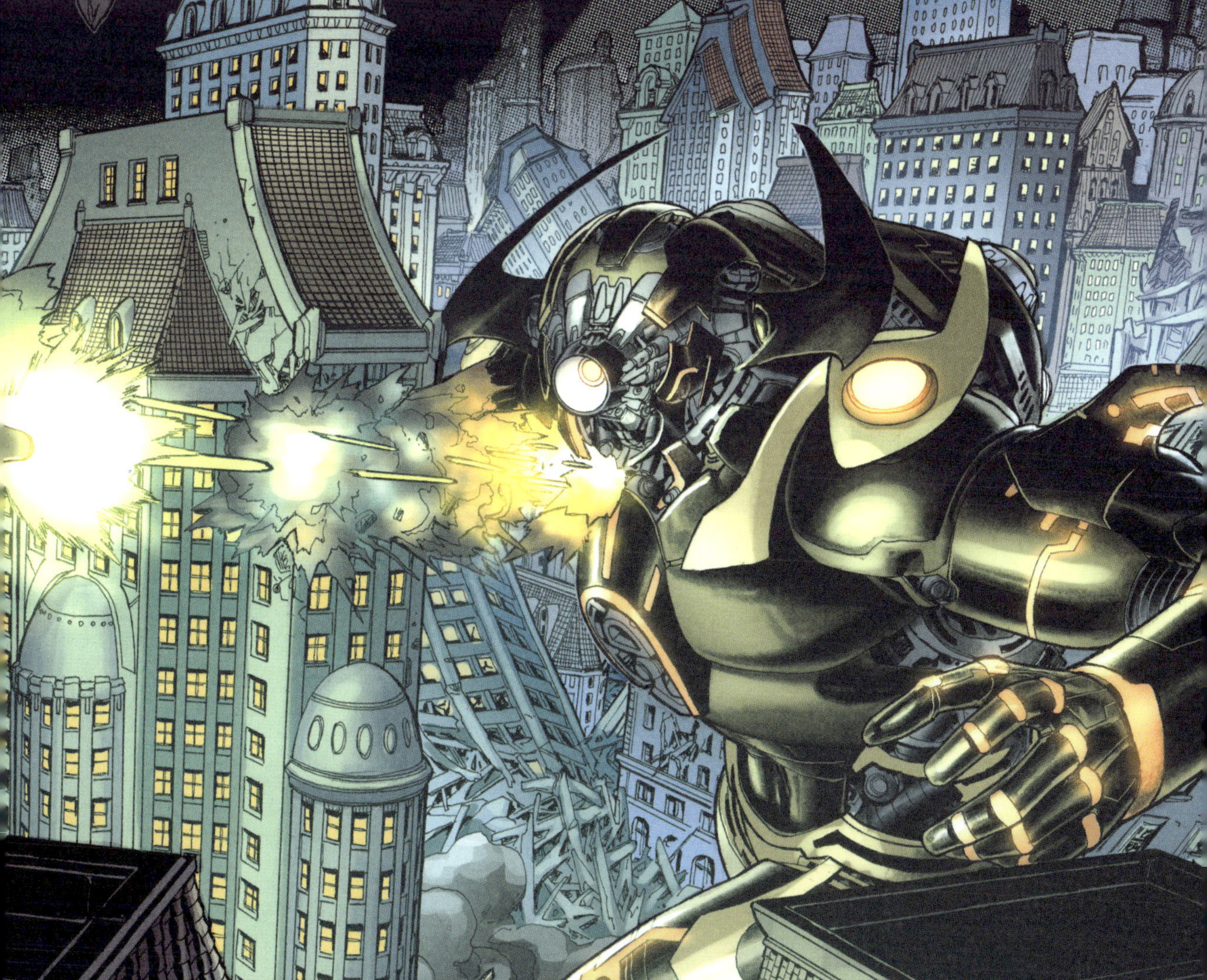

»Alles beginnt mit einer Idee.«

Howard Stark

Getreu dieses Leitspruchs gestaltete Howard Stark die Bruderschaft des Schildes für die Moderne um. Es entstand eine nicht staatliche Behörde mit der Mission, die Zivilisation vor allen existenziellen Bedrohungen zu schützen. Mehrere Jahrtausende, nachdem Imhotep seinen Schild erhoben hatte, wurde der unerschütterliche Traum des Kriegers in Form einer neuen Organisation der Superspione Wirklichkeit: als Strategische Heimat-Interventions-, Einsatz- und Logistik-Division, oder kurz gesagt, S.H.I.E.L.D.

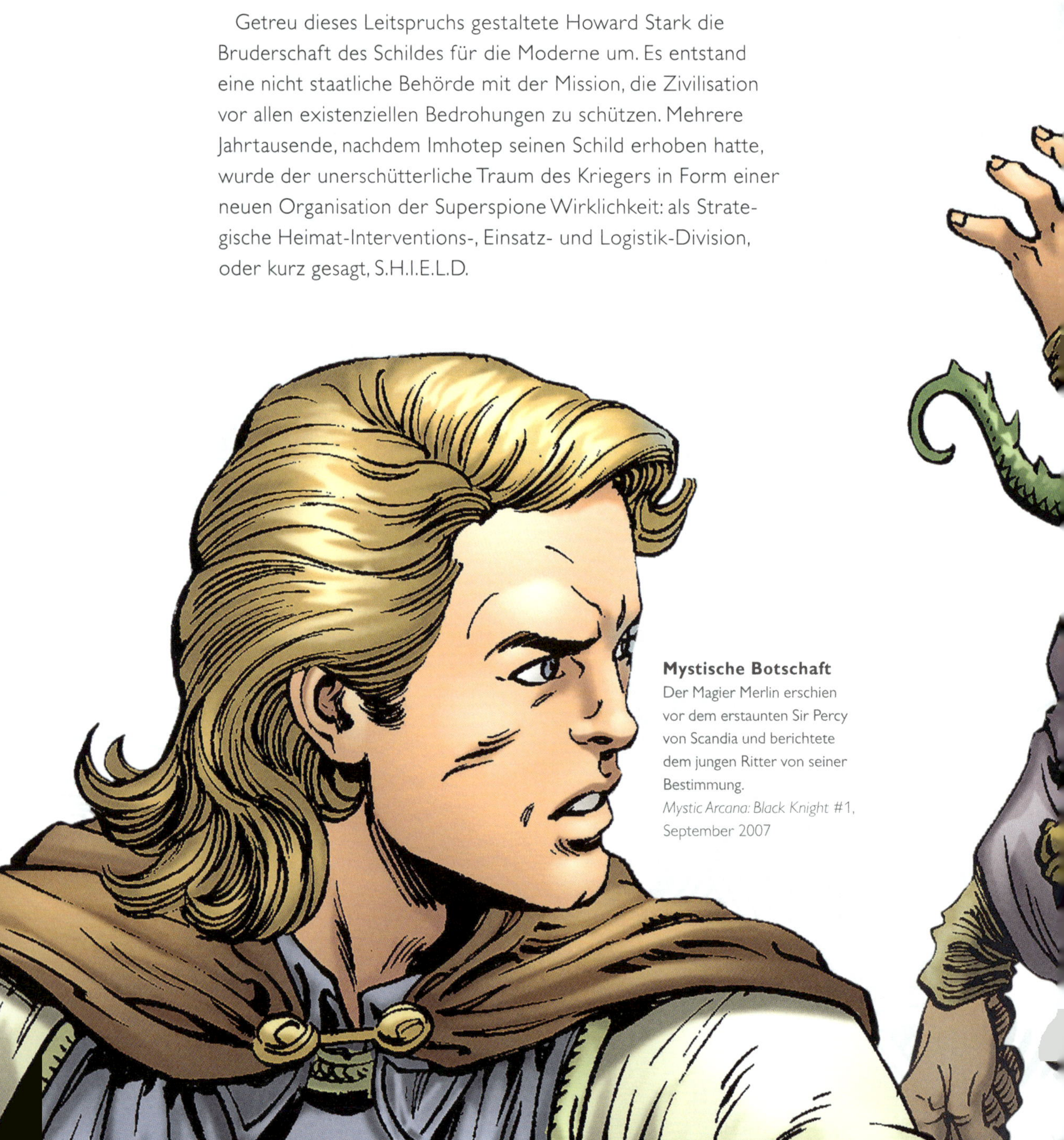

Mystische Botschaft
Der Magier Merlin erschien vor dem erstaunten Sir Percy von Scandia und berichtete dem jungen Ritter von seiner Bestimmung.
Mystic Arcana: Black Knight #1, September 2007

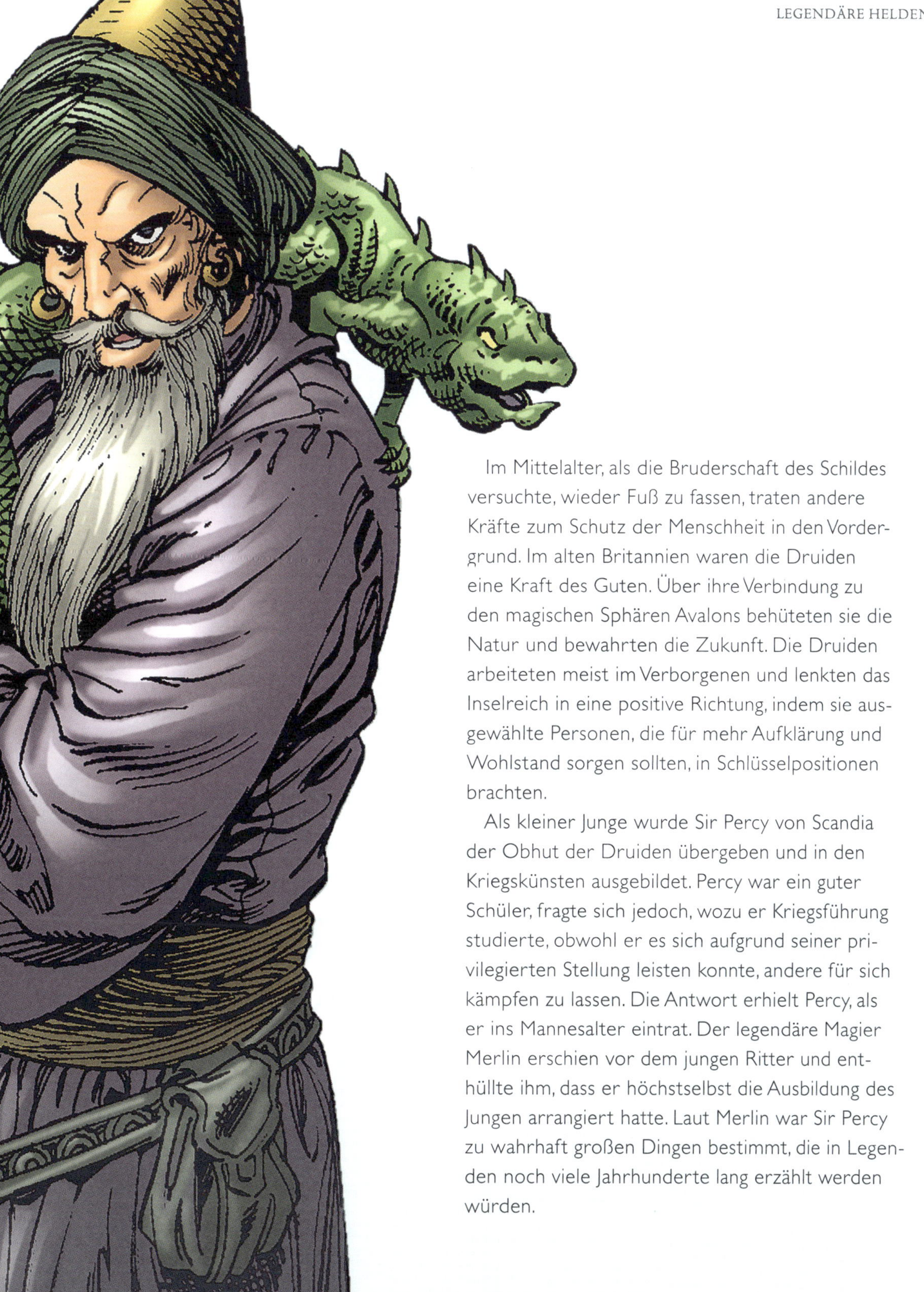

Im Mittelalter, als die Bruderschaft des Schildes versuchte, wieder Fuß zu fassen, traten andere Kräfte zum Schutz der Menschheit in den Vordergrund. Im alten Britannien waren die Druiden eine Kraft des Guten. Über ihre Verbindung zu den magischen Sphären Avalons behüteten sie die Natur und bewahrten die Zukunft. Die Druiden arbeiteten meist im Verborgenen und lenkten das Inselreich in eine positive Richtung, indem sie ausgewählte Personen, die für mehr Aufklärung und Wohlstand sorgen sollten, in Schlüsselpositionen brachten.

Als kleiner Junge wurde Sir Percy von Scandia der Obhut der Druiden übergeben und in den Kriegskünsten ausgebildet. Percy war ein guter Schüler, fragte sich jedoch, wozu er Kriegsführung studierte, obwohl er es sich aufgrund seiner privilegierten Stellung leisten konnte, andere für sich kämpfen zu lassen. Die Antwort erhielt Percy, als er ins Mannesalter eintrat. Der legendäre Magier Merlin erschien vor dem jungen Ritter und enthüllte ihm, dass er höchstselbst die Ausbildung des Jungen arrangiert hatte. Laut Merlin war Sir Percy zu wahrhaft großen Dingen bestimmt, die in Legenden noch viele Jahrhunderte lang erzählt werden würden.

Der nächste Schritt auf dem Weg seiner Bestimmung führte Percy ins sagenumwobene Camelot, wo er unter Merlins Anleitung am Hofe König Artus' den Gecken spielte. Zunächst verwirrten Percy die Anweisungen seines Mentors, doch ihm ging ein Licht auf, als Merlin ihm eine Rüstung aus Ebenholz mit einem Helm schenkte, der sein Gesicht vollständig verdeckte: Als Percy, Prinz von Scandia, sollte er den Narren spielen und dabei stets nach möglichen Palastintrigen und Komplotten Ausschau halten. Als geheimnisvoller Black Knight aber sollte er sein Schwert zur Verteidigung von König Artus' Hof erheben. Und dank seines listigen Schauspiels ahnte niemand, dass die beiden tatsächlich ein und derselbe waren.

Merlins Weissagungen sagten das Ende von Camelot zu einem unbestimmten Zeitpunkt vorher. Darum rüstete der Magier Black Knight mit der Schwarzen Klinge aus, einem Zauberschwert, geschmiedet aus dem Metall eines Meteors. Das Schwert hatte die Macht, magische Energien zu unterbinden, und Merlin hoffte, es würde Percy helfen, das unvermeidliche Ende von König Artus' Herrschaft hinauszuzögern. Tatsächlich wendete Black Knight mit seiner Schwarzen Klinge zahllose Gefahren ab und vereitelte nicht selten die Pläne von Artus' Halbschwester, der Zauberin Morgan le Fay.

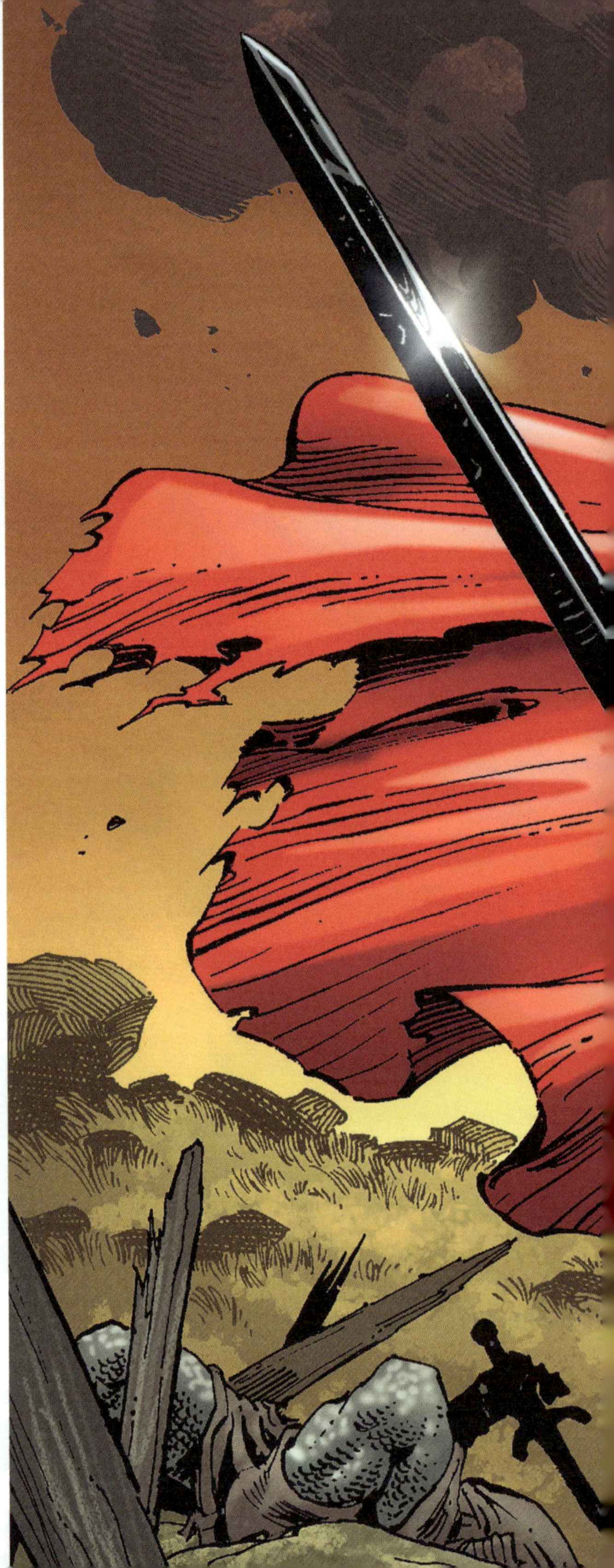

Schwert und Zauber
Mit seiner Schwarzen Klinge focht Black Knight einen unermüdlichen Kampf zum Schutze Camelots vor den Mächten des Bösen.
Mystic Arcana: Black Knight #1, September 2007

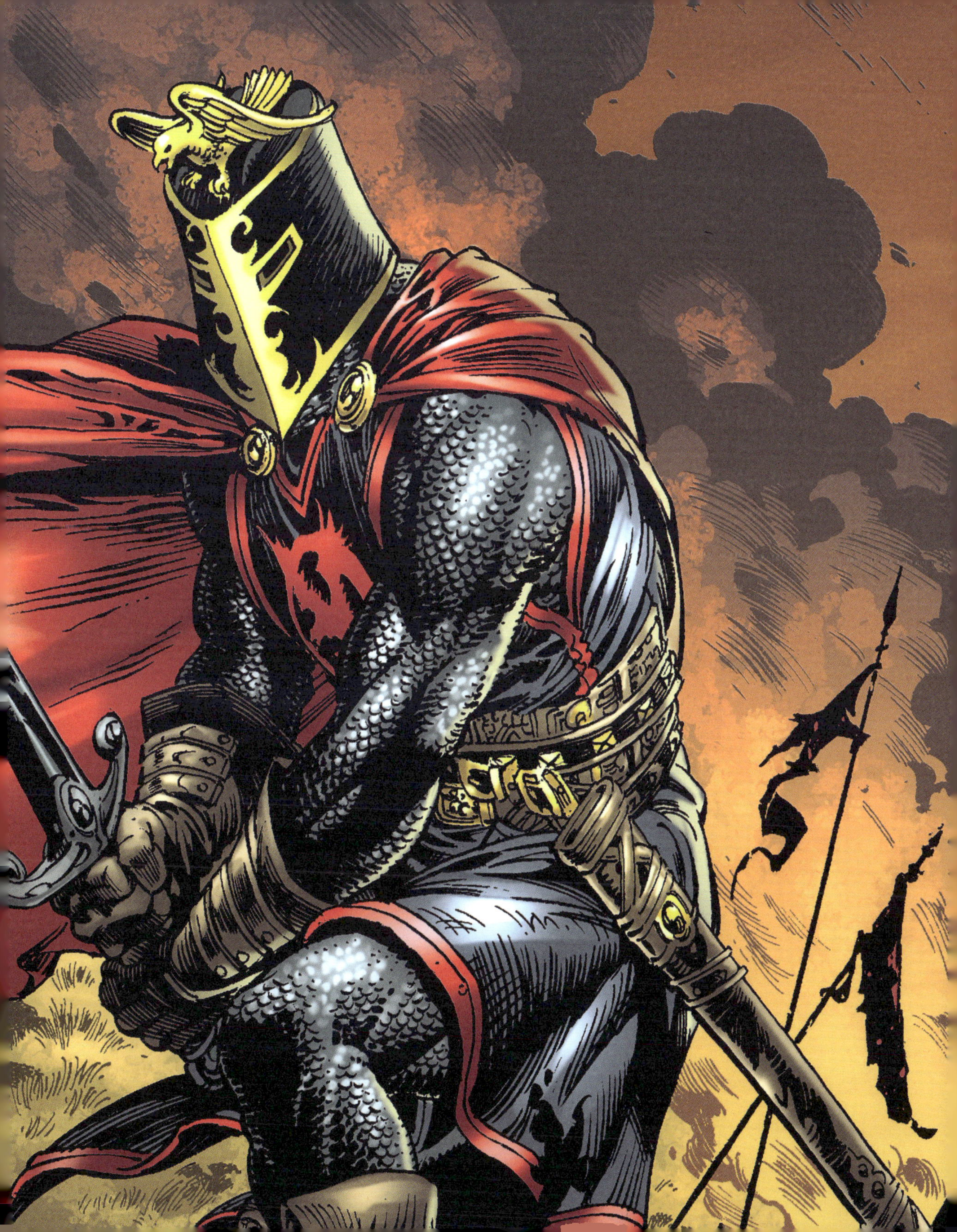

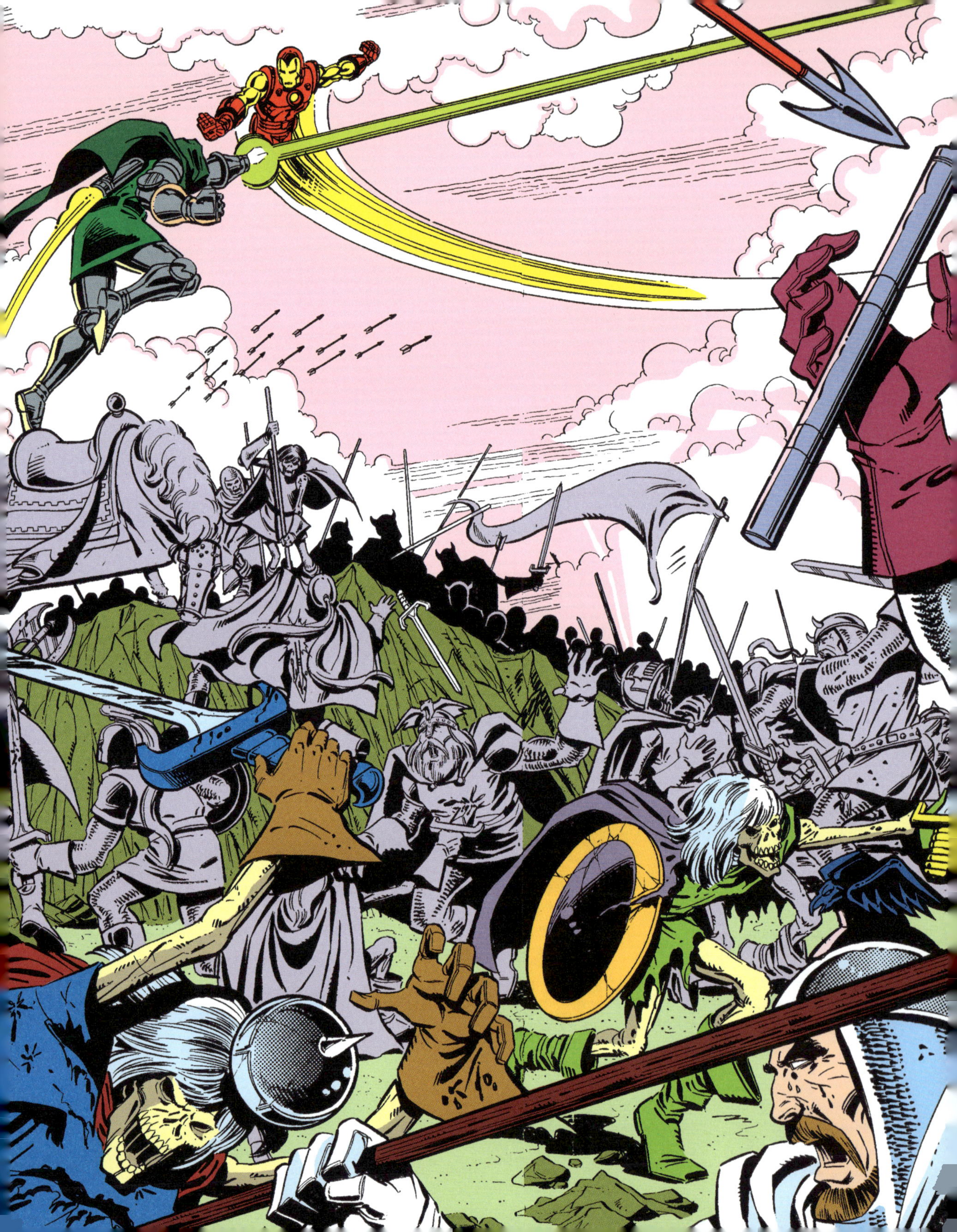

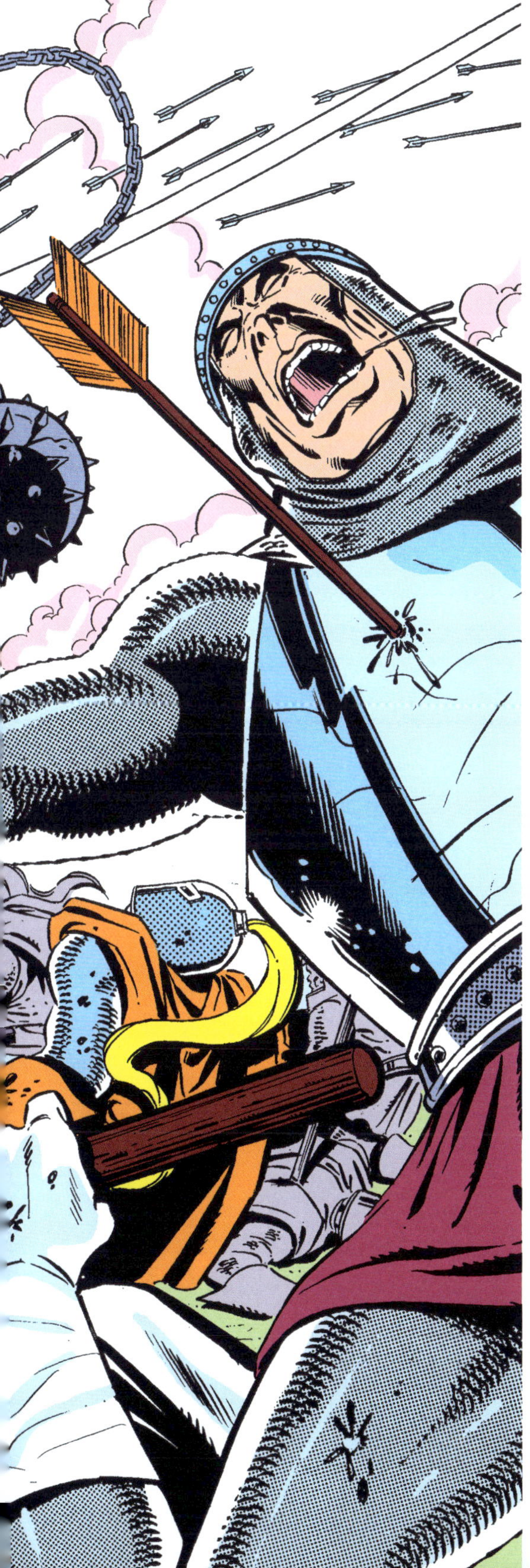

Doch Black Knight konnte nicht überall zugleich sein, und als ihn seine Pflichten kurzzeitig aus dem Königreich fortführten, nutzte Morgan le Fay die Gelegenheit. Obwohl sie durch Merlins Zauber in ihrem steinernen Burgfried gefangen war, verfügte sie noch immer über mächtige Magie. Die Zauberin ließ Merlin in einen tiefen Schlaf fallen und eine furchterregende Armee von Toten gen Camelot marschieren.

König Artus versammelte seine Ritter, aber die Lage war düster. Zum Glück wurde Black Knight durch einen anderen gerüsteten Helden würdig vertreten: Iron Man erschien als unerwarteter Retter. Der rot-goldene Rächer hatte im 20. Jahrhundert gegen Doctor Doom gekämpft. Während der Konfrontation hatten die Rivalen versehentlich Dooms Zeitreiseplattform aktiviert und waren im Mittelalter gelandet. Nach ihrer Ankunft in Camelot stellte sich Iron Man instinktiv auf die Seite von König Artus, während Doctor Doom sich mit Morgan le Fay verbündete, in der Hoffnung, dass sie im Zuge ihrer Zusammenarbeit ihr übernatürliches Wissen mit ihm teilen würde.

Letztlich war Iron Mans Technik mächtiger als Morgan le Fays Magie. Der Held konnte mittels seiner Repulsor-Waffen die Untoten-Armee zerschlagen und einen wilden Drachen zähmen, um König Artus' Reich zu befrieden. Nach der Schlacht einigten sich Iron Man und Doctor Doom auf einen Waffenstillstand. Dank ihrer gebündelten wissenschaftlichen Kenntnisse konnten sie aus den Schaltkreisen ihrer Rüstungen eine Zeitmaschine zur Rückkehr in die Moderne bauen.

Krieg im Mittelalter
Der im Mittelalter gestrandete Doctor Doom führte Morgan le Fays Totenarmee in die Schlacht, während Iron Man die Ritter von König Artus zusammenrief.
Iron Man #150, September 1981

Einige Zeit später sollten Camelots Tage enden. König Artus wurde von seinem verräterischen Neffen Mordred ermordet und seine sagenumwobene Burg von Mordreds Gehilfen in Brand gesteckt. Der entsetzte Black Knight sah Camelot brennen. Am Ende dieses tragischen Tages wurde er selbst getötet. Mordred erstach ihn hinterrücks.

Als Percy seine letzten Atemzüge tat, kam Merlin herbei, um sein Sterben zu erleichtern. Er vertraute dem Helden an, dass sein Dienst für ein höheres Ideal nicht vergeblich gewesen sei, da Sir Percys Nachfahre, der Wissenschaftler Dane Whitman, Jahrhunderte später als neuer Black Knight seinen Kampf für Gerechtigkeit fortsetzen würde.

»Es brennt ... Camelot brennt!«

Black Knight (Sir Percy)

Tausende Jahre nach dem Fall Camelots machte Merlin erneut eine bemerkenswerte Persönlichkeit zu Großbritanniens Verteidiger gegen die Mächte der Dunkelheit und Unwissenheit. Als geisterhafte Erscheinung und in Begleitung seiner immateriellen Tochter Roma trat Merlin vor die erschrockenen Augen des Studenten Brian Braddock. Der junge Wissenschaftler war bei einem Terroranschlag auf eine abgelegene Nuklearanlage tödlich verwundet worden. Mit letzter Kraft war er in das wilde Darkmoor geflohen, stand nun aber am Rande des Todes. Merlin bot Braddock eine letzte Chance auf Leben – er musste sich nur zwischen dem Amulett der Gerechtigkeit und dem Schwert der Macht entscheiden. Die richtige Wahl würde seine Rettung bedeuten, die falsche den Tod. Benommen, aber jeden Gedanken an sinnlosen Krieg entschlossen zurückweisend, ergriff Braddock das Amulett und verwandelte sich augenblicklich in Captain Britain.

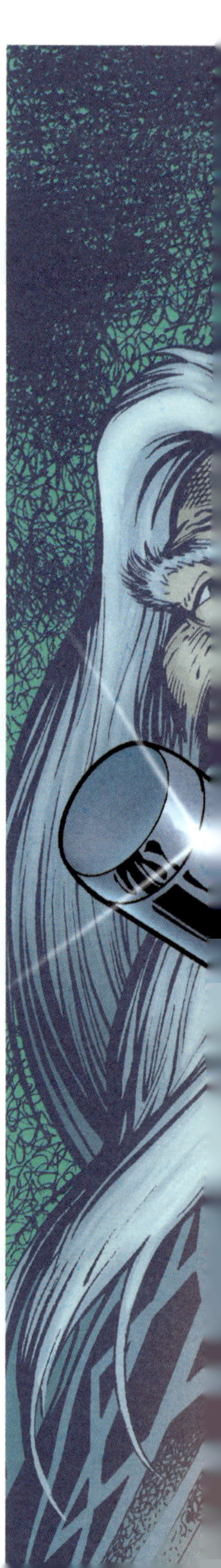

Lebende Legende
Brian Braddock wurde in Captain Britain verwandelt, einen Helden der Moderne, der König Artus' ritterliche Tugenden verkörperte.
Captain Britain: Legacy of a Legend, Oktober 2016

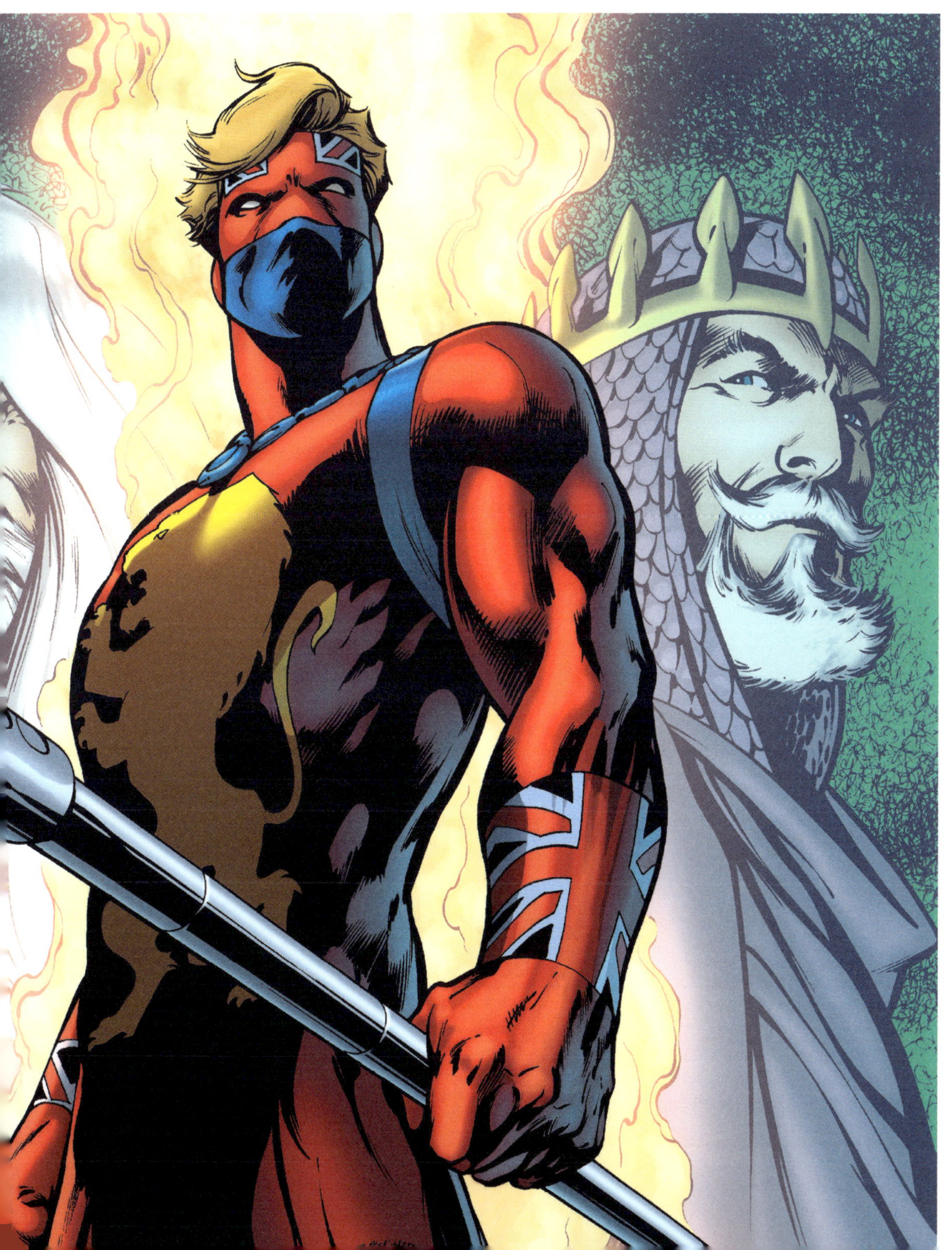

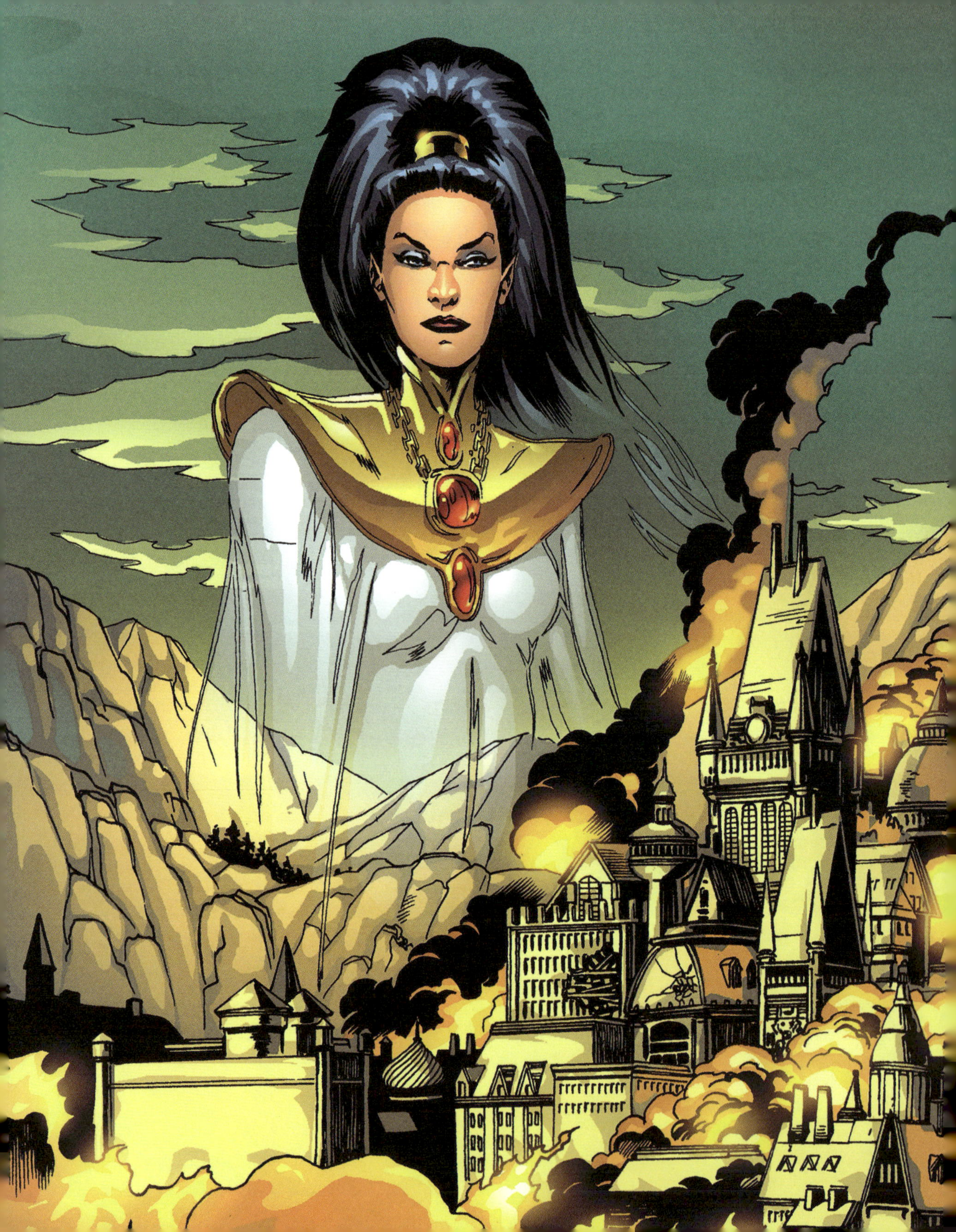

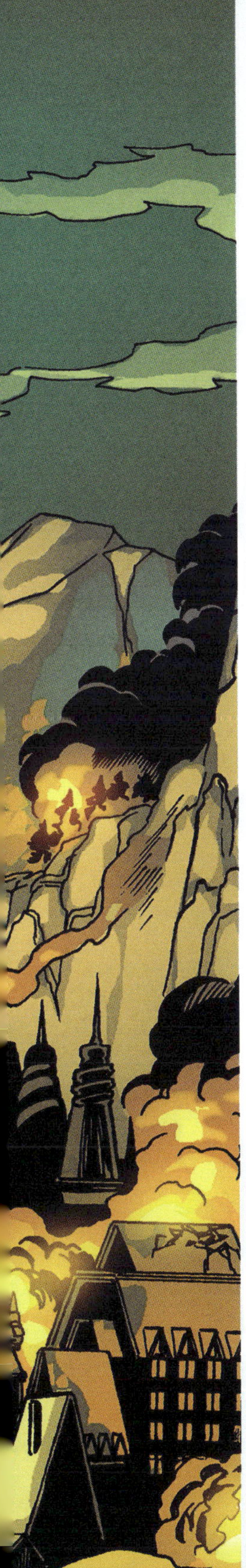

»Wähle, Brian Braddock: das Amulett oder das Schwert.« Merlin

Mit großer mystischer Kraft und einem Kampfstab ausgestattet, vertrieb der neue Held die Terroristen aus dem Kernkraftwerk, womit seine glänzende Karriere als Großbritanniens größter Superheld begann. Im Lauf der Zeit erfuhr Captain Britain, dass seine Gönner Merlin und Roma die kosmischen und unsterblichen Hüter von Otherworld waren. Dieses extradimensionale Reich, zu dem auch die Insel Avalon gehörte, basierte auf den Hoffnungen und Träumen des britischen Volkes. Zudem existierte Otherworld an einem wichtigen Knotenpunkt, an dem Wissenschaft und Magie nicht voneinander zu unterscheiden waren. Folglich glich das Reich bisweilen einem Märchenreich voller Elfen, Kobolde und anderen Fabelwesen, bisweilen einer sterilen, hochtechnologischen Welt.

Merlin oder Merlyn, wie er sich auch nannte, erwies sich als ebenso launenhaft wie sein Reich. In seiner Rolle als »omniverseller Hüter« hatte er das Captain Britain Corps gegründet, wodurch in den diversen Welten des Multiversums je ein Captain Britain stationiert war. Angeblich sollte das Corps dem Guten dienen und universelle Werte fördern. Doch Merlin setzte es häufig für seine eigenen Zwecke ein, denn er glaubte zu wissen, was das Beste für den Kosmos war. Er duldete keinen Widerspruch, und es gab häufig Differenzen mit Brian Braddock bezüglich des freien Willens und des Bedarfs an persönlicher Initiative. Roma war weitaus gütiger als ihr Vater. Wann immer Merlin sich zurückzog, um ausgeklügelte Pläne zu schmieden, herrschte sie mit Gleichmut über Otherworld.

Es schien undenkbar, dass sich Roma jemals gegen Otherworld wenden würde, doch während einer Abwesenheit ihres Vaters wurde dies zur schrecklichen Realität. Scheinbar erfasst von starker Geisteskrankheit, tötete sie mehrere Mitglieder des Captain Britain Corps und ließ eine Horde gnadenloser Cyborg-Krieger auf Otherworld los.

Teuflische Tochter
Merlins Tochter Roma, sonst eine gütige und gerechte Herrscherin, wandte sich plötzlich gegen Otherworld und entfachte einen verheerenden Krieg.
Excalibur #1, Februar 2001

Als Romas Armee das Land verwüstete, verbreitete sie ein techno-organisches Virus, das Menschen in Cyborgs und Otherworlds schimmernde Minarette und majestätische Schlösser in Dreck schleudernde Fabriken verwandelte. Nach einem misslungenen Attentat von Roma-Schergen führte Brian Braddock den Kampf gegen die feindlichen Truppen an. Zusammen mit seiner Zwillingsschwester Betsy, einer Mutantin mit Psi-Kräften, und den letzten überlebenden Corps-Mitgliedern reiste er von der Erde nach Otherworld. Dort entdeckte er das Schwert der Macht, das sich als König Artus' legendäre Klinge Excalibur herausstellte.

Nach wie vor lehnte Braddock alle sinnlosen Konflikte ab und führte Excalibur, nicht um zu zerstören, sondern um zu heilen. Mit der Zaubermacht des Schwertes und seiner Willenskraft tilgte er den techno-organischen Virus und gab Otherworlds Bewohnern ihre natürliche Gestalt zurück. Außerdem konnte er ein Hologramm durchschauen, das Roma umgab und den wahren Schurken entlarvte: seinen alten Feind, das computerisierte Wesen Mastermind. Nachdem er Roma aus dem Würgegriff des boshaften Superhirns befreit hatte, trat Captain Britain der schurkischen künstlichen Intelligenz entgegen. Doch Mastermind überwältigte seinen Gegner und war sich seines Sieges sicher. Als er jedoch Excalibur ergriff, unterbrach der Zauber des Schwertes Masterminds Schaltkreise und legte seine Systeme lahm. Magie hatte sich bei dieser Gelegenheit als mächtiger erwiesen als Wissenschaft.

Nachdem in Otherworld wieder Ordnung herrschte, setzte Brian Braddock seine Karriere als kostümierter Abenteurer auf der Erde fort. Der Frieden war jedoch nicht von Dauer und bald wurde Otherworld von einem neuen Bürgerkrieg erfasst. Morgan le Fay wollte Braddock dazu zwingen, in diesem Konflikt auf ihrer Seite zu kämpfen. Um dies zu verhindern, übergab er seiner Schwester das Amulett der Gerechtigkeit: Betsy Braddock wurde die neue Captain Britain, eine Heldin mit wahrhaft legendären Ahnen.

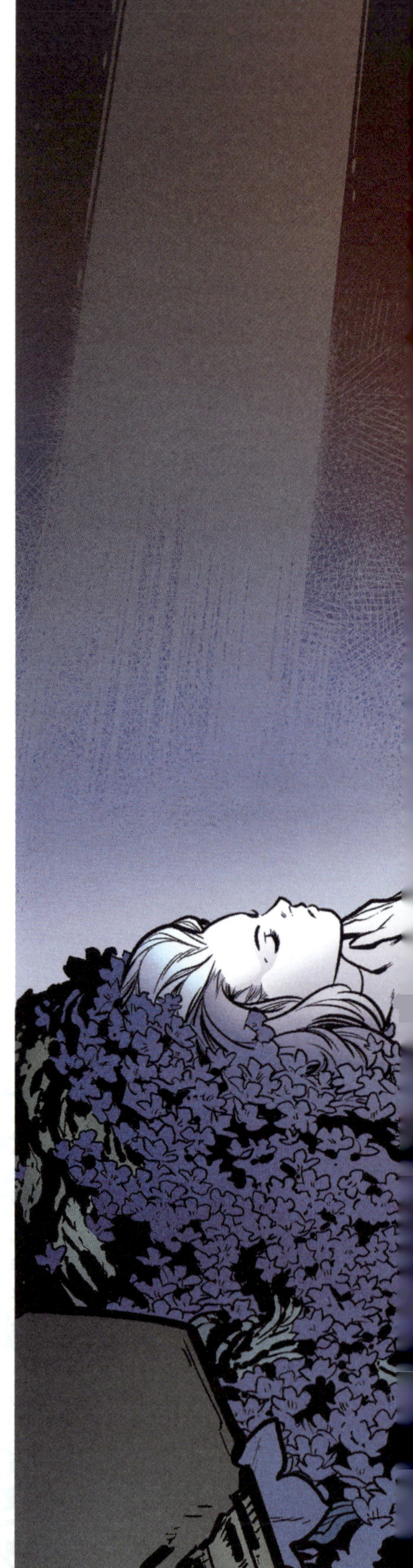

Familiengeschäft
Die Mutantin Betsy Braddock erbte das Amulett der Gerechtigkeit und wurde zur neuesten Captain Britain.
Excalibur #1, Dezember 2019

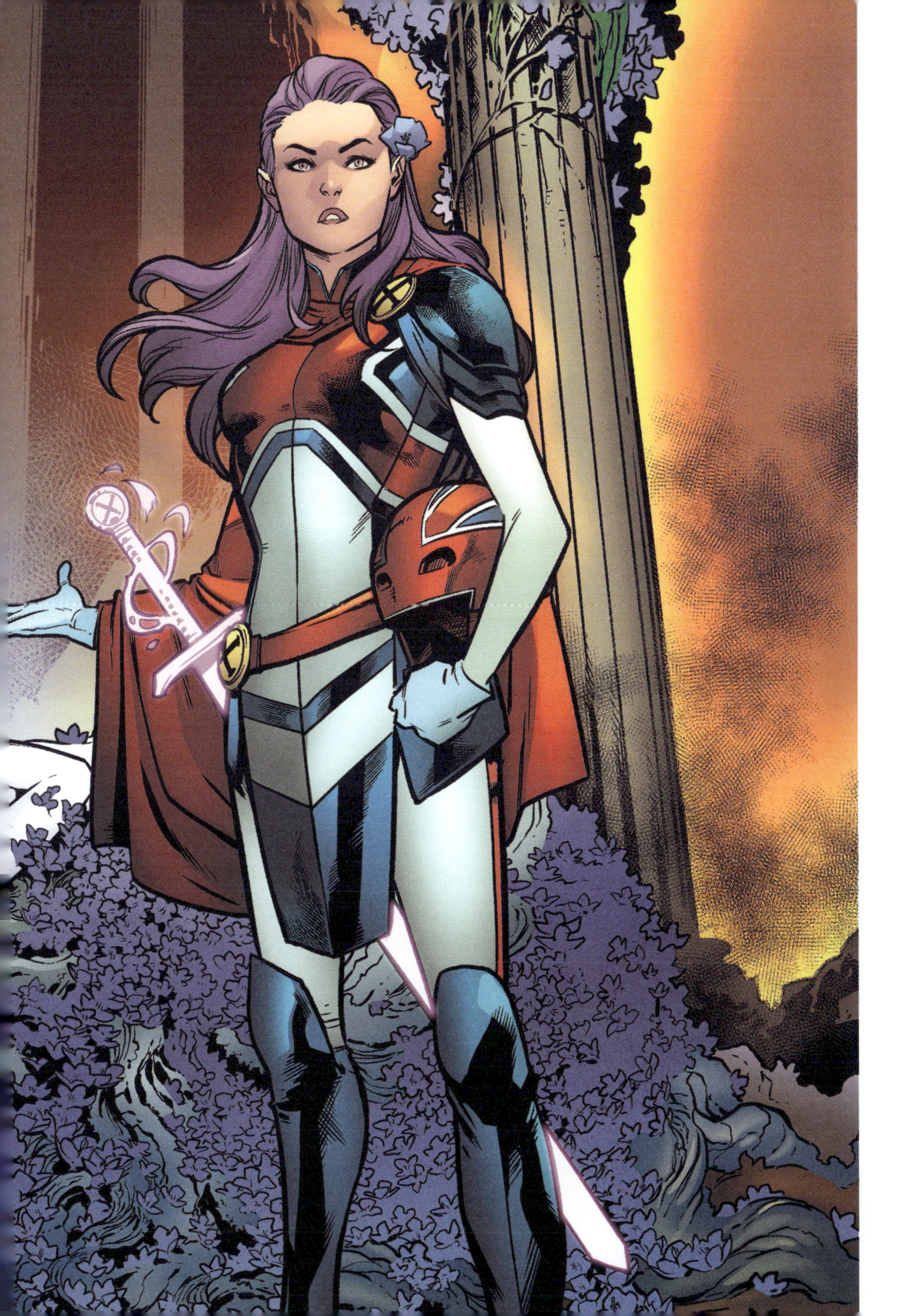

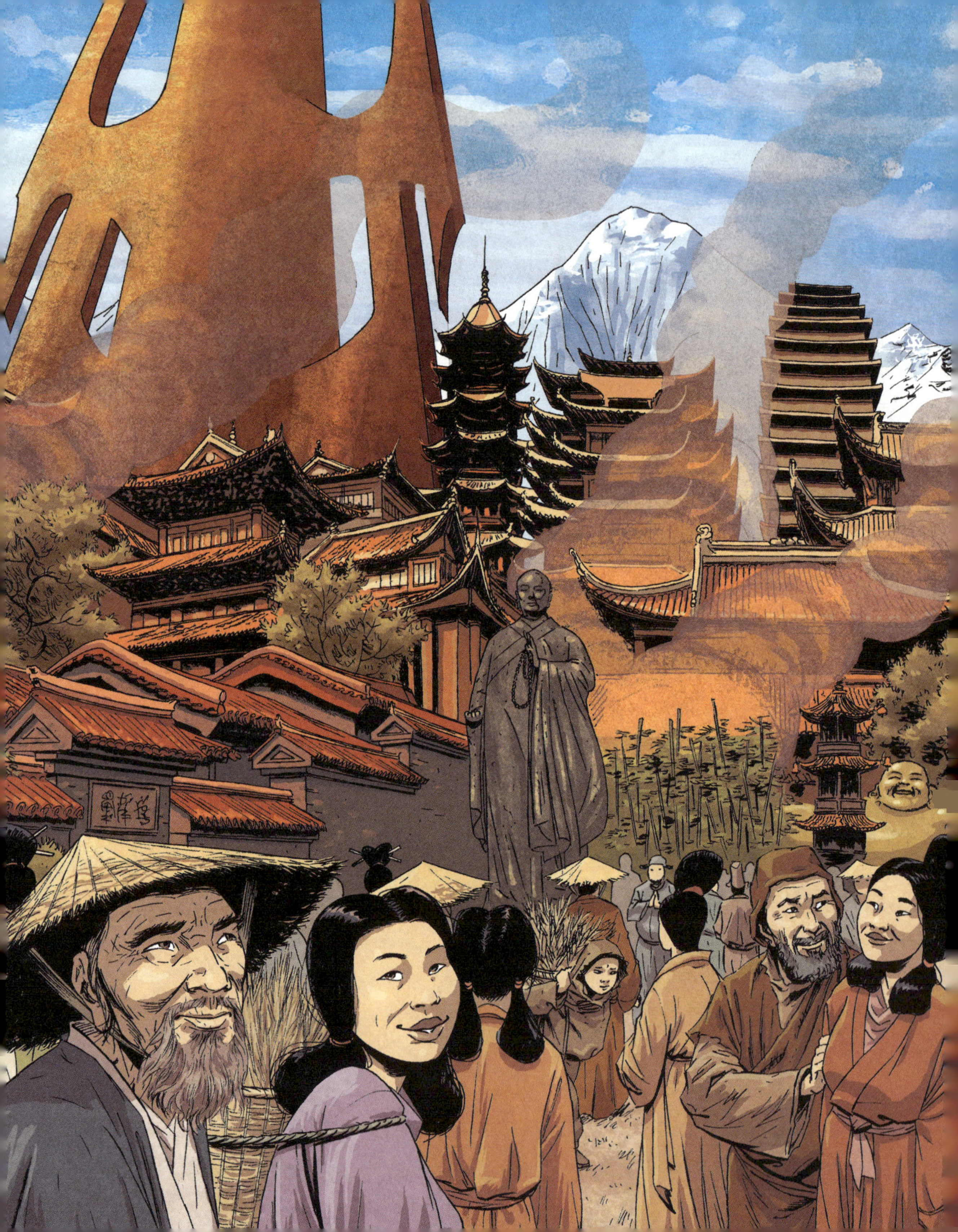

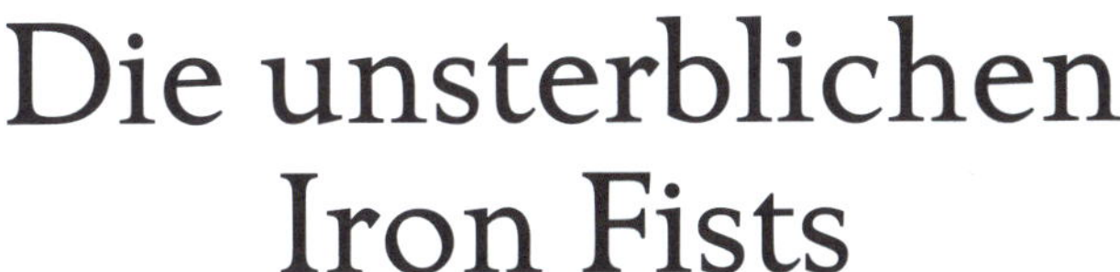

Die unsterblichen Iron Fists

Das mythische K'un-Lun existierte weit abseits irdischer Sphären. Doch trotz der isolierten Lage der Stadt hatten viele ihrer Söhne und Töchter einen direkten Einfluss auf die Außenwelt.

K'un-Lun, eine der Sieben Hauptstädte des Himmels und Heimat einer Rasse Unsterblicher, befand sich in einer an das Reich der Menschen angrenzenden Taschendimension. Alle zehn Jahre materialisierte sie sich im Himalaja und war durch ein mystisches Portal mit der Erde verbunden. Seit Urzeiten ernannte K'un-Lun den besten Kampfkünstler zu seinem Beschützer und Helden: zur unsterblichen Iron Fist.

Um diese Ehre zu erlangen, mussten die Kandidaten den magischen Drachen, den unsterblichen Shou-Lao, bezwingen. Nahm der Sieger dann die Lebenskraft der Kreatur auf – ihr Qi – erlangte er die Fähigkeit, die Kraft des Drachens zu bündeln und Schläge von unvorstellbarer Stärke auszuführen. Es hieß, die Hände von Iron Fist würden »hart wie Eisen« werden. Jede Iron Fist verteidigte K'un-Lun über Jahrzehnte hinweg gegen alle Störungen und Angriffe. Zudem musste sie beim Turnier der himmlischen Städte kämpfen. Der zeremonielle Wettkampf fand alle 88 Jahre statt, wenn die Sterne so standen, dass die sieben göttlichen Reiche zu einem verschmolzen.

Still ruht der Berg
Die mystische Stadt K'un-Lun, die alle zehn Jahre im Himalaja erschien, war die Heimat einer Rasse göttlicher Unsterblicher.
The Immortal Iron Fist #24, Mai 2009

Selten dienten auch Frauen als Iron Fist. Noch ungewöhnlicher war es, wenn einem Bürgerlichen diese Ehre zuteil wurde. K'un-Luns herrschende Eliten hielten lange Zeit an ihren Privilegien fest, und sorgten dafür, dass nur ihre eigenen Günstlinge Zugang zu Iron Fists Macht erhielten. All das änderte sich um 1545 n. Chr., als Wu Ao-Shi, eine junge Waise, Shou-Lao besiegte. Ihre Zeit als Iron Fist währte jedoch nur kurz, denn sie war zwischen ihren Pflichten gegenüber K'un-Lun und ihrer Loyalität gegenüber ihrem Geliebten hin- und hergerissen. Dieser war ein bescheidener Fischer, der liebevoll für sie gesorgt hatte, bevor sie ihre neue Macht errungen hatte. Nun war er über Wu Ao-Shis neues Leben der Gewalt entsetzt. Er packte seine spärliche Habe zusammen und floh aus K'un-Lun, um auf der Erde ein neues Leben ohne Kämpfe zu beginnen. Wu Ao-Shi folgte ihrem Geliebten noch durch das Portal, um ihm zu zeigen, dass er ihr mehr bedeutete als der Titel Iron Fist.

»Ich komme, um zu holen, was mir zusteht!«

Iron Fist Wu Ao-Shi

Leider fand sie ihn nicht mehr und musste, da sie sich in der fremden Welt nicht anders ernähren konnte, ihre Kampfkünste als Söldnerin an den Meistbietenden verkaufen. Einer ihrer Aufträge führte Wu Ao-Shi nach Pinghai Bay, wo sie ein Fischerdorf von tyrannischen Seeräubern befreien sollte. Doch ihr erster Versuch, den Piratenkönig zu stürzen, schlug fehl. Mit Schimpf und Schande wurde die Kämpferin durch die Straßen des Dorfes getrieben und danach eingesperrt. Das Schicksal wollte es aber, dass der Fischer sah, wie seine Geliebte erniedrigt wurde. Er vergiftete Wu Ao-Shis Gefängniswärter und sie war frei, um schreckliche Rache zu nehmen. Mithilfe ihres Qis versah Wu Ao-Shi ihre Pfeile mit mystischem Feuer und bald loderte die gesamte Piratenflotte. Sie und der Fischer aber verbrachten den Rest ihrer Tage glücklich im Hafen der Ehe, wobei Wu Ao-Shi als Piratenkönigin von Pinghai Bay weltberühmt wurde.

Jahrhunderte nachdem Wu Ao-Shi aus K'un-Lun geflohen war, um ihr Schicksal selbst zu bestimmen, kam ein neuer Iron Fist in die Welt. Orson Randall wurde kurz nach dem Absturz des experimentellen Luftschiffs seines Vaters in K'un-Lun geboren, während die Stadt in den letzten Jahren des 19. Jahrhunderts im Himalaja erschien. Der Junge wurde von der Stadt aufgenommen und in den Kampfkünsten ausgebildet, um später als Iron Fist zu dienen.

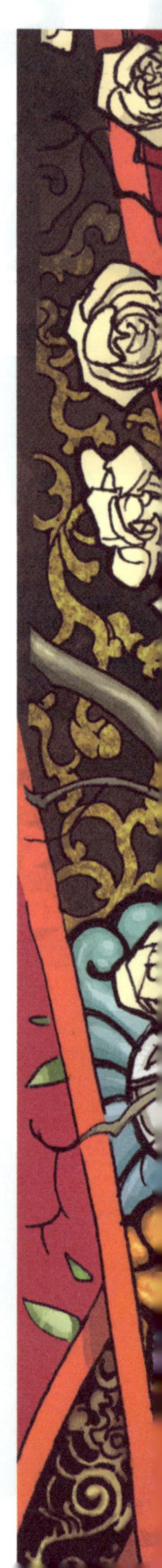

Frauenpower
Wu Ao-Shi ließ ihre bescheidene Herkunft hinter sich und erlangte die Macht der Iron Fist.
The Immortal Iron Fist #7, August 2007

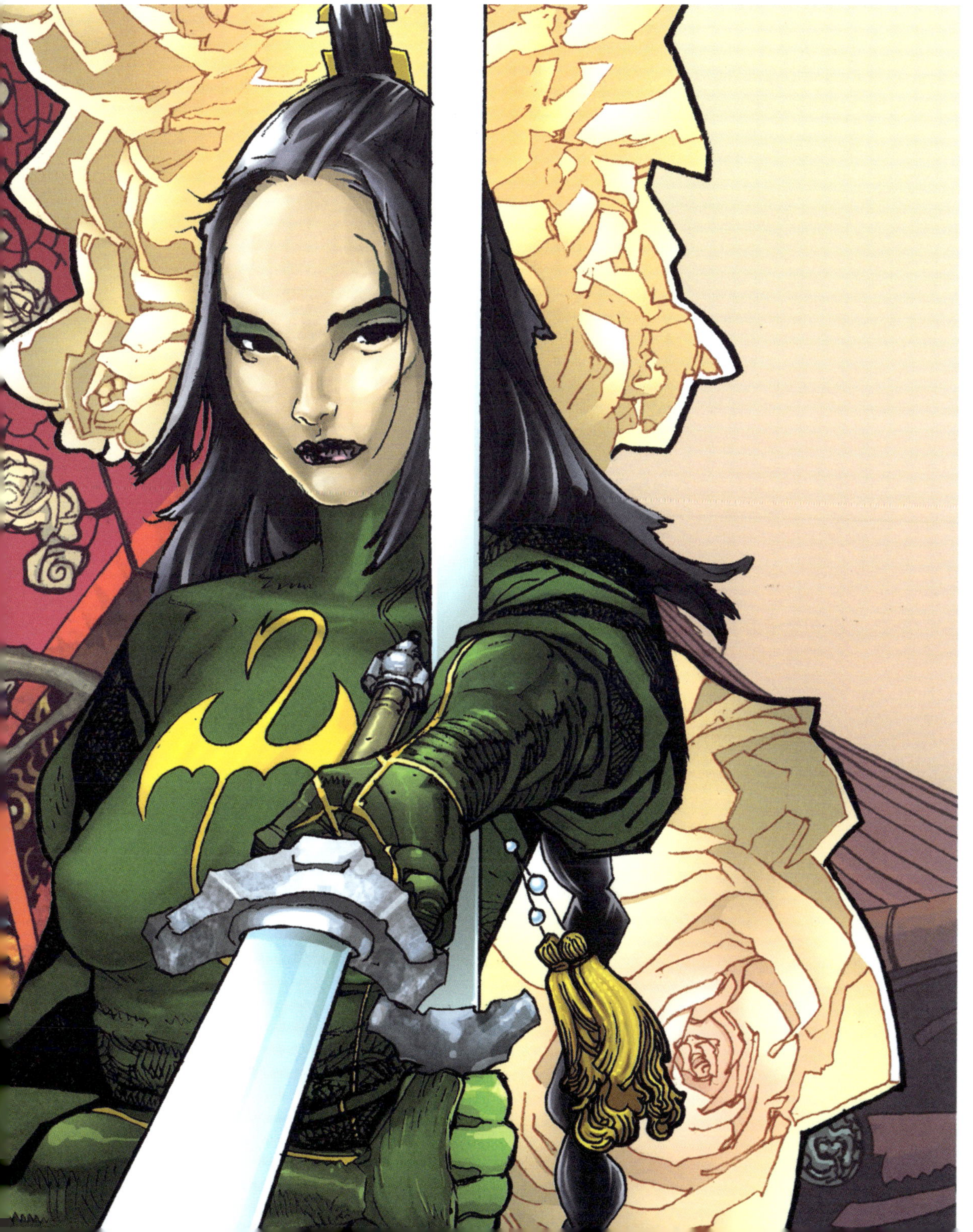

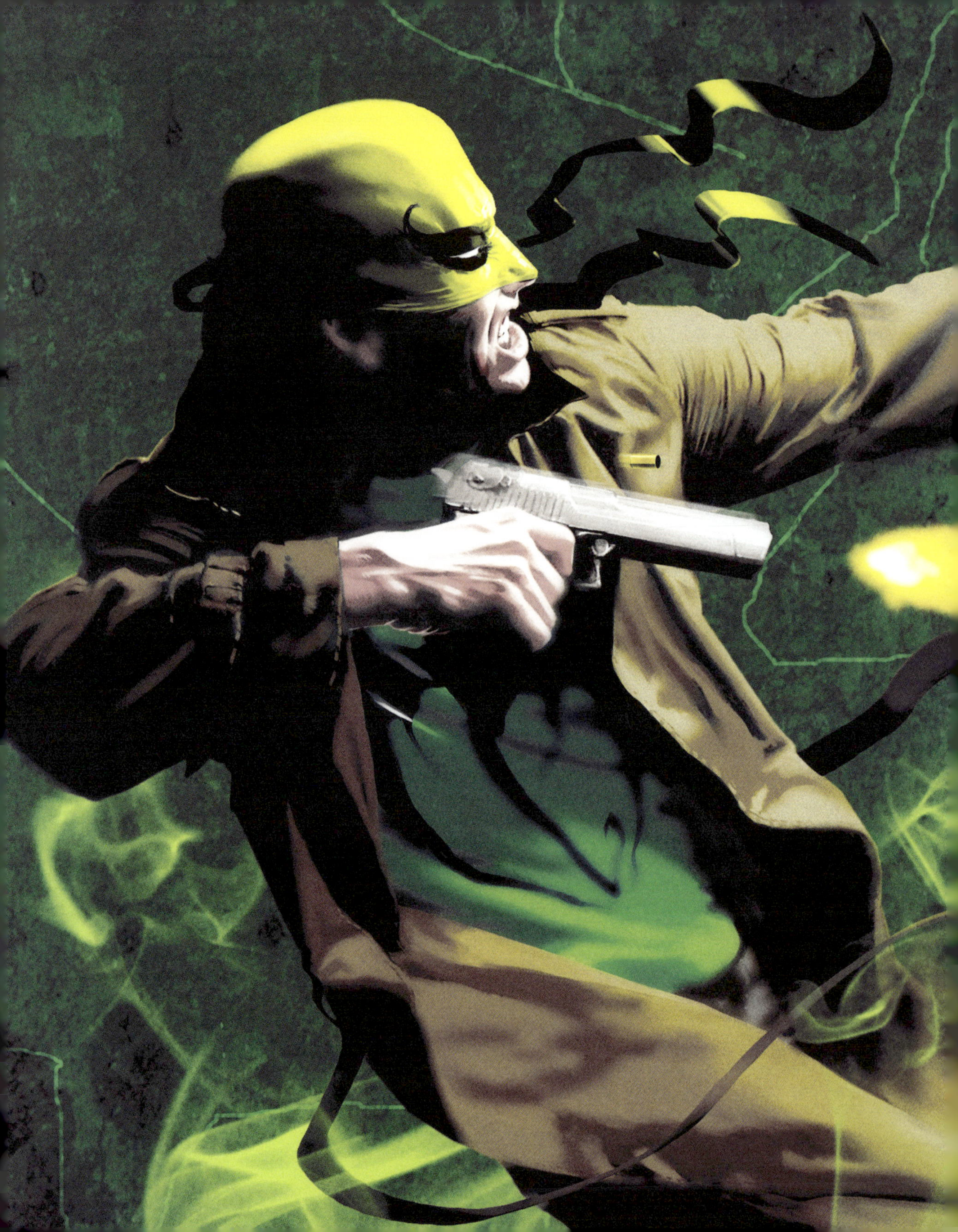

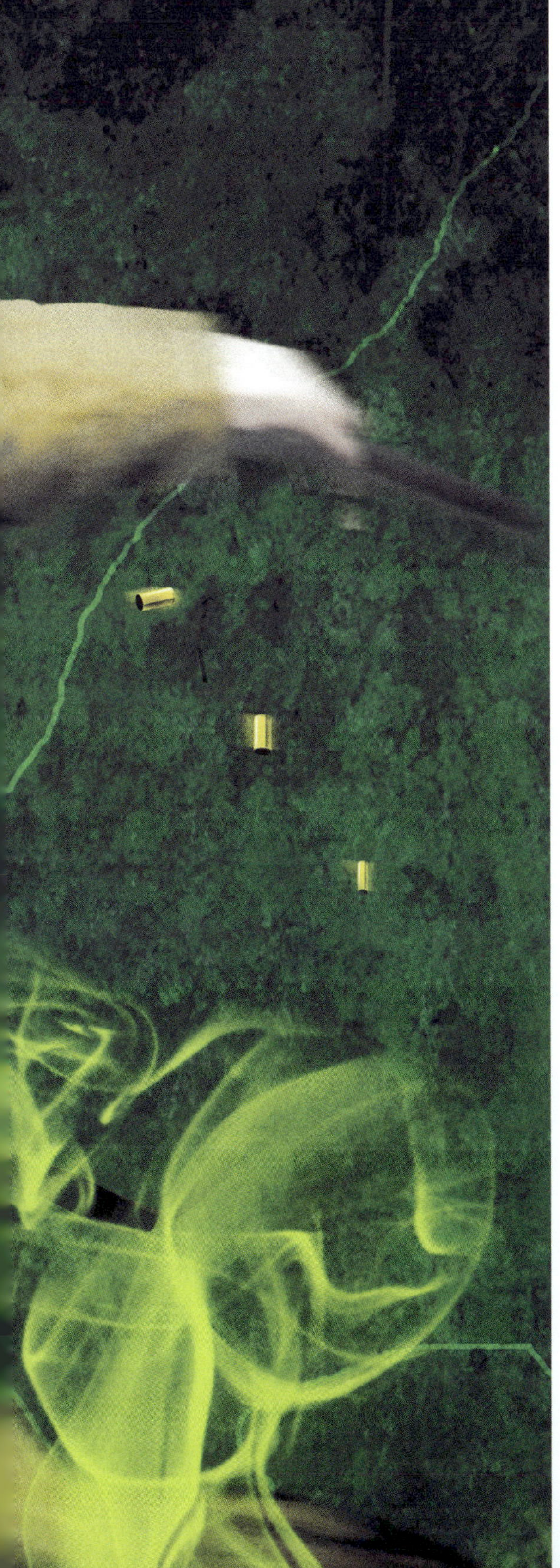

Beim Ausbruch des Ersten Weltkriegs verließ Orson K'un-Lun und kämpfte neben anderen Abenteurern wie Union Jack und Phantom Eagle für die Alliierten, bevor er nach Ende des Krieges in die Stadt zurückbeordert wurde.

Das Massensterben, das er in Europa erleben musste, hatte ihn verändert, Orson verabscheute nun jeden Gedanken an Gewalt. Er weigerte sich sogar, am Turnier der himmlischen Städte teilzunehmen. Der Versuch, sich dieser Pflicht zu entziehen, führte versehentlich zum Tod eines Wettkampfrivalen. Nun war Orson ein Gejagter und flüchtete zurück auf die Erde – doch die Herrscher der kampferfüllten Vergangenheit verfolgten die Iron Fist weiter.

»Einige sehr mächtige Personen wollen meinen Tod.«

Iron Fist Orson Randall

Auf seinen ziellosen Wanderungen adoptierte Orson einen Waisen, den er Wendell Rand nannte. Erfüllt von neuem Lebensmut lehrte Orson den jungen Wendell alle Kampfkünste. Mit den Confederates of the Curious, einem Team, das Verbrechen aufklärte, erlebte das Duo viele Abenteuer. Wendell faszinierten die Erzählungen seines Vormunds vom exotischen K'un-Lun, und er sehnte sich danach, die Stadt zu besuchen. Orson warnte ihn jedoch davor und erinnerte seinen Schützling daran, dass er von den Anführern des mystischen Reiches gejagt wurde.

Verbrecherjäger
In den frühen Tagen des 20. Jahrhunderts floh Iron Fist Orson Randall aus K'un-Lun, um in der Menschenwelt Verbrechen und magische Gefahren zu bekämpfen.
The Immortal Iron Fist: Orson Randall and the Green Mist of Death #1, April 2008

Nach einem erbitterten Streit lief Wendell davon. Er berechnete, wann K'un-Lun das nächste Mal auf der Erde erscheinen würde, und fand die Stadt im Himalaja. Wendell verschwieg seine enge Verbindung zu Orson und verkündete, er wolle der nächste Iron Fist werden. Er trainierte zusammen mit anderen Schülern und beeindruckte seine Lehrmeister mit seiner Kampfkunst. Als jedoch die Zeit kam, dem unsterblichen Shou-Lao entgegenzutreten, geriet er in Panik und floh beschämt aus der Stadt.

Jahre später versuchte Wendell mit seiner Frau Heather und ihrem neunjährigen Sohn Danny, nach K'un-Lun zurückzukehren. Die Reise endete in einer Katastrophe, denn das Ehepaar starb, als es in den schneebedeckten Bergen nach der Stadt suchte. Als einziger Überlebender der Familie wurde Danny von K'un-Luns Bevölkerung aufgenommen. Er trat in Wendells Fußstapfen und trainierte hart, um sich Shou-Lao zu stellen. Im Gegensatz zu seinem Vater triumphierte er und nahm das Qi des Drachens auf. Er wurde zum jüngsten Außenweltler, der K'un-Lun als Iron Fist diente.

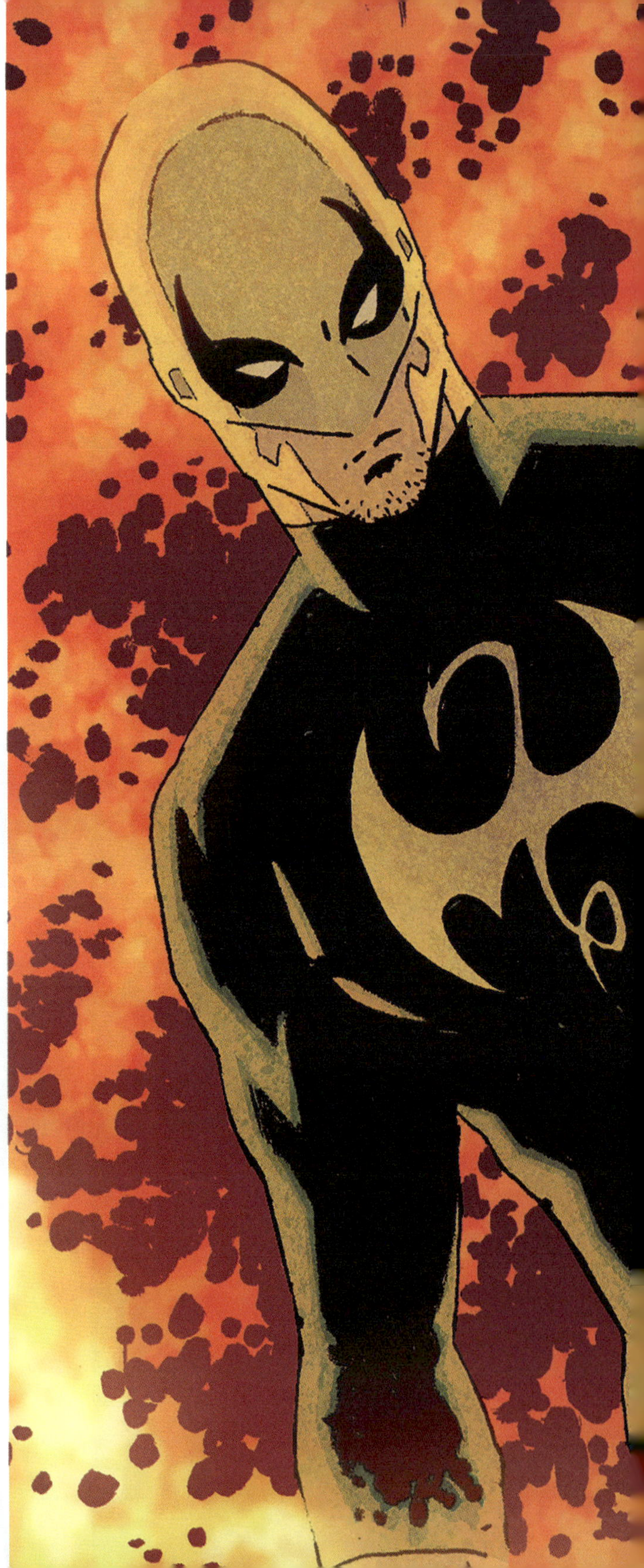

Lebende Waffe
In der Moderne nahm Danny Rand den Titel der Iron Fist an. Er bündelte die Macht eines unsterblichen Drachen, um einer der größten Kampfkünstler der Welt zu werden.
The Immortal Iron Fist #6, Juli 2007

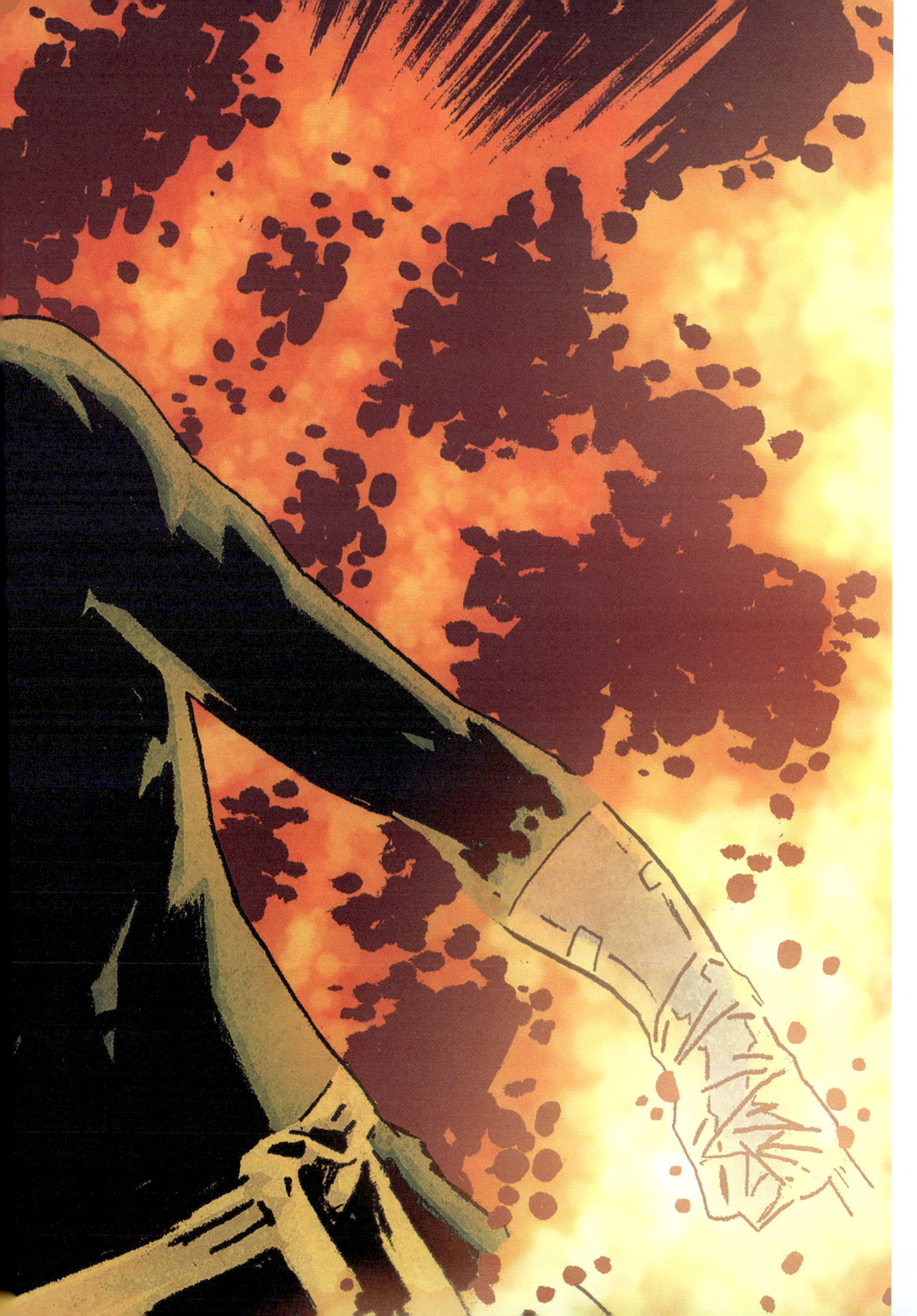

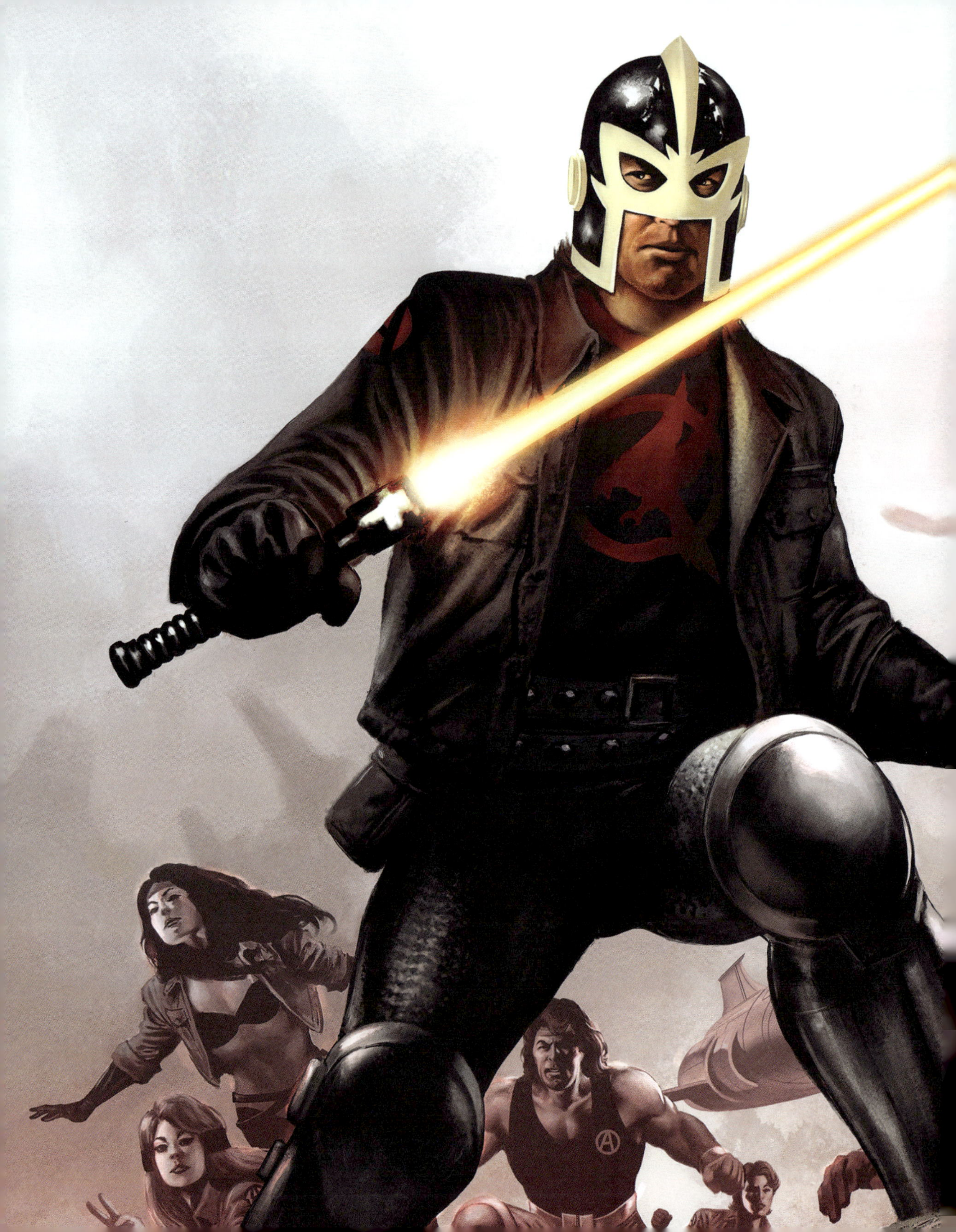

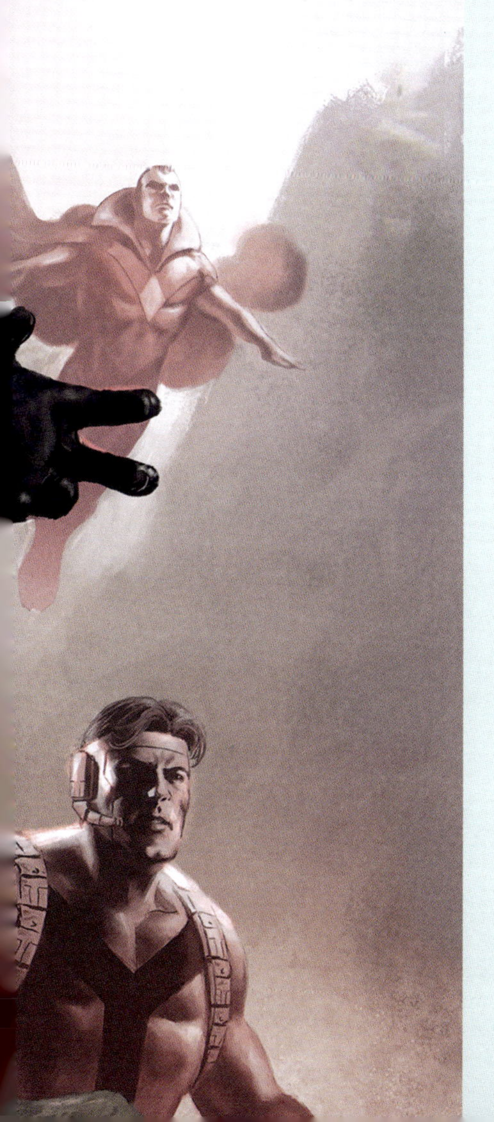

HELDEN DER EWIGKEIT

Die mythische Vergangenheit beeinflusst selbst über die Jahrhunderte hinweg noch die moderne Ära der Superhelden. Unsterbliche wie die Eternal Sersi wurden von den Avengers rekrutiert, um gemeinsam mit Halbgöttern wie Thor und Hercules zu kämpfen. Dane Whitman, die jüngste Inkarnation des legendären Black Knights, erbte das magische Schwert seines Vorfahren und stritt für die Werte der mittelalterlichen Tradition. Und Doctor Stephen Strange wurde als Agamottos Nachfolger der jüngste – und vielleicht größte – Meister der Magie.

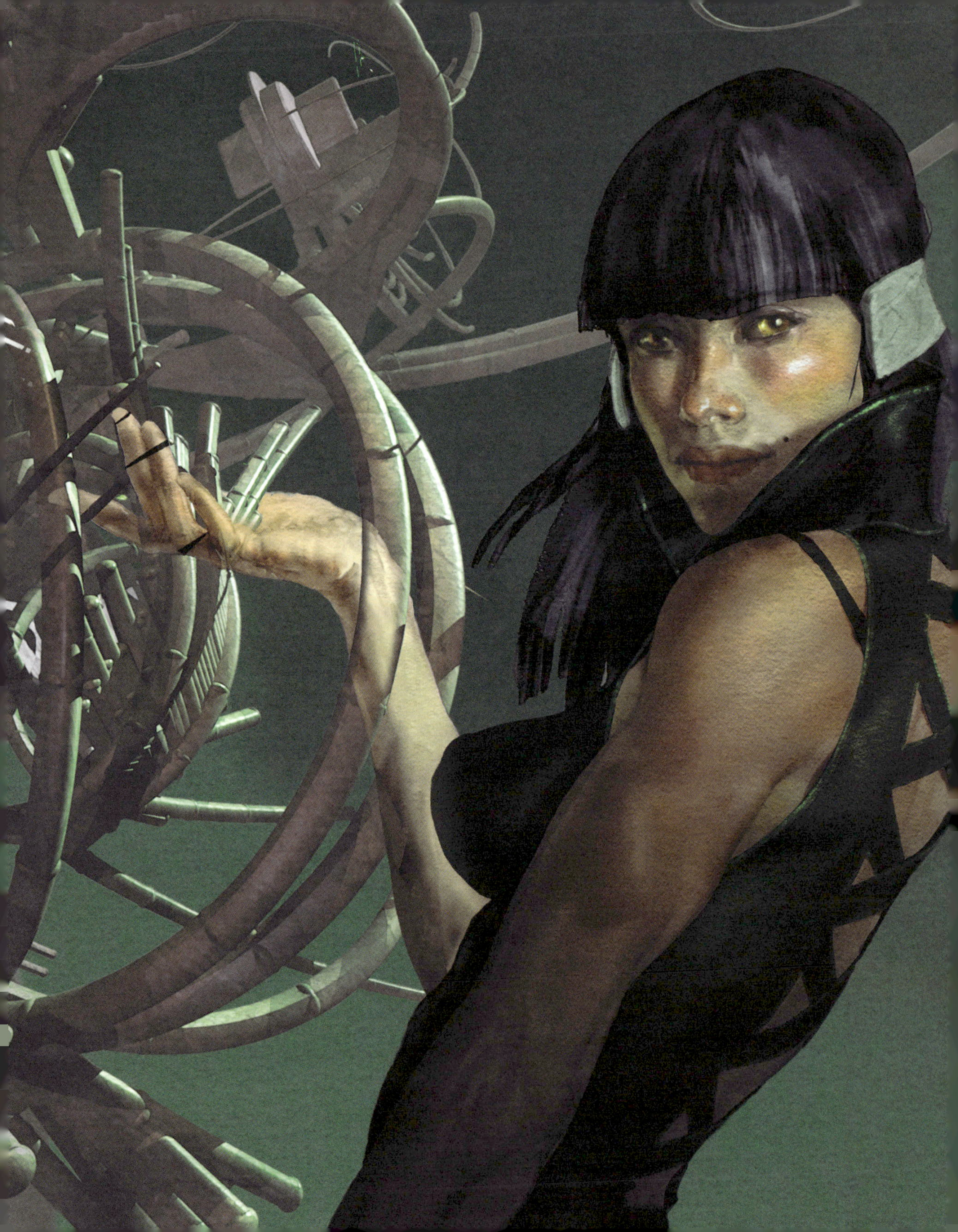

Liebe und Verlust

Während ihrer Zeit bei den Avengers gerieten Sersi und Black Knight in ein komplexes Intrigengeflecht, das ihren Verstand zu zerstören und das Team zu zerreißen drohte.

Nach dem Angriff der Deviants auf New York und dem Abzug des Vierten Heeres der Celestials genoss die Eternal Sersi wieder ihr ausschweifendes Leben. Ihr Beruf als Eventmanagerin und Partyplanerin brachte sie in Kontakt mit einigen Avengers, darunter Captain America, mit dem sie intensiv flirtete. Captain America aber widerstand Sersis Charme und fand wenig Gefallen an ihrem exzessiven Lebensstil. Von Caps sanfter Zurechtweisung verletzt, wollte Sersi beweisen, dass sie jedem menschlichen Helden in nichts nachstand. Für alle überraschend nahm sie daher das Angebot der Avengers an, sich dem Team anzuschließen. Ihre Fähigkeit zur Materienmanipulation erwies sich als äußerst wertvoll im Kampf gegen diverse Schurken und brachte ihr den Respekt und die Bewunderung ihrer neuen Kollegen ein.

Sersi nahm ihre neue Rolle sehr ernst, wandelte aber weiterhin offenherzig und einnehmend durch die Welt. Mit ihrer lockeren, ungezwungenen Art beeinflusste sie die Avengers merklich und bewirkte, dass diverse unnötige Regeln und der übertriebene bürokratische Überbau der Organisation abgeschafft wurden. Zunehmend fühlte sich die Eternal von ihrem Teamkollegen, dem Wissenschaftler und Abenteurer Dane Whitman, angezogen. Als jüngste Inkarnation des Black Knight war Whitman ein alter Verbündeter der Avengers, der kürzlich ins Team zurückgekehrt war, um seinem oft chaotischen Leben Sinn und Struktur zu geben.

Psi-Sirene
Die Eternal Sersi fand als Mitglied der Avengers eine neue Möglichkeit, ihre mächtigen Psi-Kräfte einzusetzen.
Eternals #2, September 2006

Der gebürtige Amerikaner war ein Nachfahre Sir Percys von Scandia, aber Whitman erfuhr erst spät von seiner Verwandtschaft zum legendären Helden Camelots. Ironischerweise lehnte Whitman in jungen Jahren jeglichen Aberglauben ab und war überzeugt davon, dass die Wissenschaft die Probleme der Menschheit lösen konnte. Er schloss seine Studien mit exzellenten Abschlüssen in Physik und anderen Fächern ab und wurde zu einem Ingenieur und Genetiker von Weltrang. Erst als er das Schloss der Familie in England erbte, geriet Whitmans Glaube an das Rationale ins Wanken.

Während er die labyrinthartige Gruft der alten Burg erkundete, verirrte sich der Amerikaner hoffnungslos. Vor seinen erschrockenen Augen erschien eine geisterhafte Gestalt, offenbar ein Ritter aus dem Mittelalter. Whitman konnte kaum glauben, was er sah und stotterte: »Wer ... sind Sie? Was wollen Sie von mir?« Das Gespenst antwortete, es sei der Geist von Sir Percy von Scandia und vom Zauberer Merlin angewiesen worden, Whitman zum neuen Black Knight zu ernennen. Whitman war zunächst skeptisch und glaubte, eine besonders lebhafte Halluzination zu erleben. Seine Zweifel verflogen aber, als er die Schwarze Klinge in den Händen hielt. Sein geisterhafter Vorfahre hatte ihm befohlen, das Schwert aus einer Krypta zu holen, und nun konnte Whitman den pulsierenden Zauber der Waffe spüren. In diesem Moment änderte sich sein Leben für immer. Die Gewissheiten der Vergangenheit, die auf dem Fundament der Wissenschaft aufgebaut waren, zerbröckelten. Whitmans Weltanschauung veränderte sich grundlegend: Er nahm nun seine neue Bestimmung an, die ihm übernatürliche Wunder und die Aussicht auf endlose Abenteuer versprach.

In den Vereinigten Staaten schuf Whitman ein Arsenal technologisch fortschrittlicher Waffen für seinen Kreuzzug gegen die Mächte der Finsternis. Es gelang ihm sogar, durch den Einsatz neuester Gentechnik ein wundersames geflügeltes Pferd zu erschaffen, das er Aragorn nannte.

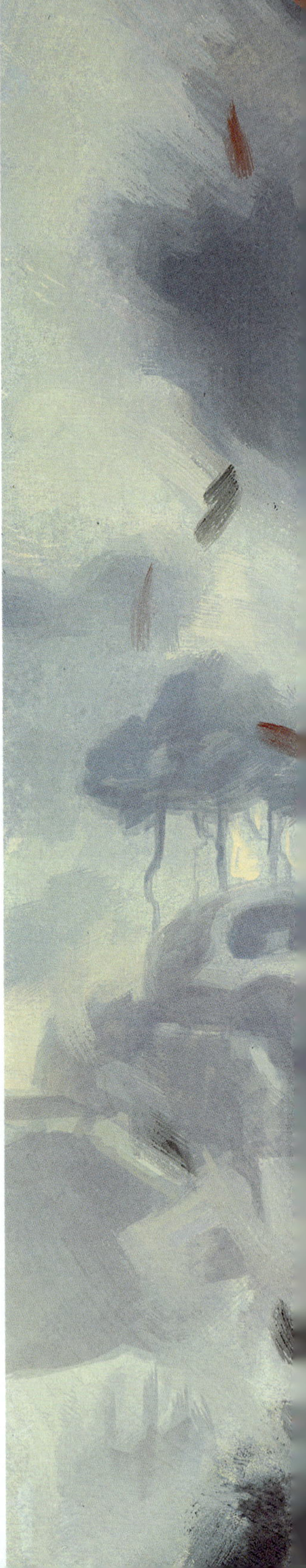

Heldenvermächtnis
Der Wissenschaftler Dane Whitman empfing die übernatürliche Macht der Schwarzen Klinge und wurde ein Ritter der Moderne.
Black Knight #1, Januar 2016

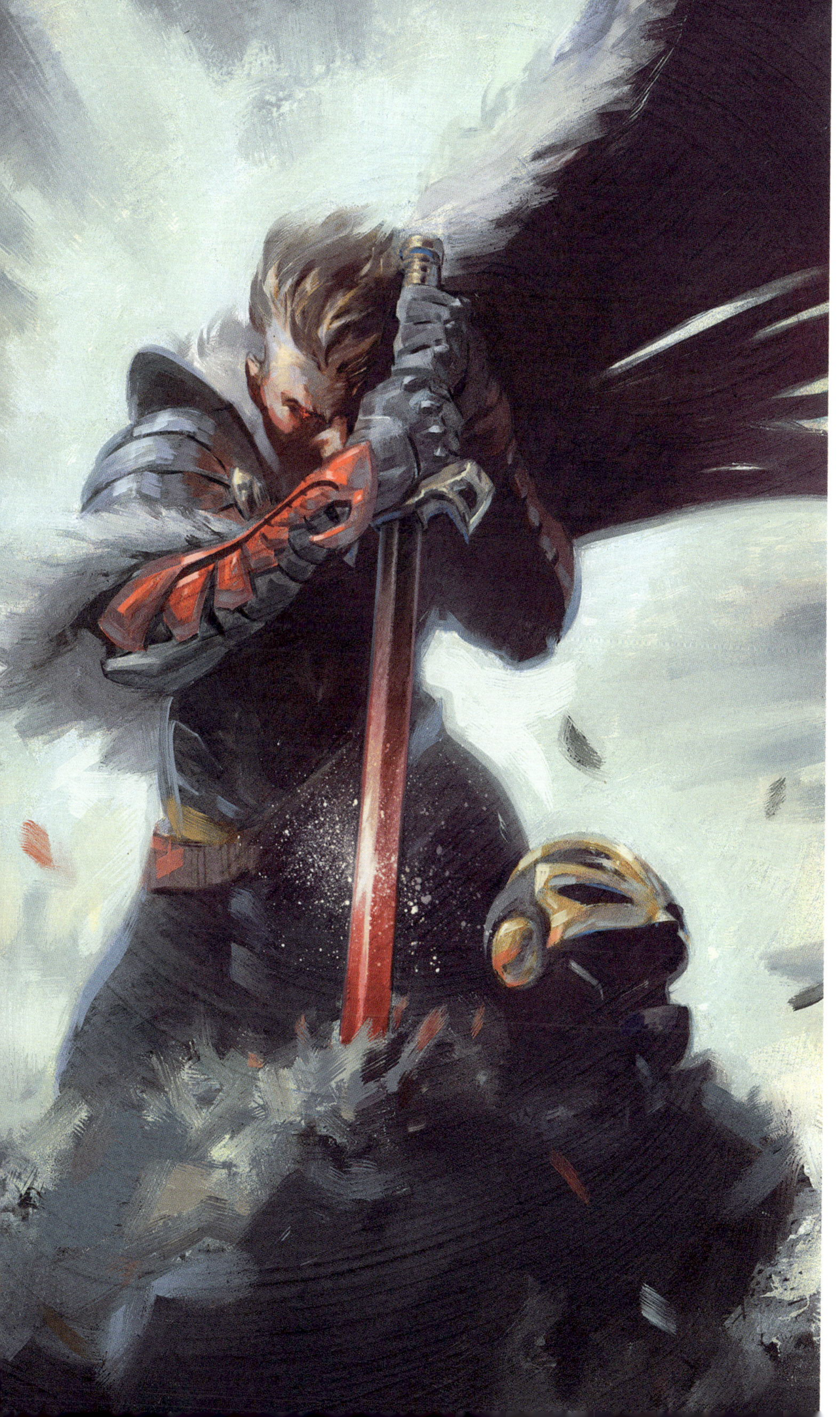

Nachdem er den Avengers geholfen hatte, die Masters of Evil und den zeitreisenden Kang den Eroberer zu besiegen, wurde der neue Black Knight zum Reservisten ernannt. Wann immer die Avengers ins Hintertreffen gerieten, rief man ihn, damit er mit seinem mächtigen Schwert und seinem genialen Intellekt dem Team zur Seite stand.

Bei einer Konfrontation mit der asgardischen Hexe Enchantress wurde Whitmans Seele in den Limbo verbannt, wo sie, wie es dem unglücklichen Helden erschien, eine Ewigkeit verbrachte. Er wurde schließlich durch die Macht des Bösen Auges aus dem zeitlosen Reich befreit. Dieses Relikt der Vergangenheit war kurz zuvor durch die Anstrengungen der Avengers und der Defenders wiederentdeckt worden.

»Black Knight ist wieder da!«

Black Knight (Dane Whitman)

Black Knight nahm seine Heldenkarriere wieder auf, vermutete jedoch, dass die Schwarze Klinge sein Handeln bösartig verzerrte. Nachdem er Doctor Strange um Hilfe gebeten hatte, stellte der Magier fest, dass das Schwert im Mittelalter tatsächlich mit einem Fluch belegt und durch das Blut getöteter Übeltäter korrumpiert worden war. Nun drohte die Schwarze Klinge, Whitman in den Wahnsinn zu treiben und seine unsterbliche Seele zu beflecken, wann immer es im Kampf Blut kostete. Angewidert brachte Whitman die Waffe in das Gewölbe seines Schlosses zurück und ersetzte sie durch ein Hightech-Laserschwert, als er schließlich zum vollwertigen Avengers-Mitglied wurde.

Geflügeltes Wunder
Der neue Black Knight flog auf Aragorn in den Kampf, einem genetisch gezüchteten Pferd, das mythischen Wesen aus dem Mittelalter ähnelte.
Marvel Super-Heroes #17, November 1968

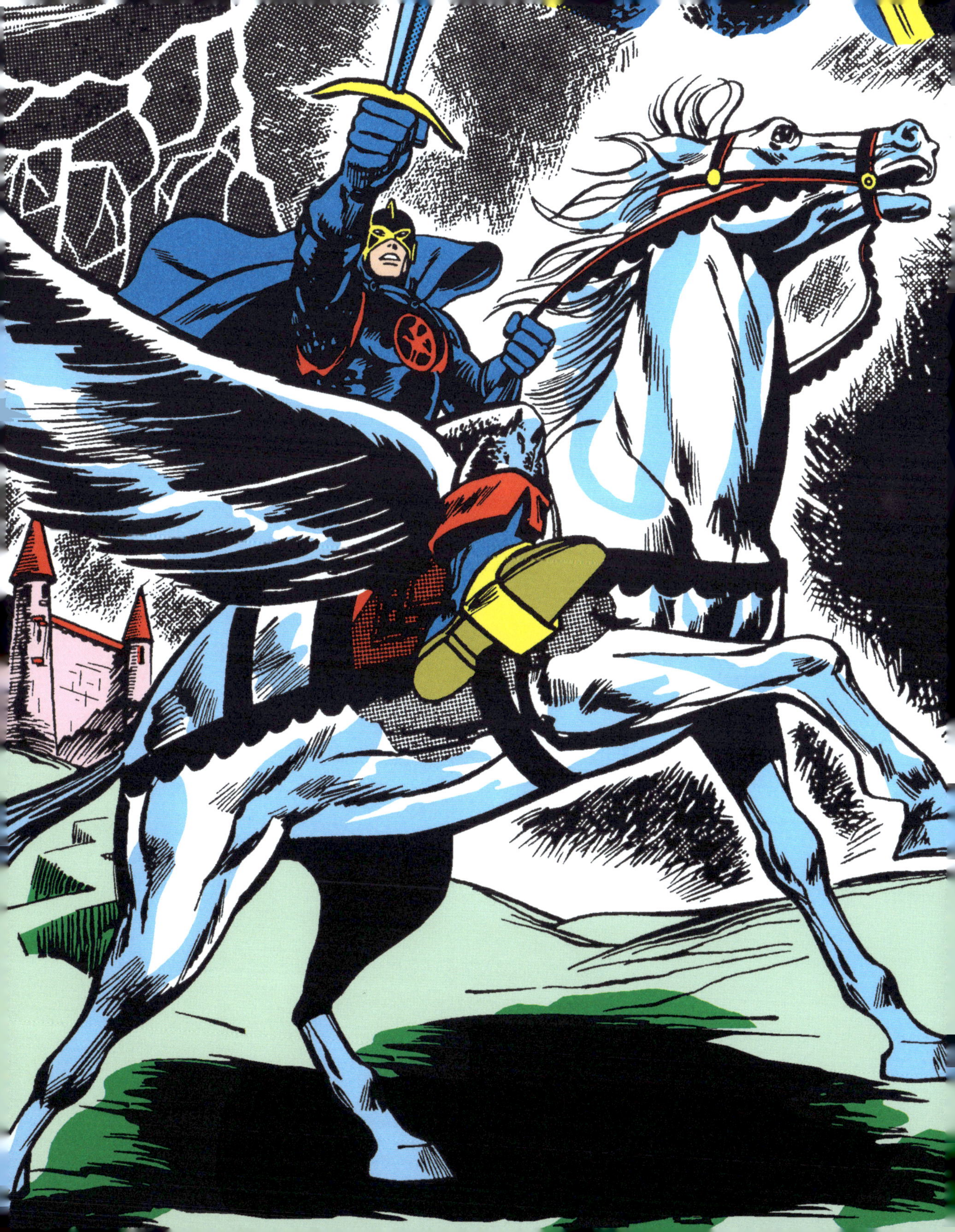

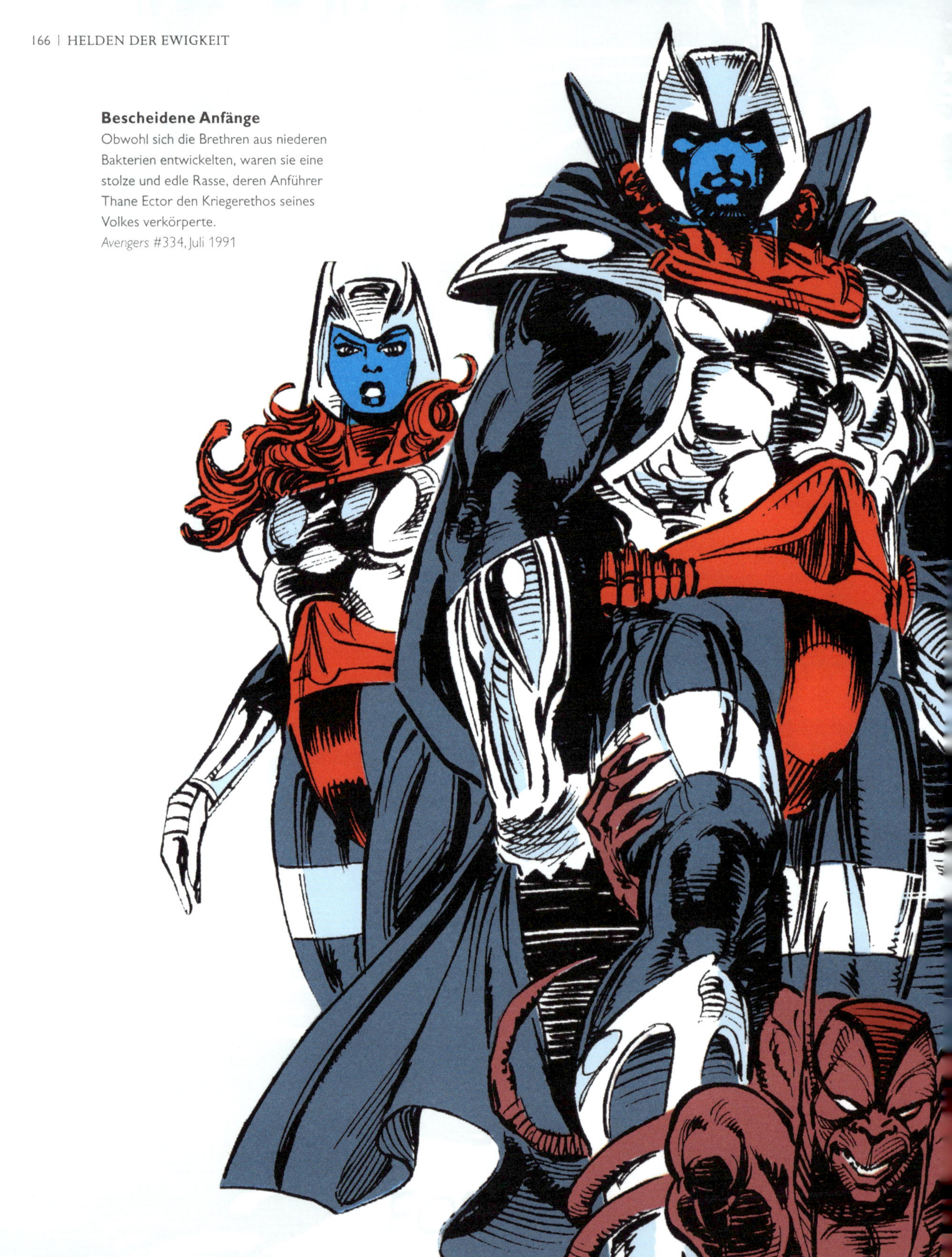

Bescheidene Anfänge
Obwohl sich die Brethren aus niederen Bakterien entwickelten, waren sie eine stolze und edle Rasse, deren Anführer Thane Ector den Kriegerethos seines Volkes verkörperte.
Avengers #334, Juli 1991

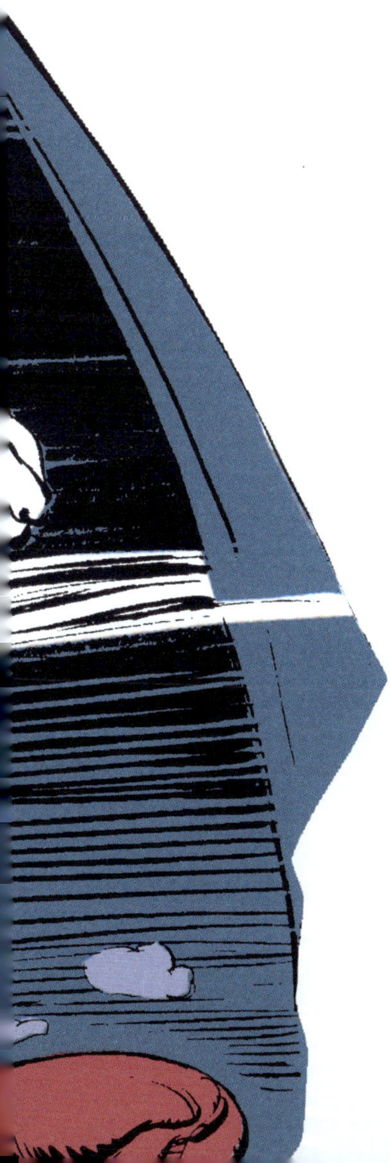

Als Whitman im Avengers Mansion in New York einzog, begegnete er Sersi zum ersten Mal. Die beiden kamen sich rasch näher, aber Whitman war hin- und hergerissen zwischen der anziehenden Sersi und Crystal, die ebenfalls neu im Team war und für die er tiefergehende Gefühle empfand.

Kaum war Sersi bei den Avengers, erfuhr sie, dass die Celestials in ferner Vergangenheit nicht nur an Anthropoiden Experimente durchgeführt hatten. Sie hatten auch gewöhnliche Bakterien als genetisches Material für die Züchtung einer Rasse von leistungsstärkeren Humanoiden, den Brethren, verwendet. Der Celestial Arishem hatte die kriegerischen Brethren auf Planeten losgelassen, die er als unwürdig erachtete. Mit brutaler Effizienz vernichteten sie alles Leben auf diesen Welten und ließen nur leblose Hüllen zurück.

Irgendwann aber verloren die Celestials offenbar das Interesse an ihrem Gen-Experiment und ließen die Brethren frei. Daraufhin durchstreifte die Spezies das Universum, bis der als Collector bekannte außerirdische Bösewicht sie seinem riesigen Fundus an einzigartigen Artefakten und außergewöhnlichen Individuen hinzufügte. Einige Zeit später plante der Collector, den größten Teil der Menschheit auszulöschen, um mit den wenigen überlebenden Exemplaren sein kosmisches Museum aufzuwerten. Hierzu schickte er die Brethren zur Erde, wo sie von den kampfbereiten Avengers empfangen wurden. Die Avengers hatten Mühe, die Invasoren abzuwehren, und das Blatt wendete sich erst, als Sersi eine Verbindung zum Anführer der Brethren, Thane Ector, spürte. Da beide Produkte der Celestials waren, konnten sie ein Uni-Mind bilden. In diesem gemeinsamen Bewusstsein konnte Sersi Thane Ector davon überzeugen, sich gegen den Collector zu wenden. Im Kollektivgeist des Uni-Mind attackierten die Eternal und der Brethren-Führer gemeinsam den Collector, der seine Pläne aufgeben und fliehen musste.

»Helft mir … ich glaube, ich werde verrückt.«

Sersi

Sersi hatte zwar die Erde gerettet, aber offenbar auf Kosten ihrer eigenen geistigen Gesundheit. Sie wurde immer gewalttätiger und tötete scheinbar drei Menschen während extremer Psychoseanfälle. Sie versuchte, ihren Zustand vor ihren Teamkollegen zu verbergen, aber die Avengers bemerkten ihre Probleme und wandten sich hilfesuchend an die anderen Eternals.

Ikaris stieg vom Olymp herab und erklärte, Sersi sei an der Mahd W'yry erkrankt, einer Geisteskrankheit, die einige Eternals im Alter befiel. Als sie ein Uni-Mind mit einem Außerirdischen gebildet hatte, habe Sersi die Krankheit vorzeitig ausgelöst. Bislang gab es keine Heilungsmöglichkeit für die Mahd W'yry, und selbst die Eternals konnten eigentlich nicht mehr tun, als Sersis Zustand zu stabilisieren.

Doch Ikaris versuchte noch etwas: Er flocht ein mächtiges mentales Band zwischen Sersi und dem Black Knight, was diesen zu ihrem Seelenverwandten oder »Gann Josin«, wie die Eternals es nannten, werden ließ. Leider hatte man Whitman nicht um seine Zustimmung gebeten, und er war wenig erfreut, dass seinem Verstand Derartiges aufgezwungen wurde. Doch als Gann Josin wurde sein Geist von einem unkontrollierbaren Beschützerinstinkt für Sersi übermannt. Im Lauf der Zeit nahm er die Krankheit über ihre Psi-Verbindung partiell auf sich, indem er Sersis emotionalen Schmerz teilte und verarbeitete.

Während die beiden noch versuchten, diese bizarre Wendung der Ereignisse zu verstehen, wurden die Avengers wiederholt von dem mysteriösen Proctor angegriffen. Obwohl er alle Avengers attackierte, schien er ein besonderes Interesse an Sersi zu haben. Der Grund dafür wurde klar, als sich herausstellte, dass er der Dane Whitman einer Parallel-Erde war. In seiner Welt war Proctor bereitwillig Gann Josin seiner alternativen Sersi-Version geworden. Als sie ihn aber verschmähte und so ihre Psi-Verbindung stark belastete, wurde er wahnsinnig.

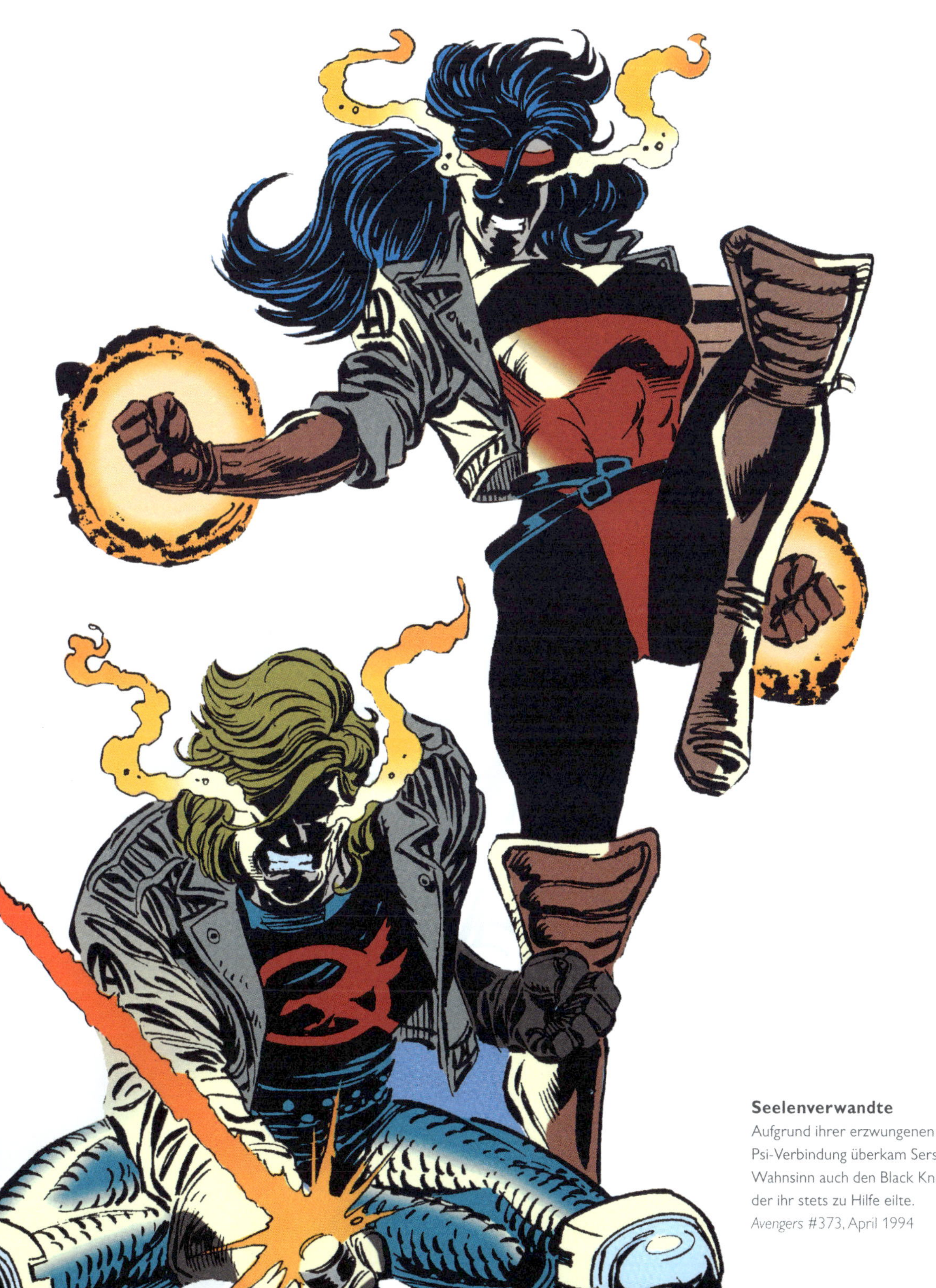

Seelenverwandte
Aufgrund ihrer erzwungenen Psi-Verbindung überkam Sersis Wahnsinn auch den Black Knight, der ihr stets zu Hilfe eilte.
Avengers #373, April 1994

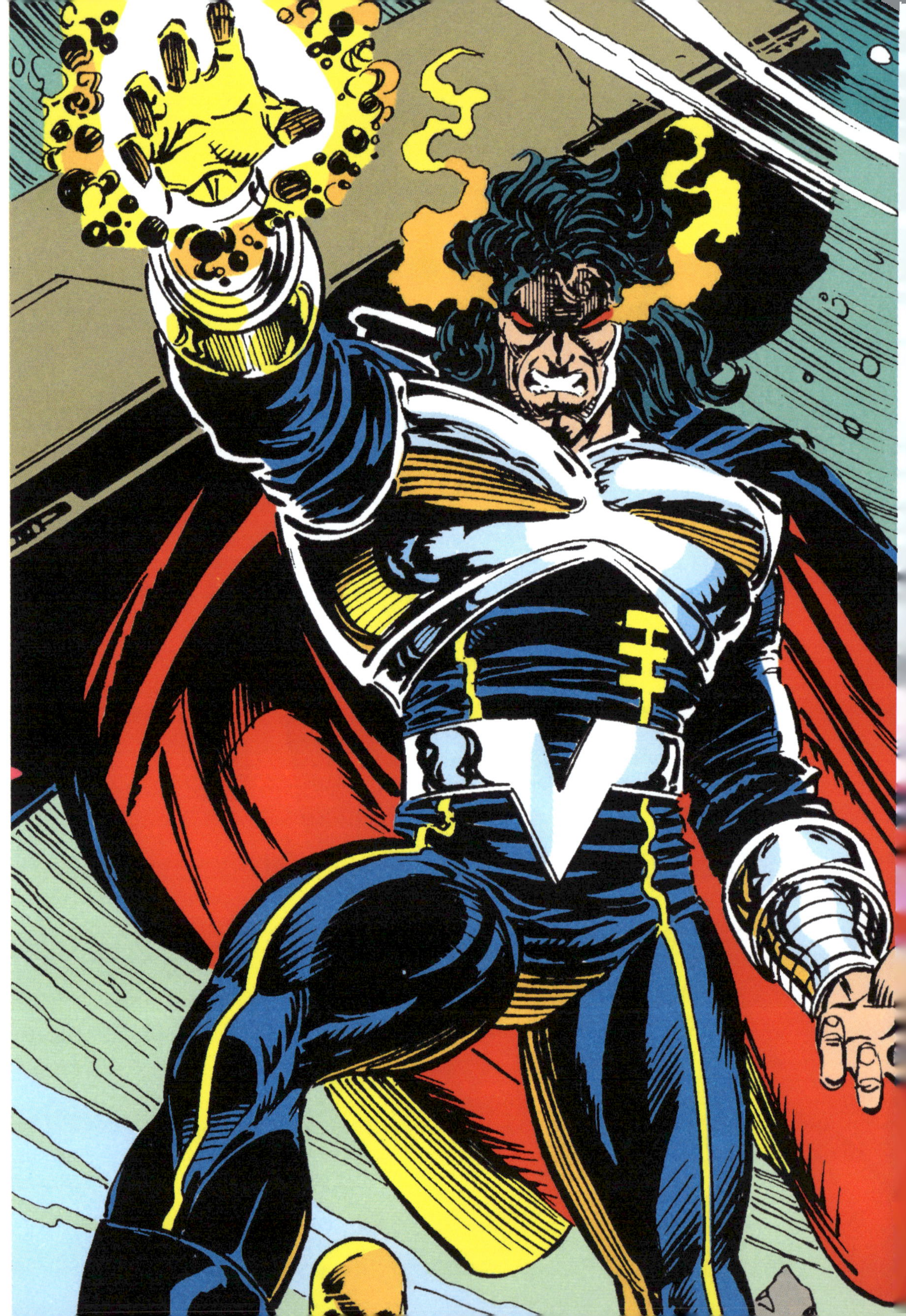

In seiner Welt war die Schwarze Klinge mit einem Blutfluch belegt und Proctor unterwarf sich ihm bereitwillig. Er tötete unzählige Menschen und erlangte gewaltige psychische Fähigkeiten.

> »Ich wusste, meine Rache ist berechtigt!«
>
> Proctor

Mit Proctors zunehmendem Wahnsinn wurde auch seine Inkarnation von Sersi immer verrückter. Ihre Psi-Kräfte wurden unkontrollierbar, bis sie ihre Heimatwelt komplett zerstörte. Nur Proctor überlebte und entkam ins Multiversum. Angesichts dessen unendlicher Vielfalt alternativer Realitäten begab er sich auf die wahnwitzige Mission, jede existierende Version von Sersi auszulöschen. Schließlich war nur noch jene Sersi, die auf der Hauptërde des Multiversums lebte, übrig.

Anstatt jedoch diese Inkarnation schnell zu töten, wollte Proctor sie quälen. Mithilfe seiner telepathischen Kräfte hatte er Sersi heimlich beeinflusst und ihre mentalen Barrieren überwunden, damit es so schien, als leide sie unter der Mahd W'yry. So war Proctor nicht nur für Sersis gesamtes Elend verantwortlich, er hatte auch ihre angeblichen Opfer getötet und Sersis Erinnerungen so verändert, dass sie sich für die Mörderin hielt. Nachdem er das Leid der Eternal ausgekostet hatte, stand Proctors ausgeklügelter Plan kurz vor der Vollendung.

Finsterer Stalker
Nachdem ihn die Sersi einer anderen Welt zurückgewiesen hatte, wollte der wahnsinnige Proctor jede Version seiner früheren Geliebten im Multiversum töten.
Avengers #363, Juni 1993

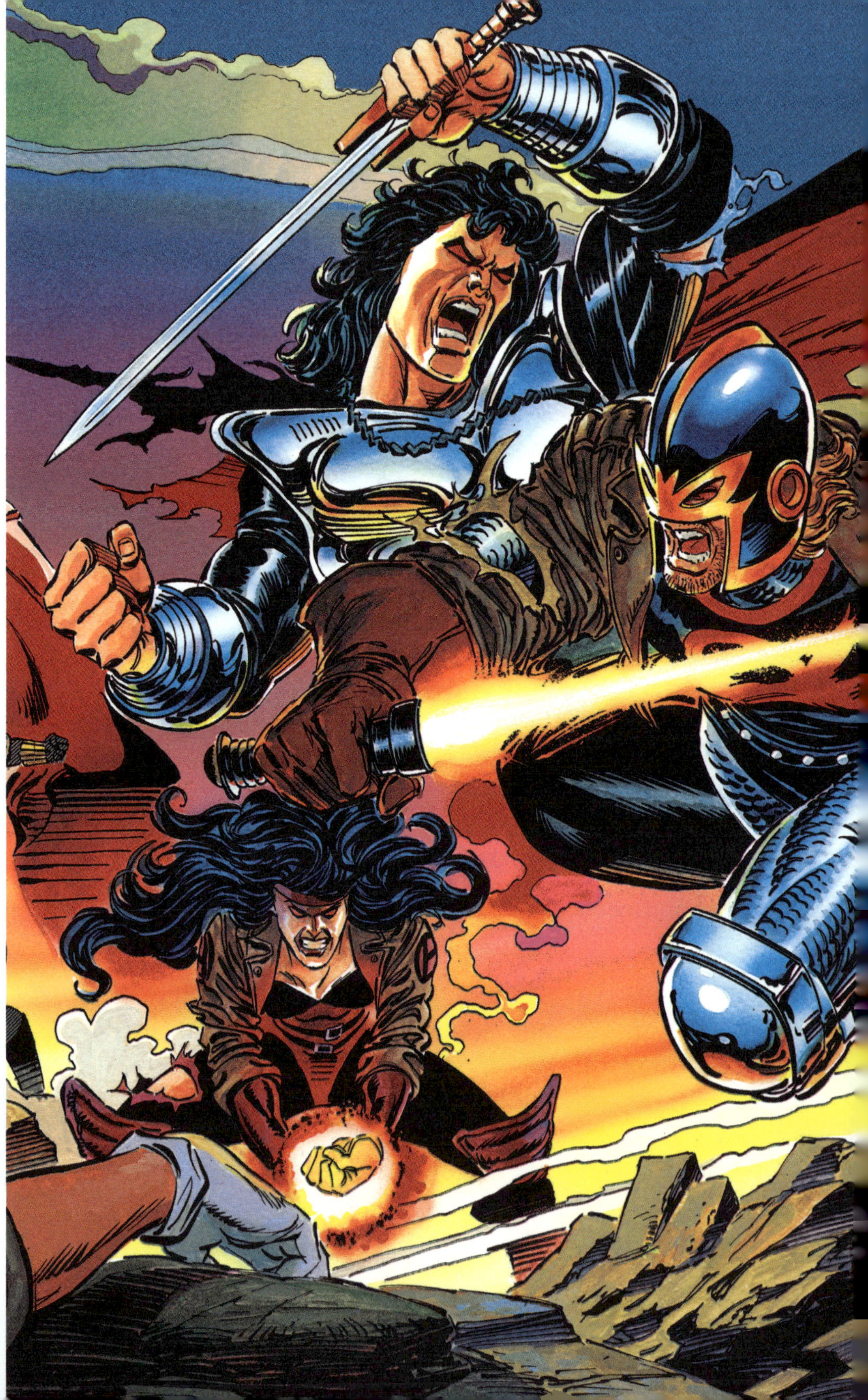

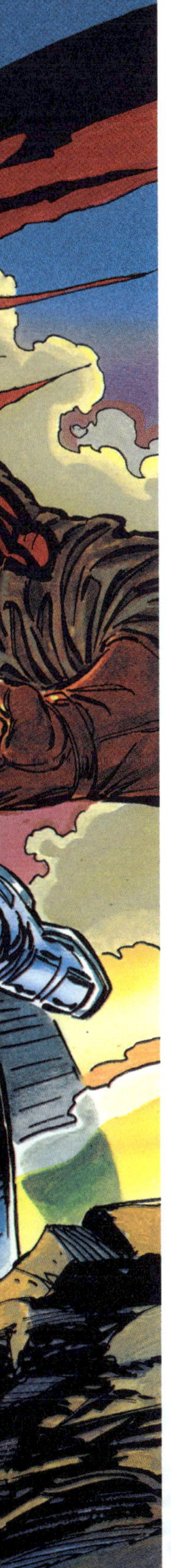

Er entführte Sersi und wollte mittels ihrer Kräfte die gesamte Realität zerstören. Die Avengers eilten herbei und Black Knight verwickelte seinen Doppelgänger aus der alternativen Realität in einen Zweikampf. Als Whitman sein Laserschwert aktivierte, zückte Proctor seine Schwarze Klinge, die unheilvoll knisternde schwarze Energie verströmte.

Proctor gewann bald die Oberhand über seinen Gegner und rang Whitman zu Boden. Als Sersi sah, dass Black Knight den tödlichen Kampf verlor, half ihr ihr Zorn, sich aus Proctors geistiger Umklammerung zu befreien. Sie packte die Schwarze Klinge, die Proctor beim Kampf mit Black Knight fallen gelassen hatte, und stellte sich dem Schurken entgegen. Bevor Proctor sich wehren konnte, tötete Sersi ihn mit seinem eigenen verfluchten Schwert. »Für all deine Opfer«, verkündete sie, »beende ich deinen Wahnsinn.«

»Wir alle waren Proctors Opfer.« Black Knight (Dane Whitman)

Nach Proctors Niederlage brauchten Sersi und Dane Whitman Zeit für sich, um zu verarbeiten, was ihnen zugestoßen war. Auf ihrer gemeinsamen Reise durch das Multiversum wollten sie herausfinden, ob ihre Gefühle füreinander echt oder nur durch die Manipulationen Proctors erwacht waren. Schließlich gingen sie als gute Freunde auseinander.

Duell der Doppelgänger
Um Sersi zu beschützen, kreuzte Black Knight sein Schwert mit Proctor, der noch immer die Schwarze Klinge führte.
Avengers #375, Juni 1994

Dane reiste nach Großbritannien, um seine Helden-Laufbahn fortzusetzen, wurde dort aber für die nationale Superwesen-Spionagebehörde MI13 (militärischer Nachrichtendienst, Bereich 13) rekrutiert. Dort kämpfte er gemeinsam mit Nationalhelden wie Captain Britain, Spitfire und Union Jack.

Während des weltweiten Angriffs der Skrulls spielte MI13 in Großbritannien eine wichtige Rolle bei der Abwehr der außerirdischen Invasoren. Black Knight führte die Gegenoffensive an und schaltete eine Vielzahl von Skrulls aus. An seiner Seite kämpfte die junge Ärztin Faiza Hussain, die, von einer Skrull-Energiewaffe getroffen, die unglaubliche Fähigkeit erlangte, Materie zu manipulieren und Personen bewegungsunfähig zu machen. Ihre neuen Gaben setzte sie erfolgreich bei der Versorgung der Verwundeten ein. Später übergab ihr Captain Britain das legendäre Schwert von König Artus und Faiza nahm den Codenamen Excalibur an. Als sie MI13 beitrat, wurde sie der Knappe von Dane Whitman und trainierte, um eines Tages seinen Posten als Black Knight zu übernehmen.

»Der Knappe wird zum Ritter.«

Black Knight (Dane Whitman)

Als der Vampir Dracula spürte, dass Großbritannien nach der Skrull-Invasion verwundbar war, nutzte er diese Gelegenheit. Seine untoten Legionen hatten schon lange kein eigenes Land mehr besessen, und der Fürst der Finsternis sah die Zeit gekommen, Großbritannien – die Heimat einiger seiner hartnäckigsten Feinde – in eine Vampirnation zu verwandeln.

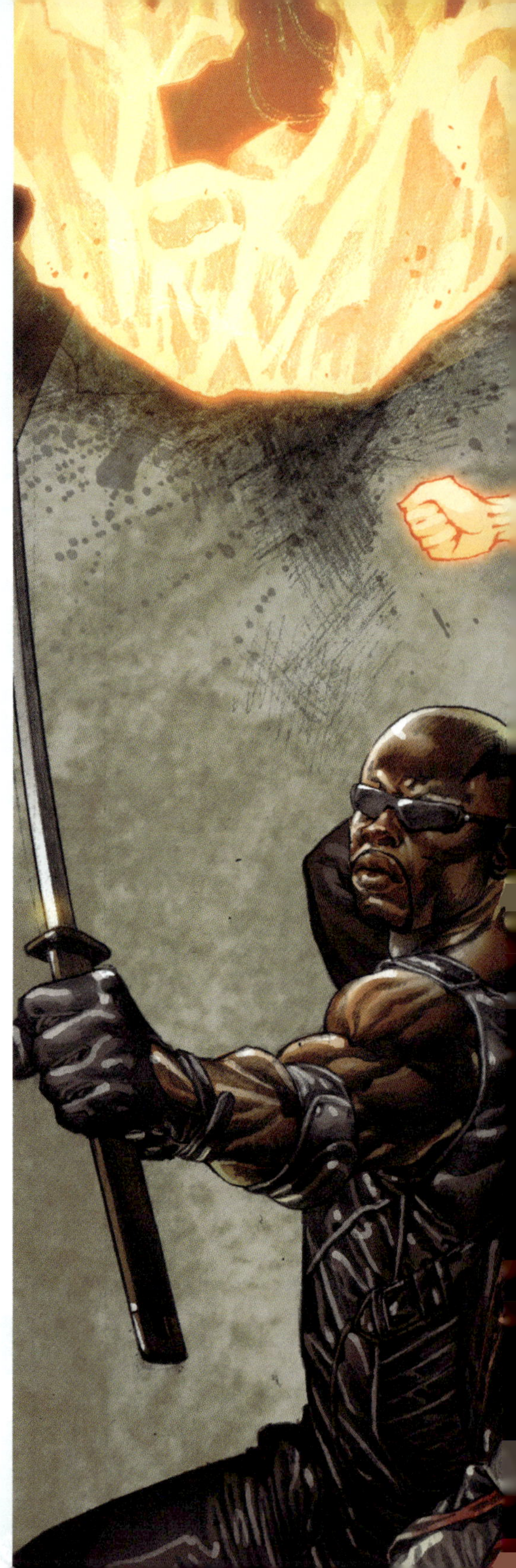

Voran, Britannien!
Nach einem kurzen interdimensionalen Ausflug schloss sich Black Knight Dane Whitman in Großbritannien mit Blade, Pete Wisdom, Captain Britain, Spitfire und Excalibur MI13 an.
Captain Britain and MI13 #15, September 2009

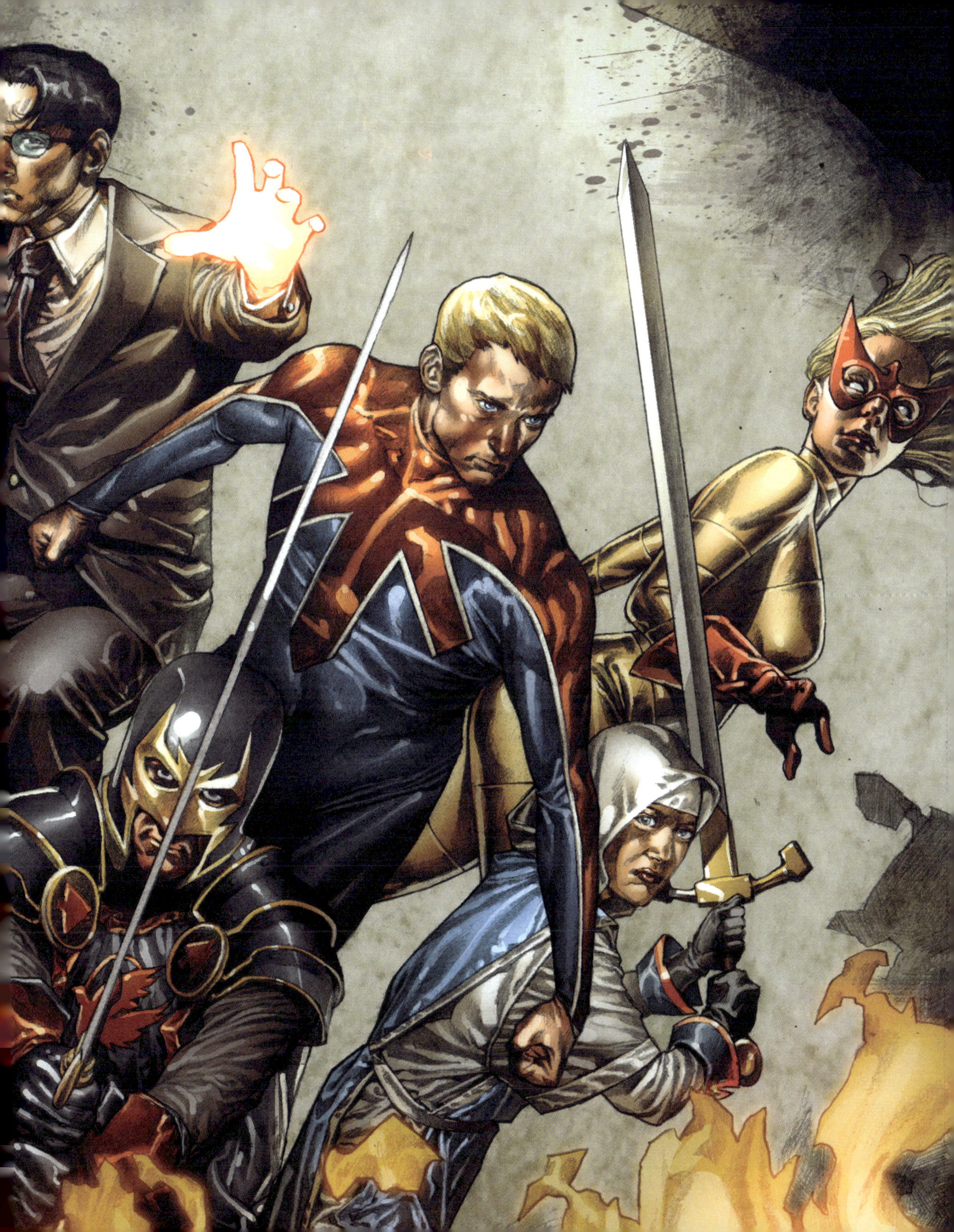

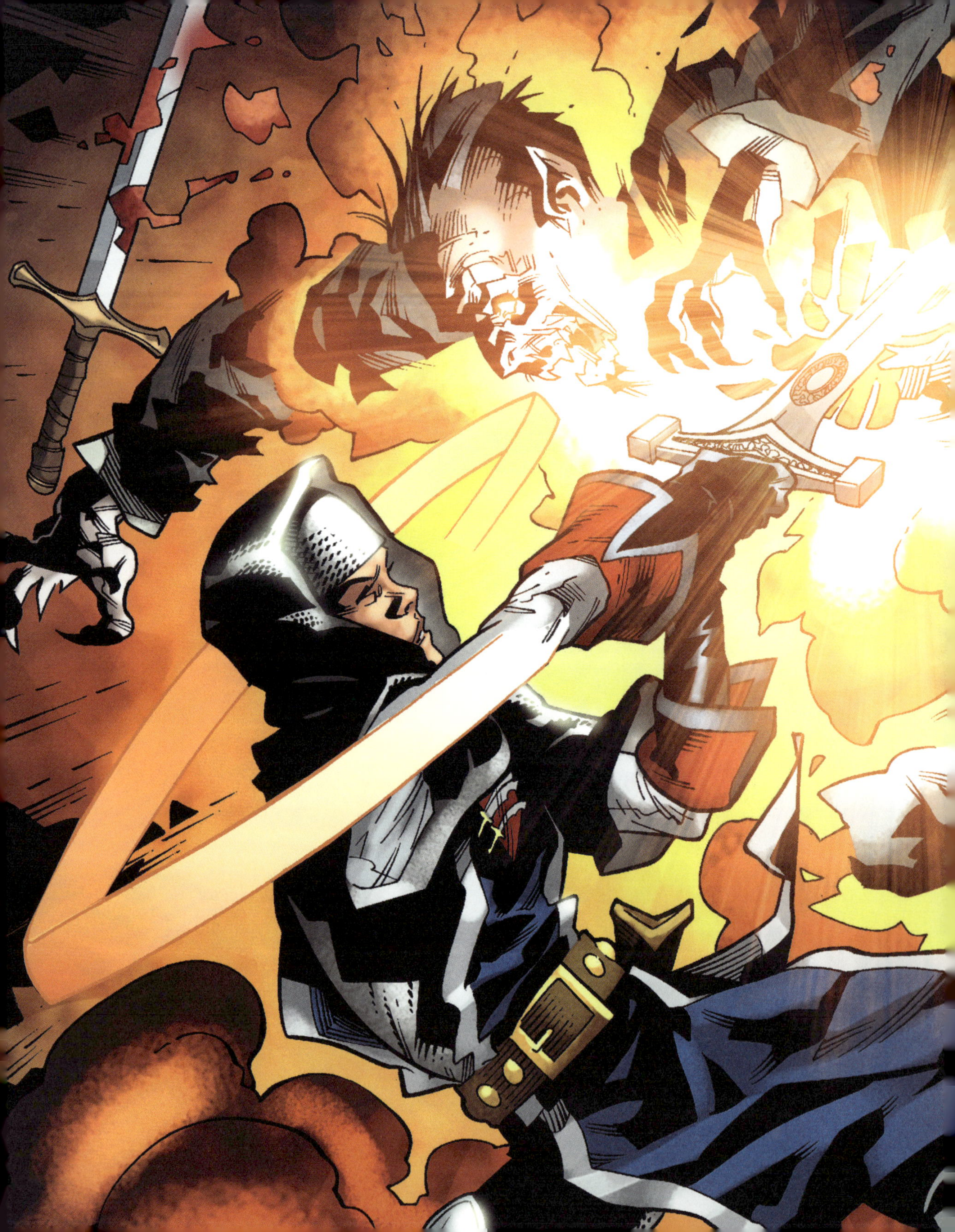

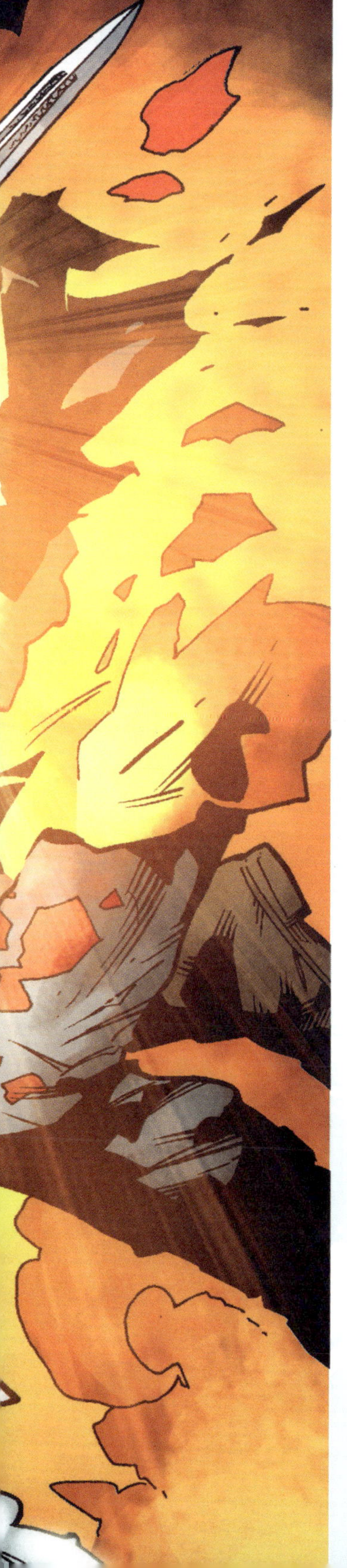

Bislang waren Dracula und seine Anhänger aus Großbritannien durch einen Zauberspruch ferngehalten worden, der durch den Schädel von Quincy Harker gewirkt wurde. Dieser hatte sein Leben und sogar seinen Tod dem Kampf gegen den Vampirfürsten gewidmet. Die Macht seines Bannspruchs hatte Großbritannien in einen magischen Bereich verwandelt, den kein Vampir ohne persönliche Einladung betreten durfte. Solange Harkers Zauber wirksam war, waren Draculas Invasionspläne zum Scheitern verdammt. Darum spürte der Vampirfürst mit magischen Mitteln den verborgenen Schädel auf. Der Black Knight und die MI13 eilten zwar noch herbei, um Draculas Plan zu vereiteln, doch sie kamen zu spät. Von einem magischen Umhang abgeschirmt, konnte Dracula Harkers Schädel in Stücke schlagen. In diesem Moment war das Land wieder angreifbar, und die Vampir-Invasion Großbritanniens konnte beginnen.

»Dies ist Excalibur … und ich bin dessen würdig.«

Faiza Hussain

Aus dem Weltraum fuhren Draculas Legionen in einer Armada von Kriegsschiffen herab. Die Lage schien hoffnungslos, doch Draculas Sieg war flüchtig. Die Zauberer des MI13 hatten ihn mit einer überzeugenden Halluzination getäuscht. Harkers Schädel war noch immer intakt … und der Antivampirzauber noch immer aktiv. Als das Vampirheer in den britischen Luftraum eindrang, gingen die untoten Krieger in Flammen auf und zerfielen zu Asche. Dracula wurde auf der Flucht von Excalibur gestellt, die mit ihrem legendären Schwert sein Herz durchbohrte und so die durch Dracula ausgehende Bedrohung für immer beendete.

Herzschmerz
Die jüngste Hüterin von Excalibur, Faiza Hussain, durchbohrte mit der legendären Klinge Graf Draculas Herz und bewahrte Großbritannien ein für alle Mal vor einer Vampir-Invasion.
Captain Britain and MI13 #15, September 2009

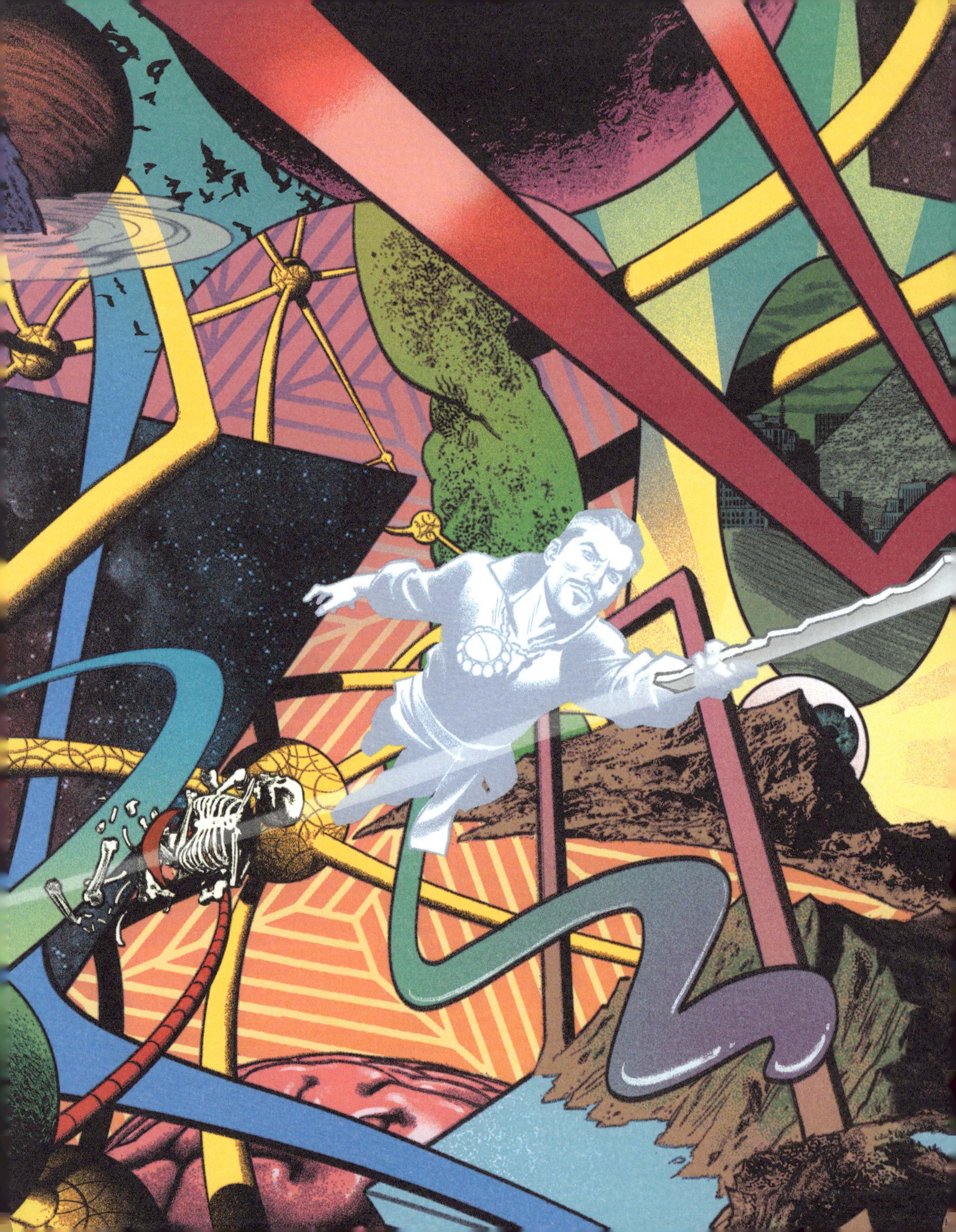

Doctor Strange: Das Ende des Zaubers

Beim Kampf gegen die Mächte der Finsternis standen Doctor Strange jahrelang scheinbar unerschöpfliche Zauberkräfte zur Verfügung. Doch wie würde er reagieren, wenn dieser Quell der Magie auf einmal versiegte?

Agamotto, der erste irdische Meister der Magie, ersann Zauber und übernatürliche Artefakte, die den Magiern der Menschheit Generationen lang gute Dienste leisteten. Vor einer Million Jahre – zu jener Zeit, als der mächtige Magier Mitglied von Odins prähistorischen Avengers war, – schuf er einen besonders machtvollen Talisman. Von der unbeugsamen Lebensessenz seines Schöpfers erfüllt, strahlte das Auge des Agamotto ein mystisches Licht aus, das jede Tarnung oder Illusion aufhob. Das Auge konnte zudem körperhafte und ätherische Wesen über ihre psychische oder magische Aura aufspüren und brachte zahllose Dämonen, Teufel und untote Wesen mit schwachem Willen in den Bann seines »allsehenden Blicks«.

Als Agamotto die Erde verließ und sich in den höheren Realitätsebenen seiner Mutter Oshtur und dem schaurigen Wesen Hoggoth anschloss, blieben das Auge und andere magische Relikte zurück. Sie gingen durch viele Hände, bis sie in der Moderne die Hauptwaffen von Doctor Strange wurden, der sie mit chirurgischer Präzision gegen die übernatürlichen Mächte einsetzte. Stephen Strange war der Letzte in einer langen Reihe von Individuen, die bereit waren, diese Verantwortung zu tragen.

Übernatürliche Wächter
Der neueste Meister der Magie, Doctor Strange, projizierte sein Astralwesen in die ätherischen Grenzbereiche zwischen den Realitäten, um nach mystischen Gefahren Ausschau zu halten.
Doctor Strange: The Best Defense #1, Februar 2019

Nach der Ausbildung zum Meister der Magie nahm Strange die Rolle des Obermagiers an, als sein Mentor, der Uralte, die sterblichen Sphären verließ. Nun diente Strange als Hüter der Magie, und es war seine undankbare Aufgabe, die Erde stets wachsam vor Angriffen und Überfällen aus anderen Welten zu schützen.

Ein besonders hartnäckiger Feind war Dormammu, der Herrscher der Dunklen Dimension. Im Bestreben, seine Herrschaft auf die Erde auszuweiten, maß er sich immer wieder mit dem Meister der Magie und prüfte dessen Kampfbereitschaft. Und das, obwohl er Doctor Strange nach einer Niederlage versprochen hatte, die Erde nicht mehr anzugreifen. Vordergründig hielt Dormammu sich an den Eid, doch hinterrücks suchte er ständig nach Möglichkeiten, ihn zu umgehen.

In einem Fall drang er ohne direkten Angriff auf besonders perfide Weise in die irdische Realität ein: Doctor Strange hatte vor Kurzem im Kampf eine Augenverletzung erlitten, und Dormammu nutzte das wachsende Narbengewebe, das ebenso mystischer wie physischer Natur war, um aus seiner Heimatdimension auszubrechen. Dormammu verpflanzte den kleinsten Teil seiner dunklen Essenz in die Wunde, wo sie eiterte und wuchs. Als er seine volle Stärke erreicht hatte, übernahm Dormammu Doctor Stranges Körper und verbannte die astrale Gestalt des mächtigen Mystikers.

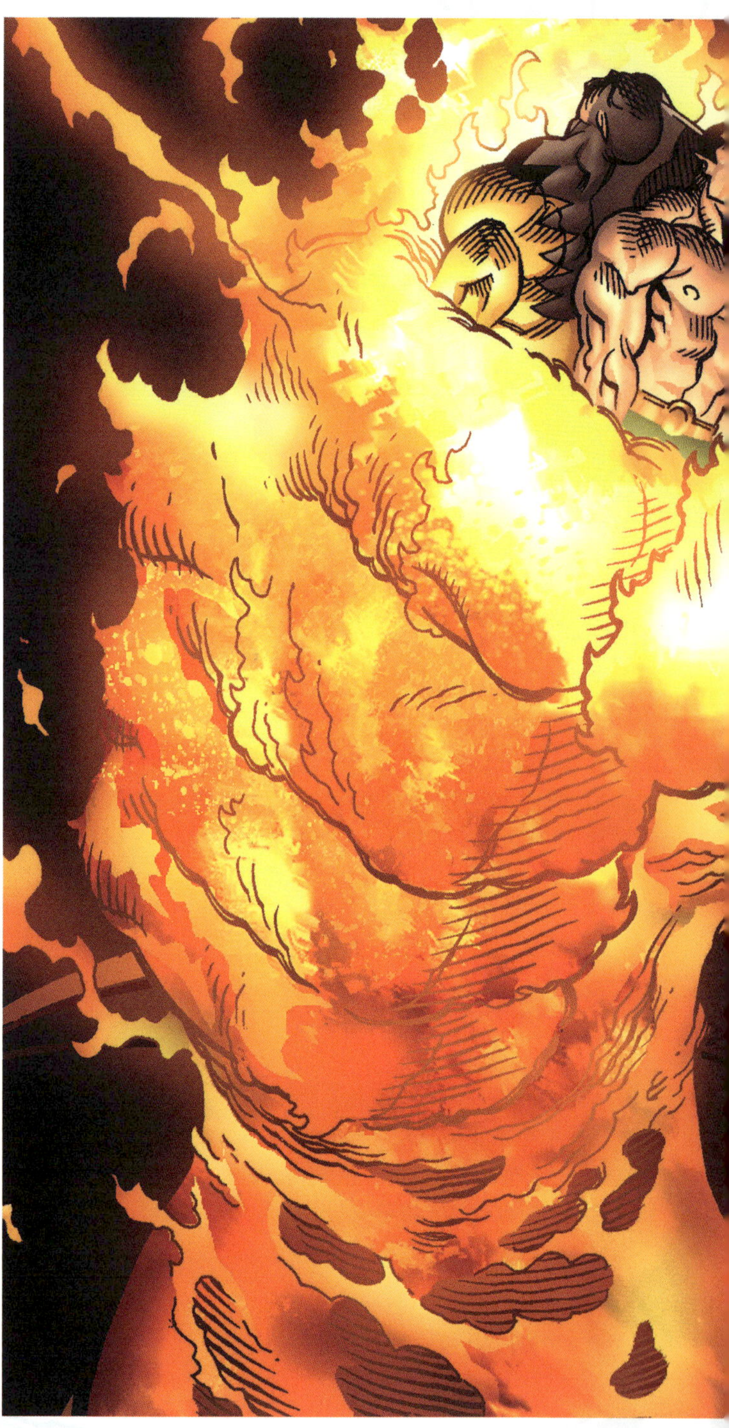

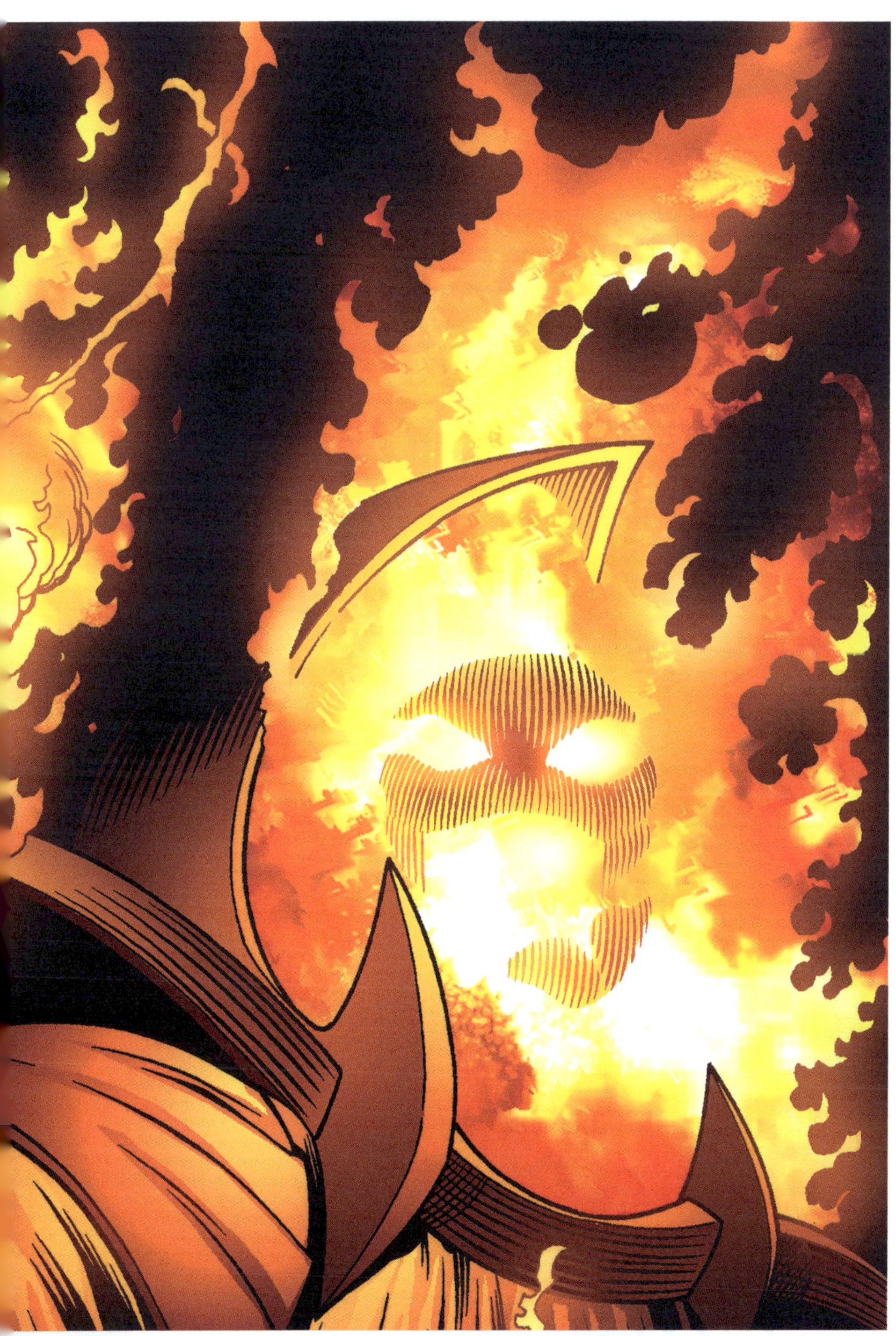

Brennende Ambition
Unglückliche Individuen, die sich in Dormammus Reich verirrten, wie der Sub-Mariner und Tiger Shark, fanden sich in seinen höllischen Händen wieder.
Hulk #11, Juni 2009

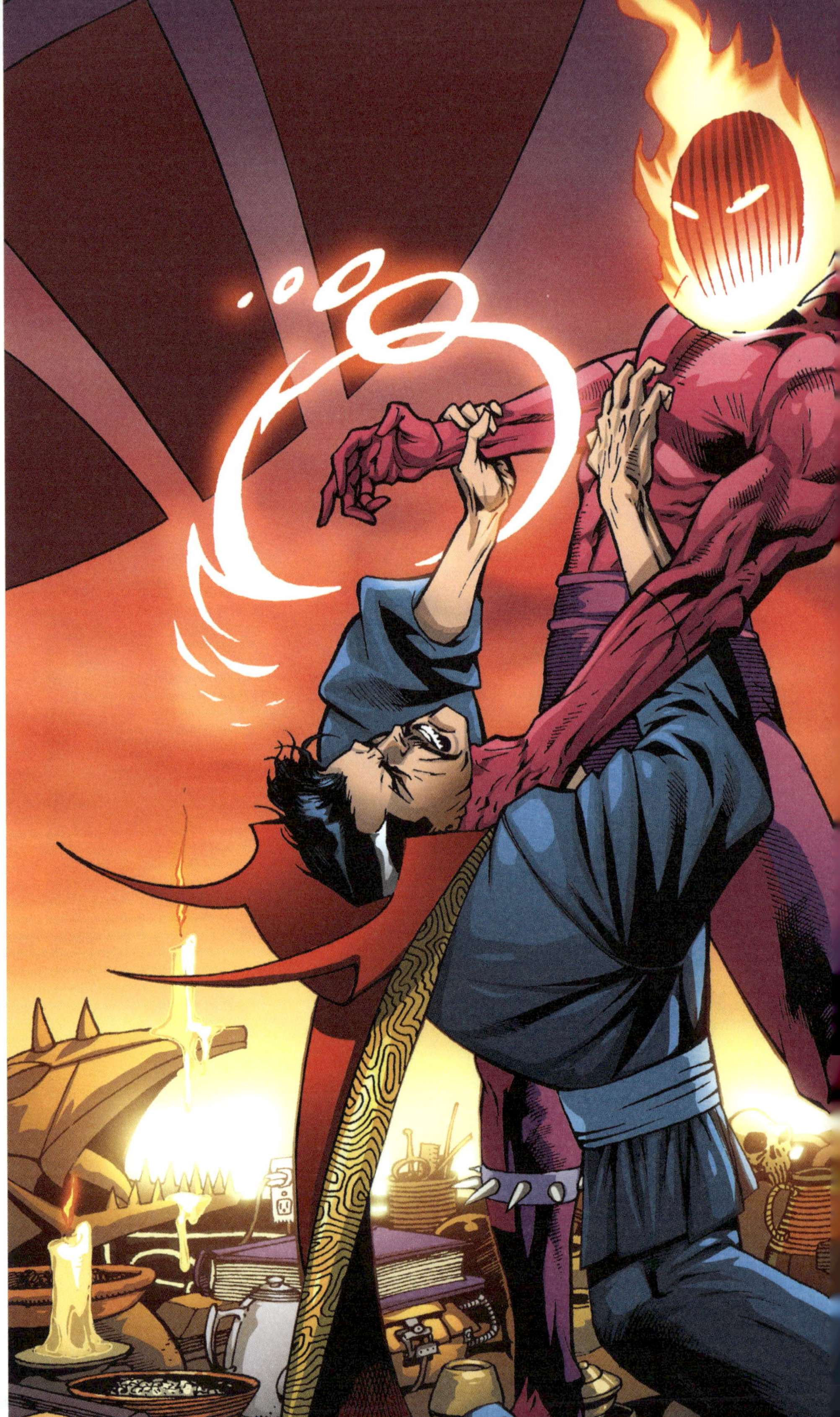

Düstere Tage
Dormammu entkam der Dunklen Dimension, indem er Doctor Stranges Körper als magischen Fluchtweg missbrauchte.
Doctor Strange, Sorcerer Supreme #1, November 1988

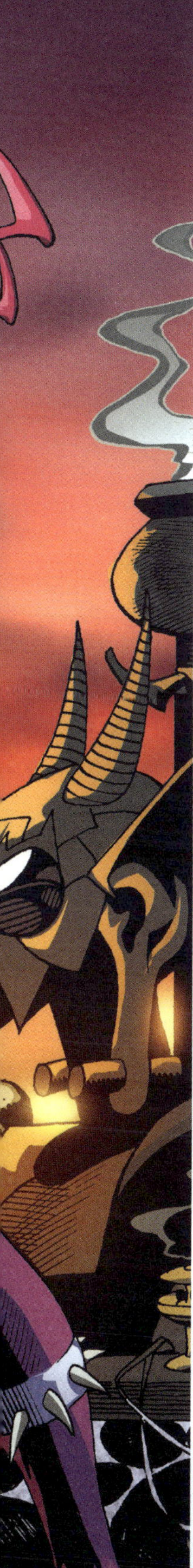

Voller Wonne verspottete der grausame Despot Doctor Strange: »Dein Körper – deine Macht – alles, was du bist, das soll nun Dormammu gehören!«

Während Dormammu sich vergnügte, indem er eine Horde von jenseitigen Tentakelmonstern auf die Erde losließ, fand Doctor Stranges Bewusstsein Zuflucht an einem höchst ungewöhnlichen Ort. Die astrale Projektion des Magiers versteckte sich vor Dormammus dämonischen Dienern im Körper einer niederen Kanalratte. In dieser geschwächten Form konnte man Strange mit magischen Mitteln praktisch nicht aufspüren, doch die Zeit drängte. Wenn Stephen Stranges Geistwesen nicht schnell wieder mit seinem Körper vereint wäre, würde er aufhören zu existieren. Sein Bewusstsein würde binnen 24 Stunden zu Nichts vergehen.

»Jetzt – ist diese Welt mein!« Dormammu

Doctor Strange wollte seine Freunde bei den Avengers und Defenders zu Hilfe rufen, aber als Nagetier gelang es ihm nicht, seinen Zauber korrekt auszuführen. Und mit seinem zunehmenden Einfluss auf die Realität verbannte Dormammu immer mehr irdische Superhelden hinter undurchdringliche Barrieren. Da er keinen anderen Ausweg sah, machte sich Doctor Strange – Meisternager der Magie – bereit, Dormammu direkt zu attackieren.

Am Ende war der Magier jedoch keineswegs allein. Die Erdmutter Gaea hatte die Wicca-Hexe Topaz auf Doctor Stranges missliche Lage aufmerksam gemacht. Die geballte Macht ihrer Zauber schwächten Dormammus Einfluss, und als auch noch Stranges einstige Geliebte Clea ihre Kräfte in die Waagschale warf, wurde er endgültig aus dem Körper von Stephen Strange vertrieben. Der feurige Dämon verschwand in seine Heimatdimension, und der Meister der Magie erlangte wieder seine volle Kraft. Nach diesem knappen Sieg erneuerte Doctor Strange seinen Schwur, allen mystischen Gefahren für die Erde entgegenzutreten – und sie zu besiegen.

Und so gelang es dem Meistermagier lange Jahre, mittels zahlloser Zaubersprüche und Beschwörungen mystische Gefahren abzuwehren. Es folgten jedoch harte Zeiten, in denen ihn seine gewohnten magischen Künste im Stich ließen. Seine Zaubersprüche und Talismane, sogar das allsehende Auge des Agamotto, verloren an Macht. Ohne seine magischen Ressourcen wurde Doctor Strange zu einem gewöhnlichen Mann, der außergewöhnlichen Feinden gegenüberstand.

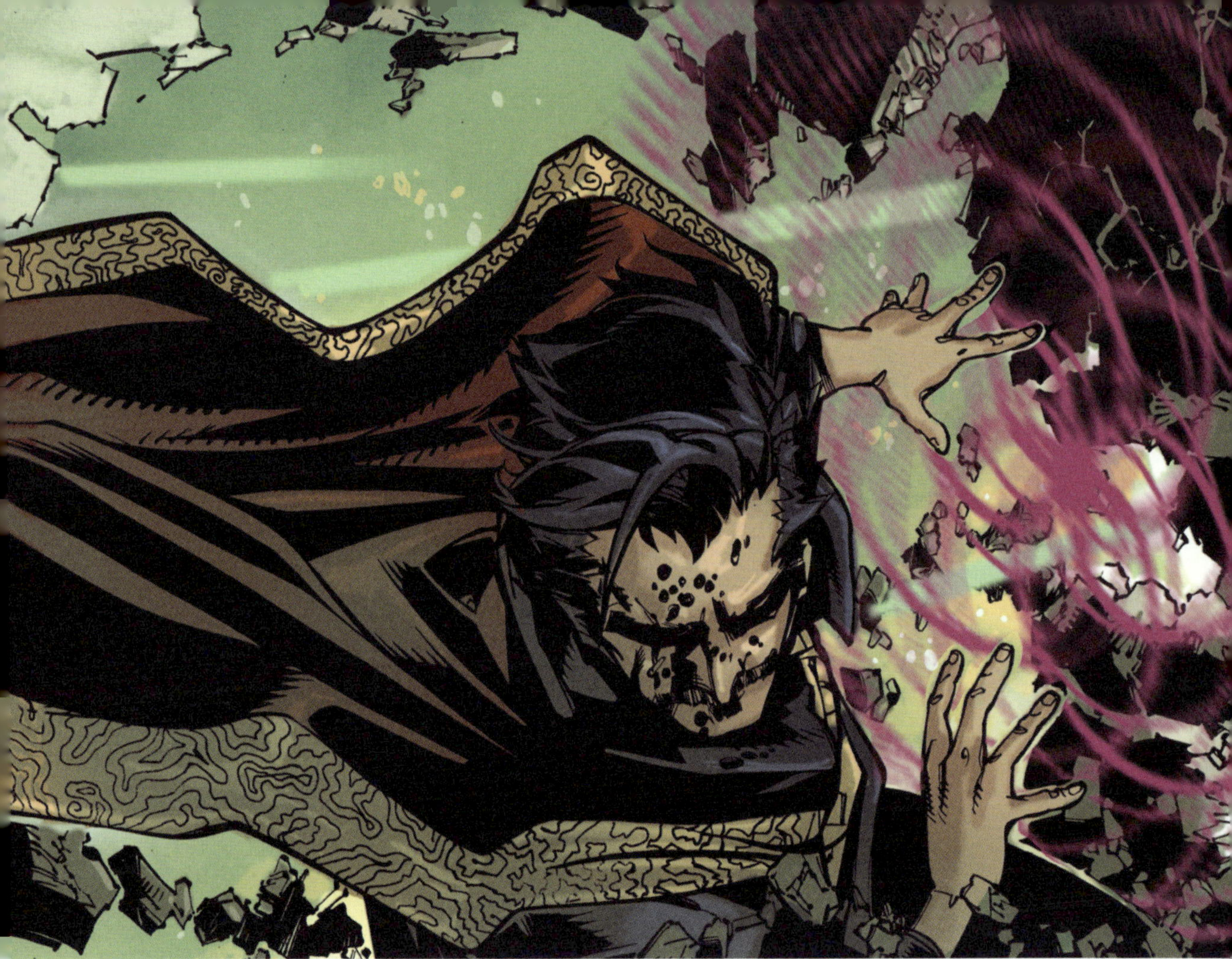

Alles begann mit einer Warnung von Zauberern anderer Realitäten: Etwas suchte die Reiche der Magier heim und löschte all ihre Zaubermacht aus. Nachdem er in einer anderen Dimension Zeuge der Verwüstung geworden war, machte Doctor Strange die Mystiker seiner eigenen Welt auf die drohende Gefahr aufmerksam – jedoch zu spät. Die Magier der Erde waren bald einem heftigen Angriff der Empirikul ausgesetzt, einer gewaltigen Armee fortschrittlicher Roboter und Konstrukte künstlicher Intelligenz. Magische Helden wie Scarlet Witch und Doctor Voodoo nahm die Techno-Armee als Erste ins Visier. Sie wurden von Cyborg-Hexenjagdwölfen unerbittlich gejagt. Auch Doctor Strange wurde wiederholt angegriffen und sein Sanctum Sanctorum in der Bleecker Street 177A in New York vom Imperator, dem Herrscher der Empirikul und Befehlshaber der Maschinenarmee, belagert.

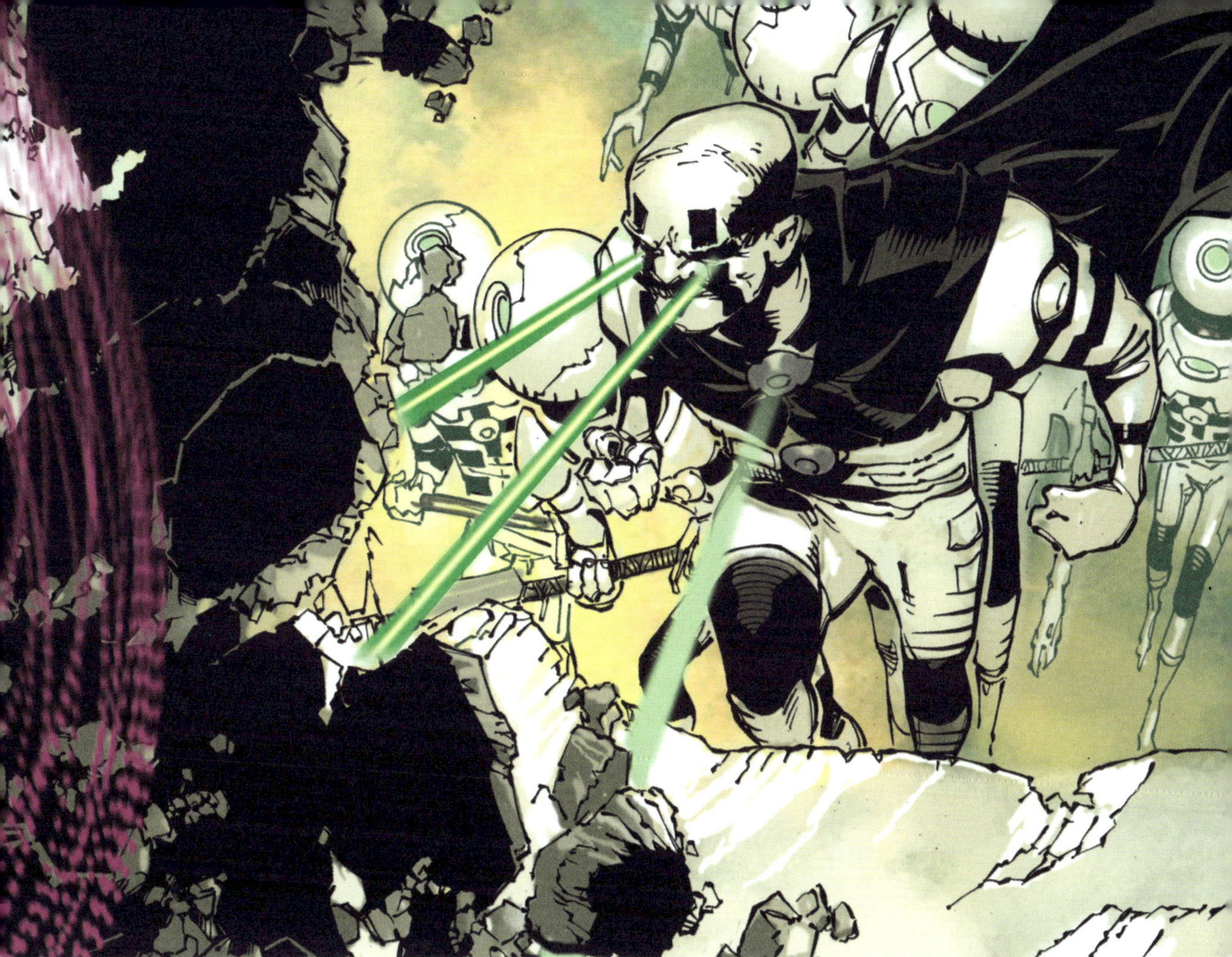

Flankiert von einem Trupp mächtiger Eyebots durchbrach der Imperator Stranges mystische Verteidigungsanlagen mit Leichtigkeit. Der stark geschwächte Meistermagier stand kurz vor der Niederlage und griff daher zu extremen Mitteln. Er verschaffte sich Zugang zum Netz der Ley-Linien der Erde und zapfte den magischen Kern des Planeten an, wodurch er sich mit schier unendlicher mystischer Energie auflud. Doch auch diese Maßnahme war vergebens. Der Imperator wehrte alles ab und nahm den vollkommen erschöpften Magier gefangen.

Die Empirikul hatten gewonnen, der mächtigste Zauberer der Erde war neutralisiert und die magischen Reserven der Erde durch Doctor Stranges Handeln quasi verbraucht. Der Quell aller Zaubermacht war nahezu versiegt. Demonstrativ riss der Imperator Doctor Stranges Schwebemantel vor den Augen des schockierten Helden in Stücke.

Fanal des Fortschritts
Die vom Imperator angeführten technologischen Armeen der Empirikul griffen Doctor Strange an und planten, alle Magie auf Erden auszulöschen.
Doctor Strange #6, Mai 2016

Während seiner Gefangenschaft erfuhr Doctor Strange, dass der Imperator ein extradimensionales Waisenkind war. Seine Eltern, ein Wissenschaftlerpaar, waren Jahrzehnte zuvor vom dunklen Gott Shuma-Gorath getötet worden. Zuvor aber konnten sie ihren kleinen Sohn retten und in die Obhut von Eyebots geben. Aufgewachsen in einer virtuellen Umgebung schwor der junge Erwachsene, den Tod seiner Eltern zu rächen, indem er alle Formen von Zauberei restlos aus dem Universum tilgte. Mithilfe der Eyebots schuf er eine gigantische Sternenschiff-Flotte und erklärte der Magie den Krieg, wobei die Wissenschaft seine wichtigste Waffe wurde.

»Du wirst zuletzt brennen, Doctor Strange.«

Der Imperator

Als Krönung seines Sieges auf der Erde wollte der Imperator Doctor Stranges Sanctum Sanctorum niederbrennen. Das Gebäude erwies sich jedoch als schier unzerstörbar, fast so, als hätte es selbst eine mystische Aura. Die Quelle dieser Kraft entdeckten Eyebots im Keller des Hauses, wo eine bizarre, tiefschwarze Kreatur mit vielen Gesichtern und einer wie Quecksilber strömenden Gestalt hauste: die Verkörperung aller mystischen Qualen von Doctor Strange. Ohne das Wissen des Magiers hatte sich der Schmerz, den er in den langen Jahren der Pflichterfüllung erfahren hatte, zu einer lebendigen Einheit zusammengefügt. Immer wenn der Held selbstlos körperliche und geistige Entbehrungen ertrug, gewann sie an Größe. Als der Imperator von dieser bizarren Monstrosität abgelenkt war, befreite ein alter Zauberer namens Monako Doctor Strange von seinen Fesseln und teleportierte ihn in Sicherheit.

Das Böse sieht alles
Shuma-Gorath verlangte absolute Vergötterung und tötete die Eltern des Imperators wegen ihres ketzerischen Glaubens an die Wissenschaft.
Doctor Strange #7, Juni 2016

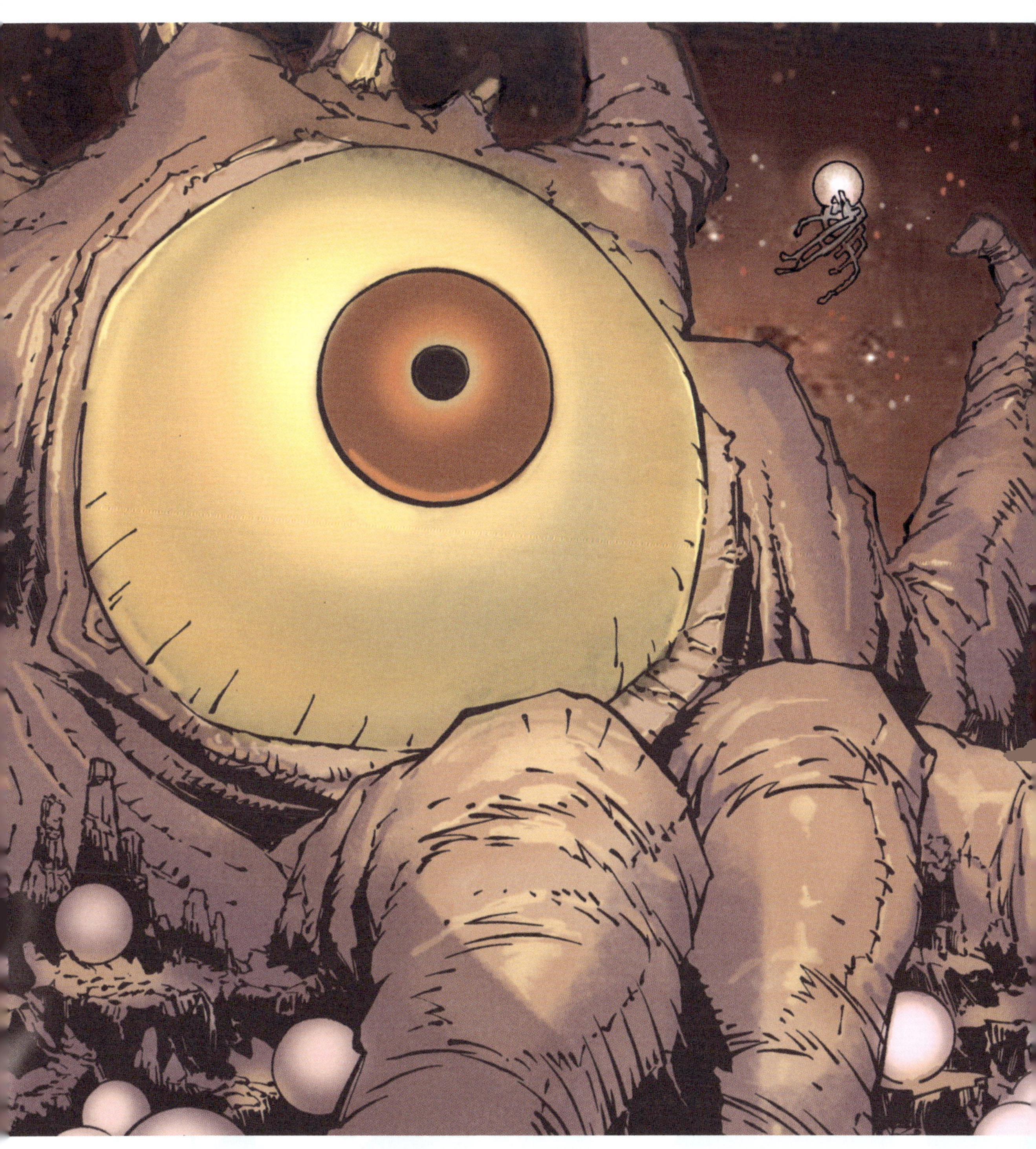

Tragischerweise war nun auch Monakos Zaubermacht erschöpft, er wurde gefangen genommen und getötet. Der einstige Meister der Magie, Doctor Strange, aber fand sich an einem sicheren Zufluchtsort wieder: einem Netz unterirdischer Höhlen, in denen sich weitere Mystiker versteckten, die den Angriff der Empirikul überlebt hatten. Stephen Strange scharte seine neuen Verbündeten um sich und organisierte eine weltweite Suche nach den wenigen verbliebenen mystischen Ikonen der Welt. Viel fanden sie jedoch nicht. Und was sie bargen, war nicht sonderlich mächtig. Angesichts der brenzligen Lage musste es jedoch genügen.

Bewaffnet mit der Axt des Angarruumus und anderen kruden Waffen, kehrte Doctor Strange zu seinem Haus zurück, um sich dem Imperator zu stellen. Doch wie zuvor gewann der hasserfüllte Superwissenschaftler die Oberhand. Doch als Doctor Strange sich schließlich seinem Schicksal ergab und mit der schrecklichen Kreatur seiner Schmerzen im Keller verschmolz, erlangte er überraschenderweise genug Kraft, um seinen Feind zu besiegen. Mit der Niederlage des Imperators wurden auch die Empirikul-Roboter funktionsunfähig. Doch der Sieg war teuer erkauft.

> »Warum ist die Welt trotz des Sieges noch so kalt?«
>
> Doctor Strange

Die magischen Ressourcen der Erde waren nun begrenzt, und Doctor Strange sah einer ungewissen Zukunft entgegen. Die letzten Tage der Magie und die ersten Tage einer neuen Ära waren gekommen.

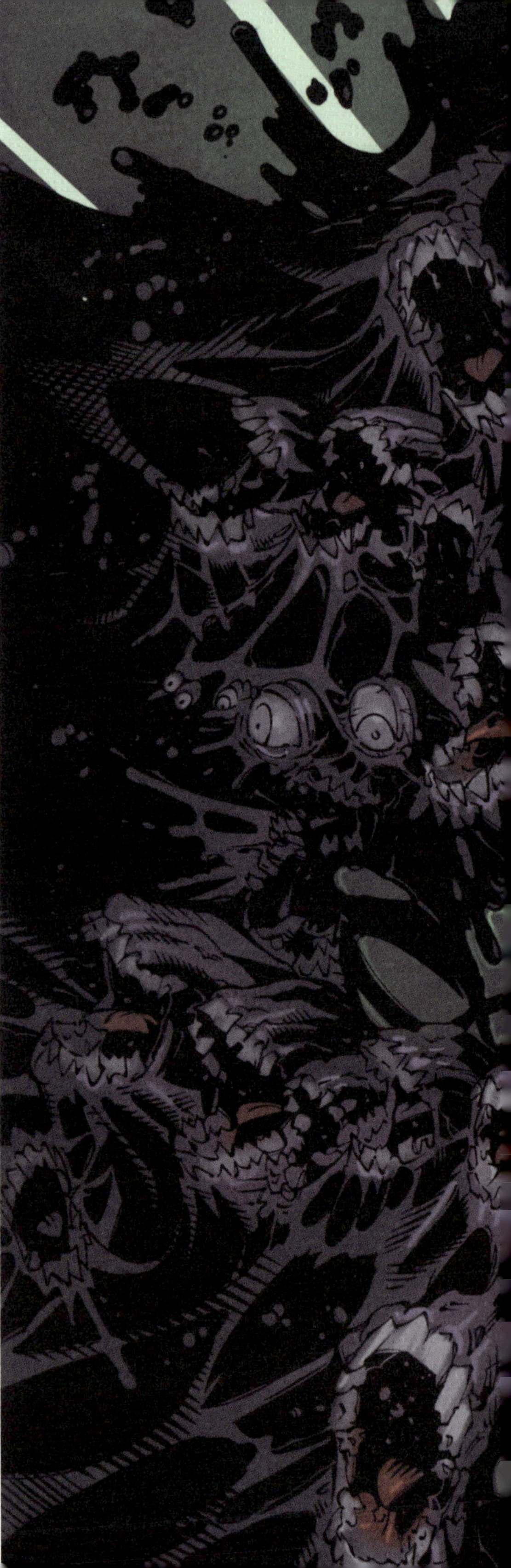

Verborgener Schmerz
Doctor Stranges mentale Qualen und körperliche Leiden verbanden sich zu einem abscheulichen Wesen im Keller seines Hauses.
Doctor Strange #9, August 2016

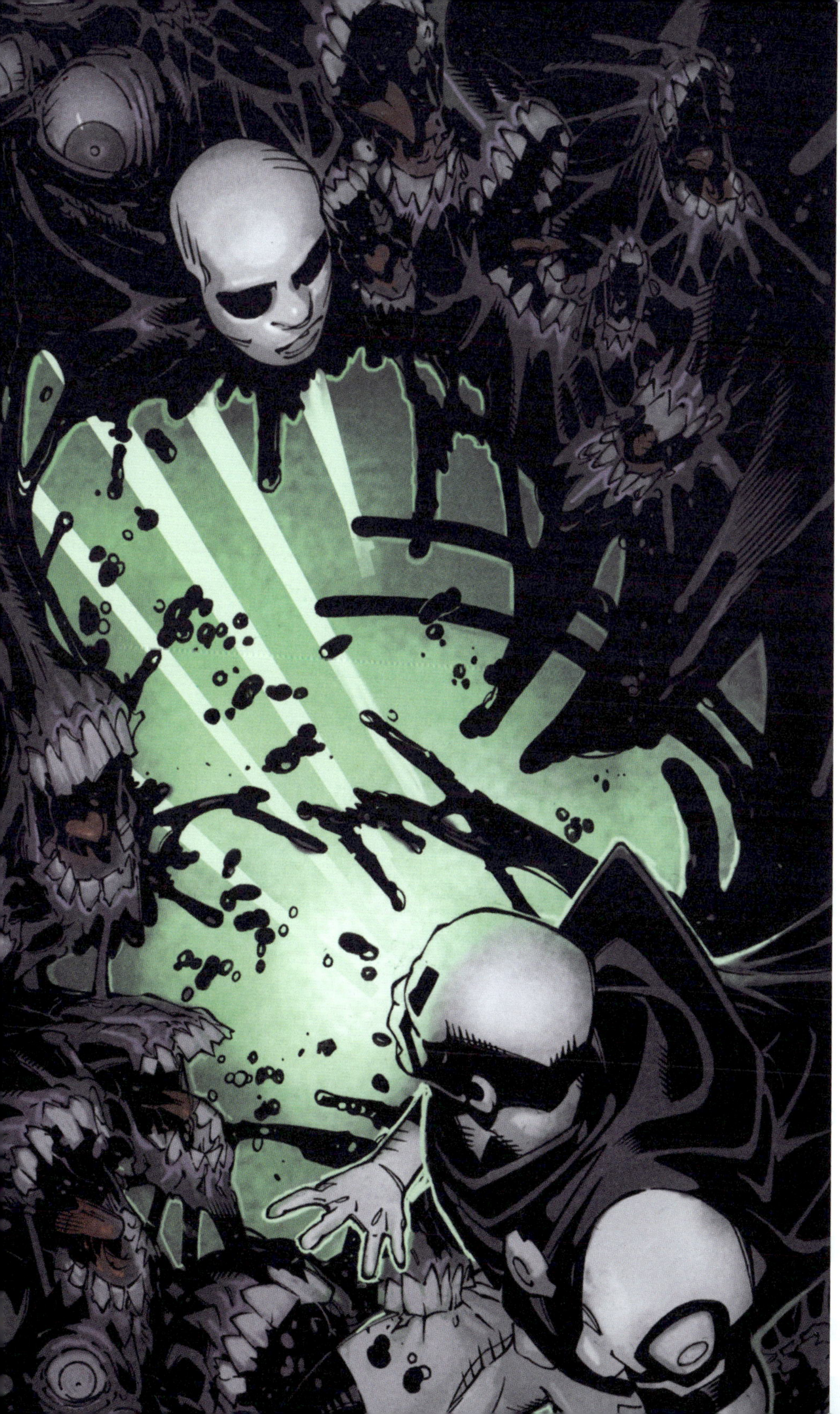

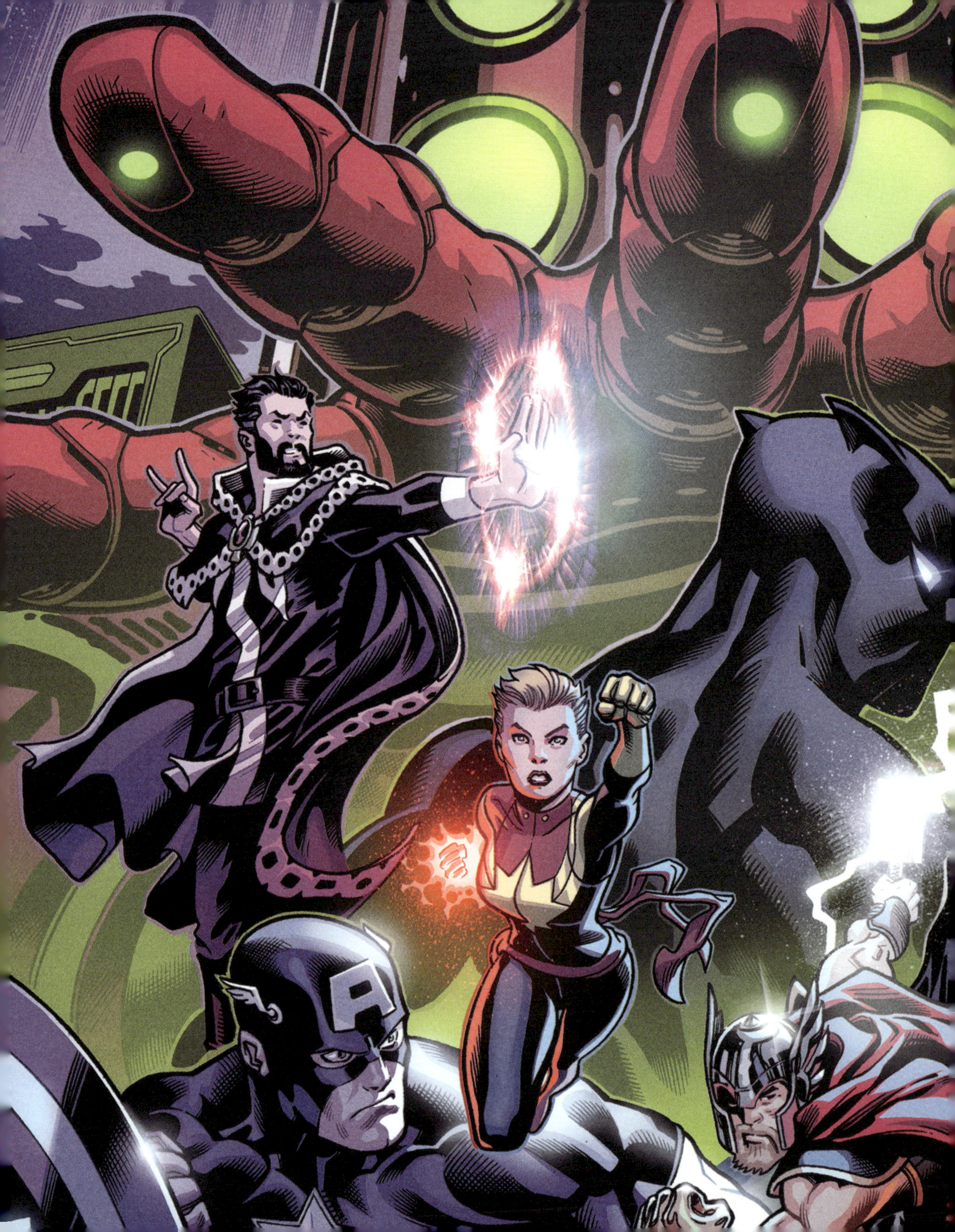

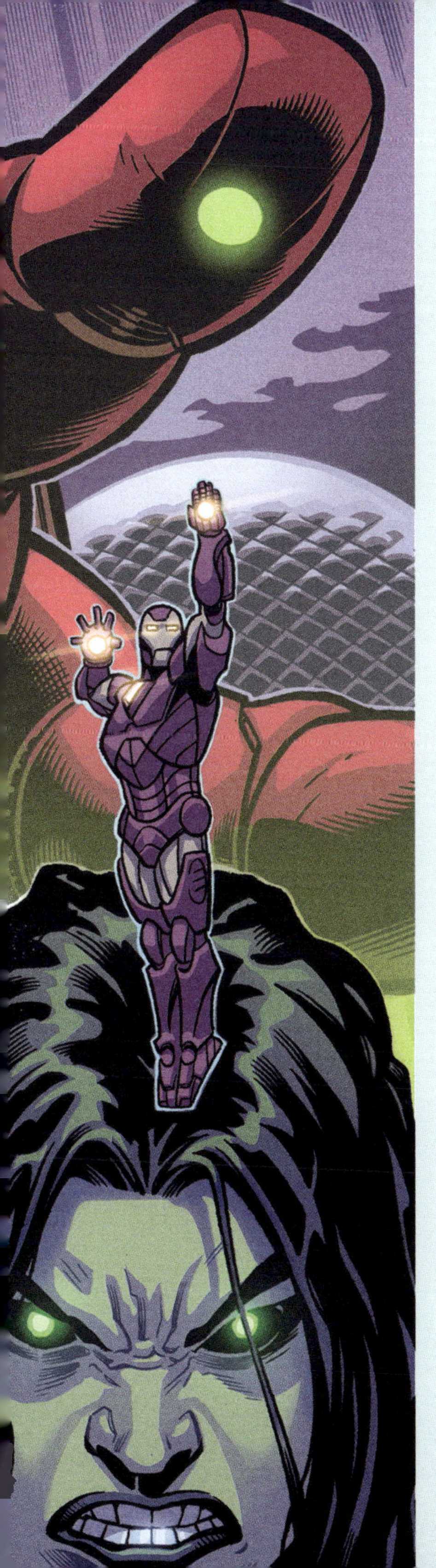

MODERNE MYTHEN

Dunkle Götter und andere lebende Relikte der Urgeschichte prägen selbst heute noch die Welt. Jüngst erwachte der Symbiontengott Knull aus einem langen Schlaf, um den Helden Spider-Man und den Antihelden Venom herauszufordern. Außerdem kehrten die gewaltigen Celestials überraschend auf die Erde zurück und veranlassten Captain America, mit seinen Superhelden-Verbündeten ein neues Avengers-Team zu bilden.

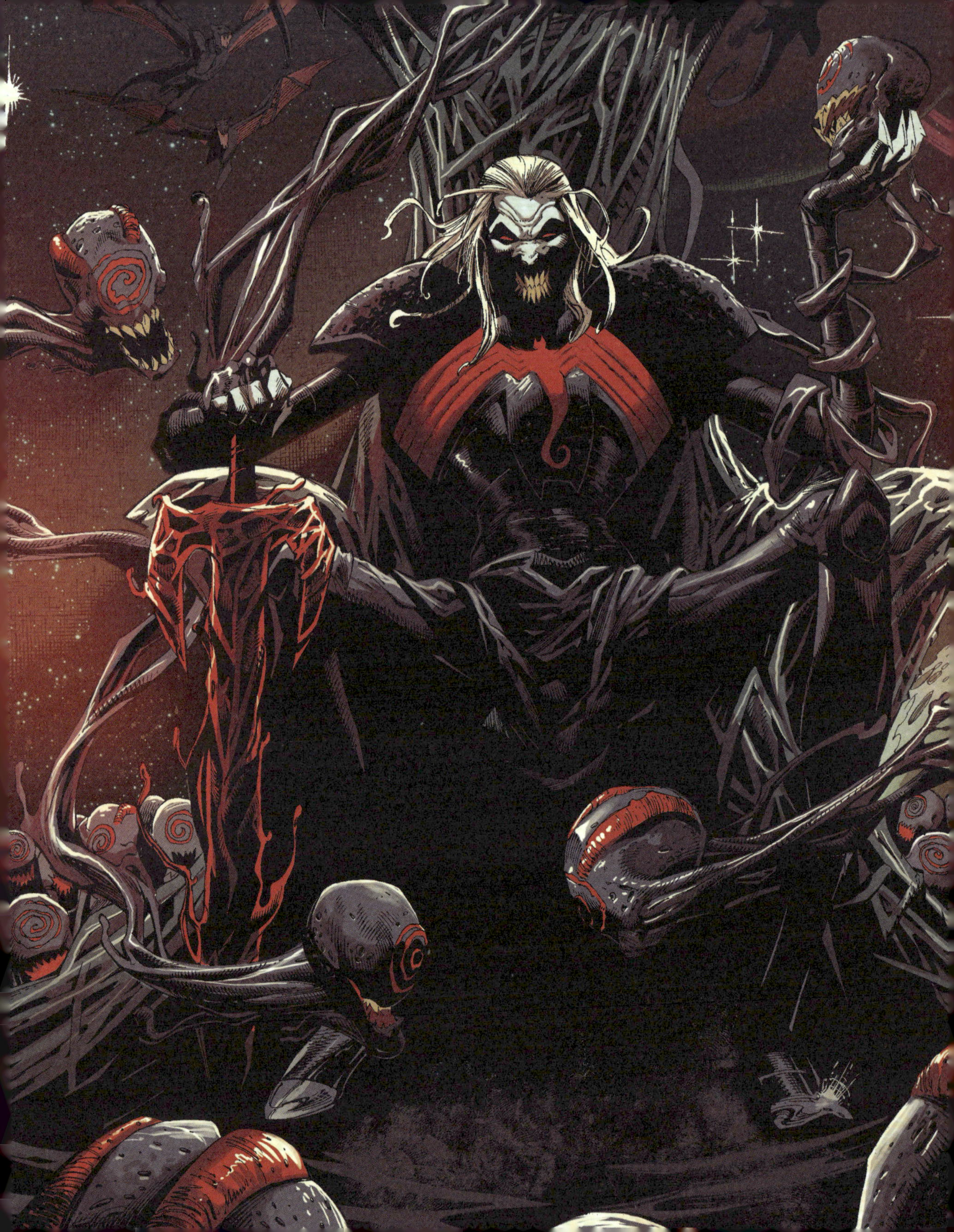

Knull und das Nichts

Als seine einsame Existenz durch das explosive Chaos des Urknalls gestört wurde, erklärte der finstere Knull allem Leben den Krieg und entfesselte eine Armee symbiotischer Krieger im Universum.

Knull war ein Gott der Ur-Finsternis, das einzige Wesen, das vor Anbeginn der Zeit existierte. Er schwebte unsagbar lange durch das Nichts, zufrieden mit der Monotonie seiner Existenz. Doch das Licht des Urknalls störte die Ruhe der bösen Gottheit. Knulls Zorn wuchs, als er sah, wie sein trostloses Königreich von einer Vielzahl von Lebensformen überrannt wurde. Mit aller Macht wollte Knull das Eindringen von Licht und Leben in sein Reich abwehren und schmiedete aus seinem Schatten ein Schwert der lebendigen Finsternis. Mit Allschwarz, dem Nekroschwert, attackierte er eine Gruppe von Celestials in den Tiefen des Weltraums.

Knull enthauptete einen der Weltraumgötter, wurde aber rasch von den Brüdern des kosmischen Riesen bezwungen. Sie schleuderten ihn zurück in die Leere, weit fort von dem sich immer noch ausdehnenden Universum des Lebens. Knull war über die Rückkehr in vertrautes Territorium ebenso erfreut wie über den Fund des Celestial-Schädels, der neben ihm im All trieb. Der dunkle Gott machte aus dem Schädel eine gigantische Gießerei.

Düsteres Reich
Knull war ein finsterer Gott, der über die Leere herrschte. Seine Herrschaft war absolut, bis der Urknall die Finsternis störte und Licht und Leben im Universum freisetzte.
Venom #3, August 2018

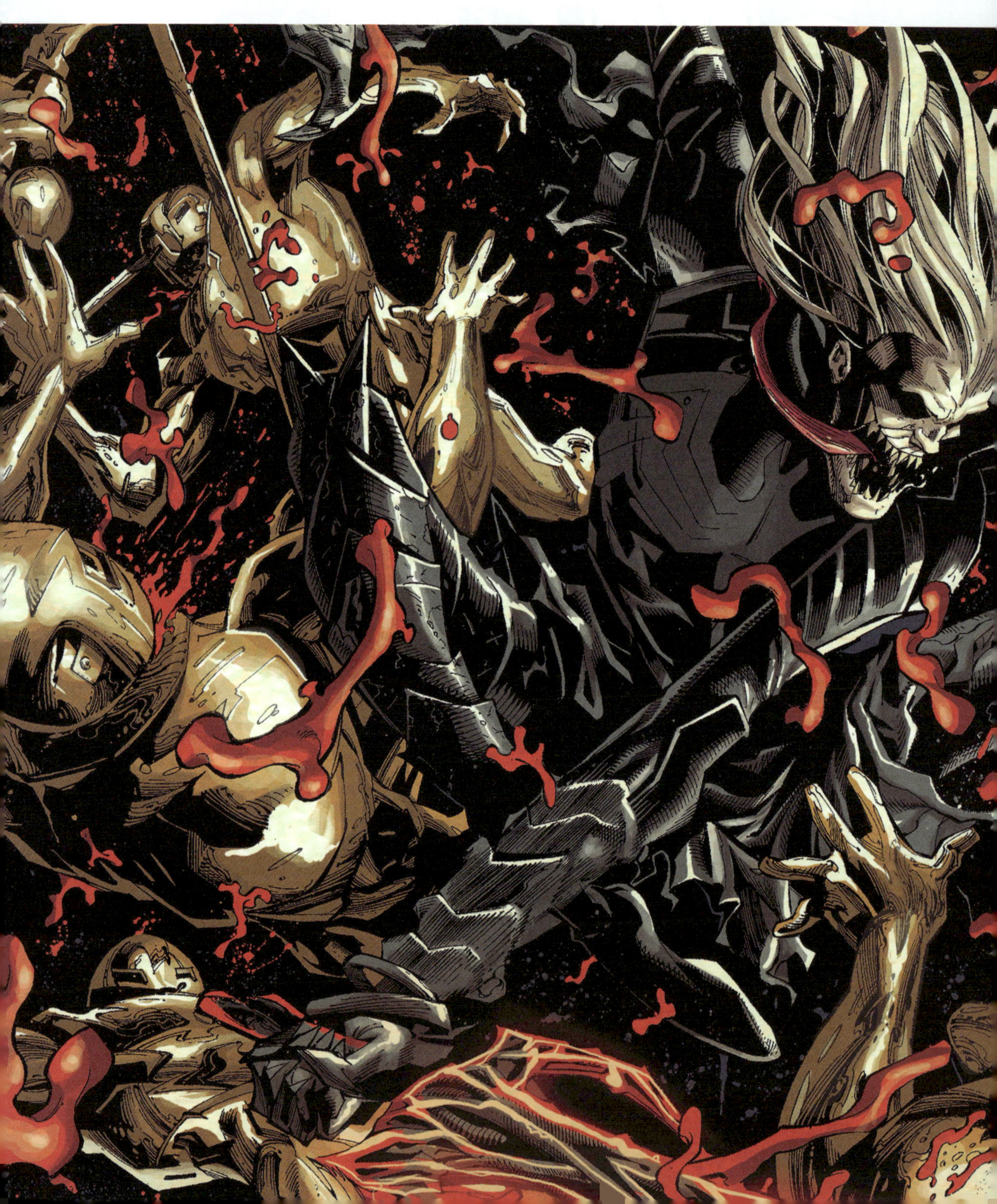

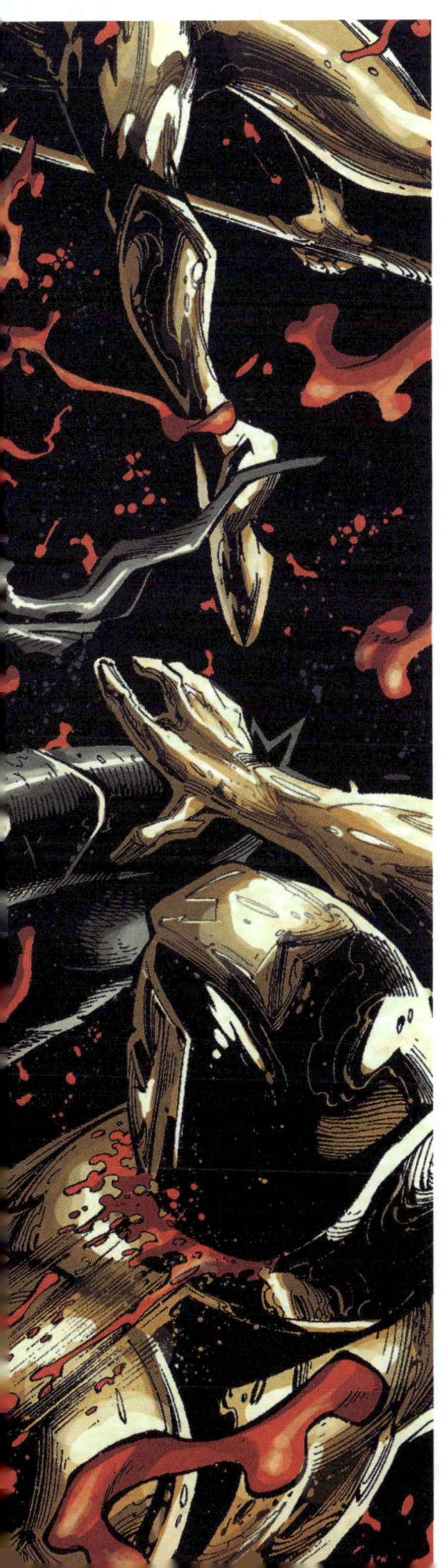

Knull griff auf die knisternden Energien des ausgehöhlten Celestial-Schädels zu und verfeinerte Allschwarz, indem er das Metall härtete und rasierklingenscharf machte. Aus der gespenstischen, ihn umgebenden Dunkelheit schmiedete er sich eine lebende, symbiotische Rüstung. Nun war Knull bereit für die Jagd. Seine Beute waren die gottgleichen Wesen, die sich im Universum ausbreiteten und ihre Anhänger ermutigten, die Regionen des Weltraums zu erforschen. Knull erschlug mit Allschwarz unzählige dieser neuen Gottheiten und wurde so im ganzen Kosmos zur gefürchteten Legende. »Gemeinsam schlitzten wir der Schöpfung die Kehle auf und ertränkten eine Milliarde Sterne mit dem Blut der Allmächtigen«, prahlte er.

Nach einer besonders heftigen Konfrontation mit einer Gruppe gepanzerter Gottheiten fand der blutige Amoklauf des dunklen Gottes jedoch ein Ende. Einer der göttlichen Krieger verwundete Knull so schwer, dass er auf einen Planeten stürzte. Während Knull außer Gefecht gesetzt war, veränderte das rudimentär empfindungsfähige Allschwarz seine Form zu einer dunklen Masse, verband sich mit dem Alien Gorr und verließ diese Welt. Die Geschichte der Rüstung, die immer weiter vererbt wurde, fand Eingang in das kosmische Buch »Saga des Gottesschlächters«.

Der durch den Sturz geschwächte Knull war ein Jahrhundert lang nahezu komatös, dann aber gewann er wieder genug Kraft, um aus dem Einschlagkrater herauszukriechen und seine Umgebung zu erkunden. Es gelang ihm, sich mit den kleinen auf dem Planeten lebenden Kreaturen zu verbinden, die, in seine dunkle Essenz gehüllt, zu seinen Sklaven wurden. Es entstand ein großer, von Knull gesteuerter Schwarmgeist, eine Erweiterung seiner Selbst in Gestalt einer Symbionten-Horde. Der dunkle Gott schickte sie in den Kosmos hinaus und verfolgte über ihre Psi-Verbindung alles, was seine Symbionten taten. Irgendwann entdeckte er, dass er Symbionten-Drachen erschaffen und damit noch größeren Schrecken im Universum verbreiten konnte.

Götterschlächter
Mit dem Nekroschwert Allschwarz griff Knull die sich rasch ausbreitenden Götter an und hinterließ im jungen Kosmos eine furchtbare Blutspur.
Venom #4, September 2018

Einer dieser Drachen erreichte im 6. Jahrhundert v.Chr. die Erde, wo er eine Gruppe Wikinger heimsuchte, die ihn Grendel nannte. Durch die Augen seines Drachen konnte Knull sehen, dass dieser Planet eine besonders starke Verbindung zum Schöpfungslicht hatte, deshalb plante er, dieser Welt den Garaus zu machen. Die Wikinger wurden jedoch vom jungen Donnergott unterstützt, der den feurigen Angriff des Ungeheuers mit einem gewaltigen Blitzsturm aufhielt. Der elektrische Wirbel war so stark, dass er Knulls Gedankenverbindung zu Grendel und all seinen anderen Dienern unterbrach.

> »Halt! Haltet Grendel zurück ...«
>
> Ein Wikingerkrieger

Die vom Schwarmgeist getrennten Symbionten fanden in Kreaturen diverser Welten neue Wirte und entwickelten ihre eigene Kultur. Einige wandten sich sogar gegen Knull und sperrten ihn im Zentrum eines künstlichen Planeten ein, den sie aus ihrer amorphen Körpermasse geformt hatten. Diese Welt wurde Klyntar genannt, ein Begriff, der in der Sprache der Symbionten »Käfig« bedeutete.

Im Laufe der Jahrhunderte versuchten Mitglieder der Symbionten-Rasse, sich zu rehabilitieren, indem sie das Universum schützten, das sie einst terrorisiert hatten. Man kannte sie als Klyntar und ihr ehemaliger Herrscher Knull geriet in Vergessenheit. Die Wahrheit musste jedoch ans Licht kommen, als jüngst diverse Ereignisse zu Knulls Erweckung und zum Angriff eines neuen Grendels führten.

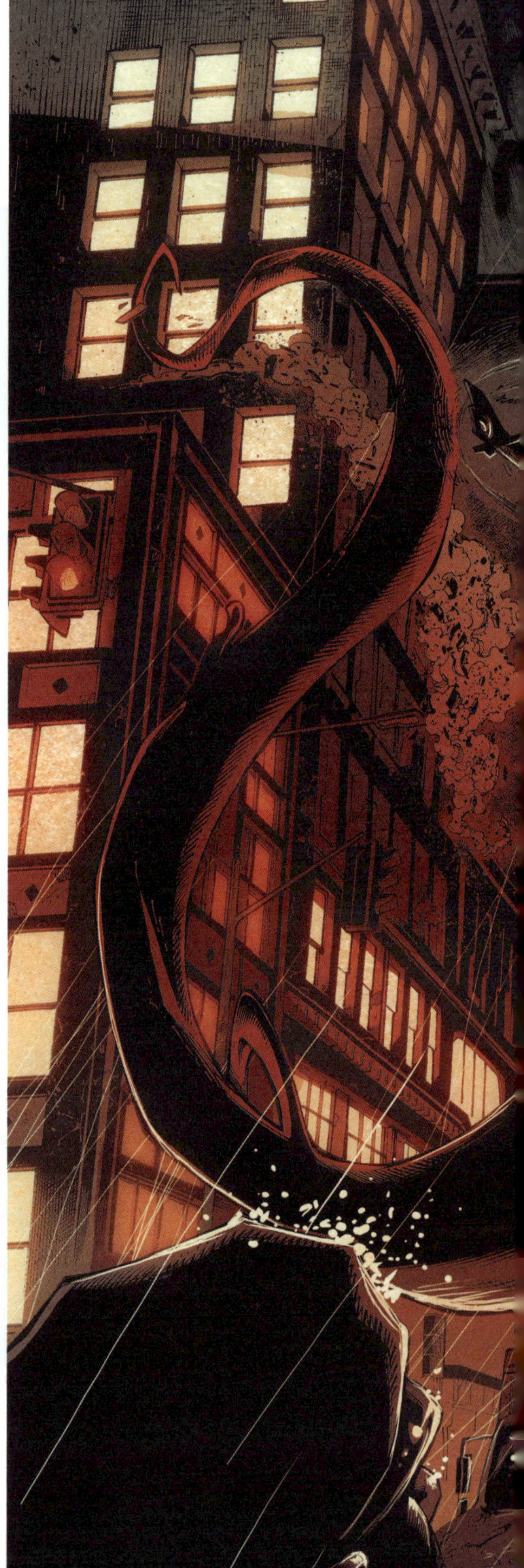

Entfesseltes Monster
Als der Drache Grendel auferstand, sorgte die mythische Kreatur in den Straßenschluchten des heutigen New Yorks für Chaos.
Venom #2, August 2018

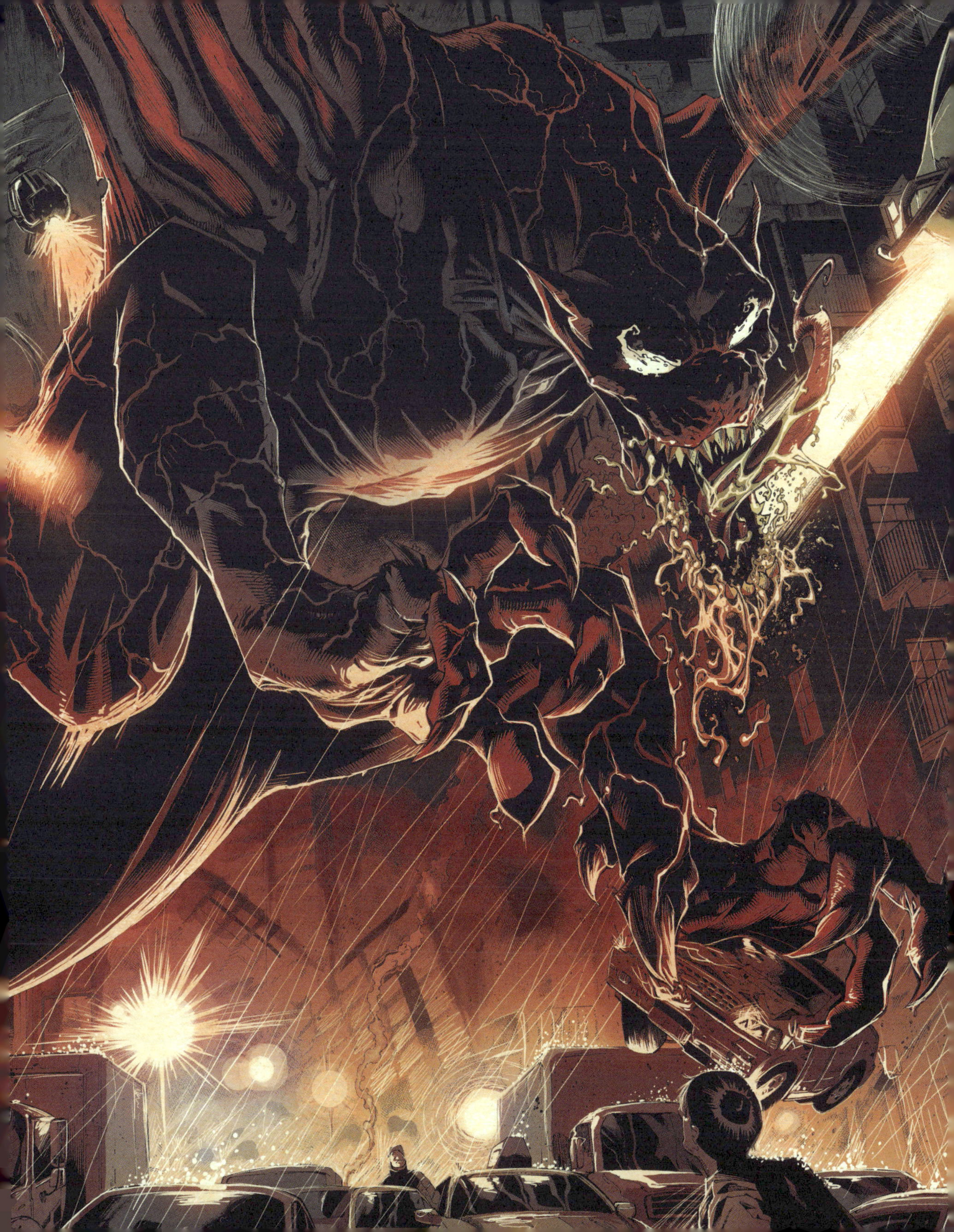

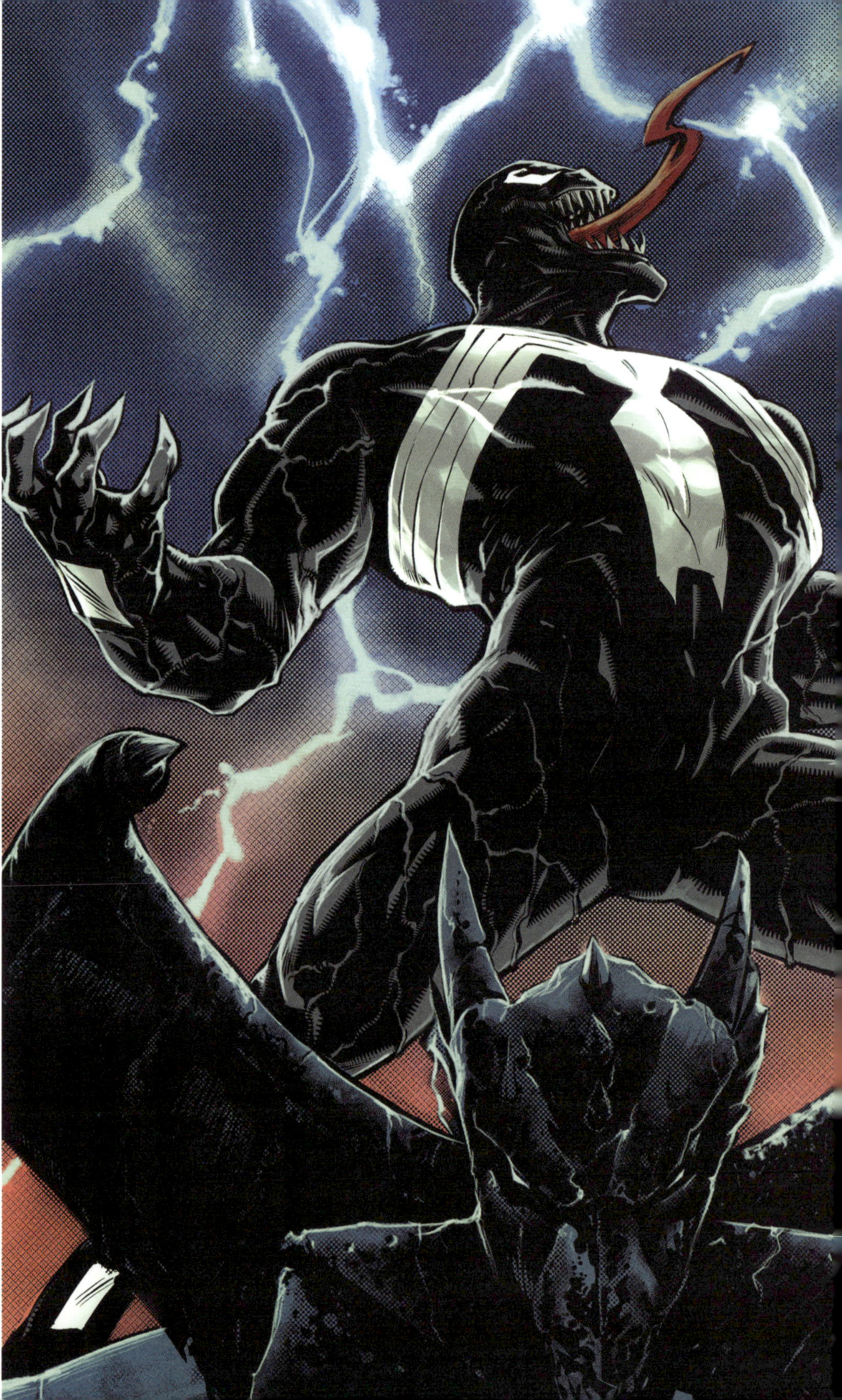

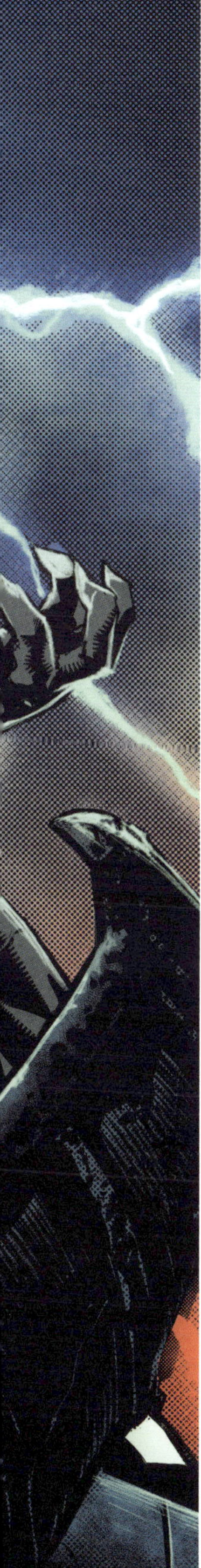

Als auf der Erde der Vietnamkrieg wütete, griffen Agenten von S.H.I.E.L.D. auf die symbiotischen Eigenschaften des geborgenen Grendel-Kadavers zu, um ein kleines Team effizienter Sym-Soldaten zu kreieren. Die am Ende der Kampfhandlungen in Kälteschlaf versetzten Krieger wurden in der Gegenwart kurzzeitig erweckt. Dies wurde von Knull registriert, der in seinem lebenden Gefängnis langsam selbst wieder erwachte. Der dunkle Gott stellte über die Leere des Alls hinweg eine Psi-Verbindung zu den Sym-Soldaten her und projizierte seine Essenz sodann in die Gestalt von Grendel. Als Knulls Avatar erhob sich der Drache in den Himmel über Manhattan. Er feierte seine neu gewonnene Freiheit voll Zerstörungslust und versprach, die Stadt im Feuerregen zu verbrennen.

»Ich wurde zum Schwarmgeist. Zum Götterwirt.« Knull

Der Ex-Journalist Eddie Brock fühlte sich magisch von Grendel angezogen. Seit Jahren war Brock sowohl emotional als auch physisch mit einem Klyntar-Symbionten verbunden. Zusammen sorgte das Paar als ungewöhnlicher Held Venom in den Straßen New Yorks für Gerechtigkeit. Normalerweise bedeckte der Symbiont seinen Wirt als tiefschwarzes Kostüm und verlieh ihm Superkräfte, die denen des Helden Spider-Man ähnelten. Nun aber verhielt er sich unberechenbar. Sein Rassengedächtnis drängte ihn dazu, sich mit Grendel zu vereinigen und Teil des erneuerten Schwarmgeistes zu werden.

Venom erwacht
Eddie Brock verschmolz mit einem Alien-Symbionten zum monströsen Antihelden Venom, der in New York heftige Selbstjustiz übte.
Venom #1, Juli 2018

Obwohl der Symbiont dem Ruf zunächst widerstand, befürchtete Brock, er würde seinen außerirdischen Partner bald an den bösartigen Schwarmgeist verlieren. Zudem wollte er die entsetzlichen Verwüstungen beenden, die Grendel in New York anrichtete. Zusammen mit Miles Morales, einem jungen Helden, der die Spider-Man-Identität mit Peter Parker teilte, ging Brock in die Offensive.

Die große Schwäche der Symbionten war Lärm, und Brock hoffte, dass Morales' einzigartiger »Venom-Blast« laut genug sein würde, um Grendel auszuschalten. Doch die Bestie erholte sich schnell von Spider-Mans Sonarangriff und der wiedererstarkte Knull konnte sich nun auf der Erde manifestieren. Obwohl sein Körper noch auf Klyntar festsaß, erschien sein Bewusstsein vor den erschrockenen Brock und Morales. Knull verspottete sie und enthüllte ihnen, dass er Grendel durch den Weltraum lenken wolle, um auch seine äußere Gestalt aus der Gefangenschaft zu befreien.

Als klar wurde, dass der dunkle Gott mit seinem Machtzuwachs eine Bedrohung für die gesamte Schöpfung darstellte, entschied sich Brock gemeinsam mit dem nach der Freisetzung des Venom-Blasts völlig erschöpften Morales zum Rückzug. Er wusste, dass er eine direkte Konfrontation nicht gewinnen konnte – noch nicht. Während Morales sich erholte, rüstete sich Brock mit einem riesigen Sprengstoffarsenal aus und kehrte zurück zum Kampf. Die geballte Explosionskraft seiner Waffen konnte Grendel betäuben und gab Brock die Gelegenheit, die Kreatur in einen Hochofen zu befördern, wo sie bei lebendigem Leib verbrannte. Dadurch zerbrach Knulls Verbindung zur Erde und der dunkle Gott blieb in seinem kosmischen Käfig gefangen. Brock hatte den Sieg errungen und die Welt gerettet, aber Knull war nun endgültig erwacht – ein in der Neuzeit wiedergeborener Urgott.

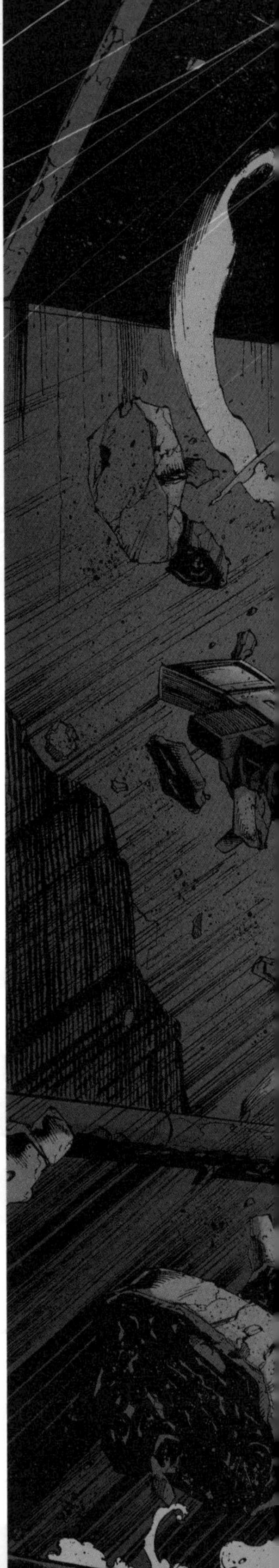

Todesgriff
Venom trotzte Grendels scharfen Zähnen und wollte das sabbernde Monster mit einem gewaltigen Arsenal an Sprengstoffwaffen bändigen.
Venom #6, November 2018

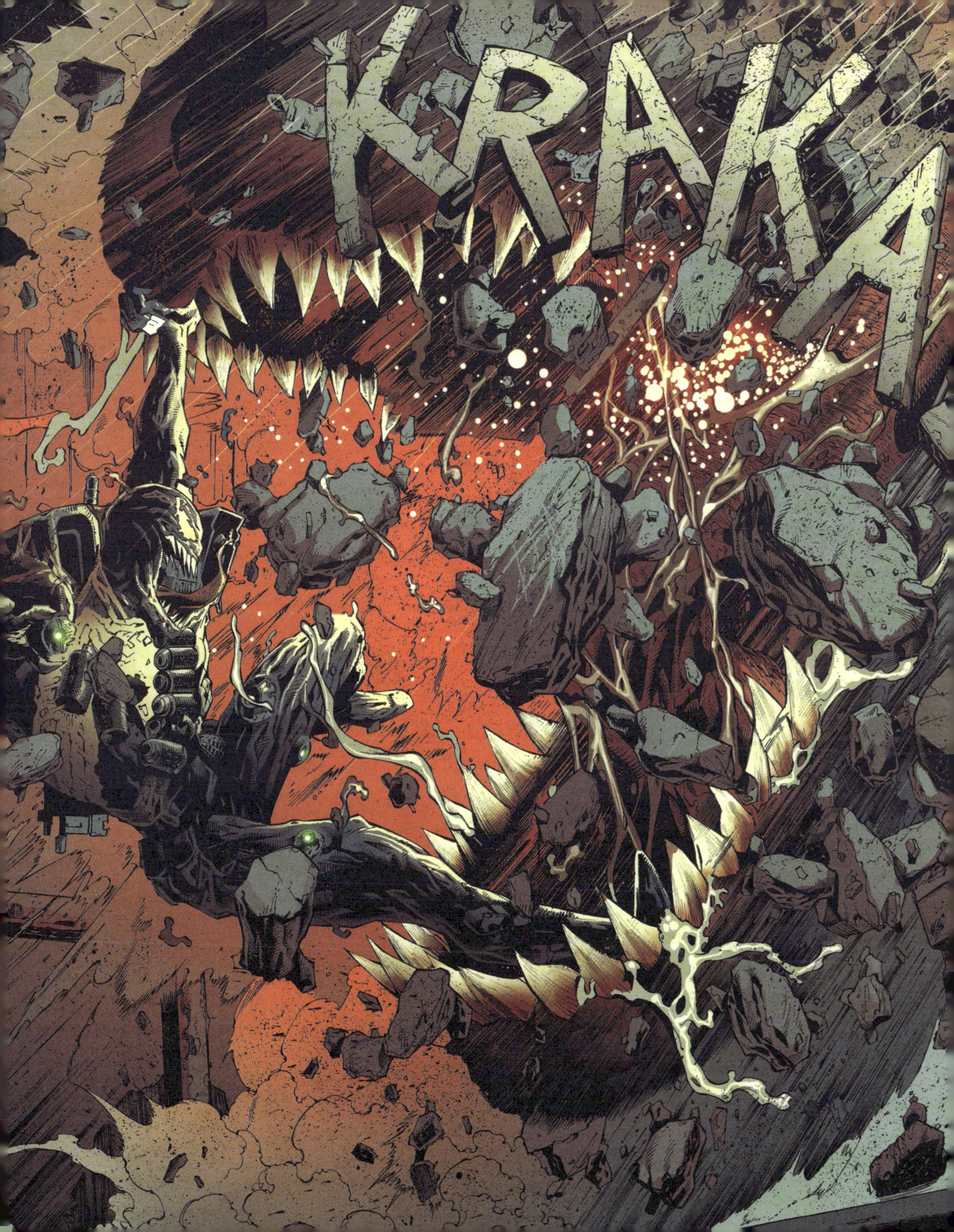
KRAKA

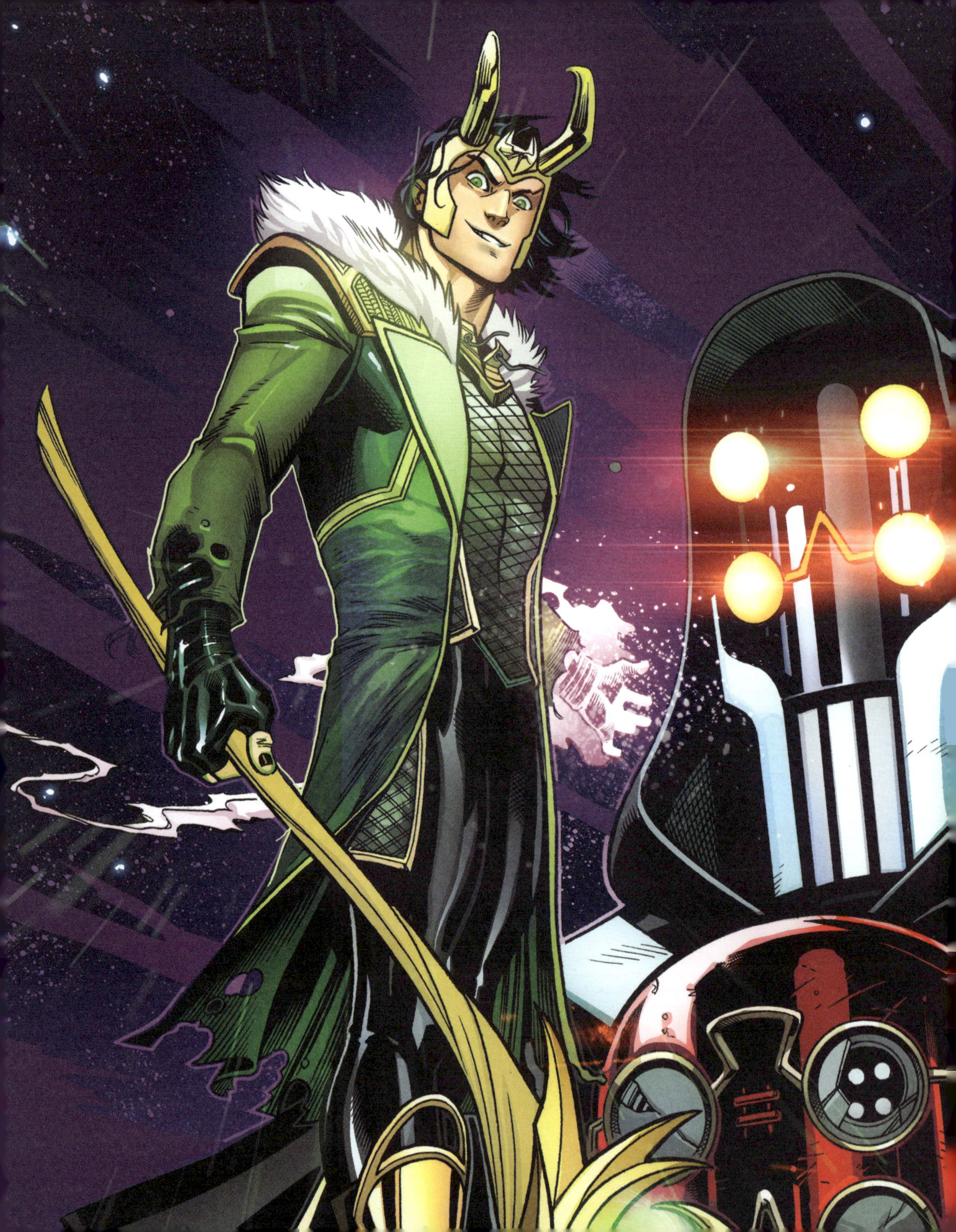

Das Letzte Heer

Als die Dark Celestials von den Sternen kamen, offenbarte sich die tatsächliche Bestimmung der Menschheit. Ein neues Avengers-Team wurde aus den Flammen eines seit prähistorischer Zeit lodernden Konflikts geschmiedet.

Während seiner langen Regentschaft unterhielt Allvater Odin den Hof von Asgard gern mit Erzählungen seiner legendären Heldentaten. Er berichtete stolz von erschlagenen Monstern, tapferen Kameraden und teuflischen Feinden. Mit der Zeit waren diese Geschichten jedoch nur noch bloßes Gesäusel und den Asen so vertraut wie ihr Alltag. Viele Götter lauschten den epischen Sagen ihres Königs längst nicht mehr, doch Loki, der vom Adel des Goldenen Reiches abgelehnt wurde, hörte Odin höchst aufmerksam zu. So erfuhr er von den Abenteuern seines Adoptivvaters mit den Urzeit-Avengers auf der noch jungen Erde. Gemeinsam hatten sie damals den wahnsinnigen Celestial Zgreb getötet und tief unter der Erde begraben.

In der Moderne machte sich der Gott der Zwietracht dieses Wissen zunutze. Er wollte die Energie des gefallenen Celestials rauben, stellte aber erstaunt fest, dass Zgreb gar nicht tot war, sondern nur schlief. Noch immer war er von der Alien-Horde befallen, die ihn künstlich am Leben erhielt. Zudem hatten sich die insektenartigen Parasiten vermehrt und außerhalb des Celestials ein Netz unterirdischer Gänge und Nester errichtet. Loki weckte Zgreb und brachte ihn in den Weltraum, wo sie weitere Celestials fanden. Ebenso wie Zgreb wurden auch sie von der Horde befallen und verwandelten sich in bösartige Zerrbilder ihrer früheren Existenzen – Dark Celestials.

Neue Finsternis
Loki, der Gott der Zwietracht, half bei der Erschaffung der neuen Dark Celestials. Als Letztes Heer führte er sie zur Erde, um die Menschheit auszurotten.
Avengers #2, Juli 2018

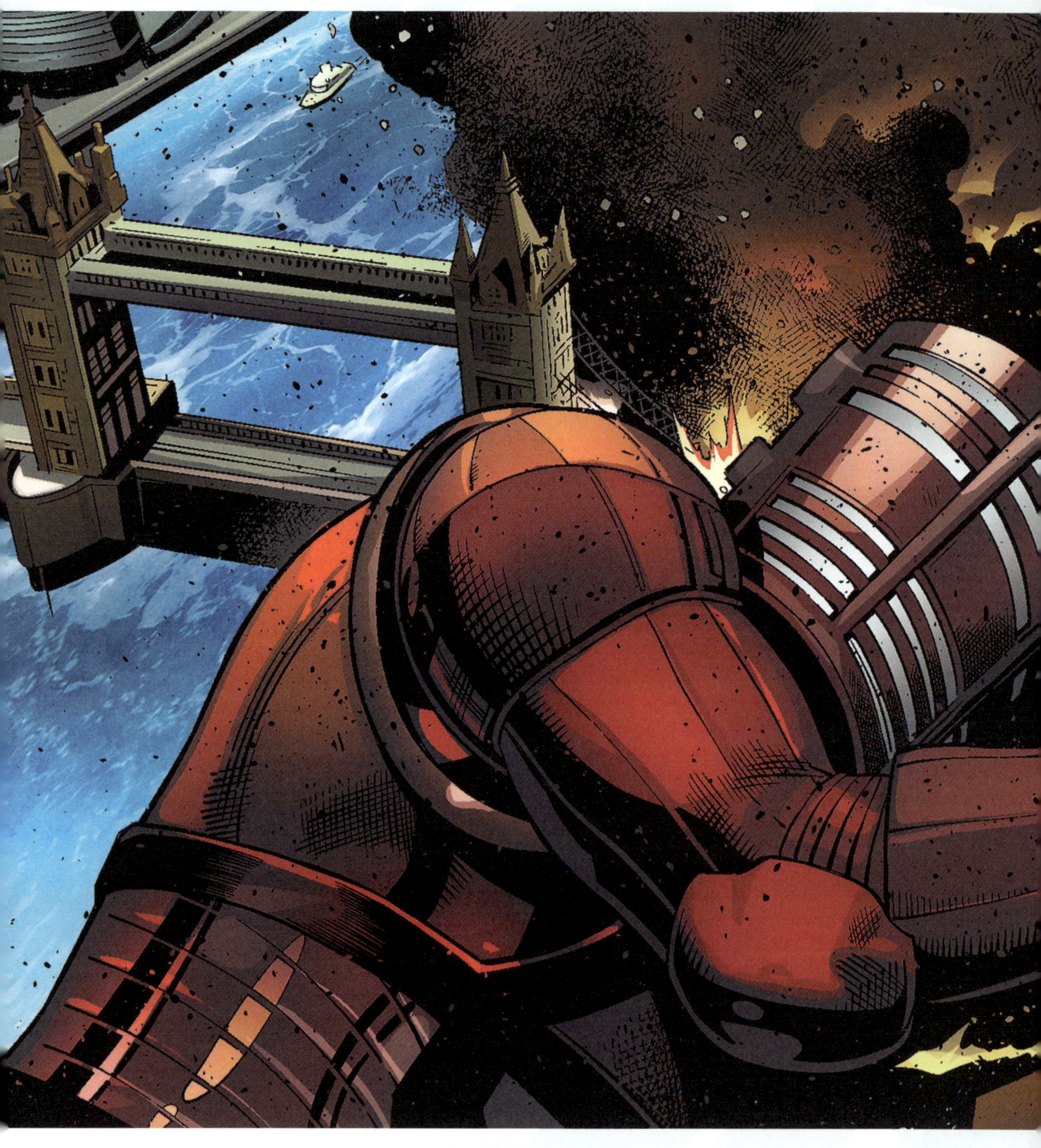

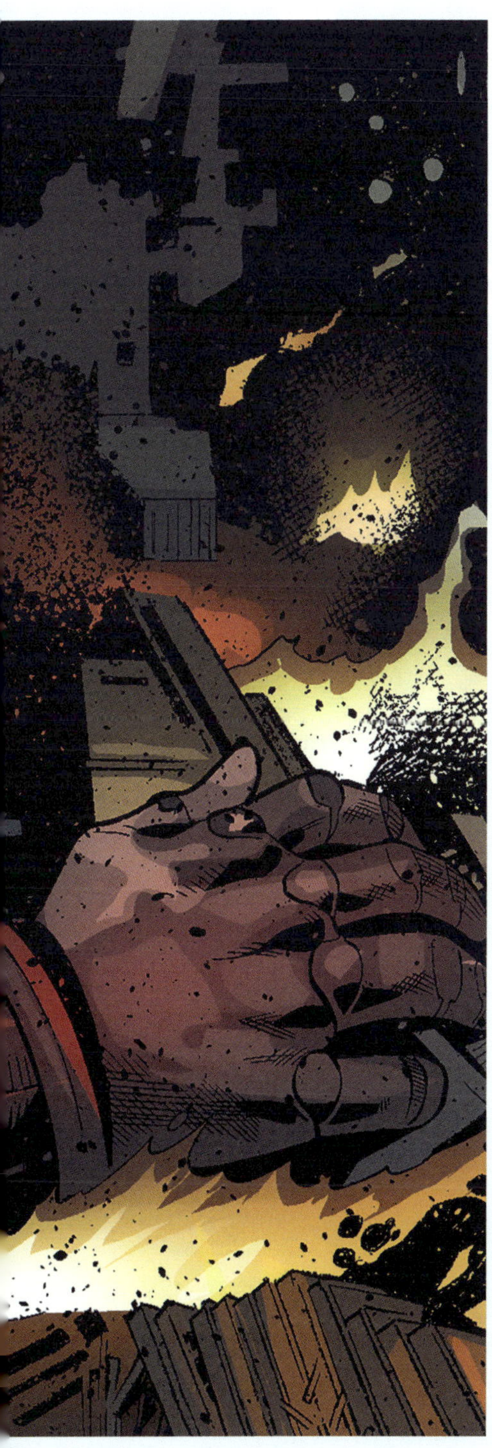

Jene, die nicht der Horde verfielen, wurden getötet und auf eine nichts ahnende Welt katapultiert. Und so stürzten gigantische Weltraumgötter auf die Erde hernieder, zerstörten Wahrzeichen und lösten Panik aus.

Angesichts dieser Katastrophe drängte Captain America Iron Man und Thor, die Avengers wieder zusammenzutrommeln. Das Team hatte sich, zermürbt durch die Belastungen zahlreicher existenzieller Krisen, entfremdet und aufgelöst. Nun bat Captain America seine alten Freunde, alle Differenzen zu vergessen und mit gutem Beispiel voranzugehen. Von den Worten des altgedienten Helden überzeugt, traten die Avengers zusammen mit Captain Marvel in Aktion, um den durch die herabstürzenden Weltraumgötter verursachten Schaden zu minimieren.

Rasch entdeckten die Avengers, dass Eson, einer der herabgestürzten Celestials, noch am Leben war. Er lag schwer verwundet quer uber dem Hudson River. Doch bevor die Helden weitere Pläne schmieden konnten, erschienen Loki und seine Dark Celestials am Himmel über New York. Der Gott der Zwietracht verkündete, dass die Zeit des Letzten Heeres gekommen war und dass er die Dark Celestials zur Erde geführt hatte, um die lästige Menschheit auszumerzen. Nach einer kurzen Schlacht, in der Loki und die Dark Celestials die Avengers ohne Probleme zurückschlugen, zog sich die finstere Armee ins ferne Sibirien zurück, um von dort aus ihren weltweiten Genozid durchzuführen.

Göttersturz
Der gigantische Arishem war nur einer von vielen Weltraumgöttern, die auf die Erde stürzten, bevor die Dark Celestials über die Erde herfielen.
Avengers #5, September 2018

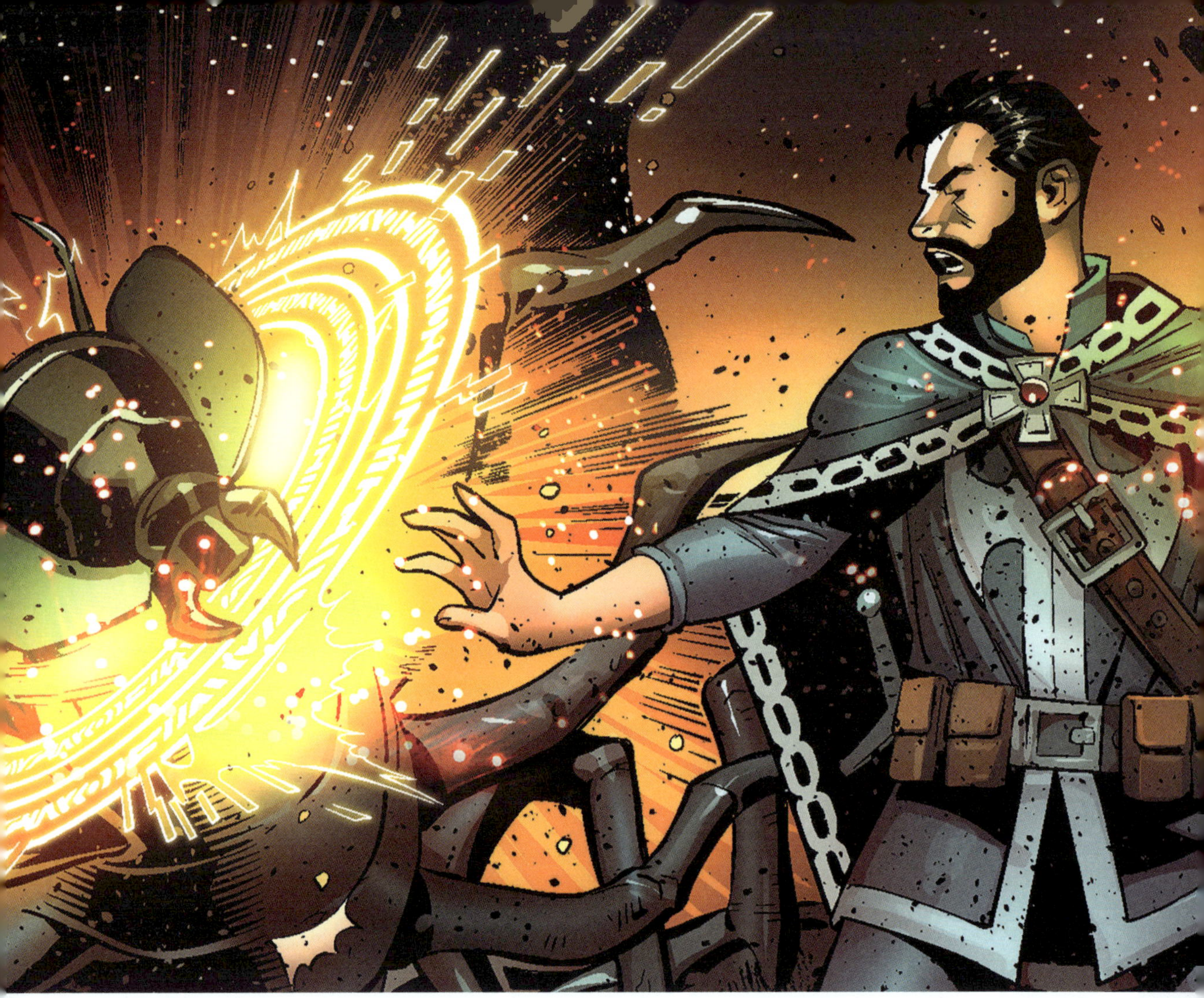

Währenddessen war die Horde durch Zgrebs Aufbruch in ihren Höhlen aufgeschreckt worden und hatte sich einen Tunnel zur Erdoberfläche gegraben. Es schien, als würde der Planet von innen und von außen attackiert. Black Panther war auf die bedrohlichen Kreaturen aufmerksam geworden und rief Doctor Strange hinzu, um die wachsende Gefahr zu bekämpfen. Der Meister der Magie wollte helfen, wies jedoch darauf hin, dass er nach dem Angriff der Empirikul noch nicht wieder der Alte war – denn die Magie kehrte nur sehr langsam zur Erde zurück. Einige Zauber wirkten, während andere völlig ergebnislos blieben. Tatsächlich stellte sich heraus, dass das Versiegen der magischen Energie die mystischen Bande, die Agamotto einst um Zgrebs Grab geschlungen hatte, gestört hatte.

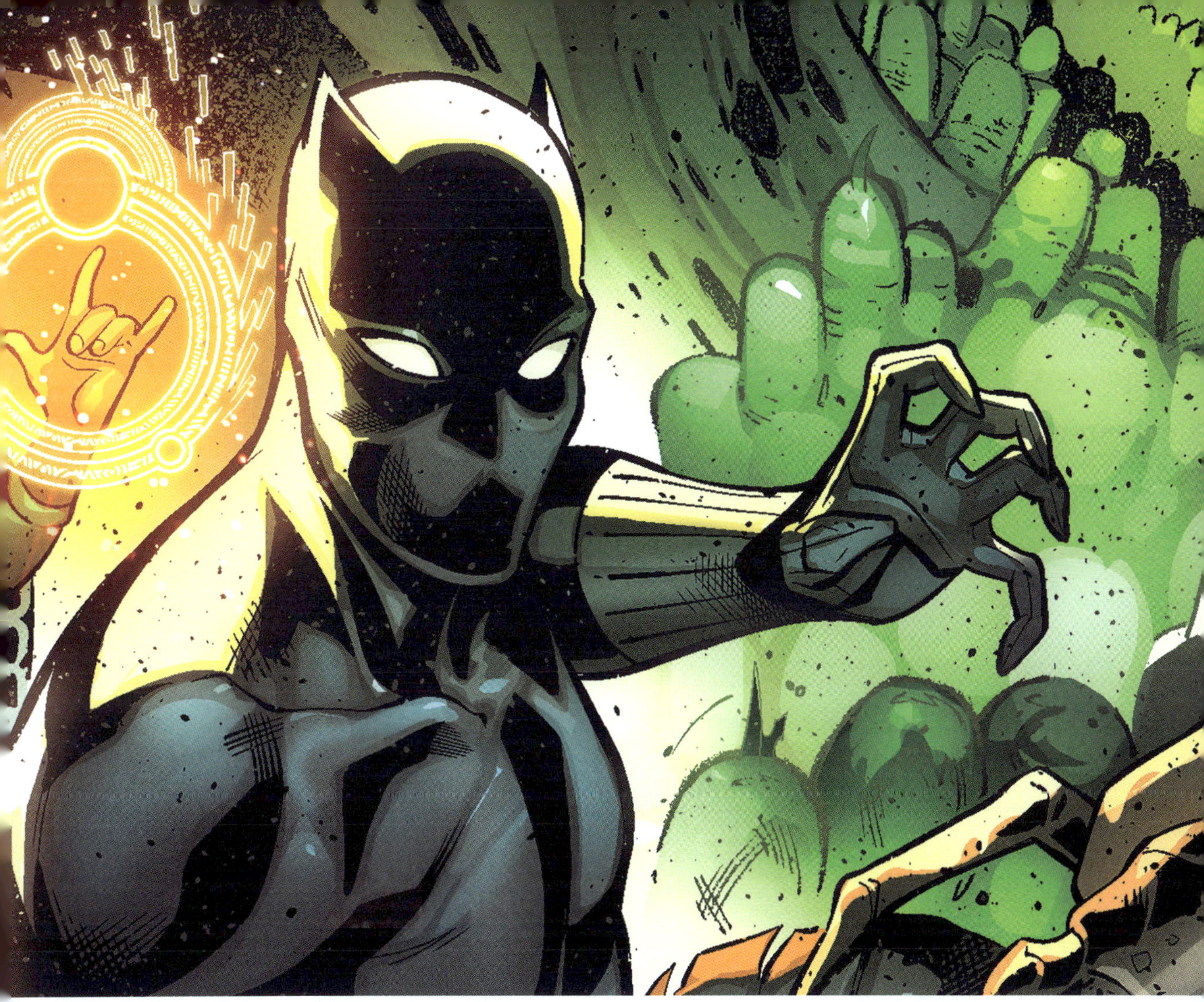

Unterirdischer Widerstand
Black Panther und Doctor Strange untersuchten eine unterirdische Störung und stießen auf die insektenartigen Horden-Schwärme, die sie tapfer bekämpften.
Avengers #3, August 2018

Dadurch konnte sich die Horde viel freier bewegen als zuvor. Doctor Strange und Black Panther wagten sich unter die Erde, um die Alien-Insekten auszurotten, wurden aber schnell von deren Übermacht überwältigt. In New York spürte der sterbende Celestial Eson die Not der Helden und teleportierte mit letzter Kraft She-Hulk aus einem nahe gelegenen Park auf das unterirdische Schlachtfeld. Zu ihr stieß der übernatürliche Held Ghost Rider, der bereits in eine Konfrontation mit der Horde verwickelt war. Gemeinsam retteten sie den Meistermagier und den König von Wakanda vor dem sicheren Tod.

Die vier Helden kehrten nach New York zurück, wo sie gemeinsam mit den Avengers verzweifelt versuchten, die Dark Celestials aufzuhalten. Iron Man und Doctor Strange flogen zum Olymp, um Rat von Ikaris und seinem unsterblichen Volk einzuholen, fanden dort jedoch die meisten Eternals tot auf. Auch Ikaris lag im Sterben und berichtete mit seinem letzten Atemzug, dass seine Spezies von selbstmörderischem Wahnsinn befallen worden war, nachdem Loki die Celestials ermordet hatte. Ikaris starb in Iron Mans Armen, sandte aber noch die kryptische Botschaft, dass die Rettung der Welt in der Macht des Uni-Mind läge.

Andernorts baten Thor und She-Hulk Odin um Hilfe, der ihnen das sagenumwobene Blut des Ymir übergab. Odin erklärte, die Lebensflüssigkeit des legendären Frostriesen würde den Avengers keineswegs den Sieg garantieren, ihren scheinbar unvermeidlichen Tod aber »weitaus spektakulärer« machen.

»Wenn wir fallen, dann zusammen.«

Thor (Odinson)

Nachdem sie sich beraten hatten, folgten die Avengers den Dark Celestials nach Sibirien. Iron Man trug die gigantische Godkiller MK II-Rüstung, während Thor und She-Hulk das Blut des Ymir tranken, um so gigantisch groß wie die Dark Celestials zu werden. Ghost Rider erhielt einen Kraftschub, als er seinen Autoflitzer verließ und für die Schlacht in den Körper eines toten Celestials umstieg. Die nun gigantischen Rächer waren jedoch weiterhin hoffnungslos unterlegen, vor allem als die Dark Celestials durch die Leichen der gefallenen Celestials unerwartet Verstärkung erhielten.

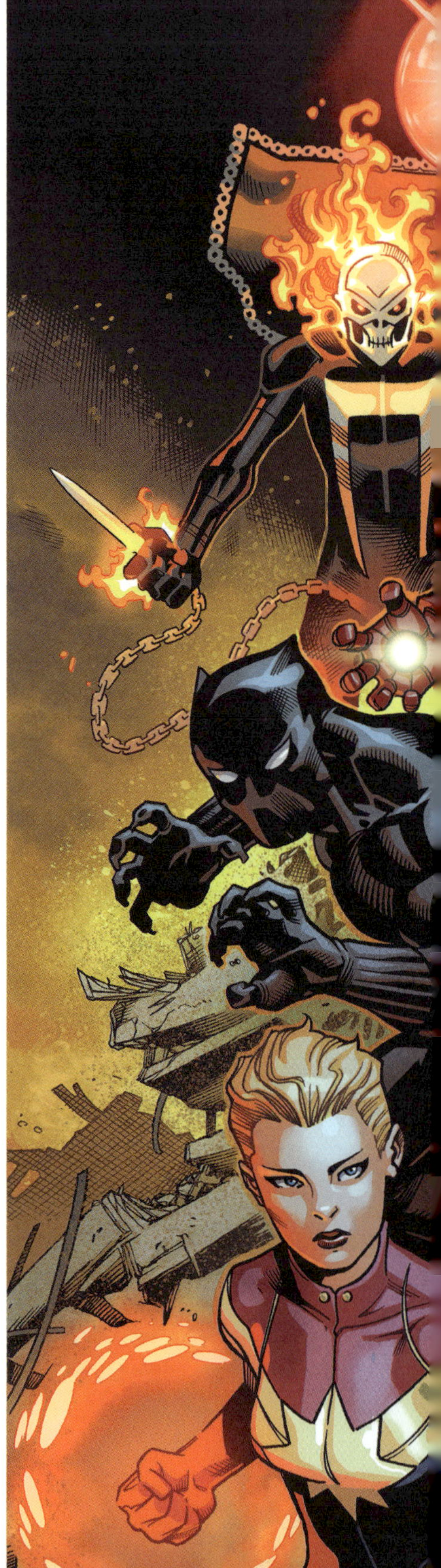

Die neuen Avengers
Ein neues Avengers-Team versammelte sich, um die Welt vor der totalen Zerstörung durch die Dark Celestials zu bewahren.
Avengers #1, Juli 2018

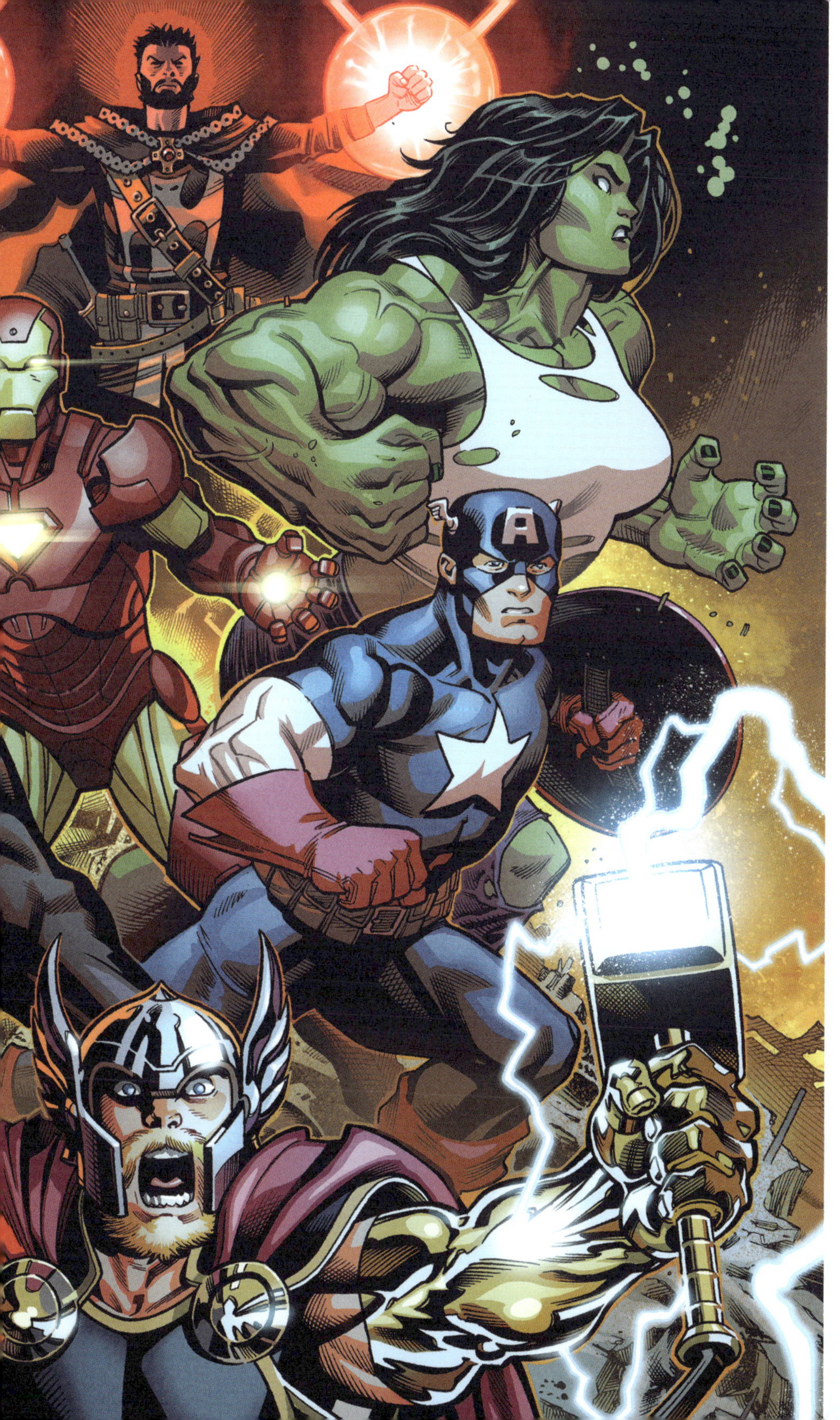

Als alles verloren schien, wurde plötzlich ein posthypnotischer Befehl aktiv, den der sterbende Ikaris in Iron Mans Geist platziert hatte. Der rotgoldene Avenger hatte nun Zugang zur Macht des Uni-Mind. Über diesen verband er sich telepathisch mit seinen Teamkollegen, um ihre Macht im riesigen Ghost Rider zu bündeln. Auf Captain Americas Befehl »Rette die Welt« hin setzte Ghost Rider die gesammelte Energie seiner Kameraden in einem bombastischen Stoß frei. Die daraus resultierende Schockwelle stürzte die Dark Celestials und tötete die Horde.

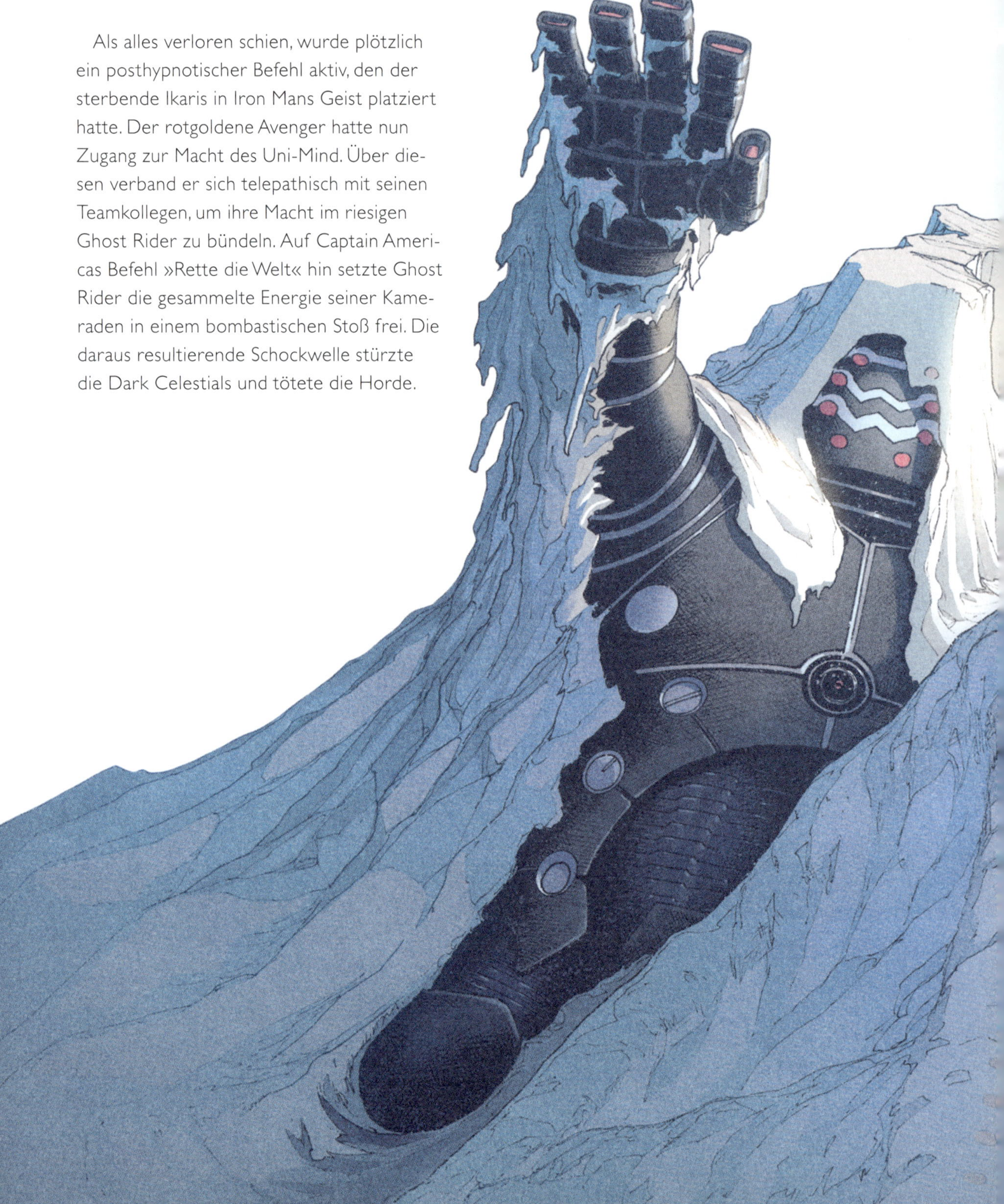

Außerdem schenkte der Energiesturm den gefallenen Celestials neues Leben. Jetzt waren sie wieder Meister ihres eigenen Schicksals, konnten gemeinsam mit den Avengers die Dark Celestials besiegen und Loki fangen. Nach dem Sieg stellte sich heraus, dass die Celestials all dies geplant hatten. Denn sie hatten schon in der Urzeit erkannt, dass die Welt von der Horde infiziert worden war. Also hatten sie die Evolution der Menschheit manipuliert und das latente Metawesen-Gen gestärkt, sodass die Erde eines Tages eine einzigartige Sorte mächtiger Individuen hervorbringen würde. Die Avengers waren das Endprodukt dieses großen Plans, eine Gruppe von Frauen und Männern, deren Macht dem Schrecken der Horde endlich ein Ende setzen konnte.

»Das Letzte Heer wurde besiegt.« Captain America

Die Celestials verließen die Erde mit Loki und den Dark Celestials als ihre Gefangenen. Bevor sie aufbrachen, machten sie den Avengers ein Geschenk. Sie bargen den Körper des Progenitors aus dem Eis des Nordpols, wo er seit der Geburt der Erde geruht hatte. Tatsächlich stand der Tod des Progenitors in direktem Zusammenhang mit dem Beginn der modernen Superhelden-Ära, denn erst seine kosmischen Energien hatten den Planeten zum fruchtbaren Nährboden für Superwesen gemacht. Nun sollte die Rüstung des Progenitors den Avengers als neues Hauptquartier dienen – ein lichtstrahlendes Relikt aus der mythischen Vergangenheit, verknüpft mit der noch immer währenden Legende der mächtigsten Helden der Erde.

Über den Berg
Die Rüstung des lange verstorbenen Progenitors wurde zum neuen Hauptquartier des Teams – Avengers Mountain.
Avengers #8, November 2018

REGISTER

Seitenzahlen in *kursiv* verweisen auf Illustrationen.

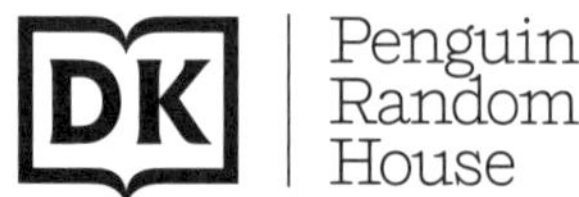

Der DK Verlag dankt James Hill für seinen Text und seine Expertise, Brian Overton, Caitlin O'Connell, Jeff Youngquist und Joe Hochstein von MARVEL für ihre Unterstützung und Beratung, Alastair Dougall für seine redaktionelle Unterstützung, Jon Hall und David McDonald für ihre Unterstützung in der Gestaltung, Julia March für das Korrektorat und Vanessa Bird für das Erstellen des Registers.

DK London
Lektorat Cefn Ridout, Kathryn Hill, Sarah Harland, Julie Ferris, Mark Searle
Gestaltung und Bildredaktion Clive Savage, Lisa Sodeau, Vicky Short, Lisa Lanzarini
Herstellung Siu Yin Chan, Louise Minihane
Cover-Illustration Tom Whalen

Für die deutsche Ausgabe:
Programmleitung Monika Schlitzer
Projektbetreuung Christian Noß
Herstellungsleitung Dorothee Whittaker
Herstellungskoordination Bettina Bähnsch
Herstellung Evely Xie

Titel der englischen Originalausgabe:
MARVEL Myths and Legends

1. Auflage, 2021

Die Verweise auf die Comics bei den Illustrationen beziehen sich jeweils auf die englischsprachigen Originalausgaben.

Übersetzung Christian Heiß
Lektorat Cornelia Hübler

ISBN 978-3-8310-4196-1

Druck und Bindung TBB, a.s., Slowakei

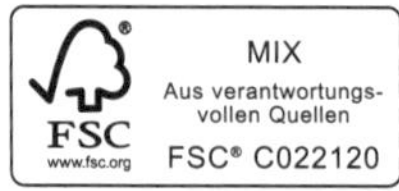

www.dk-verlag.de